한국사의 이해

백산출판사

책을 펴내면서

이 책은 대학의 교양과목으로 개설된 한국문화사의 강의교재로 활용키 위해 펴냈다. 특히 이 책은 대학생들이 중·고등학교에서 배운 한국사를 다시 한번 살펴보면서, 우리 문화의 맥락에서 정리할 수 있도록 하였다.

지금껏 우리들은 역사에 대한 이해를 암기, 기억에 의존한 것이 지배적이었다. 그러나 우리의 삶은 어느 시대에나 그 시대를 살았던 인간들의 치열한 삶의 활동이라 볼 수 있다. 이에 그 시대상황을 이해하기 위해서는 그 시대 인간들의 고뇌, 좌절, 희망에 대한 흔적을 찾아 보아야 할 것이다. 이러한 취지에서 이 책은 삶과 문화에 나타난 우리 역사의 개요를 정리하였다. 이에 편저자들은 각 시대의 삶, 문화, 역사에 나타난 흐름을 주제별로 묶고 그를 서술하였다.

과거 20세기를 보내고 희망과 설레임으로 가득한 21세기를 맞이하였다. 과거 우리들은 우리 역사를 민족사, 민족운동의 측면에서 접근하였다. 한편, 지구공동체, 국가간의 교류의 확대, 세계화라는 추세를 빌미로 역사에 대한 소홀성을 이야기한 경우도 있었다. 그러나 21세기에도 국가간의 경쟁은 치열할 것이며, 민족 및 국가 단위의 문화와 역사에 대한 이해는 결코 사라지지 않을 것이다. 요컨대 문화 및 역사에 대한 이해는 더욱더 필요성이 강조될 것이다. 그럴 경우 역사에 대한 상식과 소양을 대학교육과정이 감당할 수 밖에 없다는 자명한 역사적 소명의식을 직면하게 된다.

이러한 시대적인 추세를 고려하면서 편저자들은 대학교육에서 요구되는 문화사적인 강의와 이해의 필요성을 절감하였다. 이러한 요구조건을 풀어주는 최소한의 교재 작성에 마음을 같이하여 본 교재를 집필하였다. 미진한 점과 아쉬운 측면은 지속적인 보완을 통하여 보충해 나갈 것이다.

아무쪼록 본 교재가 이 시대 대학인의 삶을 풍요롭게 해주면서, 동시에 한국사의 문화적 전통을 더욱 깊이 살필 수 있는 자극제로 활용되기를 기대하는 바이다.

천경화 씀

차 례

제 1 장

문화유산(文化遺産)과 풍속(風俗)

제1장
문화유산(文化遺産)과 풍속(風俗)

제1절 문화재(文化財)란 무엇인가

1. 文化財의 종류

문화재는 조상들이 남긴 유산(遺産)으로서 삶의 지혜가 담겨 있으며, 우리 문화가 걸어온 자취를 알아 볼 수 있는 귀중한 역사자료이다. 이것은 아래 도표와 같이 유형문화재(有形文化財), 무형문화재(無形文化財), 기념물(記念物), 민속자료(民俗資料) 등으로 구분한다.

〈표 1-1〉 문화재의 종류

유형문화재	건조물(建造物), 전적(典籍), 서적(書籍), 고문서(古文書), 회화(繪畫), 조각(彫刻), 공예품(工藝品) 등 有形의 문화적 소산(所産)으로서 역사적 또는 학술적 가치가 큰 것을 말한다.
무형문화재	연극, 음악, 무용, 공예기술 등 무형의 문화적 所産으로서 역사적 또는 예술적 가치가 큰 것을 가리킨다.
기 념 물	성곽, 고분, 궁궐, 도자기가마터 등 사적지로서 역사적 학술적 가치가 큰 것과 경승지(景勝地)로서 학술적·경관적 가치가 큰 것 및 동물·식물·광물·지질· 동굴·특별한 자연현상 등 생성물(生成物)로서 역사적·예술적 또는 학술적 가치가 큰 것 등이 이 범주에 속한다.
민속자료	의식주·생업(生業)·신앙·연중행사 등에 관한 풍습 내지 관습과 이것에 사용되는 의복·기구·가옥 등으로서 일상생활의 발전과정을 이해하는데 중요한 것들이 지정된다.

2. 지정유무에 의한 구분

문화재보호법에 의한 지정유무에 따라 다음의 도표와 같이 구분된다.

〈표 1-2〉 지정유무에 의한 구분

국가지정문화재	문화재보호법에 의해 중요문화재를 국보, 보물, 중요무형문화재, 사적(史蹟), 명승(名勝), 천연기념물, 중요민속자료 등 8가지로 구분하여 지정한다.
시도지정문화재	국가지정문화재로 지정되지 않은 문화재 중 보존가치가 있다고 생각되는 것을 유형문화재, 무형문화재, 기념물, 민속자료의 4종류로 구분, 지정한다.
문화재자료	위의 2종류를 제외한 문화재 중 시・도지사가 지정한다.
등록문화재	지정문화재가 아닌 근현대시기(개화기가 기점이 됨)에 형성된 건조물 또는 기념물로서 보존가치가 높은 것을 말한다.
비지정문화재	문화재보호법 또는 市・道의 조례에 의해 지정되지 않은 문화재 중 보존할 만한 가치가 있는 것을 일반동산문화재, 매장문화재로 구분, 지정한다.

〈사진 1-1〉 숭례문(崇禮門, 국보 제1호)

〈사진 1-2〉 흥인지문(興仁之門, 보물 제1호)

3. 세계유산(世界遺産)

인류의 소중한 문화 및 자연유산을 재해(災害)나 전쟁 등에서 보호하기 위해 국제적으로 협력하는 한편, 각 나라 별로 유산 보호활동을 고무하기 위하여 1972년에 유네스코 세계유산위원회가 창설되었다.

문화재와 관련해서는 다시 세계문화유산(1972), 세계기록유산(1992), 세계무형유산(1998)으로 구분되며, 한국의 문화재로 이에 지정된 것은 아래 도표와 같다.

〈표 1-3〉 세계유산에 등재된 한국의 문화재

구 분	지 정 대 상 물
세계문화유산	1) 창덕궁; 사적 122호
	2) 화성(華城); 사적 3호
	3) 석굴암 석굴과 불국사; 국보 24호와 사적*명승 1호
	4) 해인사장경판전; 국보 52호
	5) 종묘(宗廟); 사적 125호
	6) 경주역사지구; 남산(사적 311호), 월성(月城) 등
	7) 고인돌유적; 고창(사적 391호), 화순(사적 410호), 강화도(사적 137호)
세계기록유산	1) 훈민정음; 국보 70호
	2) 조선왕조실록; 국보 151호
	3) 직지심체요절; 프랑스 국립도서관에 있음
	4) 승정원일기; 국보 303호
세계무형유산	1) 종묘제례악(중요무형문화재 1호) 및 종묘제례(중요무형문화재 56호)
	2) 판소리(중요무형문화재 5호)

제2절 우리의 토착신앙(土着信仰)

국 가	제천행사명	기타 관련사항
부 여	영고(迎鼓)	은력(殷曆) 정월에 국중대회(國中大會)로 지냈으며, 연일 마시고 먹고 노래하며 춤추었다. 이 때에는 형옥(刑獄)을 중단하고 죄수를 풀어 주었다.
고구려	동맹(東盟)	가무(歌舞)를 즐겼으며 나라 안 읍락(邑落)에서는 밤이 되면 남녀들이 모여 서로 노래하며 즐겁게 놀았다. 10월에 지내는 제천행사(祭天行事)는 國中大會였다.
동 예	무천(舞天)	10월에는 제천행사를 지냈는데, 주야로 음주와 가무를 즐겼다. 또 호랑이를 제사하며 신(神)으로 섬겼다.
삼 한	·	5월과 10월에 귀신에게 제사를 지냈다. 여러 사람들이 모여 가무를 즐기고, 술 마시며 즐기기를 주야로 쉬지 않고 했다. 국읍(國邑)에서는 각각 한 사람을 세워 천신(天神)에 제사하는 것을 주관하게 했는데, 그를 天君이라 했다. 또 각국마다 별읍(別邑)이 있었고 이 곳을 소도(蘇塗)라 하였다. 큰 나무를 세우고 방울과 북을 달아서 귀신을 섬겼다.

제3절 세시풍속(歲時風俗)

1. 歲時風俗

歲時風俗이란 해마다 정해진 날이 오면 그 날에 따라 관습적으로 반복하여 행하는 특수한 생활행위를 말한다. 날짜는 태음력(太陰曆)에 의해 전개된다. 이러한 세시풍속은 민족문화의 전통과 그 역사성을 연구하고 이해하는데 아주 중요한 역할을 한다고 할 수 있다.

〈표 1-4〉 歲時風俗

월	세시풍속 명칭 및 내용	월	세시풍속 명칭 및 내용
1월	설날, 정월대보름	7월	칠석(七夕)
2월	머슴날	8월	한가위(중추절, 仲秋節)와 강강수월래
3월	삼짇날, 화전(花煎)놀이, 한식(寒食)	9월	중양(重陽), 단풍놀이와 국화전(菊花煎)
4월	초파일	10월	시제(時祭)
5월	단오(端午, 수릿날), 태종우(太宗雨)	11월	동지(冬至)
6월	유두날(流頭날), 삼복(三伏)	12월	납일(臘日), 제야(除夜·除夕)

2. 이십사절기(二十四節氣)

하늘을 360도로 나누고 춘분은 0도, 하지는 90도, 추분은 180도, 동지는 270도, 다시 춘분에 돌아와 360도로 하고, 그것을 6등분하여 24절기라 하며, 그 명칭은 다음의 도표와 같다.

〈표 1-5〉 24절기의 명칭

봄	입춘(立春)	2.4~5	여름	입하(立夏)	5.6~7
	우수(雨水)	2.19~20		소만(小滿)	5.21~22
	경칩(驚蟄)	3.5~6		망종(芒種)	6.6~7
	춘분(春分)	3.21~22		하지(夏至)	6.21~22
	청명(淸明)	4.5~6		소서(小暑)	7.7~8
	곡우(穀雨)	4.20~21		대서(大暑)	7.23~24
가을	입추(立秋)	8.8~9	겨울	입동(立冬)	11.7~8
	처서(處暑)	8.23~24		소설(小雪)	11.22~23
	백로(白露)	9.8~9		대설(大雪)	12.7~8
	추분(秋分)	9.23~24		동지(冬至)	12.22~23
	한로(寒露)	10.8~9		소한(小寒)	1.6~7
	상강(霜降)	10.23~24		대한(大寒)	1.20~21

3. 육십갑자(六十甲子)

십간(十干 또는 天干)과 십이지(十二支 또는 地支)를 서로 배합하여 60으로 일주(一週)하는 것을 六十甲子라 하는데, 甲子에서 시작하여 계해(癸亥)로 끝난다. 그 내용은 도표 18의 순서대로 짝을 이룬다. 즉 甲子, 乙丑, 丙寅, 丁卯, 戊辰……癸酉 다시 甲戌, 乙亥, 丙子 등으로 干支를 이룬다.

〈표 1-6〉 육십갑자

십 간(十干)	갑(甲), 을(乙), 병(丙), 정(丁), 무(戊), 기(己), 경(庚), 신(辛), 임(壬), 계(癸)
십이지(十二支)	자(子), 축(丑), 인(寅), 묘(卯), 진(辰), 사(巳), 오(午), 미(未), 신(申), 유(酉), 술(戌), 해(亥)

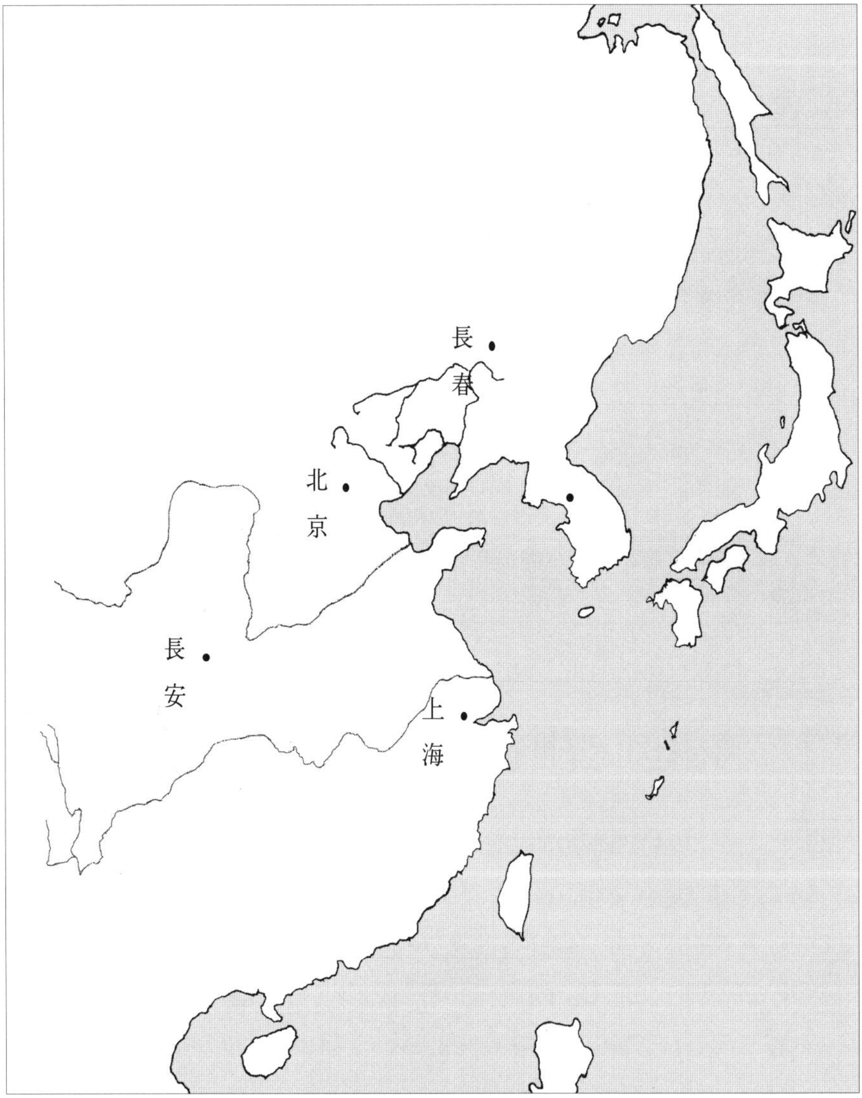

〈그림 1-1〉 東北아시아 지도

제 2 장

고조선(古朝鮮)

제2장
고조선(古朝鮮)

제1절 古朝鮮의 건국과 발전

1. 古朝鮮의 건국

1) ≪삼국유사(三國遺事)≫의 기록

13세기 말에 저술된 ≪三國遺事≫에는 다음과 같이 고조선의 건국상황을 기록하고 있다.

≪위서(魏書)≫에 이르기를 지금으로부터 2000년 전에 단군왕검이 계셔 아사달(阿斯達)에-경(經)에는 무엽산이라 하고 또한 백악이라고도 하니 백주(白州)에 있고, 혹은 개성 동쪽에 있다고도 하니 지금의 백악궁(白岳宮)이 이것임- 도읍을 정하고 나라를 세워 조선이라 일컬으니 요(堯)와 같은 때였다고 한다.

≪고기(古記)≫에 이르기를 옛날에 환인 -제석(帝釋)을 의미- 의 서자 환웅(桓雄)이 계셔, 자주 천하에 뜻을 두고 인간세상을 탐내어 구했다. 아버지가 아들의 뜻을 알고 삼위태백산(三危太伯山)을 내려다보니 인간세계를 널리 이롭게 할 만했다. 이에 천부인(天符印) 세 개를 주어 내려가서 다스리게 했다. 환웅은 그 무리 3000명을 거느리고 태백산 꼭대기-태백은 지금의 묘향산-의 신단수(神壇樹) 밑에 내려와서 신시(神市)라 불렀다. 이 분을 환웅천왕이라 한다. (그는) 풍백(風伯)·우사(雨師)·운사(雲師)를 거느리고 곡식·

수명·질병·형벌·선악 등 인간의 360여 가지나 되는 일을 주관하여 인간세계를 다스려 교화시켰다. 이 때 곰 한 마리와 범 한 마리가 같은 굴에서 살았는데, 늘 신웅(神雄-환웅을 가리킴)에게 사람되기를 빌었다. 때마침 환웅이 신령한 쑥 한 심지와 마늘 이십 개를 주면서 말하기를 "너희들이 이것을 먹고 백날 동안 햇빛을 보지 않는다면 곧 사람이 될 것이다"라고 하였다. 곰과 범은 이것을 받아서 먹었는데, 곰은 기(忌)한지 21일 만에 여자의 몸이 되었으나, 범은 능히 지키지 못했으므로 사람이 되지 못했다. 여자가 된 곰은 자기와 혼인할 상대가 없었으므로 항상 단수(壇樹) 밑에서 아이배기를 기원했다. 환웅은 이에 임시로 변하여 그녀와 결혼하여 아들을 낳으니, 이름하여 단군왕검이라 하였다. (이 때가) 요임금이 즉위한 지 50년인 경인년(庚寅年)에 -요의 즉위 원년은 무진(戊辰)인즉 50년은 정사(丁巳)요 경인(庚寅)이 아니니 아마도 잘못된 것 같음- 평양성(平壤城)에 -지금의 서경(西京)- 도읍을 정하고 비로소 조선이라고 불렀다. 또 다시 도읍을 백악산(白岳山) 아사달에 옮겼다. 그곳을 또는 궁 -혹은 방- 홀산 또는 금미달(今彌達)이라 한다. 1500년 동안 나라를 다스렸다. 주나라 무왕이 왕위에 오른 기묘년(己卯年)에 기자(箕子)를 조선에 봉하니, 단군은 이에 장당경으로 옮아갔다가 뒤에 돌아와 아사달에 숨어서 산신(山神)이 되었는데, 나이가 1908세였다고 한다.

≪당서(唐書)≫의 배구전(裵矩傳)에는 고려(고구려를 가리킴)는 본시 고죽국(孤竹國) -지금의 해주(海州)- 인데 주(周)가 기자를 봉하여 조선이라 하였고, 한(漢)은 삼군을 분치하여 현도·낙랑·대방 -북대방- 이라 하였으며, ≪통전(通典)≫에도 이 말과 같다. -≪한서(漢書)≫에는 진·임·낙·현의 사군으로 되어 있는데, 여기에는 삼군이라 하고, 또 이름도 같지 아니하니 무슨 까닭인가?-

이렇게 해서 최초의 국가라 할 古朝鮮이 건국되었는바, 오늘날 학계에서 논의되고 있는 고조선에 관한 쟁점을 간추려 보면, 위와 같은 단군신화의 내용에 대한 많은 엇갈린 해석, 그리고 건국에 대한 문제, 다음으로 고조선이 통치하였다고 생각되는 영역과 그 중심지에 대한 문제 등이라 할 수 있겠다.

한편, 우리가 고조선이라고 할 때, 어느 나라들을 여기에 포함시키느냐 하는 점도 연구자들마다 다르지만, 본서에서는 통설에 따라 단군조선 · 기자조선 · 위만조선을 합쳐 고조선이라고 하겠다.

2) 건국신화(建國神話)

神話란 인류가 원시사회부터 여러 가지 현상과 사물에 대하여 생각하고 믿어오던 이야기에 대한 성(聖)스러운 서술(敍述)이라 할 수 있다. 따라서 神話는 초자연적(超自然的) 존재의 창조활동을 설명하고 그 활동의 성스러운 성격과 초자연성을 나타나게 된다.

이러한 神話에는 여러 종류와 갈래가 있지만, 대체로 세계와 우주의 기원을 의미하는 창세신화(創世神話)와 민족이나 국가의 기원을 알려주는 역사신화(歷史神話)로 나눌 수 있다. 神話의 생성(生成)과 변화(變化)를 그림으로 나타내면 아래와 같이 표시할 수 있을 것 같다.

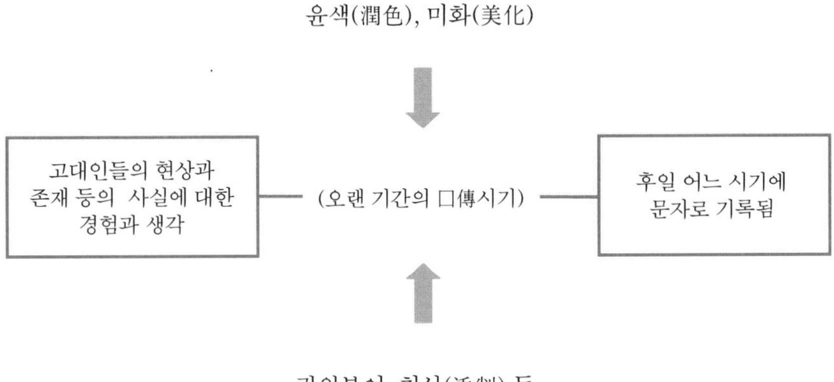

〈그림 2-1〉 神話의 生成과 變化

3) 古朝鮮의 건국시기

古朝鮮과 관련된 국내외 문헌(文獻)으로는 먼저 중국의 선진문헌(先秦文獻)인 ≪관자(管子)≫·≪전국책(戰國策)≫·≪산해경(山海經)≫ 등을 들 수 있다. 그러나 그 내용이 古朝鮮의 건국상황을 다루는 것은 아닌 것으로 보인다. 다만, 춘추시대(春秋時代) 때 제(齊)나라의 재상(宰相)이었던 관중(管仲; 기원전 ?~645)이 저작(著作)하였다는 ≪管子≫에 朝鮮이 등장하고 있는 것으로 보아 적어도 기원전 7세기에 朝鮮의 존재가 중국에 알려져 있었다는 점은 지적할 수 있겠다.

우리측 문헌인 ≪三國遺事≫에 古朝鮮의 건국과정에 관한 내용을 ≪魏書≫와 ≪古記≫ 등의 내용을 인용하여 그 전말(顚末)을 기록하고 있음은 앞에서 살펴본 바와 같다.

〈참고자료〉 춘추전국시대(春秋戰國時代)

春秋戰國時代는 기원전 770년 주(周)의 동천(東遷)으로부터 진(秦)에 의하여 중국이 통일된 기원전 221년까지를 가리킨다. 이 시기는 다시 春秋時代와 戰國時代로 나눈다.

春秋時代의 여러 제후(諸侯)들은 존왕양이(尊王攘夷)의 기치를 내걸면서 천하를 호령하였는데, 이러한 추세에 성공한 5명의 패자(霸者)를 춘추오패(春秋五霸)라 한다.

戰國時代가 되면 주왕실(周王室)의 권위는 땅에 떨어지고, 약육강식(弱肉强食)은 더욱 심하여져 유력한 諸侯 韓·魏·趙·齊·燕·楚·秦의 7國은 왕을 칭하게 되었다. 이들이 바로 전국칠웅(戰國七雄)이다. 春秋戰國時代는 정치적으로는 혼란의 시기였으나, 경제와 문화의 여러 방면에서 뚜렷한 발전을 보였다. 특히 문화적으로 제자백가(諸子百家)라 부르는 많은 사상가들이 나와 사상의 개화기(開花期)를 맞이하였다. 또한 주목할만한 것은 이 시대에 '중화(中華)'라고 하는 관념이 일어나기도 하였다.

古朝鮮이 언제 건국되었는가에 대한 논의는 아마도 古朝鮮과 관련된 문제 중에 가장 해결하기 어려운 것 중의 하나일 것이다. 우선 중요 문헌자료에 기록되고 있는 古朝鮮의 건국시기에 관한 내용을 발췌해 보면 아래의 도표와 같다.

〈표 2-1〉 古朝鮮의 건국시기

문헌자료	건 국 시 기
≪三國遺事≫	≪위서(魏書)≫를 인용하여 요(堯)임금과 같은 시기에 건국
≪三國遺事≫	≪고기(古記)≫를 인용하여 堯 즉위 50년 경인년(庚寅年)에 건국
≪帝王韻紀≫	堯 원년 무진년(戊辰年)
≪東國通鑑≫	堯 즉위 25년 戊辰年

지금 우리가 古朝鮮의 건국시기로 준용(準用)하고 있는 서기전 2333년은 ≪東國通鑑≫의 견해를 따르고 있는 것이지만, 문제는 이 연대가 지금까지 발굴 조사된 靑銅器文化와 관련된 고고학적(考古學的)인 자료가 보여주고 있는 시기와 합치되지 않는다는 점이다. 즉 인류학(人類學) 등 관련학계에서 주장되는 국가의 성립시기는 청동기시대(靑銅器時代)에 이루어지는 것으로 본다. 그런데 古朝鮮의 표지적(表識的) 유물로 간주되는 비파형동검이 출토되고 있는 요녕지방(遼寧地方)의 청동기문화의 상한(上限)을 학자들에 따라서 기원전 7세기 또는 기원전 10세기로 보는가 하면, 요동반도(遼東半島) 대련시 우가촌(大連市 于家村)의 비파형동검 관련유물의 上限年代를 기원전 16~14세기로 이해하고 있다.

古朝鮮의 건국시기가 실제로 언제인가 하는 문제는 좀더 많은 자료가 확보되어지면 해결될 수 있을 것이다. 다만, 지금은 앞에서도 언급했듯이 거의 확실한 것은 古朝鮮은 적어도 기원전 7세기 이전에 이미 중국의 국가들과 교섭을 가지고 있었다는 점이다. 그렇다면 고조선의 그러한 교역관계를 확인하면서도 그것이 일정한 정치조직을 갖춘 국가로는 보기 어려울 것이라는 속단(速斷)으로 이 문제를 종결짓기보다는, 국가로서의 古朝鮮의 실체를 찾기 위하여 우리는 더욱 노력해야 할 것으로 생각한다.

2. 古朝鮮의 발전

1) 고조선의 변천

고조선은 앞에서 제시한 바와 같이 단군조선·기자조선·위만조선을 포괄하는 개념이며, 그 순서대로 변천하여 갔다고 생각된다.

먼저 단군조선(檀君朝鮮)에 관해서는, 국가로서의 실재(實在) 여부는 잠시 접어두고, 조선시대 사람들이 단군에 대해서 어떻게 인식했는지를 ≪조선왕조실록≫을 통해 살펴보면, 단군에 관한 제사는 평양과 구월산(九月山)에서 행해졌었던 것을 알 수 있다. 그러나 그 성격은 서로 달라서 평양에서의 檀君 제사는 국조(國祖)로서 다시 말하면 실존인물로서 숭배하여 제사를 지내고 있다. 한편, 황해도 구월산의 삼성사(三聖祠)는 평양과는 달리 다분히 토속적이고 민간중심의 신(神)으로서 숭배하여 제사를 지내었다는 것을 말해주고 있다.

기자조선(箕子朝鮮)을 주장하는 근거로서의 첫 기록은 한무제(漢武帝) 때 발행된 ≪상서대전(尙書大傳)≫으로, 이에 의하면 주(周)의 무왕(武王; 기원전 12세기경)이 箕子를 조선에 봉(封)하였다는 것이다. 이러한 내용에 의해 소위 기자동래설(箕子東來說)이 주장되었고 따라서 箕子朝鮮이란 나라가 존립(存立)하게 된 배경이 된 것이다. 그러나 ≪尙書大傳≫의 원전(原典)인 ≪尙書≫-尙書와 書經은 같은 책-에는 이와 같은 내용이 없다. 한편, 朝鮮과 관련된 문제를 본격적으로 다루고 있는 ≪史記≫조선전(朝鮮傳)에는 箕子에 대한 아무런 언급이 없다. 이러한 점들은 箕子朝鮮에 관한 문제를 해명하는데 상당한 중요한 시사점(示唆點)을 제공하는 것으로 생각된다.

고고학적인 측면에서 箕子朝鮮과 관련된 내용은 어떠한가를 살펴보자. 소위 箕子가 東來하여 箕子朝鮮을 세웠다는 기원전 12세기 이후의 요녕지방과 한반도에서 출토되고 있는 유적·유물 등은 중국적인 요소가 없는 것들이다.

따라서 문헌적인 면이나 고고학적인 자료에서나 전혀 근거가 없는 箕子의 東來說에 입각한 箕子朝鮮은 당연히 부인(否認)될 수밖에 없다.

≪三國遺事≫의 箕子에 대한 내용 자체에도 문제는 있다. 壇君이 건국한 기원전 2333년에서 그의 통치기간인 1500년을 빼면 기원전 833년이라는 시기가 되는데, 그렇다면 箕子는 기원전 9세기에 조선에 있어야 한다. 그러나 箕子는 그보다 무려 300년이나 앞선 기원전 12세기에 朝鮮의 王이 되었다. ≪三國遺事≫에서는 왜 이러한 간단한 사실을 무시하고 壇君의 후계무대(後繼舞臺)에 중국의 周武王과 箕子를 등장시킨 것이지 이해하기 어렵다.

위만조선(衛滿朝鮮)의 건국이 기원전 2세기 초였음은 ≪史記≫에 의해 알 수 있는데, ≪史記≫에는 그 과정을 아래의 내용과 같이 비교적 상세하게 기록하고 있다.

조선왕 만(滿)은 옛날 연(燕)나라 사람이다. 처음 燕나라의 전성기부터 진번(眞番)과 조선을 침략하여 복속(服屬)시키고, 관리를 두어 성과 요새를 쌓았다. 진(秦)이 燕을 멸한 뒤에는 (그 곳을) 요동외요에 소속시켰는데, 漢이 일어나서는 그 곳이 멀어 지키기 어려우므로, 다시 요동의 옛 요새를 수리하고 패수(浿水)에 이르는 곳을 경계로 하여 燕에 부속시켰다.

燕王 노관(盧綰)이 (漢을)배반하고 흉노로 들어가자 滿도 망명하였다. 무리 천여 명을 모아 북상투에 오랑캐의 복장을 하고서, 동쪽으로 도망하여 (요동의) 요새를 나와 浿水를 건너 秦의 옛 공지인

상하장(上下鄣)에 살았다. 점차 眞番과 朝鮮의 만이(蠻夷) 및 옛 연(燕)·제(齊)의 망명자를 복속시켜 거느리고 왕이 되었으며, 왕험(王險)에 도읍을 정하였다. 이 때는 효혜(孝惠; 惠帝로 재위기간은 기원전 195~188)·고후(高后; 惠帝의 母로 섭정하였음)의 시대로 천하가 처음으로 안정되니

그 후 漢에서는 衛滿을 외신(外臣)으로 삼아 그로 하여금 국경 밖의 오랑캐를 지켜 변경을 노략질하지 못하게 하도록 하는 한편, 모든 만이(蠻夷)의 군장(君長)이 중국에 들어와 천자를 뵙고자 하면 막지 않도록 하였다. 이로써 衛滿은 군사의 위세와 재물을 얻게 되어 그 주변의 소읍들을 침략하여 복속(服屬)시켜 나갔으니, 眞番과 임둔(臨屯)도 이 때 복속되었다. 그리하여 그 영역이 사방 수 천리가 되었다.

아들을 거쳐 손자 우거(右渠) 때에 이르러서는 유인해 낸 漢나라 망명자 수가 대단히 많게 되었으며, 더욱이 天子에게 알현(謁見)치 않을 뿐만 아니라 眞番 등 주변의 여러 나라들이 글을 올려 천자에게 알현하고자 하는 것도 또한 가로막고 통하지 못하게 하였다. 이리하여 위만조선은 요동에서 일약 최대의 강자(强者)로 군림하게 되었던 것이다.

2) 고조선의 발전

고조선의 정치 및 행정조직을 먼저 살펴보면, 문헌자료에 보이는 고조선의 여러 관직 명칭으로 ≪史記≫朝鮮傳에 비왕(裨王)·상(相)·니계상(尼谿相)·장군(將軍)·대신(大臣) 등의 관직명이 보인다. 그리고 ≪三國志≫에 "朝鮮侯도 역시 스스로 王이라 칭"했다는 것과 대부(大夫)·박사(博士)란 직위가 나타나고 있다. 따라서 이들 기록으로 보아 상당한 관직체계가 세워져 있는 것으로 생각된다. 그리고 사법권(司法權)이 강력하게 시행되고 있었음은 팔조

법금(八條法禁)에 보이는 내용으로 보아 충분히 유추(類推)할 수 있다.

경제활동으로는 위에서 살펴본 ≪관자(管子)≫의 내용으로 보아 중국의 제(齊)나라와의 교역관계가 활발하게 전개되고 있었으며, 전국칠웅(戰國七雄)의 하나인 연(燕)과 대치(對峙)할 정도의 군사력을 보유하였다고 보여지는데, 이렇게 하려면 상당한 경제력 없이는 불가능한 것이다. 그리고 요동과 서북한지역에서 발견되는 많은 양의 명도전(明刀錢)과 팔조법금(八條法禁)에 나타나는 벌금조항 역시 왕성한 경제생활을 뒷받침하고 있다.

고조선의 군사력은 매우 강했던 것으로 보이는데, 한무제(漢武帝)가 파견한 위산(衛山)이 조선에 왔다 귀국할 때 조선의 태자(太子)가 말 5000필과 군량(軍糧) 및 무기를 가진 군사 만 여명과 함께 움직이고 있는 것으로 보아 매우 많고 강력한 군사조직과 경제력을 지녔음을 알 수 있다. 그리고 위에서 언급한 바와 같이 전국시대(戰國時代)의 칠웅(七雄) 중에 경계선을 같이한 연(燕)과 맞설 수 있었다는 것은 막강한 군사력의 뒷받침 없이는 불가능한 일이라 생각된다. 이와 같은 강한 군사력은 중국천하를 통일한 진(秦)과의 관계에서도 나타난다. 즉 ≪三國志≫의 한전(韓傳)에 의하면 "진(秦)나라가 천하를 통일한 뒤, 몽염(蒙恬)을 시켜서 장성을 쌓게 하여 요동에까지 이르렀다. 이 때에 조선왕 부(否)가 즉위하였는데, 秦나라의 습격을 두려워한 나머지 정략상(政略上) 秦나라에 복속은 하였으나 조회에는 나가지 않았다. 否가 죽고 그 아들 준(準)이 즉위하였다. (그 뒤) 이십여 년이 지나 (중국에서) 진승(陳勝)과 항우(項羽)가 일어나 천하가 어지러워지자, 燕·제(齊)·조(趙)의 백성들이 근심걱정으로 고생하다가 차츰차츰 準에게 망명하므로, 準은 이들을 서부지역에 살게 하였다"고 전하고 있다.

고조선의 사회모습은 ≪한서(漢書)≫에 전하는 팔조법금(八條法禁)에 의해 알아 볼 수 있다. 그 내용은 살(殺), 상(傷), 도(盜)에 관한 것인데, 즉 사람을 죽인 자는 즉시 죽이고, 남에게 상처를 입힌 자는 곡식으로 배상하도록 하고 있다. 도둑질을 한 자는 남자의 경우에는 그 집의 가노(家奴)로 만들었고, 여자일 경우에는 여자 종(비(婢))으로 삼았다고 한다. 그리고 자신이 용서받고자 하는 경우에는 한 사람에 50만을 내게 했다. 비록 용서를 받아 일반 백성이 되어도 풍속에는 오히려 부끄럽게 여겨 결혼을 하고자 해도 짝을 구할 수 없었다. 이런 까닭으로 그 백성들은 끝내 도둑질을 하지 않아서 문을 닫는 일이 없었으며, 부인들은 정신(貞信)했으며 음란하지 않았다는 것이다. 이와 같은 내용으로 보아 古朝鮮 사회에서는 사회구성원에 대한 기본권을 중시함과 동시에 그와 같은 기본질서를 어기는 범인에 대한 강력한 사법권(司法權)이 행사되고 있으며, 또한 사유재산권이 보호되고 있음을 알 수 있다.

古朝鮮 문화의 기반이 된 것은 청동기문화이며, 그 후 고조선의 발전에 따라 철기문화로 바뀌고 있다. 그 대표적인 유물로는 비파형동검(琵琶形銅劍)과 미송리식토기(美松里式土器)가 지목(指目)되고 있으며, 이들 유물들은 대체로 지석묘(支石墓)·석관묘(石棺墓)·석곽묘(石槨墓) 등에서 반출되고 있다.

〈사진 2-1〉 비파형동검, 미송리식토기, 지석묘

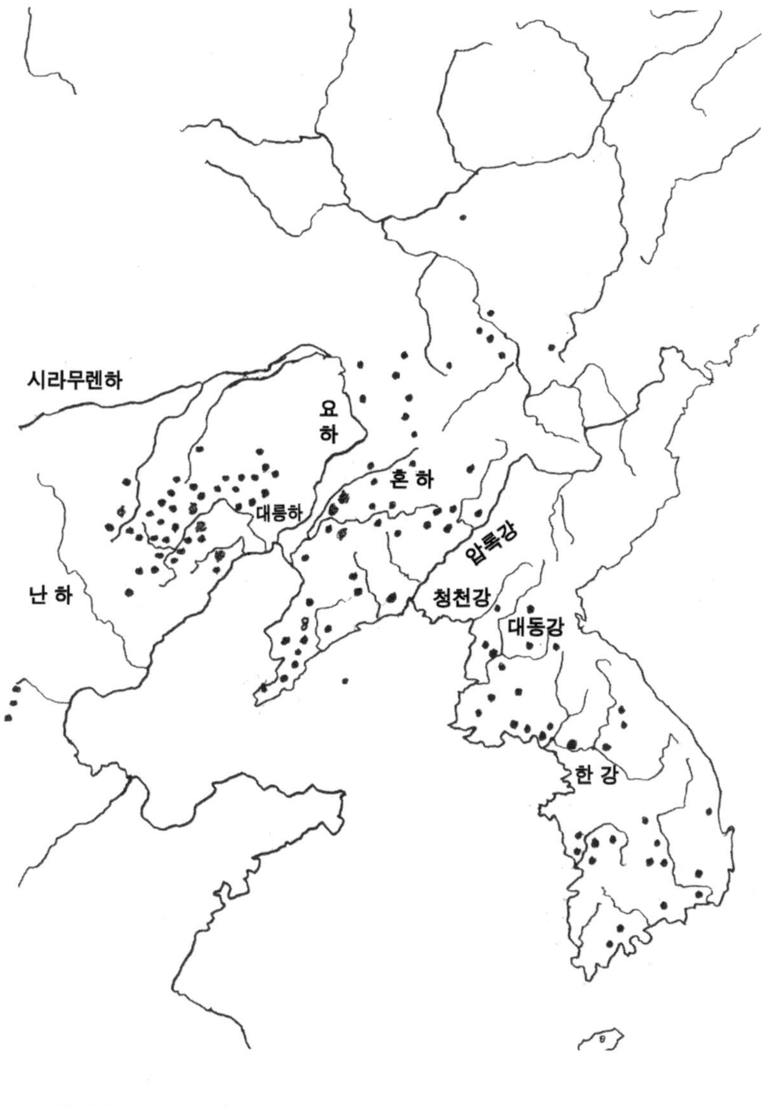

〈그림 2-2〉 古朝鮮의 강역도(疆域圖)와 비파형동검 출토지(出土地)

3. 古朝鮮의 국가적 성격

종래 우리 사학계(史學界)에서는 고대국가 성립기를 흔히 삼국시대로 보아왔다. 그리하여 高句麗는 태조왕대(太祖王代, 53~146), 百濟는 고이왕대(古爾王代, 234~286), 新羅는 내물왕대(奈勿王代, 356~402)에 국가적 체제를 이루었다는 주장이 통념화(通念化)되었었다. 그러나 그 후 서울 풍납동토성(風納洞土城)에서의 발굴자료에 대한 분석 과정에서 三國의 개시연대가 ≪三國史記≫의 기록연대와 비슷함이 지적되었고, 그 시기는 기원전 1세기경이라 주장되었다. 이러한 견해는 그 당시까지만 해도 만연되었던 ≪三國史記≫의 초기기록에 대한 불신론(不信論)을 일거(一擧)에 잠재우는 계기(契機)가 된 것은 물론이다.

이렇게 되자 다시 우리의 고대국가의 시작을 언제부터 보아야 할 것인가라는 문제가 뜨거운 쟁점으로 대두하게 되었다. 이 논의(論議)의 대표적인 것 중의 하나는 古朝鮮과 衛滿朝鮮을 통하여 이 시기에 古代國家가 출발하였음을 알 수 있다고 주장하면서 예맥조선(濊貊朝鮮, 종래의 箕子朝鮮)을 初期國家로, 그리고 衛滿朝鮮을 征服國家로 그 성격을 논하였다. 다른 한 견해는 국가체제는 일반적인 과정과 일정 구조의 상호유기체적인 밀접한 관계로 형성된다고 하면서, ≪史記≫·≪漢書≫의 衛滿에 관한 기록에서 무역·계급체제·인구증가·군사력·직업의 전문화 등 국가형성에 필요한 요소가 보이고 있어서 衛滿朝鮮을 국가체제를 갖춘 것으로 볼 수 있다고 하였다.

우리나라에서 언제부터 古代國家가 형성되었는가 하는 문제를 헤쳐나가기 위해서 우리는 먼저 濊貊朝鮮 말기의 상황을 눈여겨볼 필요가 있다. 앞서 '古朝鮮의 발전'이란 항목에서 살펴보았듯이 조선후(朝鮮侯)가 칭왕(稱王)을 하고 있으며, 관료조직(官僚組織)이라 할 "비왕(裨王)·상(相)·장군(將軍)·대신(大臣)·대부(大夫)·박사(博士)” 등의 존재 그리고 팔조법금(八條法禁)의 시행, 전국칠웅(戰國七雄)의 하나인 연(燕)과 전쟁을 치를만한 강한 군사력(軍事力), 그 軍事力을 뒷받침하기 위한 경제력(經濟力) 등은 여러 학자들에 의해서 정의(定義)된 國家 개념에 비추어 별로 손색이 없다고 생각된다. 이와 같은 제요소(諸要素)가 동일시기에 병행되었는지 확실하지 않지만, 대략 그 시기를 燕의 將軍 진개(秦開)와의 전투시기로 보았을 때 기원전 4세기말로 추정할 수 있지 않을까 한다. 그리고 이러한 점은 비파형동검과 미송리형토기, 석관묘 등의 고고학적 자료에서도 입증된다 할 수 있다.

이렇게 기원전 4세기말에 형성된 古代國家 체제는 衛滿에 의해 건국된 衛滿朝鮮 시기에 더욱 발전하여 그 주변의 소읍들과 진번(眞番)·임둔(臨屯)까지 침략하여 복속(服屬)시켜 나가면서 그 영역이 사방 수천리가 되었다고 하였다. 그리하여 마침내는 東아시아를 둘러싸고 그 당시 최대강국이었던 한제국(漢帝國)과 맞섰던 것이었다. 역(逆)으로 衛滿朝鮮이 古代國家 체제를 갖추지 못하였다면 어떻게 漢과 일년 여에 걸쳐 전쟁을 할 수 있겠는가를 반문하고 싶다. 古朝鮮과 漢과 전개된 전쟁상황은 후술(後述)하듯이 漢의 패색(敗色)이 짙은 전쟁이었다. 전쟁의 와중(渦中)에 자신이 파견한 참모들인 위산(衛山)과 공손수(公孫遂)를 주살(誅殺)하는 것을 보면 전쟁이 한무제(漢武帝)가 바라는 것과는 다르게 전개되고 있었기 때문이라는 추정은 무리(無理)가 아니라 생각한다. 漢武帝의 戰後 처리를 보면 이 생각은 더욱 분명해진다. 전쟁이 일방적으로 진행되지도 않았고 그리고 단시일(短時日)에 끝나지도 않았다는 점 하나만을 가지고서도 衛滿朝鮮은 강력한 國家였음을 입증한다고 할 수 있다. 부언(附言)하자면 앞에서 살펴본 것과 같이 國家로서 갖추어야할 요인 중 여러 요소가 분명히 갖추어졌는데도 불구하고 衛滿朝鮮을 國家로 인정하지 않는다면, 中國의 漢나라도 역시 古代國家가 아니라고 주장해도 지나친 말이 되지 않으리라고 본다.

제2절 고조선의 영역

1. 문헌기록

1) 선진문헌(先秦文獻)의 기록

중국의 先秦文獻인 ≪관자(管子)≫, ≪전국책(戰國策)≫, ≪산해경(山海經)≫ 등에 朝鮮에 대한 기록이 보이고 있어 주목된다. '朝鮮'에 관한 가장 오래된 기록은 기원전 7세기경에 관중(管仲)에 의해 엮어진 ≪管子≫에 나타난다. 이 책은 춘추시대(春秋時代) 제(齊)나라 환공(桓公, 기원전 685~643)과 관중(管仲; 기원전 ?~645)의 문답으로 이루어진 것인데, 그 중 세상의 보물을 이야기하는 과정에서 朝鮮이 등장한다. 그러나 이 기록으로 조선의 위치를 비정(比定)하는 것은 쉬운 일이 아닌 것 같다.

≪戰國策≫에서는 연문공(燕文公; 기원전 361~333))과 소진(蘇秦)의 대담 중에 "연(燕)의 동쪽에 朝鮮 · 요동(遼東)이 있고, 북쪽에는 임호(林胡) · 누번(樓煩)이 있다"라고 히여 조선이 연(燕)의 동쪽에 있음을 가리키고 있다. 한편, 기원전 4~3세기경에 간행된 후 다시 곽박(郭璞; 276~324)에 의해 편집된 일종의 지리서인 ≪山海經≫에는 "朝鮮은 열양(列陽)의 동쪽에 있는데, 바다의 북쪽, 산의 남쪽이며, 列陽은 燕에 속한다"라고 하여 朝鮮이 燕과 접하고 있음을 나타내고 있다. 따라서 이 기록에 의하면 朝鮮이 北쪽으로는 山과 접해 있고, 南쪽은 바다에 면해 있었다는 말이 된다.

2) 진한대(秦漢代)의 朝鮮의 영역

≪三國志≫에는 연(燕)나라의 장수인 진개(秦開)의 침략(기원전 4세기말경)으로 朝鮮이 西쪽으로 2천여리의 땅을 빼앗기고 만번한

(滿番汗)을 경계로 삼고 있는 것을 알 수 있다.

≪史記≫에 의하면 위만(衛滿)이 무리 천 여명을 모아 東쪽으로 도망하여 요동의 요새(要塞)를 나와 패수(浿水)를 건너 秦의 옛 공지(空地)인 상하장(上下鄣)에 거주하였고 후일 왕험(王險)에 도읍하여 衛滿朝鮮을 건국하고 있다.

위의 기록처럼 秦漢代에 모두 浿水를 경계로 하여 朝鮮과 燕이 대치하고 있어 浿水의 위치 파악은 朝鮮의 영역과 위치를 해결하는데 매우 중요한 부분이다. 그러나 현재 학계에서는 이 浿水를 大洞江·淸川江·압록강(鴨綠江)·혼하(渾河)·대릉하(大凌河)·난하(灤河) 등으로 비정(比定)하고 있어 그 정확한 위치를 파악하는 것이 쉬운 일이 아닌 상황이다.

우리의 史書인 ≪三國遺事≫에서 일연(一然)이 지금의 평양에서 古朝鮮이 건국하였다고 서술하였음은 앞에서 살펴본 바와 같다.

지금까지 살펴본 것처럼 朝鮮의 위치나 영역을 파악하는데 중요한 몇몇 地名이 등장하고 있지만, 그 지역을 어디로 비정하는냐는 것은 지난(至難)한 일로 생각된다. 다만, 현재로서는 다음과 같이 대체적으로 세 가지 의견으로 모아지고 있지만, 그 각각의 주장에는 다시 여러 갈래로 생각이 다르게 전개되고 있다.

2. 고조선의 중심지에 관한 이론

1) 평양중심설(平壤中心說; 대동강중심설)

고조선의 위치 또는 그 중심지로 평양을 제시하는 학설로, 이를 주장하는 문헌은 ≪三國遺事≫를 비롯하여 朝鮮時代에 편찬된 ≪고려사(高麗史)≫·≪세종실록지리지(世宗實錄地理志)≫·≪동국통감(東國通鑑)≫·≪아방강역고(我邦疆域考)≫ 등이다.

일제강점기(日帝强占期)에는 일본 관학자(官學者) 및 일부 우리 학자들이 평양설을 주장했다. 일본 官學者들의 주장은 순수한 학문적인 입장에서보다는 식민사관(植民史觀)이라는 굴절된 견해에서 나왔음을 유념하여야 한다.

한편, 북한학계에서는 리지린의 연구에 의해서 요동중심설이 거의 정설로 받아들여졌었는데, 1993년 단군릉 발굴을 계기로 기존의 요동중심설을 평양중심설로 수정하였다.

2) 요동중심설(遼東中心說)

고조선의 중심지를 요동지역으로 파악하고 있는 이 주장은 朝鮮초의 ≪응제시주(應制詩註)≫를 비롯하여 ≪성호사설(星湖僿說)≫·≪연려실기술(燃藜室記述)≫ 등에서 나타난다.

한편, 일제시대(日帝時代) 때 신채호(申采浩)·정인보(鄭寅普) 등 민족주의 사학자들이 일본학자들의 평양중심설을 강하게 비판하면서 이 설을 주장하고 있다.

3) 이동설(移動說)

최근에 들어 주장되고 있는 移動說은 평양중심설과 요동중심설을 절충 내지는 보완하는 성격을 지니고 있다. 즉 고조선의 초기 중심지는 요동지역이있으나 기원선 4~3세기 경에 연(燕)과의 충돌로 대동강유역의 평양으로 이동하였다는 견해이다. 현재 대체적으로 남한학계에서 많은 지지를 받고 있으며, 저자 역시 이 주장이 타당하다고 생각한다.

제3절 한(漢)과의 전쟁

1. 전쟁(기원전 109~108년)의 원인

앞에서 살펴본 바와 같이 고조선의 정치·경제·군사적 성장은 漢의 동방으로의 확대정책과 부딪치게 되면서 동북아시아를 둘러싼 패권쟁탈전이 전개되는 양상을 초래하게 되었다. 전쟁이 발발하게 되는 상황은 "아들을 거쳐 손자 우거(右渠) 때에 이르러서는 유인해 낸 漢나라 망명자 수가 대단히 많게 되었으며, 천자(天子)에게 알현치 않을 뿐만 아니라 진번(眞番) 주변의 여러 나라들이 글을 올려 천자에게 알현하고자 하는 것도 또한 가로막고 통하지 못하게 하였다.

원봉 2년(元封; 漢武帝의 연호, 기원전 109년)에 漢나라는 사신 섭하(涉何)를 보내어 右渠를 꾸짖고 회유하였으나, (右渠는) 끝내 천자의 명을 받들려고 하지 않았다. 涉何가 돌아가면서 국경인 패수(浿水)에 이르렀을 때 마부(馬夫)로 하여금 배웅하던 조선의 비왕 장(裨王 長)을 죽이게 하고서는 곧 바로 (浿水를) 넘어 요새로 들어가서는 천자에게 보고하기를 '조선의 장수를 죽였습니다'라고 했다. 천자(天子)가 그 일을 꾸짖지 않고 涉何를 요동동부도위(遼東東部都尉)로 삼았다. 조선은 涉何를 원망하여 군사를 일으켜 기습공격을 하여 涉何를 죽이니, 천자는 죄인을 모집하여 조선을 치게 하였다. 그 해(원봉 2년) 가을에 누선장군 양복(樓船將軍 楊僕)을 파견하여 제(齊)로부터 발해(渤海)를 건너게 하고, 군사 5만으로 좌장군 순체(左將軍 荀彘)는 요동에서 출병하여 右渠를 토벌하게 했다……"라고 그 상세한 내용을 전하고 있다.

2. 전쟁의 양상(樣相)

전쟁의 흐름은 한무제(漢武帝)가 뜻하는 바와 같이 전개되지 않았음이 다음과 같은 ≪史記≫의 기록으로 알 수 있다.

"천자는 두 장군(樓船將軍과 左將軍)의 전세가 유리하지 않다고 여기고, 위산(衛山)으로 하여금 군사의 위엄을 갖추고 가서 右渠를 달래게 하였다……태자(太子)를 보내어 들어가 사죄케 하고 말 5천 필과 군량미를 내주었다. 무리 만여 명이 무기를 가지고 막 浿水를 건너려하자 사자(使者)와 左將軍이 돌발사태가 일어날까 의심하여 태자에게 이르기를 '이미 항복하였으니 마땅히 사람들에게 명하여 무기를 버리게 하시오'라고 했다. 태자 역시 使者와 左將軍이 자기를 속이고 죽이지 않을까 의심하여 마침내 패수를 건너지 않고 무리를 이끌고 돌아왔다. 衛山이 돌아가 천자께 (조선의 태자가 같이 오다가 돌아 가버린 일 등을) 보고하니 천자는 衛山을 주살하였다. 左將軍이 패수상(浿水上)의 군사를 격파하고 전진하여 (왕험)성 아래 이르러 서북쪽을 포위했다. 누선군(樓船軍)도 또한 가서 합세하여 성의 남쪽에 주둔하였다.

右渠가 끝내 성을 굳게 지키므로 몇 달이 되어도 함락시킬 수 없었다……제남태수 공손수(濟南太守 公孫遂)를 보내어 (樓船將軍과 左將軍의 불화를) 바로잡고 상황에 맞게 처리하도록 하였다……(公孫遂는) 左將軍 휘하에 명하여 곧 樓船將軍을 체포하고 군사를 합친 뒤 천자에게 보고하자, 천자는 公孫遂를 죽였다. 左將軍이 이미 양군을 합하여 맹렬히 조선을 치니 조선의 상(相) 노인(路人)·相 한음(韓陰)·니계상(尼谿相) 삼(參)·장군 왕협(王唊)이 서로 모의하기를, '처음 樓船에게 항복하려 했으나 樓船은 지금 잡혀 있고 左將軍 단독으로 장졸을 합하여 전투가 더욱 맹렬하니 맞아 싸우기 두려운 데도 왕은 항복하려 하지 않는다' 하고 한음·왕협·노인이 모두 도망하여 漢나라에 항복하였다. 노인은 도중에 죽었다.

원봉 3년(B.C.108) 여름 尼谿相 參이 사람을 시켜 조선왕 右渠를 죽이고, 와서 항복하였으나 왕험성은 함락되지 않았다. 죽은 右渠의 대신(大臣) 성사(成巳)가 또 (한나라에) 반(反)하여 다시 군리(軍吏)들을 공격하였다."

위만조선과 漢과의 전쟁은 위와 같이 치열한 공방전(攻防戰)이 전개되고 있으며, 결국 右渠王은 자신의 신하 손에 의해서 암살당하는 비운(悲運)을 맞고 있다.

3. 전쟁의 결과

일진일퇴(一進一退)를 거듭하던 전쟁은 총사령관격인 右渠王이 자객(刺客)에 의해 피살됨으로서 급전(急轉)하게 되었고, 그 결말을 ≪史記≫에는 다음과 같이 적고 있다.

"左將軍은 右渠의 아들 장항(長降)과 相 노인의 아들 최(最)로 하여금 그 백성을 달래고 成巳를 죽이도록 하였다. 이로써 (漢은) 조선을 평정하고 사군(四郡)을 설치하였다. 삼(參)을 봉하여 획청후(澅淸侯)로, 한음은 적저후(荻苴侯), 왕협은 평주후(平州侯), 장항은 기후(幾侯)로 삼았으며, 最는 아버지가 죽은 데다 자못 공이 있었으므로 온양후(溫陽侯)로 삼았다. 左將軍이 불려 들어오자 공을 다투고 서로 시기하여 계획을 어긋나게 한 죄로 기시(棄市; 죄인의 목을 베어 죽이고 그 시체를 거리에 버리는 형벌)하였다. 누선장군(樓船將軍)도 병사를 거느리고 열구(洌口)에 이르렀다면 마땅히 左將軍을 기다려야 할 것인데도 제멋대로 먼저 군사를 풀어 많은 병사들을 잃어버렸으므로 주살 함이 마땅하나, 속죄하여 서인(庶人)

으로 삼았다.

태사공(太史公=사마천)은 말한다. 右渠는 험고(險固)한 것을 믿다가 나라의 사직을 잃었다. 섭하(涉何)는 공(功)을 속이다가 전쟁의 발단을 만들었다. 樓船은 장수의 그릇이 좁아서 난(難)을 당하고 죄에 걸렸으며, 앞서 반우(番禺)에서의 실패를 후회하다가 도리어 의심을 받았다. 순체(荀彘)는 공로를 다투다가 공손수(公孫遂)와 함께 주살되었다. 결국 양군(兩軍)이 함께 욕을 당하고 장수로 후(侯)가 된 사람이 없었다."

위의 기록에 따르면 漢武帝는 자신의 부하인 장군들은 棄市와 같은 끔찍한 형벌로 죽이거나 庶人으로 강등시키면서, 朝鮮 사람들에게는 -그들이 아무리 중요한 역할을 하였다 하더라도- 侯라는 파격적인 은상(恩賞)을 베풀고 있다. 일년 여의 긴 전쟁에서 승리한 승전국(勝戰國)의 帝王이 행한 논공행상(論功行賞)이라고 하기에는 무언가 모순(矛盾) 내지는 비밀(秘密)이 숨겨져 있는 것은 아닌지 의심스럽다.

제 3 장

동아시아 지배권의 행방

제 1 절　三國의 건국

제 2 절　백제(百濟)의 대외관계

제 3 절　고구려(高句麗)의 대외팽창

제 4 절　신라(新羅)의 영토확장

제 5 절　高句麗의 수(隋)와 당(唐)과의 전쟁

제 6 절　통일로 가는 길

제 7 절　신라와 발해(渤海)

제3장
동아시아 지배권의 행방

제1절 三國의 건국

삼국의 건국과 관련된 내용을 ≪三國史記≫에 의해 도표로 작성하면 아래와 같다.

	신라(新羅)	고구려(高句麗)	백제(百濟)
건국시기	기원전 57년	기원전 37년	기원전 18년
시조(始祖)	박혁거세(朴赫居世)	주몽(朱蒙) 또는 동명성왕(東明聖王)	온조(溫祚) 또는 비류(沸流) ≪북사(北史)≫에서는 구태(仇台)
시조의 탄생(誕生)	천강(天降)과 난생(卵生)에 의해 탄생	천제(天帝)의 아들 해모수(解慕漱)와 수신(水神) 하백(河伯)의 딸 유화(柳花) 사이에서 탄생, 즉 천강(天降)과 난생(卵生)에 의해 등장	온조와 비류의 아버지는 주몽이라고도 하며 또한 우태(優台)라고도 함
도 읍 지	경주(慶州)	졸본천(卒本川)	하남위례성(河南慰禮城)

제2절 백제(百濟)의 대외관계

1. 근초고왕(近肖古王; 346~375)의 활약

近肖古王은 비류왕(比流王)의 두 번째 아들로서, 고구려의 고국원왕이 369년에 치양(雉壤)에 쳐들어 왔을 때, 이를 격파하고 5천여명의 포로를 사로잡아 장사(將士)들에게 나누어주고 있다. 그리고 同年 11월에는 한수(漢水) 남쪽에서 대열(大閱)을 하고 있는데 이 때 사용했던 깃발은 모두 황색(黃色)이었다. 그런데 黃色의 색깔은 중국의 天子만이 사용할 수 있었던 것으로 近肖古王의 자존의식을 엿볼 수 있는 중요한 자료라 생각한다.

그리고 26년(371년) 겨울에 왕은 태자와 더불어 정병(精兵) 3만을 이끌고 고구려에 침략하여 평양성을 공격하였다. 이 때 고구려의 고국원왕은 항전하다가 빗나간 화살에 맞아 죽었고, 전쟁을 승리로 이끈 왕은 군사를 이끌고 퇴각하였다.

〈참고자료〉 3~6세기의 중국 정세(위진남북조시대(魏晋南北朝時代))

魏(220~265)·蜀(221~263)·吳(229~280)

↓

晋(西晋)(265~316)→東晋(317~418)→宋(420~479)→齊(479~502)→梁(502~557)→陳(557~589)

→五胡十六國(304~439)→北魏(386~534)→東魏(534~550)→北齊(550~577)

→西魏(535~556)→北周(556~581)→隋(581)

2. 요서경략(遼西經略)

百濟가 오늘날 중국의 요서지역(遼西地域)에 진출하여 그곳을 다스렸다는 주장이 이른바 遼西經略이다. 이러한 주장을 가능하게 한 근거는 우리나라의 역사책에 의해서가 아니라, 중국의 위진남북조시대(魏晉南北朝時代)를 다룬 史書들인 ≪송서(宋書)≫·≪양직공도(梁職貢圖)≫·≪양서(梁書)≫ 등에 직접 또는 간접적으로 백제가 遼西地域을 지배하였음을 알려주는 내용에 관한 기록이 있어서이다. 이 견해는 현재 우리 古代史에서 명쾌(明快)하게 그 진상(眞相)을 구명(究明)하지 못하고 있는 난제(難題) 중의 하나로, 긍정과 부정의 첨예(尖銳)한 이견(異見) 대립이 이어지고 있는 실정이다. 그러하기 때문에 史書 기록에 합당한 해결의 실마리를 찾아 그 역사적 사실을 해명하는 것이 우리에게 주어진 대단히 중요한 과제이다. 中國史書에 기록된 百濟의 遼西經略 내용을 살펴보면 아래의 도표와 같다.

〈표 3-1〉 백제의 遼西經略과 관련된 중국사서의 기록

史書名	편찬시기	기 록 내 용
宋 書	5세기 후반 (488년)	百濟國 本與高麗俱在遼東之東千餘里 其後高麗略有遼東 百濟略有遼西 百濟所治 謂之晉平郡晉平縣. 義熙十二年 以百濟王餘映爲使持節·都督百濟諸軍事·鎭東將軍·百濟王. 高祖踐阼 進號鎭東大將軍(≪宋書≫ 卷97, 列傳 제57 이만(夷蠻), 百濟國) 백제국은 본래 고구려와 더불어 모두 요동의 동쪽 천여리에 있었다. 그 후 고구려가 요동을 침략하여 차지하고, 백제는 요서를 침공하여 소유하였다. 백제가 통치한 곳은 진평군 진평현이라 한다. 의희(義熙) 12년(416; 東晋 安帝時 年號, 腆支王 12年)에 백제왕 여영(餘映)을 사지절·도독백제제군사·진동장군·백제왕으로 삼았다. 宋고조(420~422)가 즉위하자 진동대장군으로 벼슬을 올려주었다.

梁職貢圖	6세기 전반	百濟舊來夷馬韓之屬 晉末駒驪略有遼東 樂浪亦有遼西晉平縣 自晉已來常修蕃貢 義熙中其王餘腆 宋元嘉中其王餘毗 齊永明中其王餘太 皆受中國官爵(≪梁職貢圖≫ 百濟國使)
梁 書	7세기 전반	其國本與句麗 在遼東之東 晉世句麗旣略有遼東 百濟亦據有遼西・晉平二郡地矣 自置百濟郡. 晉太元中(376~396) 王須, 義熙中(405~418) 王餘映, 宋元嘉中(424~453) 王餘毗, 並遣獻生口(≪梁書≫ 卷54, 列傳 제48 제이(諸夷), 百濟)

위에서 살펴본 것처럼 중국사료에 의하면 분명히 백제가 遼西地域에 진출하여 일정지역을 통치하였던 것으로 간주(看做)된다. 그리고 그 대략적인 시기는 오호십육국시대(五胡十六國時代)로 생각할 수 있다. 그러나 여기서 제기할 수 있는 의문점은 史料에 기록되었다고 하여 다 믿을 수 있느냐는 사료비판(史料批判)의 문제이다. 물론 이와 아울러 고고학적(考古學的)인 측면에서도 검토가 뒤따라야 할 것이다.

3. 칠지도(七支刀)

七支刀의 모양은 도표와 같은데, 그 길이는 74.9㎝로서 단철(鍛鐵)로 만든 양날 칼이다. 칼의 몸 좌우로 각각 가지로 뻗은 칼이 3개씩, 모두 7개의 칼날을 이루고 있기 때문에 '七支刀'라고 한다. 총 60여 자의 명문(銘文)이 금상감(金象嵌)되어 있고 그 외곽을 가는 금선(金線)으로 둘렀다.

그런데 이 七支刀란 칼이 문제가 되는 것은 학계에서 널리 알려진 것처럼 高句麗의 광개토왕비문(廣開土王碑文)과 함께 고대 한일관계사를 해명하는데 중요한 자료로 평가되기 때문이다. 七支刀는 현재 일본 나라현(奈良縣) 천리시(天理市)에 있는 석상신궁(石上神宮)에 보관되고 있는데, ≪日本書紀≫ 신공기(神功紀)에 의하면 이 七支刀 -≪日本書紀≫에서는 七枝刀- 를 百濟가 받친 것으

〈사진 3-1〉 칠지도

로 기록하고 있다.

七支刀에 관한 문제점은 그 제작연대와 銘文의 내용 및 그 성격을 어떻게 이해해야 하는가에 모여 있다. 이 七支刀를 둘러싼 지금까지 전개된 논쟁의 양상을 대략적으로 살펴보면, 일본측은 임나일본부설(任那日本府說)을 입증하려는 목적으로 이 문제에 접근하고 있으며, 한국측에서는 이에 대해 거의 반사적(反射的)인 대응을 하는 상황이 계속되고 있는 것 같다. 그러나 이런 과정이 반복되는 한 그 실마리는 풀리지 않으리라 본다. 이 역시 다음에 살펴볼 高句麗의 廣開土王碑와 같이 그 銘文의 훼손이 문제의 해결을 어렵게 만들고 있지만, 보다 더 합리적으로 당시의 국제정세를 참고로 하고 銘文과 특이(特異)한 칼의 모습 등을 전체적인 맥락(脈絡)에서 고구(考究)하여 합당한 결론을 도출해야 할 것이다.

제3절 고구려(高句麗)의 대외팽창

1. 광개토왕(廣開土王)의 남벌북정(南伐北征)

1) 廣開土王碑의 건립(建立)과 발견

廣開土王은 391년~412년까지 22년 간 재위했던 19대 高句麗의 왕으로서, 그 비석은 아들인 장수왕(長壽王)이 국내성(國內城) 근교에 414년에 건립한 것으로, 규모는 높이가 6.39m, 넓이가 1.35~

2.0m, 무게는 37t이 된다. 글자는 4면에 당시 유행하던 예서체(隸書體)로 44행 1775여자가 적혀 있다.

廣開土王碑가 발견되게 된 경위에 대해서는 여러 가지 이야기가 있으나, 그 시기는 대략 1880년경이었고, 1880년대 중반 경에는 廣開土王碑의 존재가 북경(北京)의 금석학자(金石學者)들 사이에 널리 알려지게 된 것 같다. 그리고 일본인으로서 이 碑를 처음 접했던 사람은 그 당시 현역 육군포병중위였던 주구경신(酒匂景信)이었으며, 그 시기는 1883년으로 전해진다. 碑의 탁본(拓本), 정확히는 쌍구본(雙鉤本; 정식 탁본과는 달리 碑面 위에 투명한 종이를 놓고 붓으로 글자를 模寫하는 방식의 것, 아래 도표 참조)을 입수하여, 귀국할 때에 그것을 일본에 가져갔다.

2) 碑文研究의 경과(經過)와 문제점

비문(碑文)의 내용은 크게 3부분으로 구성되어 있다. 즉 서두에는 건국자인 추모(鄒牟=주몽)의 신이(神異)한 출생과 건국에 대한 것, 그리고 廣開土王의 일반 치적에 대한 내용을 장엄하게 묘사하고 있다. 두 번째 부분에는 廣開土王 재위시의 영토확장 내용이 연도별로 새겨져 있으며, 세 번째 부분은 廣開土王의 무덤을 수호·관리하는 것에 대한 상세한 내용이 적혀져 있다. 이와 같은 비문의 내용은 후술(後述)하는 바와 같이 우여곡절 끝에 일본측에 의해 처음으로 공개되었다.

廣開土王碑文의 해독작업과 연구가 최초로 이루어진 것은 19세기말 일본육군참모본부에 의해서였다. 즉 횡정충직(橫井忠直)을 중심으로 비밀리에 만 5년간에 걸친 해독작업(解讀作業) 끝에 1888년 解讀文이 작성되었고, 1889년에 비로소 ≪회여록(會餘錄)≫을 통해 그 내용이 세상에 처음으로 공개되었다. 그들 연구가 지향(指向)하는 바의 핵심적인 내용은 廣開土王碑가 4세기말 고대일본의 대화정권(大和政權)이 한반도에 출병해서 百濟와 新羅를 정복하여 臣

民으로 삼았고, 또 高句麗의 大軍과 맞서서 대등한 전쟁을 수행하였다는 것을 증명해 주는 중요한 金石文 자료라는 것이다. 그리하여 이것을 근거로 일본학계에서는 이른바 남부조선경영설(南部朝鮮經營說), 즉 임나일본부설(任那日本府說; 아래에 '참고자료'로 제시했다)을 내세웠다. 이와 같은 연구가 진행되고 있는 시점이 바로 1880년대였고, 이 때는 주지하다시피 日本의 대륙침략이 본격화되고 있던 시기였다. 말하자면 碑文의 연구는 일본의 대륙침략과 대응하여 成長하였다고 할 수 있다.

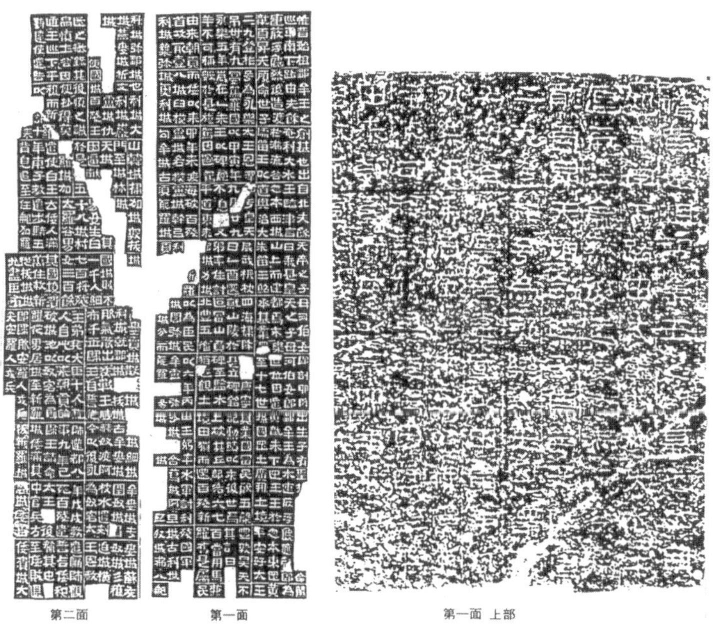

〈사진 3-2〉 주구경신(酒匂景信)의 雙鉤本과 수곡제이랑(水谷悌二郎)의 拓本

여기서 우리가 간과(看過)하면 안될 문제가 있으니 그것은 비문 연구의 바탕이 되었던 것이 雙鉤本이었고 그렇기 때문에 碑文 자체가 정확하지 못한 원천적인 문제점을 안고 있다는 점이다.

한편, 한국측 학자로서는 일본인들보다 좀 늦은 시기에 이룩된 정인보(鄭寅普)의 연구가 있다. 그의 연구내용은 앞서의 일본인 연구와는 전혀 다른 관점에서 이루어진 것이어서 상당한 반향(反響)을 가져오기도 하였다.

碑文硏究에 한 전기(轉機)를 마련한 것은 재일(在日) 사학자인 이진희(李進熙)가 1972년에 廣開土王碑文에 대한 연구결과를 발표하면서 '일본참모본부 음모설'을 제기했던 일이었다. 즉 그에 의하면 金石學의 상식으로는 이해할 수 없는 일로, 앞서 제작한 拓本의 불선명한 글이 뒤에 만들어진 拓本에는 명확한 문자로 나타나며, 또 전혀 새로운 글자나 종선(縱線)이 보이기도 하고, 다른 문자로 변하는 일 등이 있다는 것이다. 그리하여 여러 拓本을 대조 조사한 결과 1900년을 전후한 시기에 일본육군참모본부에 의해 비면(碑面)에 석회(石灰)가 발라졌고, 또 碑文의 변개(變改)가 진행되었다는 사실을 알게 되었던 것이다. 碑面에 석회가 칠해졌다는 사실은 일본인 학자로 1913년, 이 碑에 대해 처음으로 자세히 조사한 금서룡(今西龍)도 알고 있어서 "拓本을 비판함이 없이 이용하는 것은 위험한 일이"라고 경고했었다고 한다. 이러한 그의 연구결과 발표는 특히 일본 연구자에게 글자 그대로 일대 충격을 안겨주기에 충분한 것이었다.

李進熙의 이런 주장에 대해 중국의 왕건군(王健群)은 현지 조사결과 碑文에 석회를 칠한 것과 글자를 고쳤다는 것, 참모본부의 기도(企圖) 등은 사실이며, 심지어 백조고길(白鳥庫吉) 같은 일본학자가 廣開土王碑를 일본으로 옮기려 했던 것도 인정하고 있다. 그러면서도 석회 칠을 하고 글자를 고친 것은 탁본공(拓本工, 초천부(初天富) 父子를 지목하고 있다)이며, 그가 역사를 날조(捏造)할 의도에서가 아니라 다만 탁본을 쉽고 편하게 하면서 돈을 벌기 위해 그렇게 한 것이란 주장이다. 과연 그런 것일까?

참고로 王健群은 廣開土王이 그 碑文에 보이는 것처럼 분명하게 사용하였던 '永樂'이란 연호(年號)를 그것은 年號가 아니고, 다시 말하자면 '永樂五年'의 의미는 ≪三國史記≫의 廣開土王 五年과 같은 뜻으로 정식 年號가 아니라고 강변(强辯)하는 사람이다.

〈참고자료〉 임나일본부설(任那日本府說)과 ≪日本書紀≫의 신빙성(信憑性) 문제

4세기 후반에서 6세기 후반까지 약 200년에(369~562) 걸쳐 古代日本의 대화정권(大和政權)이 한반도에 출병(出兵)하여 任那日本府를 두고 가야지방(伽倻地方)에 식민지를 건설하고 통치하였다는 주장이다. 그 이론적 근거는 앞부분의 七支刀에서 살펴본 것처럼 ≪日本書紀≫神功皇后紀 49年條와 52年條의 내용에서 나온 것이다.

일본학자들은 ≪日本書紀≫의 기록 그 자체의 신빙성이 자기들 자체 내에서도 심각하게 의심받고 있는 상황이기 때문에, 이 주장을 뒷받침해 주는 것으로 당대(當代)의 金石文 자료인 七支刀와 廣開土王碑를 제시하고 있는 것이다.

≪日本書紀≫는 720년에 편찬된 일본고대 문헌이다. ≪日本書紀≫는 천황제국가(天皇制國家)의 지배자의 정치적 요구를 반영한 흔적이 뚜렷하다고 한다.

이러한 ≪日本書紀≫에 대한 연구에 전인미답(前人未踏)의 거대한 업적을 남긴 이는 진전좌우길(津田左右吉)로, 그는 ≪日本書紀≫가 6세기 전후 大和政權의 관인(官人)에 의해 황실(皇室)의 일본통치를 정당화하려는 정치적 목적에서 편찬된 것이며, 그 내용이 객관적 史實의 기록이 아니라는 것 등 오늘날 거의 고대사연구의 상식으로 되어 있는 명제(命題)를 공공연히 제시하였다. 그의 이러한 활동에 대해 이는 황실(皇室)의 존엄성을 모독한 것이라 하여 1940년에 재판에 회부되어 유죄판결을 받기도 하였다.

실제로 그 한두 가지 예로 ≪日本書紀≫ 신공황후(神功皇后) 55年條(255)의 초고왕(肖古王, 즉 近肖古王)의 사망기록과, 64年條(264)의 귀수왕(貴須王, 즉 近仇首王)의 사망한 것으로 서술된 내용은 사실은 모두 그 紀年에서 120년을 더해야 실제 연대와 맞는 것이다.

이제 신공기(神功紀)의 기사는 그 사실성 여부를 떠나 120년을 내려서 보아야 한다는 것은 누구도 부정할 수 없게 된 것이 사실이다. 그래서 ≪日本書紀≫의 한반도 관계 記事의 倭를 百濟(더러는 新羅·加耶)로 고쳐 읽으면 합리적인 상태로 된다고 하고 있다.

---

3) 廣開土王碑 해석문(解釋文)

옛적 추모왕(鄒牟王)이 나라를 세웠는데 북부여(北夫餘)에서 태어났으며 천제(天帝)의 아들이고 어머니는 하백(河伯)의 따님이었다. 알을 깨뜨리고 출생하여 성스러운…판독불가…이 있었다. 남쪽으로 순행(巡幸)하는데 부여(夫餘)의 엄리대수(奄利大水)를 지나가게 되었다. 王은 나룻가에서 "나는 황천(皇天)의 아들이며 어머니는 河伯의 따님으로 鄒牟王이다. 나를 위하여 갈대를 연결하고 거북의 떼를 띄우게 하라"고 하였다. 그러자 이 말에 응(應)하여 곧 갈대가 연결되고 거북의 떼가 떠올랐다. 그러한 후에 강을 건너서 비류곡(沸流谷) 홀본(忽本) 서쪽 산상(山上)에 城을 쌓고 도읍을 세웠다……

17세손(世孫)에 이르러 국강상광개토경평안호태왕(國岡上廣開土境平安好太王)이 18세에 왕위에 올라 호(號)를 영락대왕(永樂大王)이라 했다. (왕의) 은택(恩澤)이 하늘(皇天)에 미치고 위무(威武)는 사해(四海)에 떨쳤다……

永樂 5년(395년) 을미(乙未)에 왕은 패려(稗麗)가 ○○○ 않으므로 친히 군사를 이끌고(王躬率) 가서 토벌하였다. 부산(富山)과 부산(負山)을 지나 염수(鹽水)에 이르러 3개 부락 600~700영(營)을 격파하니, (노획한) 소・말・양의 수가 이루 셀 수 없었다. (왕이) 돌아오는 길에 양평도(襄平道)를 지나 동쪽으로 ○성, 역성(力城), 북풍(北豊), 오비○(五備○)로 오면서 토경(土境)을 유관(遊觀)하고, 사냥을 한 후에 돌아왔다. **百殘新羅舊是屬民由來朝貢而倭以辛卯年來渡○破百殘○○新羅以爲臣民** → 이 진한 문장이 소위 신묘년조 기사이다.

(永樂) 6년(396년) 병신(丙申)에 왕은 친히 軍을 거느리고(王躬率) 잔국(殘國; 백제를 가리킴)을 토벌하였다……곧 城을 포위하니 殘主가 곤핍(困逼)하여 남녀생구(男女生口) 일천인과 세포(細布)

천필을 받치고, 王에게 무릎을 꿇고 스스로 맹서하기를 이후부터 영원히 노객(奴客)이 되겠다고 하였다. 태왕(太王)이 허물을 은혜로서 용서하고 나중에 순종한 정성을 보살폈다. 이에 58성과 700촌을 획득하고 殘主의 동생과 아울러 대신(大臣) 10인을 데리고 도성으로 돌아왔다.

(永樂) 8년(398년) 무술(戊戌)에 편사(偏師)를 보내어(教遣) 숙신(肅愼)의 토곡(土谷)을 살피고, 인하여 막○라성(莫○羅城), 가태라곡(加太羅谷)의 남녀 300여 人을 잡아 왔다. 이후로 조공(朝貢)을 하고, 논사(論事)하였다.

(永樂) 9년(399년) 기해(己亥)에 百殘이 서약을 어기고 倭와 더불어 화통(和通)하였다. 왕이 평양을 돌아보려 내려갔다. 이 때 신라가 사신을 보내 말하기를 "왜인(倭人)들이 국경에 가득 차고 성지(城池)를 부수니, 이 노객(奴客)은 왕의 백성이 되어 왕께 귀복(歸服)하고 명령을 청합니다"고 하였다. 太王이 은혜롭고 자애로워 (신라왕의) 그 충성을 가상히 여겨 사신을 보내면서 (왕의 뜻을) 알리게 하였다.

(永樂) 10년(400년) 경자(庚子)에 왕이 보병(步兵)과 기병(騎兵) 5만을 보내어(教遣) 신라를 구원하게 하였다. 남거성(男居城)으로부터 신라성(新羅城)에 이르니 倭가 가득하였다. 관군(官軍)이 도착하니 왜적(倭賊)이 물러났다. …판독불가… 倭의 배후를 급히 추격하여 임나가라(任那加羅)의 종발성(從拔城)에 이르니 城이 곧 항복하였다. …판독불가… 예전에 신라매금(新羅寐錦)이 직접 와서 論事한 적이 없었다. 國岡上廣開土境平安好太王代에 이르러…판독불가… 新羅寐錦이 …판독불가… 朝貢하였다.

(永樂) 14년(414년) 갑진(甲辰)에 倭가 불궤(不軌)하게 대방(帶方)지역에 침입하였다. …판독불가… 왕의 군대가 길을 막아 치니 왜구(倭寇)가 궤패(潰敗)하여 그 죽은 자가 이루 셀 수 없었다.

(永樂) 17년(417년) 정미(丁未)에 步兵과 騎兵 5만을 보내어(教

遣)….판독불가… 어울려 싸워서 모조리 죽이고 쓸어 없앴다. 갑옷(鎧鉀) 1만여 벌과 군수품과 장비를 노획한 것이 헤아릴 수 없었다. 돌아오면서 사구성(沙溝城)·누성(婁城) …판독불가… 城을 깨트렸다.

(永樂) 20년(410년) 경술(庚戌), 동부여(東夫餘)는 옛적 鄒牟王의 속민(屬民)이었는데 도중에 반란을 일으켜 朝貢을 하지 않자 왕이 친히 군사를 이끌고(王躬率) 토벌하였다. (고구려)軍이 餘城에 도착하자 …판독불가… 무릇 공파(攻破)한 城이 64개, 村이 1400개였다.

수묘인연호(守墓人烟戶)는 매구여민(賣句余民)은 국연(國烟)이 2家·간연(看烟)이 3家……國岡上廣開土境平安好太王이 생존시에 말씀하시기를 "조왕선왕(祖王先王)이 다만 원근(遠近)의 구민(舊民)만을 취하여 묘를 지키고 청소를 하게 했는데, 나는 이들 舊民이 이열(羸劣; 고달프고 열등한 처지)로 떨어질 것이 염려된다. 만일 만년 후에라도 묘를 편안하게 지켜줄 자는 내가 스스로 다니면서 공략하였던 곳의 한·예(韓穢)이니 그들에게 청소하게 하라"고 하셨다. 王의 말씀이 이와 같아 이에 교령(敎令)을 내려 韓穢 220家를 취하여 守墓하고 청소하게 했다……또 (王께서 법규를) 제정하여 守墓人들을 이후로 다시 서로 매매(賣買)할 수 없으며, 비록 부유한 자라도 함부로 살 수 없다. 명령을 어기는 일이 있으면, 파는 사람은 형벌을 주고, 사는 사람은 법을 제정하여 守墓케 한다.

4) 廣開土王의 정복활동 중 辛卯年條 기사 내용 및 검토

비문의 내용 중 가장 많은 논란을 일으키는 것의 하나가 소위 '辛卯年條 기사'에 대한 것이라는 점은 주지의 사실이다. 이와 관련된 많은 주장들을 요약해 보면 다음의 세 가지로 모아 볼 수 있겠다.

제 1유형의 해석으로는 일본육군참모본부에서 해독(解讀)작업을 하였던 견해로 百濟와 新羅를 격파한 主體를 왜(倭)로 해석하는 것이다. 그 후 대부분의 일본학자들이 이 주장을 따랐다.

다음 제 2유형은 정인보(鄭寅普)의 해석으로, 그 내용은 바다를 건너 倭를 격파한 주체를 고구려로 본 것이다.

제 3유형의 해석은 碑文을 수정 내지 보입(補入)하여 해석하는 견해이다.

위에서 지금까지 살펴본 것처럼 제각기 다른 생각으로, 더군다나 각각 相異한 碑文의 탁본(拓本)을 가지고 각자 나름대로 해석하고 있는 현 상황에서 관련 연구자 대부분이 수긍할 수 있는 올바른 해석을 내놓을 수 있는 것인지 참으로 어려운 일인 것 같다.

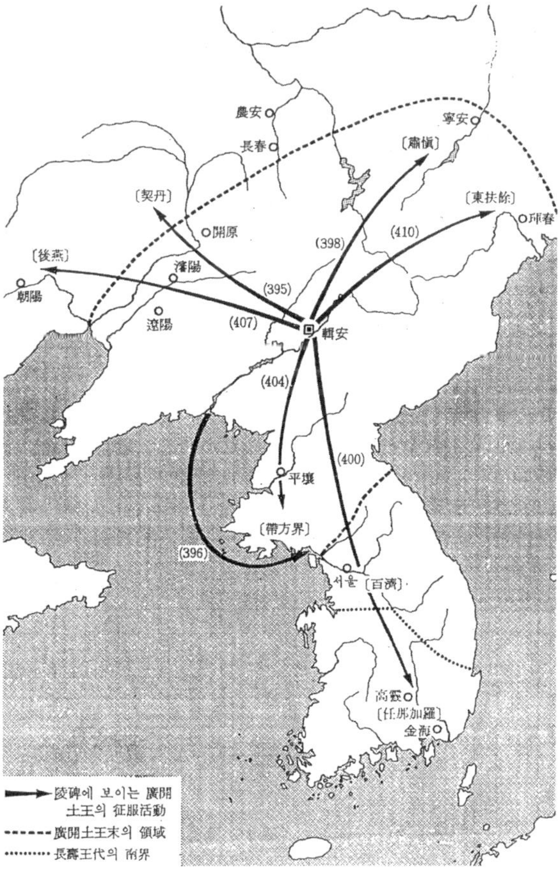

〈그림 3-1〉 廣開土王의 정복활동 지도

〈사진 3-3〉 廣開土王碑 그리고 태왕릉(太王陵; 上)과 장군총(將軍塚; 下)

2. 중원고구려비(中原高句麗碑)와 한반도 정세

1) 碑의 발견

1979년 4월 충북 중원군(中原郡)에서 발견되었는데, 한반도에서 高句麗碑가 발견된 것은 처음 있는 일이다.

石碑의 규모는 높이가 135cm, 전면의 넓이가 55cm, 좌측면의 넓이가 37cm, 글자크기는 3~4cm로, 형태는 석주형(石柱形)으로서 자연석을 이용하였다.

2) 碑文의 중요 내용과 쟁점

고구려와 신라의 관계를 기록한 것으로, 비문의 내용으로 보아

〈사진 3-4〉 중원고구려비(국보 205호)

이 당시의 세력관계에서 고구려가 신라에 비해 압도적으로 우월한 입장에 있었음을 알 수 있다. 즉 고구려왕이 신라매금(新羅寐錦)에게 의복을 사여(賜與)했다던가, 신라가 고구려의 노객(奴客)이 되었다는 등의 내용을 알 수 있다. 또한 신라를 동이매금(東夷寐錦)이라 표현하고 있다.

碑文과 관련된 주요 쟁점으로는 먼저 碑의 건립연대인데, 절대연도(絶對年度)에서는 많은 이견(異見)을 보이고 있지만 대체로 5세기 전반으로 생각된다. 또한 碑의 면수(面數)가 3면비인가, 4면비인가 하는 점도 논란이 되고 있다.

碑의 성격으로는 순수비(巡狩碑)·척경비(拓境碑)·공적비(功績碑) 등으로 논의되고 있지만, 아직 이와 같은 쟁점들에 대해서 일치된 의견을 못 보고 있다.

3. 고구려인의 천하관(天下觀)

일반적인 의미로 말하자면 天下觀이란 이 세상이 어떻게 구성되어 있고 그 속에서의 자기 집단의 위상(位相)이 어떠한가에 대한 인식을 나타내는 것이라 하겠다.

고대 중국인들의 천하개념(天下概念)은 천명사상(天命思想)과 깊은 관련을 가지는데, 이에 의하면 天下란 天의 대리자인 王者(天子

또는 皇帝)가 天命을 받들어 지배하는 범주를 의미하는 추상적이고 포괄적인 개념이었다. 이와 같은 天下槪念은 황제지배를 관념적으로 정당시하는 중화사상(中華思想)에서 나온 세계관(世界觀)이며, 중국과 四夷를 구별하는 화이사상(華夷思想)과 밀접한 관련하에서 형성되었다. 그리고 이러한 天下槪念을 뒷받침하는 제도로서는 조공(朝貢)과 책봉(冊封)이 있다.

그러면 高句麗人들의 天下觀은 어떠했을까. 위와 같은 개념에서 고구려인의 天下觀을 엿볼 수 있는 대표적인 자료로는 앞서 서술했던 廣開土王碑와 中原高句麗碑 그리고 모두루묘지(牟頭婁墓誌) 등을 꼽을 수 있다. 즉 광개토왕비에서 고구려왕은 천제지자(天帝之子)로 태왕(太王)이며, 백제의 왕은 잔주(殘主) 또는 노객(奴客)으로 표현하고 있는 것이다. 그리고 "고구려왕의 은택(恩澤)이 하늘(皇天)에 미치고 위무(威武)는 사해(四海)에 떨쳤다"고 기록함으로써 그들의 자존의식(自尊意識)과 天下觀을 당당히 나타내고 있는 것이다. 바로 이처럼 廣開土王碑에서 보이는 "四海"란 ≪맹자(孟子)≫에 의하면 天子가 仁하지 못했을 때 보존할 수 없는 공간적(空間的) 영역이 된다. 즉 天子만이 그 통치권을 행사할 수 있는 세계인 것이다. 그런 한편 이와 같은 동일선상에서 백제와 신라, 숙신(肅愼), 동부여가 그들의 속민(屬民)으로 朝貢을 바쳐왔음을 강조하고 있는 것이다.

中原高句麗碑에서도 이러한 고구려인의 天下觀은 신라를 동이매금(東夷寐錦)으로 표현하는 데서 나타나고 있다. 이어서 매금(寐錦)에게 의복을 사여(賜與)한다거나 廣開土王碑에 보이는 '奴客'이란 용어, 그리고 자신들의 영토를 '大王國土' 라 하면서 신라에 대해서는 '신라토내(新羅土內)'라는 용어로 비하(卑下)하고 하는 데서도 역시 그 일면을 알아볼 수 있다.

그리고 廣開土王代와 長壽王代에 지방관으로 활약했던 모두루(牟頭婁)의 묘지(墓誌)에서도 '日月之子'라든가 '天下四方'이라는 용어가 사용되고 있음을 확인할 수 있다.

위와 같은 여러 가지 실례(實例)로 보아 고구려왕의 자존적(自尊的)이고 초월적인 존재로서 자신이 天下의 중심으로서 天子意識을 가지고 그 면모를 과시하고 있음을 알 수 있는 것이다. 이 점은 중국과는 또다른 관점에서 東아시아에서의 패권자(覇權者)로서의 그들의 天下意識을 드러낸 것으로 사료(思料)된다.

제4절 신라(新羅)의 영토확장

1. 眞興王의 巡狩碑

신라에서 영토확장이 대대적으로 이루어진 것은 24대 진흥왕(眞興王, 540~576) 때의 일이다. 진흥왕은 영토를 개척한 내용과 아울러 관내(管內)를 순수(巡狩)한 것을 기념하여 각지에 순수비(巡狩碑)로 창녕비 북한산비 황초령비 마운령비의 네 개를 세운 것으로 알려지고 있다.

〈사진 3-5〉 북한산 진흥왕순수비(국보 제3호)와 유지(遺址, 사적 제228호)

2. 화랑제도(花郎制度)

앞서 순수비(巡狩碑)에서 살펴본 것처럼 眞興王은 대내외적인 체제정비를 바탕으로 국력(國力)을 크게 신장시켜 삼국통일의 밑바탕을 마련한 뛰어난 군주(君主)로 평가된다. 왕은 독자적인 연호(年號)로 개국(開國)과 대창(大昌) 등을 사용토록 했고, 나라의 역사책인 '국사(國史)'를 편찬하도록 하였다. 그런 한편 百濟의 요청으로 백제에 침범한 고구려군을 치기 위하여 군사를 파견하는 등 백제와의 동맹체제를 확고히 하는 일면 중국의 南北朝 왕조와의 교섭관계도 돈독히 유지해 나갔다. 왕 11년(550)에는 백제와 고구려를 각각 공격하여 2개의 城을 공취(攻取)하였고 이어 12년에는 거칠부(居柒夫)에게 명하여 고구려의 10郡을 장악하기도 하였다. 이어 왕 14년에는 백제와 같이 고구려를 공격하여 한강유역을 차지하였는데, 이 때 백제가 차지한 한강 하류를 탈취함으로써 한강유역을 완전 점령하기에 이른다.

이러한 과정에서 군(軍)의 핵심간부로 활약했던 청소년집단이 화랑도(花郎徒)였다. 花郎徒는 진골출신의 화랑을 수령으로 하여 편성된 청소년집단이었는데, 원광법사(圓光法師)가 제시한 세속오계(世俗五戒)를 단체이념으로 하여 심신(心身)을 수련한 것으로 알려진다.

花郎徒에 관한 ≪三國史記≫의 기록을 살펴보면 "37년(576년) 봄에 처음으로 원화(源花)를 받들었다……마침내 미녀 두 사람을 뽑아, 한 여인은 남모(南毛), 또 한 사람은 준정(俊貞)이라 하였다……무리들은 화목치 못하고 흩어지게 되었다.

그 후 다시 미모의 남자를 뽑아 단장하고, 이름하여 화랑이라 하고 받들게 하였다. 무리들이 구름같이 모여들었다. 서로 도의를 연마하고 혹은 가락을 즐기면서 山水를 유람하여 먼 곳도 이르지 않는 데가 없었다. 이로 인하여 그 사람됨이 사악(邪惡)하고 올바름을 알게 되어 그 중 착한 사람을 택하여 조정에 천거하였다. 그런 까닭으로 김대문(金大問)은 ≪화랑세기(花郎世記)≫에서, "현좌(賢佐)와 충신이 이에서 나왔고, 뛰어난 장수와 용감한 병사가 이로 말미암아 생겼다"고 하였다.

제5절 高句麗의 수(隋)와 당(唐)과의 전쟁

1. 高句麗와 隋의 전쟁

1) 高句麗의 선제공격

高句麗와 隋나라 사이에 일어났던 전쟁은 총 5차례(598~614)였다. 그것도 高句麗가 욱일승천(旭日昇天)의 기운으로 떠오르는 隋에 대해 먼저 공세(攻勢, 598년)를 취했던 것이다. 즉 이 때의 隋는 370여년 간이나 南北으로 갈려 전란(戰亂)을 겪고 있던 중국대륙을 통일한 왕조였다. 이에 대해 수문제(隋文帝)는 같은 해 6월에 수륙 30만 대군으로 반격해왔지만, 홍수와 폭풍 등으로 제대로 접전(接戰)도 못해보고 철군했다.

2) 수 양제(隋 煬帝)의 대원정과 살수대첩(薩水大捷)

≪三國史記≫ 영양왕 23년조(612)에 의하면 隋는 군사 113만 3천 8백인으로 공격을 개시하였는데, 전군(全軍)의 출발에만 40여 일이 걸렸으며, 군기(軍旗)가 960리에 뻗쳤다고 한다. 그러면 隋 煬帝의 대군이 어떤 상황하에서 을지문덕(乙支文德)에 의해 격파되었는지를 ≪三國史記≫ 열전(列傳)을 통해서 살펴보자.

"乙支文德은 그 집안이 (어떤지) 상세히 알지 못한다. 그는 자질이 침착하고 용맹스러우며 지략(智略)이 있었고 겸해서 글도 잘 지었다.

隋나라 개황(開皇)연간에 煬帝가 조서를 내려 고구려 정벌에 나서니…우문술(宇文述)은 부여도(扶餘道)로, 우중문(于仲文)은 낙랑도(樂浪道)로 나와 9군(九軍)과 함께 압록수(鴨淥水)에 이르렀다.

文德이 왕명을 받아 그 진영에 가서 거짓 항복하는 체하였는데, 사실은 그 허실(虛實)을 보고자한 것이었다. 宇文述과 于仲文은 이보다 앞서 (隋 황제의)밀지를 받았었다. (그 내용은) 만일 王이나 文德이 오거든 체포하라는 것이었다. 仲文 등은 文德을 붙잡으려 했으나, 위무사(慰撫使)였던 상서우승 유사룡(劉士龍)이 굳이 그만두게 하여서 마침내 文德은 돌아가게 되었다. (宇文述 등이) 깊이 후회해서 사람을 보내어 文德에게 말하기를 '다시 논의할 일이 있으니 돌아 오라'고 하였다. (그러나) 文德은 돌아보지도 않고 드디어 鴨淥水를 건너 돌아왔다. 宇文述과 于仲文은 文德을 놓친 뒤에 내심 불안하였으며……宇文述 등은 부득이 이에 따라 鴨淥水를 넘어 文德을 추격하였다.

文德은 隋의 군사가 배고파함을 알고서 그들을 피곤케 하려고 매번 싸울 때마다 거짓으로 패하였다. 宇文述 등은 하루에 일곱 번 싸워서 모두 이기자, (이렇게) 자주 승리하는 것을 믿고 또 한편 중의(衆議)에 몰려 마침내 동쪽으로 살수를 넘어 평양성에서 30리 되는 곳에 머물면서 산을 의지하여 군영을 차렸다. 文德이 于仲文에게 시(詩)를 보내어 "神策究天文 妙算窮地理 戰勝功旣高 知足願云止"라 하니 于仲文도 답서를 보내어 효유(曉諭)하였다. 文德이 또 사신을 보내어 거짓 항복하면서 宇文述에게 청하여 말하기를 '만일 그대가 군사를 돌리면 왕을 모시고 행재소(行在所)에 가서 뵙겠다'고 했다.

宇文述은 사졸(士卒)들이 피곤해서 다시 싸울 수 없는 것을 알고, 또 평양성이 험준해서 갑작스레 함락하기도 어려우므로 마침내 그 거짓 항복을 핑계로 돌아가면서 방진(方陣)을 만들어 행군하였다. 文德이 군사를 출동시켜 사면으로 공격하니 宇文述 등이 한편으로 싸우고 또 한편으론 행군하면서 살수에 이르러 반쯤이 건넜는데 文德은 군사를 몰아 그 후군(後軍)을 공격하여 우둔위장군 신세웅(辛世雄)을 사살했다. 이에 제군(諸軍)이 무너져 걷잡을 수 없게 되었고, 九軍의 장졸이 바쁘게 도망쳐서 하루 낮 하루 밤 사이에 鴨淥水에 도달하였으니 (그들은) 450리를 간 셈이었다 처음 요수(遼水)를 건널 때에는 九軍 30만 5천인이었는데 요동성에 돌아갔을 때에는 단지 2천7백인이었다."

이 전쟁이 바로 史上에 전하는 그 유명한 '살수대첩'(薩水大捷, 612년)이었으며, 김부식(金富軾)은 이 전투의 결과를 "煬帝의 요동전역(遼東戰役)은 출사(出師)의 성함이 전고(前古)에 없었다. 高句麗가 한쪽에 치우친 소국(小國)으로서 능히 이를 막아내어 스스로를 보전하였을 뿐만 아니라 적의 군사를 거의 섬멸한 것은 乙支文德 한 사람의 힘이었다. 좌전(左傳)에 이르기를 군자(君子)가 있지 아니하면 능히 나리를 다스릴 수 있겠는가 하였는데 참으로 믿을 만하다"라고 논평하였다.

그 후 煬帝는 패전의 책임을 물어 지휘관 모두를 서인(庶人)으로 강등시키고, 유사룡(劉士龍)은 참형(斬刑)에 처했으며 후일 우중문은 민사(悶死)했다. 煬帝는 2차례 더 침략해 왔지만, 결국 高句麗와의 과도한 전쟁으로 각처에서 반란이 일어나고 618년에 망하고 말았다.

2. 高句麗와 당(唐)과의 전쟁

1) 7세기 중엽 한반도의 정세

7세기 중엽의 삼국간의 정세는 몹시도 팽팽하게 맞서고 있었던 상황이었다. 그 긴장(緊張)이 무너지기 시작한 단서(端緖)는 642년 百濟의 전면적인 新羅에 대한 공격이었다. 즉 의자왕(義慈王)은 7월에 친히 군사를 이끌고 신라의 하미후성(下獼猴城) 등 40여 성을 침범하였고, 이어서 8월에는 윤충(允忠)으로 하여금 대야성(大耶城)을 공격케 하여 성주(城主) 품석(品釋)과 그 처자(妻子)를 모두 죽이고 천여 명의 포로를 이끌고 돌아가 버렸다.

이런 상황에서 新羅의 김춘추(金春秋, 604~661)는 국가존망의 이 위기를 타개하기 위하여 또 하나의 적지(敵地)인 고구려에 가서 구원을 요청하였다. 그 당시 고구려의 실권자인 연개소문(淵蓋蘇文)은 그러나 金春秋의 요청을 묵살함과 동시에 그를 감금함으로써 신라의 간절한 바람은 물거품이 되고 말았다. 이 시기의 상황을 사서(史書)의 기록에서 살펴보면 다음과 같다.

"善德大王 11년 임인(壬寅, 642)에 百濟가 대량주(大梁州)를 함락하자 춘추공의 딸 고타소낭(古陁炤娘)이 남편 품석(品釋)을 따라 죽었다. 春秋가 이를 한스럽게 여겨 고구려에 군사를 요청하여 백제에 대한 원한을 갚고자 하니 왕이 허락하였다……

어떤 신하가 高句麗王에게 말하기를 '新羅의 사자(使者)는 보통 사람이 아닙니다. 이번에 온 것이 아마도 우리의 형세를 살피려고 하는 것이니 왕은 도모하여서 후환이 없게 하소서' 하였다. (고구려) 왕이 (金春秋에게) 무리한 질문으로서 대답하기 어렵게 하여 욕을 보이려고 하여 묻기를 '마목현(麻木峴)과 죽령(竹嶺)은 본래 우리의 것이니, 만약 이 곳을 우리에게 돌려주지 않으면 귀국할 수 없을 것이오'라고 말했다. (이에) 金春秋가 답하기를 '국가의 토지는 신하가 마음대로 하는 바가 아니니니 臣은 감히 명령을 받아들일 수가 없습니다'라고 하자 왕은 화를 내면서 그를 가두고 죽이려 했으나 그러지 못했다.

金春秋는 청포(靑布) 300보(步)를 왕이 총애하는 신하인 선도해

(先道解)에게 몰래 주었다. 先道解는 음식을 준비하여 와서 서로 마시고 즐기면서 희롱하여 말하기를 '그대는 일찍이 거북이와 토끼의 이야기를 들어본 적이 있는가….거북이는 민망해 하면서 물러갔다'고 한다. 春秋가 그 말을 듣고서 그 뜻을 알았다. 高句麗王에게 글을 보내어 말하기를…… 高句麗王이 비로소 기뻐하였다."

이렇게 하여 金春秋는 간신히 살아 돌아갔으며 신라는 고구려와의 교섭관계가 실패로 돌아가자, 643년(善德女王 12년) 唐나라에 청병외교(請兵外交)를 전개하였다. 즉 고구려와 백제가 연합하여 공격하고 있음을 알리고 唐나라가 군사를 파견하여 구원해줄 것을 요청하였다. 그 후 진덕여왕대(眞德女王代, 647~654)도 물론, 金春秋 그 자신이 왕으로 즉위한 뒤에도 두 번에 걸쳐 청병(請兵)을 위한 사신을 파견하였고, 아울러 宿衛外交 관계를 지속시켰다.

2) 高句麗와 당(唐)의 전쟁

군사적 실력으로 정권을 장악한 연개소문(淵蓋蘇文)은 신라에 대한 공격을 중지하기를 권하는 唐의 간섭을 물리치는 한편 唐의 사신을 토굴에 감금하기까지 했으며, 이에 唐 태종(太宗)은 644년 자신의 중재외교를 거부하는 고구려와 국교를 단절하고, 11월 고구려 원정을 선포한다.

唐太宗은 마침내 보장왕 4년(645년)에 10만 대군으로 친정(親征)하여, 개모성(蓋牟城)→ 비사성(卑沙城)→ 요동성(遼東城)→ 백암성(白巖城) 등을 함락시키고, 안시성(安市城)으로 집결했다. 그러나 安市城 城主 양만춘(梁萬春 또는 楊萬春)과의 전투에서 결국 패하여 철수하게 되는데, 이 때 당태종(唐太宗)은 양만춘에게 적의 장수이기는 하지만 훌륭하게 싸운 것을 가상(嘉賞)히 여겨 비단 백필을 주고 가면서 임금을 섬긴 절의(節義)를 격려했다고 한다.

그 후 두 차례(2차 647년, 3차 648년)의 침략이 더 있었지만, 그들의 목적은 이루어지지 못하였고 649년에 唐 太宗이 죽고, 고종(高宗)이 즉위하자 唐의 고구려에 대한 전략이 변경된다.

제6절 통일로 가는 길

1. 新羅와 唐 연합군의 대백제 및 고구려전(對百濟 및 高句麗戰)

1) 의자왕(義慈王, 641~660)과 百濟의 멸망

義慈王 20년(660) 7월, 나당연합군(羅唐聯合軍)의 김유신(金庾信)이 이끄는 신라군은 5만, 唐의 소정방(蘇定方) 군사는 13만이었다. 이들은 황산벌에서 백제의 운명을 좌우할 전투를 전개하게 된다. 이를 맞이하는 계백(階伯)장군에 관한 기록을 보면 다음과 같다.

"階伯은 백제 사람이다……階伯이 장군이 되어 사사(死士) 5천인을 뽑아 (적을) 막으려 가면서 말하기를 '한 국가의 사람으로서 唐과 신라의 大兵을 맞아 국가의 존망이 어찌 될지 알 수 없다. 내 처자(妻子)가 노비로 떨어져 살아서 욕을 보느니 깨끗이 죽는 것만 못하다'라고 하면서 마침내 妻子를 죽였다.

황산(黃山)의 들판에 이르러 세 개의 영(營)을 치고 신라 군사를 맞아 싸우려 할 때 장졸에게 맹세하기를 '예전에 (중국의 월(越)나라) 구천(句踐)이 5천명으로 오(吳)나라의 70만의 무리를 격파했었다. 오늘 마땅히 각각 분발하여 싸워 이겨서 나라의 은혜에 보답하자'라 하면서 드디어 죽을 힘을 다하여 힘껏 싸워서 한 사람이 천명을 당해내지 못하는 자가 없었다. 신라 군사들이 퇴각했다. 이와 같이 진퇴를 거듭하기를 4차례에 이르니 힘이 다하여 전사하였다"라 하여 階伯의 장렬한 최후를 알려주고 있다.

이 전투로 신라군이 唐과의 약속기일을 넘기고 기벌포(伎伐浦)에 도착하자, 蘇定方이 이를 문책하려했다. 金庾信이 이에 격분하여 "먼저 唐軍과 결전 후 백제를 치겠다"며 군문(軍門)에서 월(鉞; 큰 도끼)을 짚으니 그의 머리털이 곤두서고 보검은 칼집에서 저절로 튀어나왔다고 한다.

마침내 나당연합군(羅唐聯合軍)이 사비성(泗沘城)을 포위하고 공격하려할 때, 唐軍이 이기지 못할 것을 염려하여 망설이자 金庾信이 설득하여 합공(合攻)하였고, 결국 義慈王의 항복을 받았다. 이렇게 하여 百濟는 660년, 역사의 현장에서 그 막을 내리게 되었던 것이다.

2) 高句麗의 新羅·唐 연합군과의 전쟁과 멸망

보장왕(寶藏王) 24년(665) 연개소문(淵蓋蘇文)의 사후(死後), 아들인 남생(男生)·남건(男建)·남산(男産) 사이에 권력투쟁이 일어나고, 동생 연정토(淵淨土)는 신라에 투항한다.

왕 27년(668) 2월에 부여성(扶餘城; 농안(農安)부근)이 함락되고, 그 부근 40여 성이 항복하였다. 이 때 男生이 唐의 향도(嚮導) 역할을 하였고, 9월에 평양성이 함락되자 이에 보장왕이 男産에게 항복하게 하였다.

2. 新羅와 唐과의 전쟁

1) 唐의 침략정책

唐은 신라를 무시하고 한반도 전체를 지배하려는 의도로 백제 옛 땅에 웅진도독부(熊津都督府)를, 663년에는 신라에 계림대도독부(鷄林大都督府)를 두고 문무왕(文武王)을 계림대도독에 임명하였다. 그리고 고구려 멸망 후에는 평양에 안동도호부(安東都護府)를 설치하면서 일방적으로 그 지배체제를 굳혀 나갔다.

2) 新羅의 唐軍 축출

新羅는 唐과의 전쟁을 두 방면에서 진행시켜 나갔다. 우선 옛 백제지역에서 보장왕의 서자(庶子) 안승(安勝)을 금마저(金馬渚; 익산)에 있게 하여 고구려왕으로 삼고 -뒤에 보덕왕(報德王)으로 개칭-唐의 세력을 견제했다. 그러는 한편 군사활동을 전개하여 唐軍을 격파하고, 마침내 671년 사비성(泗沘城)을 함락시켜 이곳에 소부리주(所夫里州)를 설치하여 백제고지(百濟故地)의 지배권을 장악하였다.

그리고 옛 고구려지역의 경우에는 唐이 674년(문무왕14년)에 왕의 동생 김인문(金仁問)을 신라왕으로 봉하고 유인궤(劉仁軌)와 함께 신라를 공격하게 했다. 이에 신라는 675년 매초성(買肖城; 楊州 부근?) 전투에서 이근행(李謹行)이 이끄는 唐의 20만 대군을 격파했다. 그리고 이어서 설인귀(薛仁貴)가 거느린 唐의 해군을 기벌포(伎伐浦)에서 격파하여(676) 서해(西海)의 제해권(制海權)을 장악하였다.

3. 新羅의 三國統一

1) 삼국통일

唐은 결국 文武王 16년(676)에 안동도호부를 평양에서 요동성으로 옮겼고, 그 결과 신라는 대동강과 원산만을 잇는 이남(以南)의 영토를 차지하게 되었다. 이리하여 신라는 한반도에 대한 지배권을 차지하게 됨으로써 三國統一의 위업(偉業)을 달성하게 되었던 것이다.

2) 三國統一의 의의(意義)

新羅는 고구려 옛 땅에서 唐軍을 완전히 축출하지는 못하였지만, 고구려와 백제유민과 힘을 합쳐서 한반도 안에서 그들을 몰아내고 독립된 국가로서의 위치를 확고히 했다는 점에서 그 의미가 크다. 일부 연구자들은 新羅에 의한 삼국통일을 매우 부정적인 시각으로 설명하기도 한다. 그러나 新羅가 統一한 것은 역사적 현실이었고,

그리고 三國統一은 삼국의 역사와 문화가 하나로 되어 독자적으로 발전할 수 있는 토대를 마련해 주었던 것이었고, 또한 무엇보다도 민족통합의 계기를 마련하였다는 점 또한 커다란 意義를 가진다. 따라서 이것이 기반이 되어 한국사의 주류를 형성케 되었다는 점에서 민족사적 의의가 매우 높다.

또 한편으로는 삼국간의 첫 전투에서부터 무려 610여년이라는 장구(長久)한 세월동안 전란에 시달리던 三國民에게 평화를 안겨 주었다는 점 역시 높이 평가할 수 있다고 생각한다.

〈사진 3-6〉 문무왕의 대왕석(大王石, 사적 제158호)

제7절 신라와 발해(渤海)

1. 국내외의 발해사 인식(認識)과 연구

渤海는 오늘날의 북한, 중국, 러시아지역에 걸쳐 존재하였던 광활한 국가였다. 그러하기 때문에 渤海史에 대한 연구는 남북한을 비롯하여 중국과 러시아에서도 활발히 진행되고 있다. 그리고 과거 만주지역을 지배하였던 일본에서도 역시 많은 연구가 이루어지고 있는 상황이다.

1) 국내의 발해사 연구

신라인들의 渤海에 대한 인식을 그 당시 최고의 석학(碩學)이라고 할 최치원(崔致遠)의 견해를 참고로 하면 고구려의 잔민(殘民)들이 渤海를 건국했던 것으로 이해하고 있었던 것으로 보인다.

高麗時代에 들어와서 태조대(太祖代)의 기록을 보면 발해유민(渤海遺民)을 제한 없이 받아들이고 있는 것이 나타나며, 태조 17년(934)에는 渤海의 세자(世子) 대광현(大光顯)에게 왕계(王繼)란 이름을 주는 것 등으로 보아 渤海人에 대한 동족의식을 지녔던 것으로 유추해 볼 수 것 같다. 한편, 송(宋)나라 사람으로서 인종대(仁宗代, 1122년)에 개경(開京)을 다녀갔었던 서긍(徐兢, 1091~1153)이 일종의 견문록(見聞錄)으로 남긴 ≪선화봉사고려도경(宣和奉使高麗圖經)≫에는 기자(箕子)→ 위만(衛滿)→ 高句麗→ 渤海→ 高麗로 이어지는 역사를 간략하게 정리하고 있다. 이 점은 특히 당대(當代)의 중국인에 의해서 저술된 내용인 관계로, 중국인들이 발해를 보는 관점을 알아볼 수 있는 대단히 중요한 자료라 생각된다.

朝鮮 초기의 ≪동국통감(東國通鑑)≫에서는 檀君朝鮮으로부터

高麗時代까지의 역사를 서술하면서도 渤海에 관한 사실을 다루지 않았다. 그러나 17세기에 편찬된 한백겸(韓百謙, 1552~1615)의 ≪동국지리지(東國地理誌)≫와 허목(許穆, 1595~1682)의 ≪동사(東事)≫에서 渤海의 역사를 서술하고 있다.

18세기의 실학자 이익(李瀷, 1681~1763)의 ≪성호사설(星湖僿說)≫과 이긍익(李肯翊, 1736~ 1806)의 ≪연려실기술(燃藜室記述)≫ 등에서 발해가 고구려 영토를 계승했으며, 그 건국자도 고구려 유민이었다는 인식이 나타나고 있다.

한편, 渤海史 인식에 하나의 획기(劃期)라 할 연구는 유득공(柳得恭, 1748~1807)의 ≪발해고(渤海考)≫에서 이루어진다. 즉 柳得恭은 ≪渤海考≫란 단행본에서 渤海의 역사를 군고(君考)·신고(臣考)·지리고(地理考) 등 9개 부문으로 나누어 전반적으로 다루고 있는 것이다. 그리고 그 서문에서 "高麗가 渤海의 역사를 편찬하지 않았으니 고려의 (국력이) 떨치지 못함을 알겠다……부여씨(扶餘氏)가 망하고, 高氏도 망하고 金氏가 그 남쪽에 있고, 大氏는 그 북쪽에 있어 渤海라 하였으니 이를 일컬어 남북국(南北國)이라 한다. 마땅히 그 南北國史가 있어야 하는 것인데, 고려가 이를 편찬하지 않은 것은 잘못이다."라 하여 新羅와 渤海가 병존했던 시기를 南北國시대라고 설정하였다. 이러한 인식은 김정호(金正浩)의 ≪대동지지(大東地志)≫에서 계승된다.

일제강점기(日帝强占期)에 신채호는 삼국통일의 역사적 의미를 격하시키고, ≪讀史新論≫·≪朝鮮上古史≫에서 渤海를 檀君·扶餘·高句麗의 정통을 계승한 국가로 파악하여 兩國時代를 설정하였다.

해방이후 南韓에서는 渤海에 비해 신라에 대한 연구가 훨씬 많은 양을 차지하고 있는 것이 사실이나, 그런 한편 이 두 나라를 아우를 수 있는 시대론에 대한 논의가 활발히 전개되고 있다. 반면에 北韓에서는 고구려의 역사가 渤海에 계승된 것이라 점을 강하게

주장하고 있는 실정이다

2) 國外의 渤海史 연구상황

中國에서의 渤海史 인식은 ≪구당서(舊唐書)≫발해말갈전(渤海靺鞨傳)과 ≪신당서(新唐書)≫발해전(渤海傳)을 기본으로 하여 전개되었다. 이 중 ≪舊唐書≫에서는 대조영(大祚榮)의 出自와 건국과정에 대해서 "발해말갈의 大祚榮이란 사람은 본래 고(구)려의 별종이다"라 적고 있으며, ≪新唐書≫는 "발해는 본래 속말말갈인데, 고(구)려에 부속되었다. 성은 大氏로 고(구)려가 망하자 무리를 이끌고 읍루의 동모산(東牟山)에 거처했다"라 하여 이 두 史書가 발해사의 성격을 명확히 규정하지 않은 채 高句麗的 요소와 靺鞨的 요소를 동시에 언급하고 있는 것이다. 그리고 그 이후의 문헌들도 이러한 서술을 대체적으로 그대로 따르고 있기 때문에 새로운 역사인식이 별로 형성되지 못하였다.

日本은 대외관계사(對外關係史)라는 측면과 일제시대에 만주(滿洲)를 지배하였던 경험 때문에 근년(近年)보다도 오히려 일제시대(日帝時代)에 발해사 연구가 활발하였음이 통계자료로도 확인된다. 즉 日本은 1909년 中國과 체결한 간도협약(間島協約)을 기점으로 滿洲에 진출하게 되면서 그 연구가 활발하게 이루어졌는데, 주로 지리고증과 고고학적 조사에 연구의 중점이 두어졌다. 한편, ≪속일본기(續日本記)≫를 비롯한 일본의 역사서(歷史書)들은 발해를 고구려계 국가로 보고 있다.

러시아는 1860년 中國과의 북경조약(北京條約)을 체결하여 연해주(沿海州)를 점령하게 되었고, 이를 계기로 渤海史에 관한 관심이 고조되어 갔다. 그리고 그 연구가 체계적으로 이루어지기 시작한 것은 1950년대이다. 고고학적으로 다양한 접근이 이루어지고 있는 것이 러시아측 연구의 특색이다.

2. 渤海史의 인식에서 나타난 歸屬問題

渤海史에서 가장 중요하게 다루고 있는 내용 중의 하나는 앞에서 살펴본 것처럼 그 歸屬問題이다. 현재까지의 논의로는 대략 두 개로 구분된다. 하나는 高句麗 계승국가로 보는 점이고, 또 하나는 靺鞨系 국가로 보고 있는 점이다. 이러한 차이는 과거의 역사적 사실에 근거를 두고 있기보다는 현재의 국가적 이해관계(利害關係)에 따른 것이다. 따라서 특히 이 문제에 관한 한 개인적인 관점에서보다는 국가별로 견해가 엇갈리는 양상이다. 관련된 각국의 입장을 정리해보면 다음과 같다.

1) 南北韓과 日本

渤海는 高句麗를 계승한 국가였다는 견해이다. 北韓의 경우는 우리의 古代史 연구가 高句麗 일변도로 기울고 있어서 그만큼 경직성을 띠고 있다. 南韓은 고구려 계승국가로 보아야 한다는 당위성(當爲性)에 동의하면서, 南北國時代라는 명칭을 사용하자는 논의가 진행되고 있고, 다른 가능성들에 대해서도 유연성을 가지고 있다.

일본은 발해가 일본에 보낸 國書에 나타나는 고구려 계승의식, 지방제도 면에서 고구려와 발해의 연속성을 추적함으로써 고구려계 국가로 파악하고 있다.

2) 中國과 러시아

靺鞨系 국가로 보는 관점이지만, 이들 양국은 渤海를 똑같이 말갈계 국가로 보더라도 靺鞨族의 귀속문제에서 시각이 다르다. 중국에서는 靺鞨族을 중국에 속하는 소수민족의 하나로 보는 데에 반하여, 러시아에서는 말갈족을 독립적인 민족으로 본다.

3. 南北國時代論

新羅와 渤海가 南과 北에서 같은 시기에 공존하고 있었던 시대를 한국사의 시대구분에서 어떤 용어로 지칭할 것인가에 대한 문제제기이다. 발해는 건국한 지 2년이 되는 해인 700년에 신라에 사신을 파견함으로 해서 신라와 첫 접촉을 가졌다. 그리고 얼마 후 신라는 발해의 건국을 인정한 것으로 보인다. 또한 ≪三國史記≫에서도 발해를 '北國'이라 표현하였다.

新羅와 渤海는 위에서 살펴본 것처럼 서로 교류를 하고 있는데, 이것은 서로가 상대방 국가를 인정하고 있다는 증거다. 그리고 渤海가 고구려를 계승한 국가임은 제3국인 일본학계에서도 인정하고 있는 터이다. 그리하여 일찍이 朝鮮後期의 유득공(柳得恭)은 이 두 나라가 병행하여 역사를 전개했던 시기를 '南北國'시대라 표현했었다.

물론 '南北國'시대란 용어사용을 비판하는 연구자도 있고, 또 그럴 만한 이유가 제시되기도 했다. 그러나 이에 못지 않게 이 두 나라를 한국사의 한 부분으로 동등한 비중으로 다루어야 함을 주장하는 견해도 주목되어야 한다고 생각한다.

결국 渤海史가 한국사의 한 시대로 인식되어야 한다면 그와 같은 시기에 존재했던 신라와 더불어 함께 할 합당한 시대구분상의 용어가 있어야 한다. 그 하나의 제시가 선학(先學)들이 사용하고자 한 '南北國時代'가 아닌가 한다.

4. 渤海史는 한국사이다.

지금의 현실은 위에서 본 것처럼 渤海史를 각기 자기 역사의 일부로 다루려 하고 있다. 中國에서는 渤海가 속말말갈족(粟末靺鞨

族)을 주체로 한 정권이며, 심지어는 독립국이 아닌 唐의 일개 지방정권에 불과하다고 주장하고 있는데, 이 두 가지 사실이 연구의 기본전제가 되어 있을 정도이다. 근래에는 高句麗도 중국사의 일부이기 때문에 말갈계 국가이건 고구려계 국가이건 간에 중국사의 일부라는 주장도 제기되고 있다.

그러나 지금까지 발표된 내용을 보면 이러한 주장들이 아직도 실증적 토대 위에서 설득력 있게 전개되어 온 것이 아니라는 데에 문제점이 있다. 즉 中國의 위와 같은 견해들은 渤海人들이 빈공과(賓貢科)에 응시하였다는 사실 하나만으로도 허구(虛構)임을 알 수 있다. 賓貢科란 新羅人이나 渤海人과 같은 외국인을 위해서 특별히 설치한 과거시험이기 때문이다. 그리고 '二十五史'라 불리는 中國 정사류(正史類)의 史書들이 중국사로 볼 수 없는 ≪요사(遼史)≫와 ≪금사(金史)≫를 각각 하나의 왕조사(王朝史)로 二十五史에 포함하고 있으면서도, ≪渤海史≫란 제목의 단행본은 없다. 왜 그런 것인가? 이 점은 渤海를 그들 당시의 중국인들이 중국사의 범주로 보지 않았기 때문인 것이다. 이러한 점은 그 당시 渤海를 '해동성국(海東盛國)'이라 칭한 점에서도 확인된다.

다른 한편으로 渤海가 존속했던 그 당시 빈번한 접촉을 가졌던 국가 중의 하나는 日本이었다. 그러면 日本은 渤海를 어떻게 인식하고 있었는가. 그 당시 일본측 문헌인 ≪속일본기(續日本記)≫를 보면 발해가 고구려계 국가임을 밝히고 있다. 즉 8세기 초 발해에서 고제덕(高齊德) 등을 사신으로 일본에 파견하였는데, 일본조정(日本朝廷)에서 이들 사신들을 영접하면서 발해를 옛 고(구)려국이라 하고 있는 것이다.

이외에도 일본조정이 발해를 고구려로 인식하고 있음이 곳곳에서 보인다. 일본에서 발해로 파견한 사신들을 고구려 사신으로 불렀으며, 872년(경왕(景王) 3년)에 일본에서 渤海 사신을 접대하면서 고구려 계통의 사람을 내세웠다는 점을 볼 때에 마지막까지 고구려 계승의식이 지속되었음을 분명히 알 수 있다. 그리고 발해사신을 위한 연회석상에서 '본국악(本國樂)'이 연주되었는데, 이 때의 本國樂이란 고려악사(高麗樂師)와 악생(樂生)들이 연주한 고려악(高麗樂)으로 해석된다.

渤海가 고구려 계승의식을 강하게 지니고 있었음은 발해와 일본 조정 간에 교환된 국서(國書)에서도 확연히 드러난다고 생각된다. 그것은 文王代(3代, 737~793)에 일본에 보낸 국서에서 '천손(天孫)'을 표방하였는데, 이것은 아마도 고구려의 천손의식(天孫意識)을 계승한 것이라 생각된다. 일본에서는 이 '天孫'의 자구(字句)에 대해서 문제를 제기하고 있는 사실이 나타나며, ≪續日本記≫에 의하면 그 후반기에는 고구려 계승국이라는 의미로서 고려국을 표방하고 있다. 강왕대(康王代, 6代로 재위기간은 794~809)에도 고구려 계승의식이 집중적으로 나타나고 있다. 특히 이 때에 康王 자신이 스스로 이러한 의식을 드러낸 것은 발해인의 입장을 밝히고 있어서 주목된다.

한편, 고고학 자료에서도 고구려 문화를 계승하고 있음을 알 수 있다. 그 대표적인 것은 1949년에 발굴된 정혜공주(貞惠公主) 무덤인데, 그 축조양식인 석실봉토분(石室封土墳)은 고구려의 분묘양식을 그대로 계승한 것이다. 한편, 1980년에 조사된 정효공주(貞孝公主) 무덤은 唐나라와 고구려 양식이 혼합되고 있다.

앞에서 살펴보았듯이 渤海人들의 고구려 계승의식은 분명하다고 하지 않을 수 없다. 그리고 당시의 우리나라 및 中國과 日本의 여러 문헌에서 渤海가 고구려를 계승하였음을 뚜렷하게 기록으로 남기고 있는 것이다. 고고학자료에서 나타나는 것 역시 동일하다. 따라서 오늘날 중국학자들이 주장하는 것과는 오히려 정반대로 분명하게 渤海史는 한국사의 일부이다.

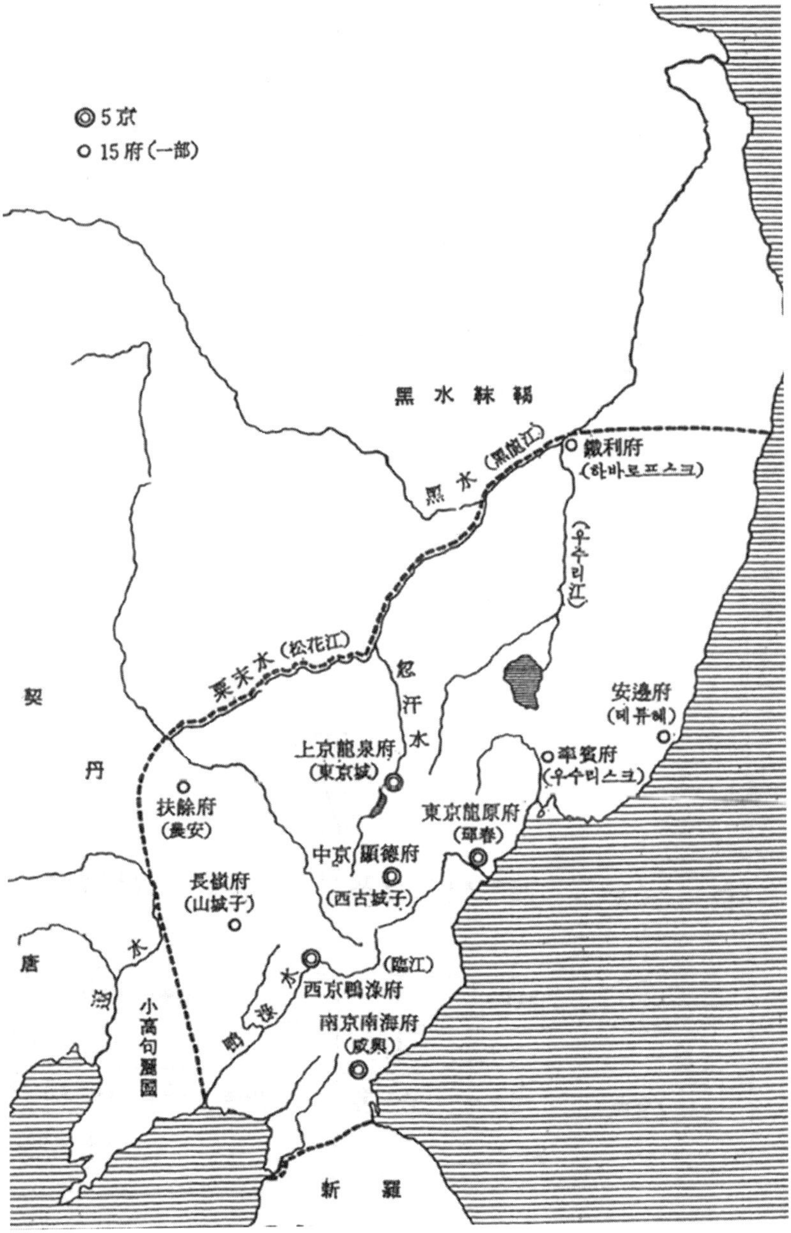

〈그림 3-2〉 발해의 5경15부

제 4 장

불상과 도자기

제4장
불상과 도자기

제1절 금당(金堂)과 불상(佛像)

1. 가람배치

사찰에는 불상(佛像) 및 佛像을 모셔놓은 금당(金堂), 석탑(石塔), 강당(講堂), 승방(僧房), 중문(中門), 종루(鐘樓) 등 많은 건조물들이 남북 중심 축을 중심으로 기본적인 가람배치에 따라 조성·배치되었다.

2. 불상(佛像)

佛像은 불교의 신앙대상으로 만들어진 부처의 모습을 뜻하는 말인데, 종류가 다른 여러 상(像)들을 넓은 의미에서 구별 없이 모두 불상이라고 부르고 있다. 그렇지만 이들 예배대상은 불격(佛格)에 따라 불(佛), 보살(菩薩), 천(天), 나한(羅漢) 등으로 나눠지기 때문에, 불상이라고 할 때 이 중 어느 것을 지칭하는 것인지 구분할 필요가 있다.

1) 불(佛)

佛이란 범어의 Buddha(佛陀)의 약칭으로 진리를 깨달은 사람, 즉 각자(覺者)라는 의미이며 여래(如來)라고도 불려진다. 소승불교

(小乘佛敎)에서는 석가모니(釋迦牟尼, Sakyamuni; 샤카족 출신의 성자(聖者)란 의미)만을 의미했지만, 대승불교(大乘佛敎)에 이르면 여러 가지 속성을 갖는 많은 부처가 등장하게 된다. 그리고 부처의 특정한 손모습을 수인(手印)이라 하는데, 이것은 부처의 서원(誓願)·공덕(功德)의 표지로 불변의 것으로 간주된다. 불상의 종류는 아래의 도표와 같다.

〈도표〉 불상의 종류

부처명	속 성	금당명칭
석가모니불(釋迦牟尼佛)		
비로자나불(毘盧舍那佛)		
아미타불(阿彌陀佛)		
약사불(藥師佛)		
미륵불(彌勒佛)		

2) 보살(菩薩)

보살은 범어인 Bodhi-Sattva(보리살타; 菩提薩埵)의 준말로, 성불(成佛)하기 위해 수행에 힘쓰는 한편 중생구제에 노력하는 존재다. 즉 이들은 위로는 보리(菩提, 즉 진리)를 구하는 동시에 밑으로 중생을 교화(上求菩提 下化衆生)해야 하는 자로서 대승불교의 특징을 가장 잘 나타내는 이들이다.

보살의 종류로 관세음보살(觀世音菩薩)은 보살 중 가장 대표적인 것으로 자비(慈悲)를 상징한다. 觀世音이란 중생의 고통소리를 듣고 구제한다는 뜻이다. 많은 중생의 염원에 따라 여러 가지 모습으로 조성되는데, 십일면관음(十一面觀音), 천수천안관음(千手千眼

觀音) 등이 그런 예이다. 지장보살(地藏菩薩)은 육도(六道; 지옥(地獄)·아귀(餓鬼)·축생(畜生)·수라(修羅)·人間·天上)의 윤회(輪廻)에 헤매는 중생(衆生)은 물론 지옥에 떨어진 衆生을 구제해주는 보살이라고 한다. 그 외로 문수보살(文殊菩薩)과 보현보살(普賢菩薩) 등이 있다.

3) 천(天)과 나한(羅漢)

천(Deva)은 광명, 청정(淸淨) 등이 뜻으로, 인도(印度)의 고대신앙에 있던 토착신(土着神)들이 불교에 흡수된 것으로 불교의 수호신(守護神)을 가리킨다. 그 종류로는 범천(梵天), 제석천(帝釋天), 사천왕(四天王), 팔부중(八部衆), 금강역사(金剛力士, 인왕(仁王)이라고도 한다) 등이 있다.

나한은 석가모니를 따르던 제자나 여러 나라에서 존경받던 고승(高僧)들을 말한다. 여기에는 16나한, 500나한, 10대 제자 등이 있다.

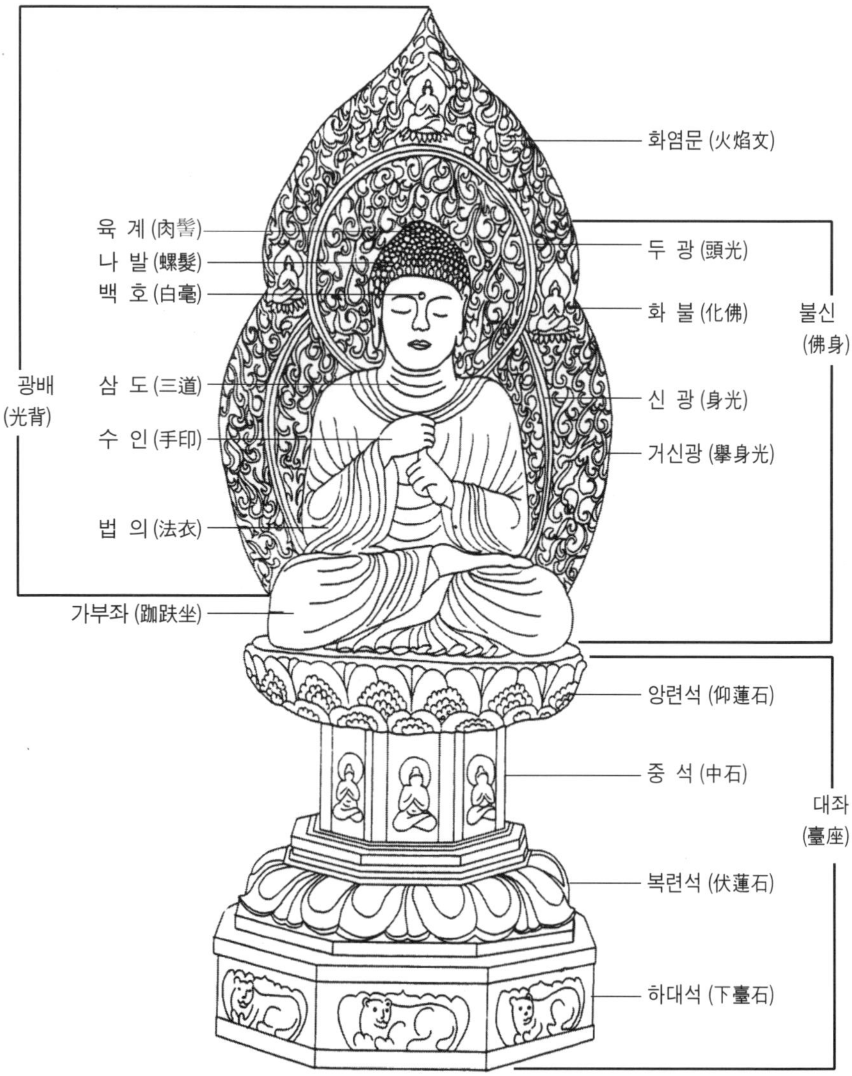

〈그림 4-1〉 불상의 부분 명칭도

〈사진 4-1〉 석굴암 석조 본존불(국보 제24호)

제2절 탑(塔)과 부도(浮屠)

1. 塔의 기원과 양식

한국의 고대 미술문화의 주류(主流)를 이루고 있는 것은 불교미술이다. 그 가운데서도 질(質)과 양적(量的) 면에서 가장 우위를 차지하는 것이 塔과 佛像이다. 탑은 석가모니의 사리를 모셔놓기 위한 축조물에서 시작된 것이다. 미얀마와 유럽 등지에서는 Pagoda라 부른다. 塔은 불교에서 가장 중요한 숭배대상이었는데, 금당(金堂) 앞에 초기에는 단탑(單塔)이, 통일신라대에는 쌍탑(雙塔)이 배치되기도 하였다.

塔의 종류에는 만들어진 재료에 따라 목탑(木塔), 전탑(塼塔), 모전석탑(模塼石塔), 석탑(石塔) 등으로 구별할 수 있다. 우리나라 탑은 목조탑에서 석조탑으로 변해갔던 것으로 생각된다. 塔은 기단부(基壇部), 탑신부(塔身部), 탑두부(塔頭部)로 조성된다.

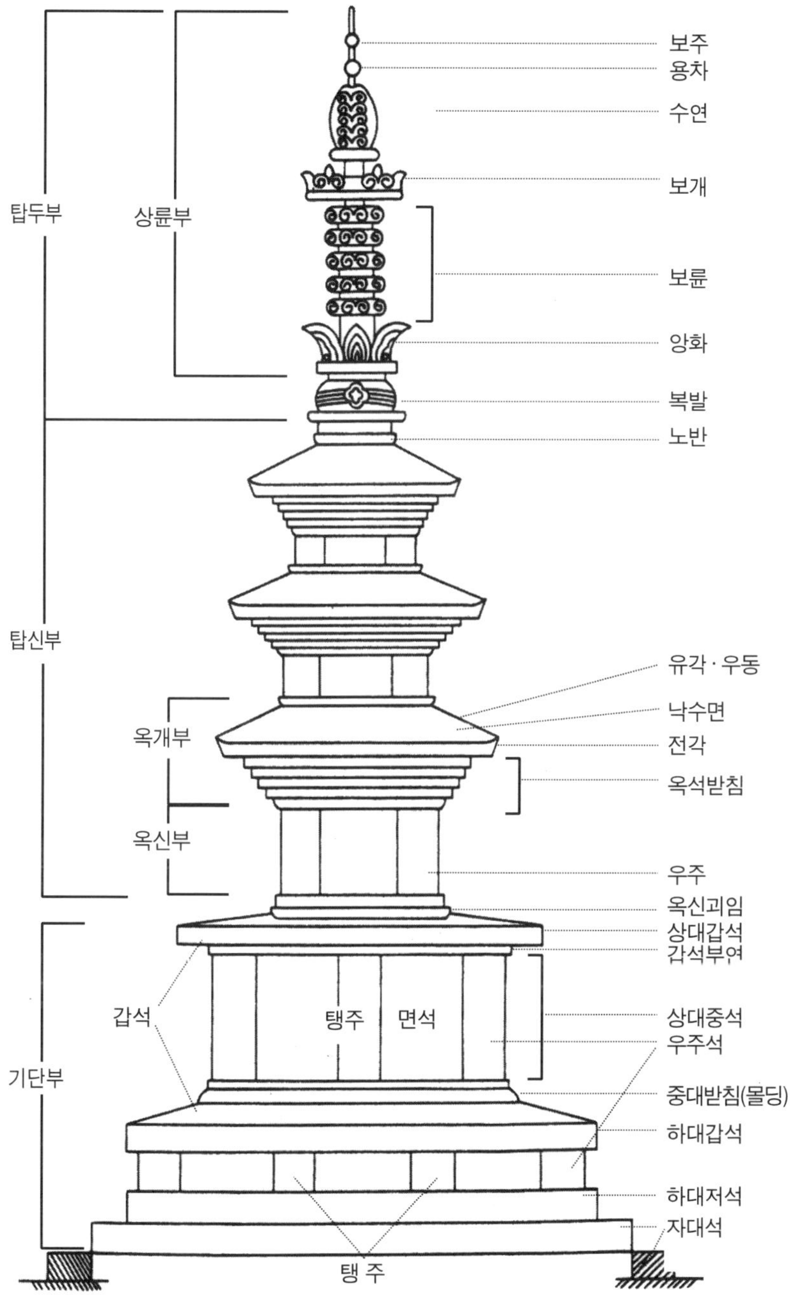

〈그림 4-2〉 탑의 부분 명칭도

〈사진 4-2〉 익산 미륵사지석탑(국보 제11호)

2. 부도(浮屠; 浮圖)

浮屠는 Buddha(불타)에서 나온 음역(音譯)으로, 수행(修行)이 높은 승려를 부처와 같은 대우를 해 주게 된 데서 나온 것으로 생각된다. 浮屠가 승려의 사리묘탑(舍利墓塔) 임을 의미하는 실례가 신라 하대부터 보이고 있으며, 실제로 浮屠와 같이 서 있는 비석에는 그 이름을 모두 塔이라고 쓰고 있다. 塔이 사찰의 중앙에 배치되는 것과는 달리 浮屠는 외진 곳에 세워졌다.

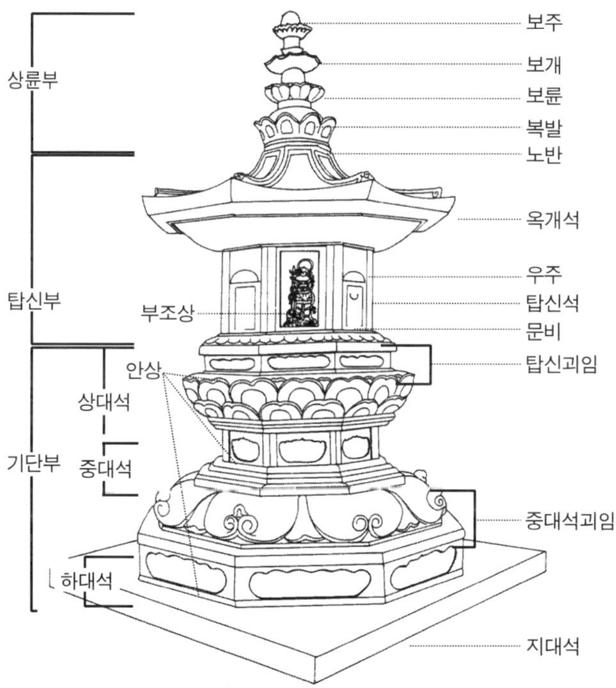

〈그림 4-3〉 浮屠의 부분 명칭도

〈사진 4-3〉 고달사지 부도(국보 제4호)

제3절 범종(梵鐘)

중생을 제도(濟度)하는 청정한 불음(佛音)으로 상징되는 불구(佛具)로서 불교공예품 중에서도 가장 한국적인 특성을 잘 나타내 주는 것이며, 금속공예가 총집합된 결정체(結晶體)라 할 수 있다.

한국 종의 정립된 시기는 8세기 통일신라 때이며, 그 양식으로는 용뉴(龍鈕), 음통(音筒), 상대(上帶)와 하대(下帶), 유곽(乳廓), 당좌(撞座), 비천상(飛天像) 등으로 조성된다. 이 가운데 音筒은 龍鈕 옆의 대롱형태로 속은 비어 있고, 그 하부가 종신(鐘身) 내부와 관통되도록 구멍이 뚫어져 있는데, 이는 종의 울림에 어떤 작용을 하는 것으로 생각되며 우리나라 종에서만 보이는 독특한 형식이다.

〈사진 4-4〉 경주국립박물관 성덕대왕신종(국보 제29호)

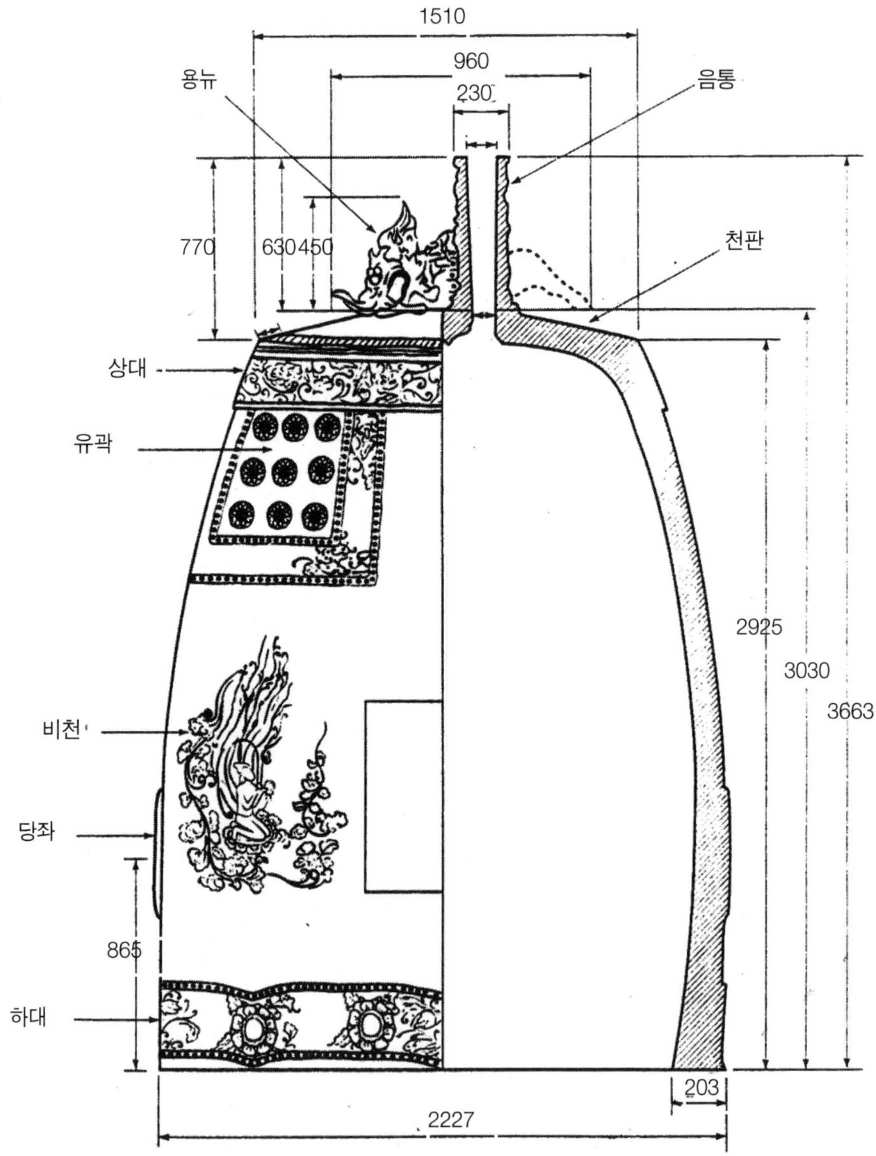

〈그림 4-4〉 범종의 부분 명칭도

제4절 석등(石燈), 석비(石碑)와 당간지주(幢竿支柱)

1. 석등(石燈)

등기구(燈器具)는 예배를 드리는 기본적인 도구이면서 모든 공양기구(供養器具) 가운데 가장 중요시되는 것으로 제작되어 왔다. 특히 등(燈)은 진리를 밝히는 것으로 상징되어서 탑과 더불어 사원의 중심지에 배치되었다.

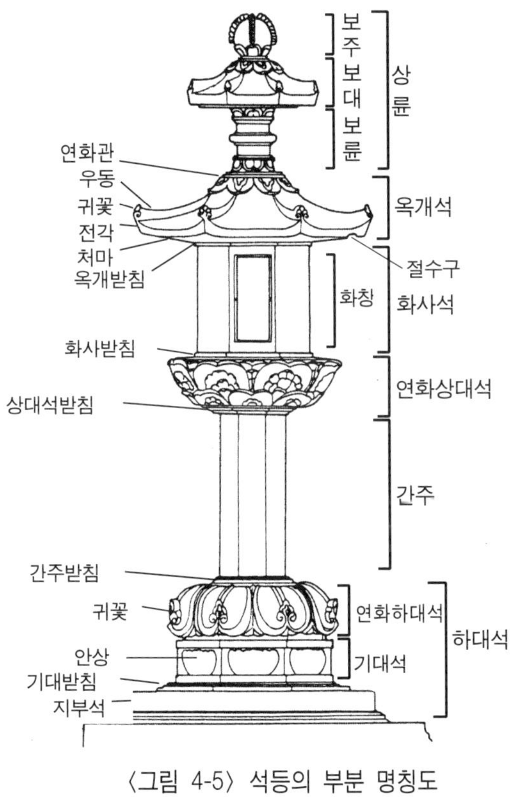

〈그림 4-5〉 석등의 부분 명칭도

〈사진 4-5〉 보은 법주사 쌍사자석등(국보 제5호)

2. 석비(石碑)

죽은 사람의 행적을 알리기 위하여 그에 관한 약력(略歷)을 새겨 넣은 것이 일반적이며, 이외에 순수비(巡狩碑)의 성격을 지니는 비석도 있다.

형식은 대체적으로 받침(臺座), 비몸(碑身), 지붕(蓋石)으로 구성된다. 비석이 이와 같은 형식에 귀부대좌(龜趺臺座)와 이수개석(螭首蓋石)이 가미되면서 조형미를 갖추게 된다.

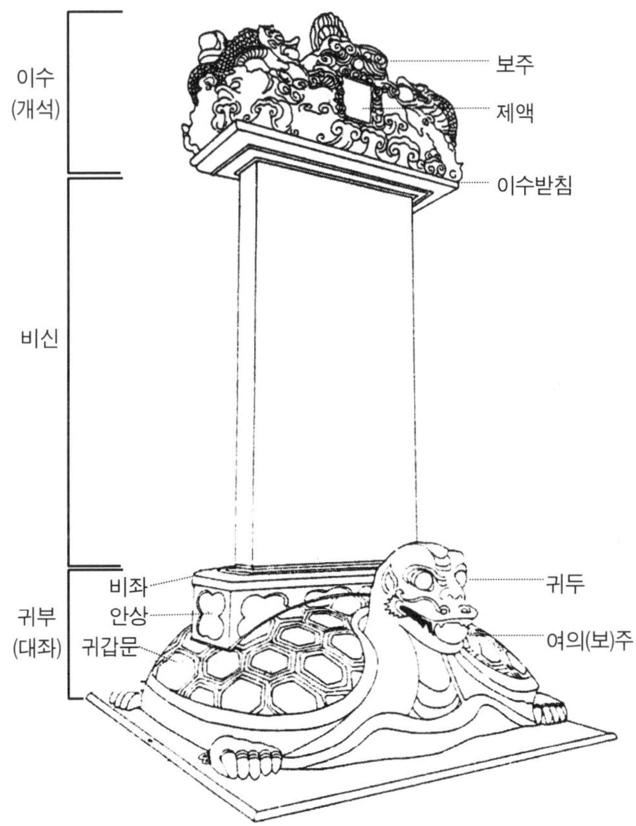

〈그림 4-6〉 석비의 부분 명칭도

〈사진 4-6〉 보령 성주사 낭혜화상백월보광탑비(국보 제8호)

3. 당간지주(幢竿支柱)

당간은 당(幢)을 달아두는 장대로서 이 장대를 고정시키기 위해서 양쪽에 지탱하는 지주(支柱)를 세우고, 그 중간에 당간을 세운다. 幢은 원래는 깃발을 의미하는 것인데, 사원의 마당이나 문 앞에 거는 것으로 괘불(掛佛)이라고도 하며 불화(佛畵)가 그려진다. 기도나 법회 등의 행사 때에 단다.

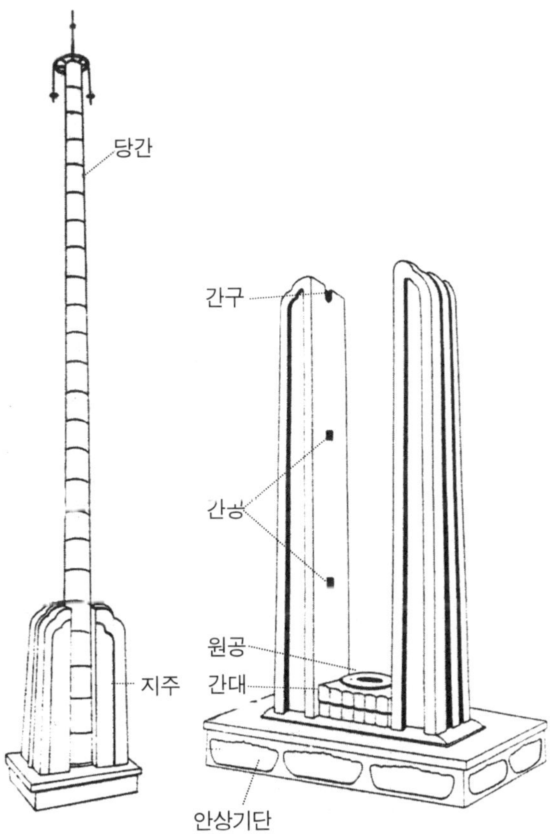

〈그림 4-7〉 당간지주의 부분 명칭도

〈사진 4-7〉 청주 용두사지 철당간(국보 제41호)

제5절 불화(佛畵)

佛畵는 사찰의 법당 등에 봉안하여 예배하기 위한 존상화(尊像畵)만을 가리키는 경우와 불교사원을 장식하고 불교도들을 교화하기 위한 모든 그림을 의미하는 것으로 나눌 수 있다. 그려진 주인공에 따라 부처를 그린 것을 탱화(幀畵)라 하고, 고승의 초상화는 영정(影幀)이라 한다.

〈사진 4-8〉 구례 화엄사 영산회괘불탱(국보 301호)

제6절 고려청자(高麗青磁)

1. 토기(土器)와 陶磁器

土器(질그릇)는 찰흙으로 모양을 빚어 섭씨 600~700도 정도의 낮은 온도에서 구워내는 것이고, 陶磁器는 구워낸 질그릇의 표면에 유약(釉藥; 잿물)을 입혀 섭씨 1100도~1300도(陶器) 정도에서 다시 한번 더 구워서 만든다. 도자기의 바탕이 되는 흙은 고령토(高嶺土, kaolin)이다.

소성(燒成)방식은 산소공급의 다과(多寡)에 따라서 산화염번조(酸化焰燔造)와 환원염번조(還元焰燔造)로 구분된다. 산소가 많은 상태에서 타는 붉은 색의 불꽃을 酸化焰, 산소가 부족한 환경에서 타는 시퍼런 불꽃을 還元焰이라 한다.

陶器 단계까지는 세계의 어느 곳에서나 일찍이 도달할 수 있었지만, 陶器를 만들 수 있는 단계에 이른 나라는 중국과 우리나라 정도뿐이었다.

2. 고려청자(高麗青磁)

1) 青磁의 제작

신라후기의 회유계(灰釉系; 自然釉의 성분을 인공적으로 만들어 낸 것을 잿물 또는 회유라 한다)의 전통에 9세기경부터 中國 월주지방(越州地方)의 도자기 기술이 전해지면서 시작된다. 青磁라는 것은 유약(釉藥) 속에 있는 철분(鐵分)이 還元焰에 의해 청록색으로 변한 것인데, 유약 속에는 원래 극히 작은 양의 철분이 들어 있다. 그러나 유약에 1~3%의 철분을 넣으면 青色이 된다.

2) 靑磁의 특색

靑磁의 특색은 비색(翡色)의 그윽한 아름다움과 그릇의 모양에 나타난 유연(柔軟)한 곡선미(曲線美), 상감(象嵌)의 기법에서 유감없이 발휘되었다.

陶磁器에서 象嵌의 기법은 12세기 후반에 발생했다고 생각되는데, 磁器 표면에 칼로 그림이나 무늬를 음각(陰刻)하고, 그 위에 자토(赭土; 구워 내면 검은 색으로 발색한다)와 백토(白土; 구우면 백색이 된다)를 물에 개어서 붓으로 매워 바른 뒤, 그 위에 청자유약(靑磁釉藥)를 입혀서 구워내는 기법이다. 이러한 방식은 중국에서도 찾아볼 수 없는 高麗人의 뛰어난 독창성을 보여 주는 것이다.

이리하여 12세기에는 독창적인 비색(翡色)과 상감기법(象嵌技法)으로 고려청자의 절정기를 맞이하게 된다. 이 시기의 중요한 청자 생산지로는 전남 강진(康津)과 전북 부안(扶安) 일대이다.

한편, 宋의 사신으로 高麗에 왔던(1123) 서긍(徐兢)은 "陶器의 푸른 것을 高麗人은 비색(翡色)이라고 하는데, 근년에 만드는 것들은 기교가 좋고 빛깔도 더욱 좋아졌다. 술그릇의 형상은 오이 같은데, 위에 작은 뚜껑이 있는 것이 연꽃에 엎드린 오리의 형태를 취하고 있다"라고 적으면서 이어 "산예출향(狻猊出香, 사자 모양을 한 향로의 이름) 역시 翡色인데, 위에는 쭈그리고 있는 짐승이 있고 아래에는 앙련화(仰蓮花)가 있어서 그것을 받치고 있나. 여러 기물(器物)들 가운데 이 물건만이 가장 정절(精絶)하고 그 나머지는 월주(越州)의 고비색(古秘色)이나 여주(汝州)의 신요기(新窯器)와 대체로 유사하다"라고 하여 사자 모양의 향로를 칭찬하고 있다.

〈사진 4-9〉 청자상감운학문매병(靑磁象嵌雲鶴文梅甁, 국보 제68호)

〈사진 4-10〉 청자사자유개향로(국보 제60호)

제7절 분청사기(粉靑沙器)와 백자

1. 분청사기(粉靑沙器)

분청(粉靑)은 분장청자(粉粧靑磁)를 줄인 말로, 靑磁 위에 白土로 분장(화장)하였다는 뜻이다. 粉靑沙器는 고려 말의 청자상감기법이 변하면서 15세기 전반기에는 다양한 여러 기법을 고안, 발전시켜 전성기를 이루었는데, 백토분장과 무늬의 활달성은 가장 한국적인 독자성을 나타낸 것으로 평가된다.

이러한 분청사기의 독자성은 세종 때(1418~1450)의 문화적 배경이 크게 작용한 것이라 생각되며, 청자나 백자와는 전혀 다른 거칠고 소박한 분위기를 자아낸다. 분청사기는 그 후 16세기 중엽부터 점차 白磁에 흡수되면서 사라졌다.

2. 조선백자(朝鮮白磁)

1) 白磁의 제작

白磁는 백토(白土)로 그릇의 모양을 만들고 표면에 여러 가지 장식을 한 다음 투명한 백색유약(白色釉藥)을 입혀 구워낸 陶磁器를 가리킨다.

조선초기의 白磁에는 고려의 연질백자(軟質白磁)의 전통을 이은 연질백자와 중국에서 영향을 받은 경질백자(硬質白磁)의 2종류가 있다. 軟質白磁는 주로 15세기에 만들어졌던 것으로 우유 빛이 도는 유백색(乳白色) 釉藥이 시유(施釉)되었으며, 표면에는 가는 빙렬(氷裂)이 많이 나 있다. 그리고 硬質白磁는 입자(粒子)가 곱고 밀도가 높고 단단한 白磁로, 조선시대 전 기간에 걸쳐 만들어졌다.

〈사진 4-11〉 분청사기상감용문호(국보 제259호)

白磁의 종류에는 그릇 표면에 문양을 나타낸 장식의장에 따라 순백자(純白磁), 상감백자(象嵌白磁), 청화백자(青華白磁), 철회백자(鐵繪白磁), 진사백자(辰砂白磁) 등이 있다.

조선시대 도자기는 사기장(沙器匠)이라는 전문적인 제작자들에 의해서 생산되었으며 이들 장인(匠人)들은 중앙과 지방의 관청에 소속되었다. 이것을 관장하는 관청이 사옹원(司饔院)이었으며 경기도 광주(廣州)에는 분원(分院)이 설치되기도 했다.

白磁는 전국적으로 생산되었는데, ≪세종실록(世宗實錄)≫지리지(地理志)에 보면 도기소(陶器所) 185개소, 자기소(磁器所) 139개소와 그 등급을 상·중·하품으로 구분한 것을 볼 수 있다.

2) 白磁의 특색

朝鮮白磁의 특색은 白色에 있으며, 조선시대의 고고한 선비의 품위를 유감 없이 잘 표출했던 것이었다. 또한 청화백자, 철회백자, 진사백자의 크고 작은 항아리들이 보여주는 어질고 무던한 둥근 맛의 특색은 韓國美의 한 바탕을 이룬다고 하겠다.

〈사진 4-12〉 백자대호(白磁大壺, 국보 제262호)

제 5 장

고려 건국과 문벌 귀족사회의 형성

제5장
고려 건국과 문벌 귀족사회의 형성

제1절 신라 하대의 상황과 고려의 건국

1. 신라 하대의 상황

신라는 골품제(骨品制) 사회였다. 골품제는 크게 골(骨)과 두품(頭品)으로 나눈 신분제로서, 여기에 모든 신라 사람들을 편제하여 삶과 생활의 범위를 규정하고, 이를 기초로 사회를 운영·지배하는 사회체제였던 것이다. 신라 국가의 형성과정에서 생겨난 골품체제는 진골 귀족사회를 지탱하는 토대였으나 골품체제의 구조와 운영의 모순이 차츰 드러나면서 이에 바탕을 둔 신라사회도 흔들리게 되었다.

≪삼국사기≫에서는 태종 무열왕(제29대, 654~661)부터 그 직계로 이어지던 왕위계승이 끝나는 혜공왕대(제36대, 765~780)까지를 중대(中代)라 하고, 다음 선덕왕대(제37대, 780~785)부터 마지막 경순왕대(제56대, 927~935)까지를 하대(下代)라 하고 있다. 다음 기록은 신라 하대가 시작되는 상황을 보여주고 있다.

> 혜공왕 4년(768) 가을 7월에 일길찬 대공(大恭)이 아우 아찬 대렴(大廉)과 함께 반란을 일으켰는데, 무리를 모아 33일간 왕궁을 에워쌌으나 왕의 군사가 이를 쳐서 평정하고 9족(九族)을 목베어 죽였다. … 16년(780) 봄 정월에 누런 안개가 끼었다. 2월에 흙이 비처럼 내렸다. 왕은 어려서 왕위에 올랐는데, 장성하자 음악과 여자에 빠져 나돌아 다니며 노는 데 절도가 없고 기강이

> 문란해졌으며, 천재・지변이 자주 일어나고 인심이 등을 돌려 나라가 불안하였다. [이에] 이찬 김지정(金志貞)이 반란을 일으켜 무리를 모아서 궁궐을 에워싸고 침범하였다. 여름 4월에 상대등 김양상(金良相)이 이찬 경신(敬信)과 함께 군사를 일으켜 김지정 등을 죽였으나, 왕과 왕비는 반란군에게 살해되었다.(≪삼국사기≫ 권9 혜공왕)

혜공왕의 뒤를 이어 선덕왕(김양상)과 원성왕(김경신)이 실력에 의해 차례로 왕위에 오르게 되자 김씨집단의 진골귀족출신이면 누구나 실력으로 왕위를 노리는 분위기가 되었다. 그리고 정치적인 면에서 폐쇄적인 신분제 운영은 설계두(薛罽頭)가 자신의 처지를 비관하면서 출세하기 위해 중국으로 망명한 일에서 보듯이 이미 중대 초기부터 6두품 이하 신분층의 주된 불만의 대상이 되었다. 후에 최치원(崔致遠, 857~?)・최승우(崔承祐, ?~?)・최언위(崔彦撝, 868~944) 등 6두품 출신들이 당나라에 유학한 일들은 신분상승 제약에 대한 불만 표출이었다. 하대에 이르러 정치의 불안과 각 신분층의 신분제에 대한 불만은 신라사회를 유지해 온 골품체제가 현실적인 운영능력을 잃고 그에 따른 모순이 대두하고 있음을 나타낸다.

한편, 중대 초에 삼국을 통일한 신라는 시간이 지나는 동안 지방사회 자체내의 성장과 발전이 있었음에도 불구하고 여전히 왕경의 6부중심체제를 유지하였다. 또 신라사회를 구성하는 기초적인 단위집단인 친족집단의 경우에도 중대 이후 하대에 이르는 동안 부계적(父系的) 요소가 강화되거나 부계관념에 따라 집단이 분화・축소되는 과정이 나타났다. 친족집단 규모의 변동은 전통적인 신라친족집단을 기초로 성립・운영된 신라사회체제와는 질적으로 다른 것이었다.

경제적인 면에서도, 중대에 들어 왕권강화라는 정치적 목적에서 귀족중심의 수취제도인 녹읍제(祿邑制)를 폐지하고 녹봉제(祿俸制)를 실시하였으나 귀족들의 강한 반발로 중대 말에 다시 녹읍제로 환원되었다. 녹읍제는 토지와 인민을 동시에 지배하는 고대적 지배체제의 하나로서 녹읍제의 부활은 귀족중심의 고대적 토지지배와 수탈의 강화를 의미한다.

신라의 사회구조는 귀족지배층들의 토지수탈을 가능하게 하거나 보호해 주는 것이었으므로 귀족들은 아래의 기록과 같은 경제기반을 갖출 수 있었다.

> 재상가(宰相家)에는 녹(祿)이 끊이지 않고 노동(奴僮)이 3천이다. 이와 비슷한 수의 갑병(甲兵)과 소·말·돼지가 있다. 섬에서는 목축을 하였으며, 먹으려 할 때에는 이를 쏘아 잡아먹었다. 곡식을 꾸어 주어서 갚지 못하면 노비로 삼았다.(≪신당서≫ 신라전).

귀족들은 왕실로부터의 사전(賜田)·매입·개간 등을 통해 토지를 사유화하였는데, 특히 면세·면역되는 사원을 통해 토지를 집적하였다. 이렇게 왕실이나 귀족지배계급의 경제가 확대된다는 것은 상대적으로 농민이나 평민의 부담이 증대해 갔음을 의미하며, 따라서 그들이 토지로부터 유리되거나 몰락하여 노비의 신분으로 떨어지는 등 농촌경제는 급속히 붕괴될 수밖에 없었다.

> 효녀 지은(知恩)은 한기부(韓岐部) 백성 연권(連權)의 딸이다. … 어려서 아버지를 여의고 홀로 어머니를 봉양하였다. 나이 32세가 되도록 시집을 가지 않고 아침 저녁으로 문안드리며[定省] 곁을 떠나지 않았다. 봉양할 것이 없으면 때로는 품팔이도 하고 또는 돌아다니며 밥을 빌어다가 봉양하였다. 그러한 날이 오래 되어 고달픔을 이기지 못하여 부자집에 가서 몸을 팔아 종이 되기로 하고 쌀 10여 섬을 마련하였다. 온 종일 그 주인 집에 가서 일을 하여주고 저녁에는 밥을 지어 가지고 와서 봉양하였다. 이와 같이 하기를 3~4일이 지나자 그 어머니가 딸에게 말하기를 "지난 날의 식사는 거칠었으나 밥 맛이 달았는데 지금 식사는 좋으나 맛이 옛 같지 않으며, 간장을 칼날로 찌르는 것 같으니 이 어쩐 일이냐?" 하였다. 이에 딸이 사실대로 아뢰니 어머니가 말하기를 "나때문에 너를 남의 종으로 만들었구나! 차라리 빨리 죽는 것이 낫겠다" 하고 소리를 내어 크게 우니 딸도 울어 그 슬픔이 길가는 사람을 감동시켰다.(≪삼국사기≫ 권48 효녀 지은전)

위 이야기는 신분의 몰락과정을 잘 보여주고 있다. 토지로부터 유리된 농민들은 점차 이같은 중앙지배층의 가혹한 경제적 착취에 저항하기 시작하였다.

> 진성왕 3년(889) 나라 안의 여러 주와 군에서 공물과 조세[貢賦]를 보내오지 않아, 나라의 창고가 텅 비어 나라의 씀씀이가 궁핍하게 되었으므로 왕이 사자를 보내 독촉하였다. 이로 말미암아 도적들이 곳곳에서 벌떼처럼 일어났다. 이에 원종(元宗)과 애노(哀奴) 등이 사벌주를 근거로 하여 반란을 일으켰다. … 10년에 적(賊)이 국도(國都) 서남 방면에서 일어나, 그들이 바지를 붉게 하여 스스로 다르게 하므로 시인(時人)이 이를 적고적(赤袴賊)이라 불렀다. 그들은 주현(州縣)을 무찌르고 서울의 서부 모량리에 이르러 민가를 겁략하여 갔다(≪삼국사기≫ 권11 진성왕).

> 당나라 19대왕 소종(昭宗)이 중흥(中興)을 이룰 때에 전쟁과 흉년의 두 재앙이 서쪽에서 멈추어 동쪽에 와서, 나쁜 중에 더욱 나쁜 것이 없는 곳이 없었고 굶어 죽고 싸우다 죽은 시체가 들판에 즐비하였다.(최치원, <해인사 묘길상탑기(海印寺妙吉祥塔記)>)

위 기록은 진성여왕대에 지방에서 중앙의 수취를 거부하고 나아가 정치적 지배에까지 저항하는 민란이 발생하는 상황을 잘 전하고 있다. 원종·애노의 난에 이어 민란이 전국적으로 확산되어 가는 것은 사회적·경제적 파탄에서 야기된 것이었다.

신라 하대에 정치·사회·경제적으로 맞이한 이러한 혼란은 골품제적 신분질서에 바탕을 둔 신라사회체제의 구조적 모순과 그 운영원리의 한계에서 비롯된 것이었다. 사회혼란이 심화되자 이를 해결하기 위해 고대적 관료체계의 운영방식을 고치거나 사회문제에 대한 개혁안을 제시하는 등의 움직임도 있었으나, 이러한 제안은 받아들여지지도 않았을 뿐만 아니라, 특히 진성여왕 이후 전개된 사회적 상황은 위의 제안들이 무의미한 것이 될 정도로 사회의 붕괴와 파탄은 심각하였다.

2. 지방세력의 대두와 왕건의 고려 건국

신라 하대의 혼란은 한편으로는 중앙세력에서 소외되었지만 꾸준히 성장해 온 지방 유력자들에게는 좋은 기회가 되었다. 이들은 각 지방단위로 세력을 장악하여 나말려초기 사회변동을 주도하면서 역사무대의 주체세력으로 등장하였다. 대체로 '호족(豪族)'이라 불리는 이들 지방세력의 성격은 그 출신과 성장과정에 따라 다음과 같이 나뉘어진다.

출신 성격	성장 과정	대표 집단
초적적(草賊的) 성격	농민봉기나 유이민 규합, 민란과 반도(叛徒)의 성격에서 시작, 주로 약탈적 방식으로 무리를 구성	죽산의 기훤, 북원의 양길, 철원의 궁예
군진(軍鎭)세력	변경이나 해안 요충지의 영토 관장. 완도의 청해진, 남양의 당성진, 강화의 혈구진 등	패강진의 평산박씨 세력
해상세력	해외무역과 해상활동	송악의 왕건집단
촌주(村主)	촌주에서 성장하여 향촌의 정치력과 군사력을 장악, 지방성의 성주(城主)·장군(將軍)으로 불림	가장 전형적, 대다수 호족을 구성한 집단

전국 각지에서 등장한 지방세력들은 정복과 복속 혹은 각자의 계산에 따라 연합·귀부하면서 차차 광주·전주를 중심으로 후백제를 건국한 견훤(甄萱, 867~936)과 기훤·양길의 밑에서 성장하여 중부지역을 휩쓸고 송악·개성의 왕건집단과 연합하여 철원을 중심으로 후고구려(태봉)을 건국한 궁예(弓裔, ?~918)로 모아졌다. 이들은 신라와 더불어 후삼국을 이루어, 이 시기를 보통 후삼국시

대라고 부른다.

송악 호족출신 왕건(王建, 877~943)은 아버지 왕륭(용건)이 궁예에게 귀부하면서 그의 부장(部將)으로 활약하였다. 왕건은 그가 가지고 있던 세력과 공적을 바탕으로 홍유·배현경·신숭겸·복지겸 등 여러 장수의 추대 형식을 거쳐 궁예를 제거하고 왕위에 올라 918년 7월 고려를 세웠다.

태조 왕건은 즉위 후 제일 먼저 백성들의 세금 감면을 표방하였다. 이는 당시 사회혼란의 근본원인이 가혹한 고대적 수취체계에 따른 경제모순에 있다는 것을 파악한 것으로, 시대적 요구에 충실히 대응하는 것이었다.

> 너희들 공경 장상(公卿將相)으로서 나라의 녹봉을 먹는 자들은 마땅히 백성들을 자기 자식과 같이 사랑하는 나의 뜻을 충분히 체득하고 자기의 녹읍(祿邑) 백성들을 사랑하여야 할 것이다.(≪고려사≫ 권2 태조 17년)

위 기록은 태조가 17년(934) 5월에 예산진(禮山鎭)에 가서 내린 조서내용으로, 자신이 표방한 '취민유도(取民有度)'의 선언을 재확인하는 것이다.

왕권을 안정시키고 후삼국을 통합하는 데는 무엇보다 호족들의 협조가 필요하였으므로 고려의 왕건과 후백제의 견훤은 호족의 지원을 얻기 위해 치열하게 경쟁하였다. '중폐비사(重幣卑辭)'라는 저자세 외교를 취한 것이나 왕건이 무려 6명의 왕후와 23명의 부인을 맞이한 것은 호족의 지원과 호응을 얻기 위한 방편이었다. 한편, 각 지방 호족들과 연결된 승려들의 지지를 얻는 데도 힘을 썼는데, 이는 승려들을 통해 호족과의 결속을 강화할 뿐 아니라 호족들의 세력권에 있는 백성들을 교화하고 민심을 수습하기 위함이었다. 왕건은 초반에 견훤보다 군사면에서 열세였지만, 결국 호족들의 호응과 지지를 얻어 후삼국을 통일할 수 있었다. 926년 발해가 멸망하자 왕족과 관료 등 고구려 계통의 지배계급은 대부분 고려에 귀순

〈사진 5-1〉 고려 태조 왕건의 어진(≪개성왕씨세보≫)

하였는데, 태조는 이들을 받아들여 우대하였고, 후삼국 통일 이후에도 왕건은 호족을 통합하는 문제를 각별히 배려하였다.

통일을 이룬 후 고려의 일차적인 과제는 각 지방의 호족세력들을 새로운 사회의 지배계급으로 포괄해 낼 수 있는 적절한 정치적·경제적·사회적 구조를 창출하는 것이었다. 그러나 태조의 입장에서는 왕권강화가 시급하였으므로, 대호족 및 중소호족의 이해와 세력을 적절히 절충하면서 이들을 편제하는 방향에서 새로운 체제를 만들어 나갔다.

왕권과 호족권산의 세력균형은 태조 사후 광주(廣州) 호족 왕규의 난 등 정치적 변란과 광종의 대대적인 호족 숙청작업을 거친 후 중앙과 지방의 지배체제가 구축되면서 단계적으로 안정되어 갔다. 광종 7년(956)의 노비안검법(奴婢按檢法)과 9년(958)의 과거제(科擧制) 시행, 11년(960) 백관의 공복(公服) 제정과 칭제 건원(稱帝建元)은 왕권 강화를 도모한 것이었고, 경종 원년(976)의 전시과(田柴科) 제정과 성종대의 내외관제 정비, 특히 성종 2년(983)의 12주목

(州牧) 파견과 호장직제(戶長職制) 마련, 14년(995)의 대대적인 지방제도 개편은 경제적·정치적·사회적인 면에서 왕권 중심으로 호족들을 편제하는 과정이었다.

제2절 문벌귀족사회의 형성

1. 문벌귀족의 배경과 조건

고려는 지방호족세력을 통합하여 이룬 국가였다. 크고 작은 호족세력들은 한편으로는 중앙의 지배계급으로, 또 한편으로는 지방의 호장층이라는 지배계급으로 각각 편제되었다. 국가는 호족과 그 자손들에게 새롭게 마련된 관리선발제도인 과거제를 통해 중앙으로, 상층관직으로 진출할 수 있게 하였을 뿐 아니라, 호족들의 기득권을 보호하는 성격의 공음전시과(功蔭田柴科)와 음서제(蔭敍制) 등을 통해 상층관리로서 귀족적 성격을 나타낼 수 있는 기초를 마련하였다.

고려는 정치적·경제적·사회적 특권신분층인 소수의 귀족들이 정부의 요직을 점유하고 국가를 운영해 간 귀족사회라고 이해된다. 고려의 지배층을 흔히 '문벌귀족(門閥貴族)'이라 부르는데,

> 공의 이름은 계방(繼芳)이고, 자는 복시(復時)이며, 성은 최씨(崔氏)인데, 선조는 수주(水州 : 수원) 출신으로 삼한(三韓)의 대족(大族)이다.(<최계방묘지명>)

> 경원군 이씨(慶源郡李氏)는 문하시중 창화공 자연(子淵)의 증손녀로, 조부는 경덕공 호(顥)이고, 아버지 자원(資元)은 사재경 지어사대사이다. 외조의 성은 김씨(金氏)이고, 이름은 경용(景庸)으로 문하시중 양의공(襄懿公)이니, 그 가세(家世)를 살펴보면 해동(海東)의 갑족(甲族)이다.(<이자원녀이씨묘지명>)

위의 묘지명 자료에서 보는 바와 같이 당시 귀족들은 자신을 '삼한세족'·'해동갑족' 등 귀족의식이나 문벌의식이 직접 드러나는 용어를 사용하면서 그들 신분이나 가문의 우월감을 과시하였다.

부(富)와 권력을 대물림하는 귀족은 '진골귀족'처럼 이전 시기에도 존재하였으나, 고려시기에 고귀한 신분집단을 특히 '문벌' 귀족으로 부르는 것은 관료제(官僚制)의 정착과 밀접한 관련이 있다. 즉 국가의 관료조직에서 높은 관품과 관직에 오르고 여러 대에 걸쳐 이를 유지해야 비로소 그 자격이 있었던 것이다.

고려의 문벌귀족은 나말려초의 호족이나 공신들 가운데 고려의 지배체제에 편입된 자들의 가문으로 출발하였다. 그 중에서도 누대에 걸쳐 재추(宰樞) 등의 고위직을 역임하거나 공신을 배출하고, 왕실과 통혼하였으며, 과거합격자를 많이 낸 가문을 최고의 가문으로 여겼다. 그래서 고려의 대표적인 문벌가문으로는 이자연·이자겸의 경원(인주)이씨가문으로 알려졌고, 최승로의 경주김씨, 서필·서희의 이천서씨, 김부식계의 경주김씨, 윤관의 파평윤씨, 박인량의 죽산박씨, 최유청의 철원최씨, 김심언의 영광김씨, 유신(柳伸)의 전주유씨, 한유충의 청주한씨, 최홍재의 직산최씨, 허재의 공암허씨, 개성(開城)왕씨 등도 귀족가문들로 밝혀져 있다.

이들 가문의 일원들은 국가로부터 관료직을 수행하는 대가로 전시과와 녹봉을 분급받았고 이를 기반으로 자손들을 교육시켰으며, 왕실이나 다른 문벌가문과 서로 혼인관계를 맺으면서 고귀한 신분을 대물림할 수 있었다. 그것은 전반적인 사회제도가 이들 문벌가문에 유리하도록 짜여져 있었기 때문에 가능하였다.

2. 당대 최고의 문벌, 경원(인주)이씨 이자연 가문

이자연(李子淵, 1003~1061) 가문은 송나라 사신 서긍의 ≪선화봉사고려도경≫에 소개될 정도로 명성이 자자하였다. 먼저 그의 일생을 담은 묘지명 내용을 살펴보자.

> 공의 이름은 자연(子淵)이고, 자는 약충(若沖)이며, 그 선조는 소성(邵城 : 경원, 인주. 지금의 인천) 사람이다. 고조, 증조와 조부가 모두 귀한 벼슬을 거쳤으므로 이름이 온 나라에 떨치고 왕가의 후손을 잇게 하였다. 작고한 중추부사 이부시랑이자 거듭 추증되어 사공이 된 한(翰)과, 낙랑군대부인 최씨가 아버지와 어머니이다. 부친의 큰 누이는 안효국태부인인데, 바로 덕종・정종 두 임금과 지금 임금[文宗]의 외조모이니, 그 집안이 더욱 번성하여 실로 사직의 근원이 되었다. … 태평(太平) 연간에 현종이 학문을 장려하고 교화를 일으켜 친히 뛰어난 인재들을 뽑을 때, 공이 두 번째로 진사에 을과로 급제하였다. … 벼슬길에 나가 양온령이 되고, … 중희(重熙) 연간에 사직(社稷)을 건립하려던 일이 아직도 미루어지고 있자, 조서를 내려 옛 제도를 살펴서 새로이 단(壇)을 쌓게 하였다. … 영사(領使)의 중책으로 인하여 조서를 내려 개부의동삼사(開府儀同三司)를 더해 주었다. 그 해에 공의 큰딸을 봉하여 왕비로 삼고, 이어 수태위를 더하고 문하시랑동내사문하평장사에 임명하였다. 또 검교태보 추성좌운보사공신을 더하고 문하시중 판상서이부사 감수국사에 임명하였다. … 마침내 맏아들을 세워 태자의 자리에 오르게 하니, 임금의 장인[元舅]이라는 귀함으로 인하여 검교태사를 더하고, 또 수대부 중대광 삼중대광 판삼사사를 더하였다. 신묘년(1051, 문종 5)에 지공거가 되니 뛰어난 인재들이 모두 공의 문하에서 나왔다. … 총척(寵戚)의 귀함으로 남에게 교만하지 않았고, 작록(爵祿)의 중함으로 남에게 뽐내지 않았으며, 충정(忠貞)이 해와 달에 걸리니 예의가 겉모습에서 우러나왔다. … 병이 든 지 며칠 만인 신축년(문종 15, 1061) 8월 30일 묘각사(妙覺寺) 법우(法宇)에서 돌아가시니, 향년 59세이다. … 임금이 바로 담당 관리에게 명하여 □수(□繸)의 예를 펴도록 하고, 다시 중귀(中貴)를 보내어 법부(法賻)의 의식을 관장하게 하였다. … 모두 불교의 다비법(荼毗法)을 따르도록 하였다. … 그 해 10월 초 6일에 임진현(臨津縣) 경내에 장례지내니, 뜻에 따른 것이다. 공은 낙랑군 경조씨를 아내로 맞았는데, 내조하는 부덕(婦德)이 진실로 일대(一代)에 으뜸갔다. 왕비의 어머니인 까닭에 거듭하여 계림국대부인이 더해졌다. 아들이 8명 … 딸이 3명 있다. … 대대로 번성함을 이어서 가

> 문의 명성이 빛난 것은 글자가 생겨난 이래로 공과 비교하여 말할 수 있는 자를 보지 못하였다.(<이자연묘지명>).

이자연 가문에서는 10여 대에 걸쳐서 5명의 수상과 20명에 가까운 재상을 배출하고 왕실 및 주요 귀족가문들과 인척관계를 맺었다. 특히 왕실과의 혼인은, 이자연의 세 딸이 모두 11대 문종의 비가 된 것을 비롯하여 여섯째 아들 이호의 딸은 12대 순종의 비, 첫째 아들 이정과 셋째 아들 이석 그리고 조카 이예의 딸이 각각 13대 선종의 비, 그리고 손자 이자겸(이호의 아들)의 한 딸은 16대 예종의 비, 두 딸은 17대 인종의 비가 되었다. 14대 헌종은 이석의 외손이고, 15대 숙종은 이자연의 외손이다. 이자겸은 인종의 외조부이자 장인이었다. 이자연 가문은 또 당대의 명문인 김인위·김경용의 경주김씨, 김은부의 안산김씨, 최충·최사추의 해주최씨, 이가도의 청주이씨, 김인존의 강릉김씨, 김양감의 광양김씨, 최사위·최자성의 수주(水州)최씨, 문공원의 남평문씨, 임원애의 정안임씨, 이위의 수주(樹州)이씨 등과 인척을 맺고 있었다.

당시의 모든 귀족가문들은 최고의 귀족이라 할 수 있는 왕실과 혼인하여 외척(外戚)이 되기를 바랐으며, 그렇지 않으면 그들 상호간에 중첩되는 혼인관계를 맺어 폐쇄적인 귀족신분의 범위를 지키려 애썼다. 귀족제사회의 특징적 면모를 경원이씨가문에서 잘 살필 수 있다.

문벌귀족들은 고려사회를 지배한 계급이었다. 이들은 족장의 후예로서 혈연의식이 강고한 신라의 지배귀족과는 다른 성격을 지녔다. 고려 후기에는 주로 원(元)과의 관계에서 부각된 권문세족이 있다. 대체로 조선의 지배계급인 양반사대부가 유교적 소양을 쌓아 과거에 합격하여 관료로서 사회신분을 유지하였다는 점에서는 고려의 문벌귀족과 동질적인 측면도 있으나, 재지적 기반이 강조되지 않는다는 측면에서는 다른 면이 있었다.

제 6 장

고려중기 무신정권과 민의 동향

제6장
고려중기 무신정권과 민의 동향

제1절 무신정권의 성립과 전개

1. 무신란의 발발과 무신정권의 수립

고려는 건국이래 유교주의 정치를 표방하고 문치주의 풍토를 조성하였다. 건국 초 개경(開京)에 유학교육기관으로 국학(國學)을 설치하였고, 광종(光宗) 9년에는 과거제(科擧制)를 채택하여 유학에 의한 문신등용의 기반을 확립하였으며, 성종(成宗)은 최승로(崔承老)의 건의를 적극 수용하여 유교를 정치이념으로 표방하기에 이르렀다. 그리하여 이러한 일련의 유교주의 정치체제 확립은 문신귀족사회를 탄생시켰다. 문신(文臣)은 유교사상에 입각하여 왕권강화를 뒷받침하였고, 동시에 국왕 아래 정치·경제상 특권을 독점향유하였다. 예컨대 그들은 과거와 음서를 통하여 관직을 독점하고 정치권력을 장악하였다. 또한 관지에 따른 진시과나 공음전 외에도 사전(賜田)을 받고, 권력에 의한 불법적인 토지 탈점을 통하여 막대한 사전(私田)을 겸병하여 나갔다. 그러나 이러한 정치권력과 경제력의 특권적 확대는 지배층 내부의 분열을 야기하였다.

귀족사회의 모순으로 나타난 지배세력의 내부 분열은 전통적인 문벌귀족과 지방출신의 신진관료세력 사이의 대립으로 나타났다. 이른바 인종(仁宗) 4년(1126)에 일어난 이자겸(李資謙)의 난과 13년(1135)에 발생한 묘청(妙淸)의 난이 그 예이다.

문종대에는 한양으로 도읍을 옮기면 나라가 부강한다는 풍수지리설이 널리 퍼졌고, 목자성(木子姓)을 가진 이가 새 나라를 세우고 왕이 된다는 예언도 크게 유행하였다. 이를 이용하여 이자겸은 인종을 독살하고 직접 왕이 되고자 반란을 일으켰으나, 정지상(鄭知常) 등 서경파(평양 출신 세력)의 반격으로 실패하고 말았다. 이 난으로 7대 80여 년에 걸친 인주 이씨의 권세가 무너진 것이다. 이후 평양출신의 유신(儒臣)들과 묘청 등은 풍수지리설을 이용하여 평양으로 천도할 것과 국왕의 칭호를 황제로 격상시킬 것, 고려 독자의 연호를 세워 송이나 금과 대등한 위치에 올라서고 금을 정벌해야 한다고 주장하고 나섰다. 이들은 무력으로 자신들의 주장을 관철시키기 위해 평양을 중심으로 조광(趙匡) 등과 함께 군사를 일으키고, 독자적인 나라를 세워 대위국(大爲國)이라 하였으며, 연호를 천개(天開)라 하기에 이르렀다. 이들의 기세는 드높아서 1년여의 세월이 소요된 끝에야 김부식(金富軾)으로 대표되는 개경 유신들에 의해 진압되었다.

이렇게 양란은 일단 수습되었으나 귀족사회의 모순은 해결되지 않은 채 여전히 남아 있었고, 귀족사회는 이미 동요되고 있었다. 그러한 상황에서 의종 24년(1170) 무신란(武臣亂)이 발생하였다. 보현원(普賢院)이라는 절간에서 술놀이를 하던 왕과 문신들이 경비를 서고 있던 무신들을 불러내어 수박희(手搏戲)라는 경기를 벌이면서 사건은 발단되었다. 수박희에서 진 대장군이 어느 문신으로부터 뺨을 맞고 댓돌 아래 떨어지는 수모를 당하자, 이에 격분한 무신들이 “무릇 문관을 쓴 자는 서리(胥吏)라도 씨를 남기지 말라”라는 구호 아래 쿠데타를 일으킨 것이다.

이러한 무신란을 가능하게 한 근저의 조건은 귀족사회가 내부모순에 의해 지배세력간 권력다툼이 발생, 동요되고 있었다는 사실이다. 그리고 귀족정권의 대무신정책은 보다 직접적인 동기로서 작용했다. 즉 양반(兩班)으로 하나의 관직체계 안에 일원적으로 편성되었음에도 문반에 비해 무반에 대한 차별은 심했고, 문신귀족은 문반직을 가지고 정치권력을 장악하는 외에도, 군대를 지휘·통솔하는 병마권까지 장악하고 있었던 것이다. 그러나 한편 이러한 차별대우에도 불구하고 무신들은 거란·여진과의 전쟁 등을 통해 현실적인 세력을 축적, 지위를 상승해 나가고 있었으니, 이 역시 무신정권을 세울 수 있는 요건이 되고 있었다.

또한 일반군인들의 불만도 하나의 요인이 되었다. 고려의 군인은 일반 농민층으로 충당되는 것이 보통인데, 문신귀족들이 농민의 토지를 겸병함으로써 농민의 생활은 곤궁하게 되었다. 게다가 이들 군인들은 여러 가지 잡역에 혹사당하였으며, 군인전마저 귀족들에게 빼앗겨 불만이 팽배하였다. 이러한 군인들과 그들의 상관인 무신들의 입장이 결합하여 무신봉기를 가능케 한 것이다.

이러한 상황 아래 정중부(鄭仲夫)·이의방(李義方)·이고(李高) 등이 쿠데타를 일으켜 문신들을 살해하고 의종을 폐한 후 명종을 옹립하였다. 이른바 무신란의 성공으로 무신들은 정부의 요직을 차지하고 무신정권을 수립한 것이다. 그리하여 정권을 장악한 무신들은 그들 나름대로 독특한 방식의 정치를 운영하였다. 그러나 김보당의 난과 같은 종래 문신세력의 반항이 일었고, 이와 맥락을 함께하는 교종계통 승려들의 반란도 발생하였다. 또한 자체 내 갈등도 그치지 않았다. 쿠데타 동지들을 제거한 정중부는 명종 9년(1179) 경대승(慶大升)에게 살해당하였고, 경대승이 4년 민에 병사하사, 이의민(李義旼)이 등장하여 정권을 잡았다가 명종 26년(1196) 최충헌(崔忠獻)에게 살해당하였다.

이와 같이 명종조에는 무신정권의 기반이 확립되지 못하고 정권의 교체도 빈번하였는데, 이러한 혼란은 최충헌의 집권으로 수습되어 갔다. 그리하여 4대 62년 간의 최씨정권이 계속되었다.

2. 최씨무신정권의 지배기구와 대몽항전

무신정권 초기 무신정치는 중방(重房)을 중심으로 이루어졌다. 중방은 원래 상장군과 대장군의 합좌기관이었으나, 무신정권 성립 이후 무신집권자들이 이를 이용하기도 하고 또는 이의 보호를 받으면서 초월적인 권력기관이 되었다. 이를 통해 이루어진 중방정치(重房政治)는 무신들에 의한 일종의 합의제 정치형태를 띠었는데, 이는 무신집권자들이 아직 독자적인 집권부를 갖추지 못한 데 기인한 것이었다.

이후 최충헌·최우(崔瑀)·최항(崔恒)·최의(崔竩) 4대로 이어지는 최씨정권은 독자적인 집권부를 갖추고 그 집권부를 중심으로 강력한 권력을 발휘하는 무신집권자 1인의 독재체제를 확립하였다. 이러한 독재체제의 정비는 최충헌으로부터 시작되어 그의 아들 최우에 이르러 완성을 보게 되었다.

최충헌은 명종 26년 이의민을 제거하고, 왕에게 봉사 10조(封事10條)를 올려 정치·경제·사회의 혼란을 시정할 것을 촉구하면서, 독재체제 수립을 위한 기초작업을 이뤄나갔다. 이윽고 명종과 신종을 몰아내고 희종을 옹립하는 한편, 교정도감(教定都監)을 설치하였다. 교정도감은 초기 반대세력을 탄압하는 데 이용되었으나, 이후 내외의 중요 국사를 관장하고 조세를 징수하며 관리를 감찰하는 등 무신정권의 중추적인 정청으로서 막강한 권력을 행사하였다. 교정도감의 장으로는 교정별감(教定別監)이 있었는데, 최씨정권 및 김준·임연·임유무 등이 교정별감에 임명되어 일국의 정치를 좌우하였다.

최씨정권에 있어서 교정도감에 버금가는 권력기구로 정방(政房)을 들 수 있다. 정방은 고종 12년(1225) 최우가 그 사저에 설치하여 인사행정을 행하던 기관으로, 최우 사후에도 역대 무신집권자들에게 그대로 계승되었다.

한편, 최씨정권은 사적인 무력집단을 통해 권력을 유지할 수 있었는데, 도방(都房)·삼별초(三別抄)·마별초(馬別抄) 등이 그에 해당한다. 도방은 본래 경대승에 의하여 처음 설치된 사병집단이었는데, 최충헌에 의해 부활 강화되었다. 최충헌은 이의민을 숙청할 때부터 많은 사병을 양성하여 왔으나, 신종 3년(1200)에 이르러 6번도방(六番都房)이란 이름으로 사병제를 제도화하였다. 이는 최항에 이르러서는 36번으로 확장되었으며, 그 장비나 기동력에 있어 국가의 군대를 능가하는 정도였다.

삼별초는 처음 밤에 순찰하여 도둑을 단속하기 위해 최우 때 야별초(夜別抄)를 둔 데서 비롯되었다. 이후 이는 확대되어 좌·우별초로 나뉘었고, 여기에 몽고군의 포로가 되었다가 도망 온 자들로 편성된 신의군(神義軍)이 합하여져 완성을 보았다. 또한 그 임무도 확대되어 각종 경찰임무 및 군사임무인 도성의 수비를 비롯하여 친위대·특공대·정찰대 등의 역할도 하게 되었다. 이들 삼별초는 순수한 사병집단이었던 도방과 달리 국고에서 지출되는 녹봉을 받으면서 공적 임무를 행하였으므로 공병(公兵)의 성격을 지녔다고 하겠다. 그러나 실제에 있어서 도방과 함께 최씨무신정권의 특수혜택을 누리면서 사병 노릇을 하였음도 고려되지 않으면 안될 사항이다.

한편, 최씨정권이 확립되었을 때 고려는 밖으로부터 몽고의 압박에 시달렸다. 13세기 초 테무친(鐵木眞)이 여러 부족을 통일하고 1206년 칸(汗)의 지위에 오르니, 이로부터 몽고는 사방으로 정복사업을 전개해 나갔다. 먼저 몽고는 금에 대한 공격을 시작으로 북중국을 점령하고, 남송과 고려, 나아가 일본까지 정복하려는 야욕을 보였다. 이에 몽고와 고려와의 충돌은 불가피한 것이 되었다.

〈사진 6-1〉 강화궁지

1219년 고려는 몽고군과 합세하여 강동성(江東城)에 들어온 거란을 몰아내었는데, 이를 계기로 과중한 공물을 요구해오므로 갈등을 빚었다. 그러던 중 1225년 고려에 와서 무례한 행동을 하던 몽고사신 저고여(著古與) 일행이 귀국 도중 살해되는 사건이 발생하였다. 이를 구실로 최우가 집권하고 있던 고종 18년(1231) 몽고가 처음으로 고려를 침범하였다. 이 침범은 양국 간 강화가 성립함으로써 일단락되었으나, 몽고는 고려에 계속하여 무리한 조공을 요구하였다. 또한 고려에 파견된 몽고관리의 횡포는 극심하여 고려 군신의 분노가 고조되었다. 이에 최우는 고종 19년(1232) 강화천도를 단행하여 항몽태도를 분명히 하였다. 이렇게 시작된 대몽항전은 고종 45년 최씨정권이 몰락할 때까지 치열하게 전개되었고, 최씨정권의 몰락 후 무신집권자들에 의해서도 계속되다가, 원종 11년(1270)에는 삼별초의 항전으로 이어졌다.

몽고와 항전이 계속되는 동안에도 사신의 왕래는 이루어졌는데, 그 사이 교섭에서 고려는 몽고군의 철수를, 몽고는 철군에 앞서 개성환도와 국왕의 친조를 요구하였다. 이러한 요구에 대해 국왕과 문신들은 이를 받아들일 것을 희망하였으나 최씨정권은 항전을 계속하였다. 이는 무신정권이 갖는 주체성으로도 이해될 수 있으나, 몽고와의 강화 이후 전개될 정국에서의 최씨정권이 갖는 입지와도 관계 있음을 다각도로 이해할 필요가 있다.

3. 무신정권의 붕괴와 역사적 성격

최씨정권이 몰락한 이후에도 김준(金俊)과 임연(林衍)은 각기 교정별감이 되어 무신정치를 계속하였다. 이들 역시 왕권까지 침해하는 초월적 권력을 휘둘렀다. 김준은 몽고의 사신을 죽이고자 한 음모를 반대하였다는 이유로 원종을 폐위하고자 하였으며, 임연은 실제로 원종을 폐하고 안경공(安慶公) 창(淐)을 세우기까지 하였다. 그러나 이들 정권이 최씨정권에 비하여 약체화되었음은 분명했다. 최씨정권이 집권자의 확고한 지위와 독자적인 기구의 수립, 막대한 사병집단의 형성, 그리고 강대한 경제력의 축적을 특징으로 한 데 비하여, 김준·임연은 그 모든 것이 이보다 약화되었다.

김준은 최씨가의 사병집단 중에서도 가노들을 중심으로 구성된 가병(家兵)만을 통수하였던 바, 집권과 동시에 최씨가의 사적 병력이나 그 밖의 군사력을 자신의 수중에 완전히 장악할 수 없었다. 따라서 김준정권의 군사적 기반 가운데 상당 부분이 다수 무인 공신들에 의해 점유된 것이다. 임연은 명문가인 친인척을 배경으로 한 정치적 기반과 삼별초의 군사력 위에 성립하였으나, 그 기반 자체가 위태로운 것이었다. 즉 혼인관계를 맺어 자신의 정치적 배경으로 이용하고자 하였던 자들에 의해 오히려 몰락하게 되었으며, 이러한 과정에 역으로 삼별초가 이용된 것이다.

한편 이렇게 무신정권 자체 군사적·정치적 기반이 미약해진 것과 상반되게 왕권은 성장하고 있었다. 임연과의 연합이 있기는 하였으나, 원종은 그의 측근과 직접 모의하여 김준을 제거하였다. 또한 무신정권의 종식을 의미하는 임유무의 제거도 원종의 명령에 의해 이루어졌다. 이러한 왕권의 신장에 대몽관계는 주요한 요인으로 작용했다. 항몽정책의 주동자가 무신정권이었으므로 몽고는 무신집권자에 대하여 압력을 가하였다. 반면 무신정치로 무력화된 왕권은 대외적으로 몽고세력과 결합함으로써 강화되었고, 나아가 대내적으로 독자적인 무신정권의 지속을 방해하게 된 것이다. 이는 무신정권 자체의 분열과 약화 외에 몽고세력의 간섭이 무신정권의 붕괴에 일정하게 작용했음을 의미한다고 하겠다.

이렇게 고려시대 100여년간 지속되었던 무신정권의 성격에 대해서는 다양한 평가가 가능하다. 우선 무신란은 고위 무신들의 정치적 쿠데타에 그치는 성격은 아니라는 논의가 있다. 하급무신들과 일반군인들의 적극적인 참여가 있었기에 성공이 가능했으며, 이로 인해 무신란 이후 성립된 무신정권이 고려사회에 커다란 변동을 가져올 수 있었다는 견해이다. 예컨대 정변을 모의 계획한 것은 하급장교였던 이의방·이고 등이었는데, 이들은 말단 지휘관으로서 군졸들과 밀착되어 있어서 직접동원이 가능했다. 또한 정중부의 참여는 고위급 무관들을 회유 포섭하는 데 용이하게 작용하였다는 것이다. 그러나 이렇게 다양한 세력이 협력하여 무신란을 성공으로 이끌었으나, 헤게모니 장악을 둘러싸고 입장 차이가 드러나기 시작하였으니, 무신집권 초기의 빈번한 정권교체는 이러한 성격을 반영하고 있다고 하겠다.

무신란 이후 전개된 무신정권, 특히 그 확립기라 할 수 있는 최씨정권에 대해서도 다양한 평가가 있다. 특히 끝까지 대몽항전을 고집한 것에 대해서는 본래 무신정권이 지니는 독자성·주체의식이 강하게 작용한 것으로 보는 긍정적 평가가 있다. 그러나 이는 무신정권의 입지가 불안해질 환도 이후의 상황을 염려하여 정권유지에만 급급했던 모습으로 설명되기도 한다. 한편 최씨정권의 항몽태세와 관련하여 대몽항전에 있어서 전반기에는 정부군의 활약이 활발하였으나, 후반기에 들어서는 최씨정권 사병인 삼별초의 활동이 활발해지고 있다는 점이 긍정적으로 평가되었다. 그러나 이도 최씨정권의 사병화가 관군의 무력화를 부채질했다는 비판으로부터 자유로울 수 없었다. 또한 삼별초의 난에 대해서도 항몽의 의지 외에 몽고에서 그들의 처벌의사를 분명히 했던 사실과도 관련 있음이 지적되고 있다. 결국 무신정권은 그로 인해 배태된 새로운 사회 변혁의 추동이라는 역사발전의 긍정적 측면과 함께, 그들의 사적 지배기반 확대로 인한 사회·경제적 폐단의 책임이라는 부정적 측면을 동시에 고려하지 않고는 평가될 수 없을 것이다.

제2절 무신정권기의 민란

1. 민란 발생의 배경

거란과의 3차례 전쟁을 끝내고 피폐된 경제를 복구, 발전시키기 위해 노력을 경주한 결과, 문종 때에는 태평성대로 일컬어질 정도로 생산력의 발전이 있었다. 농기구가 개량되고 농업기술이 발전하여 상경지(常耕地)가 늘어났고, 황무지를 개간하여 농사짓는 땅도 점차 증가하였으며, 단위면적당 생산량도 증대되었던 것이다. 그러나 이것이 곧 민중생활의 향상을 가져온 것은 아니었다. 이러한 생산의 발전은 오히려 지배계급의 토지소유욕구를 높여 수탈을 강화시켰고, 그 결과 농민소유의 토지마저 침탈되었다. 지배계급은 생산력이 높아진 토지로부터 나오는 경제적 이익을 보다 안정적으로 확보하기 위해 농장을 만들어갔다. 이러한 농장은 이미 11세기부터 국가의 관여를 배제하면서 증대되는 추세였고, 이자겸의 난과 묘청의 난 등으로 야기된 정치적 혼란 속에서 보다 증가되어갔다. 게다가 1170년 무신란으로 권력을 장악한 무신들까지 이에 합세하면서 토지겸병의 속도는 더욱 가속화되었다.

그러나 민중들의 고통은 토지의 상실에만 그치는 것이 아니었다. 한재·수해 등의 자연재해와 질병의 만연 등이 민중을 괴롭혔고, 지방관과 토호의 가렴주구도 이들을 고통스럽게 하였다. 그리하여 11세기 후반부터 농촌사회는 열 집이면 아홉 집이 비었다 할 정도로 유망현상이 심각하였으며, 이들은 세력가의 농장에 투탁하거나 도적이 되기도 하였다. 그런데 이렇게 농민의 유망으로 인구가 감소함에도 국가로부터 군현에 부과되는 부담은 줄지 않았다. 결국 이는 촌락에 남아 있는 농민들에게 전가되니, 농민의 유망은 더욱 촉진될 수밖에 없었다. 게다가 향·소·부곡이나 속군·속현의 주민들은 가혹한 차별적 부담으로 더욱 어려움을 겪고 있었다.

이렇게 민란의 근본원인은 문신귀족의 전성기부터 존재하였고 무신란 이후 증폭되었다. 민란이 집중적으로 발생한 것은 명종·신종대의 30년 간이었다. 명종대에 민란을 촉발시킨 원인은 중앙의 무신정권과 결탁한 지방관 및 향리의 탐학과 횡포였으며, 경제적 측면에서는 토지겸병의 가속화에 따른 농촌사회의 피폐를 들 수 있다. 또한 무신정권 형성기인 명종대와 최충헌 정권 초기인 신종대에는 지방에 대한 통제력이 약했던 점도 지적될 수 있다. 무신란 이후 특히 주목되는 것은 신분사회에 대한 인식의 변화였다. 무신란의 주역인 정중부·이의방 등 집권무신들은 미천한 신분 출신이었고, 그들을 추종했던 무인들도 대부분 그러하였다. 따라서 민중들은 그들도 집권무신들과 같이 정치적 출세와 사회참여가 가능하다고 자각하게 되었고, 이러한 민중의 자각은 하극상의 풍조와 함께 민란을 일으킬 충분한 요인이 되었다고 하겠다. 한편, 몽고가 1219년 고려와 합세하여 거란을 몰아낸 이후 요구하기 시작한 막대한 물자도 민중의 부담을 가중시키고 있었다.

2. 민란의 전개

농민봉기는 무신집권기 이전부터 발생하였지만, 무신란 이후 정치적 혼란이 가중되면서 전국 곳곳에서 민란이 치열하게 전개되었다. 그 시작은 서북지방에서부터 나타났다. 1172년 창주(창성)·철주(철산)·성주(성천)에서 수령에 대한 불만이 폭발하여 농민이 봉기하였다. 이후 1174년 서경 유수 조위총(趙位寵)이 문신관료의 권력을 회복하려는 야심을 갖고 반란을 일으켰는데, 서경 주민 및 자비령 이북 40여 성의 농민들이 이에 자발적으로 참여하였다. 그 결과 지휘부의 처음 의도와는 달리 수령과 향리를 공격대상으로 하는 민란의 모습을 보였다. 여기서 반란군은 개경부근까지 진출하였으나, 무신정권의 국왕을 통한 회유 및 지휘부에 대한 분열공작에 의해 1176년 서경이 관군에 함락당하였다. 그러나 서경에 모였던 농민군은 산간지대로 들어가 이른바 서적(西賊)이라 불리며 저항을 계속하였다.

이렇게 서적과 더불어 중부와 남부지방에서는 남적(南賊)이라 불리는 농민항쟁이 여러 곳에서 발생하였다. 1176년 공주 명학소(鳴鶴所)에서 발생한 망이(亡伊)·망소이(亡所伊)의 난은 12세기 민란 가운데에서도 그 규모가 매우 크고 활동이 활발했다. 이들은 한때 공주를 점령하고 관군을 패퇴시켰으나 정부의 회유책에 의해 진압되었다. 그리고 이듬해 다시 봉기하여 서산·황려현(여주)·진주(진천)·직산까지 세력을 확대하고 개경을 공격목표로 정하고, 아주(아산)·청주 일대까지 위세를 확산시켰으나, 정부의 대대적 토벌에 의해 붕괴되었다.

1182년에는 충청도 관성(옥천)·부성(서산) 및 전라도 전주에서 민란이 발생했다. 관성과 부성에서는 현령의 탐학에 대항하여 향리의 주도로 농민이 봉기하였으나, 정부가 나서 현령과 주모자를 처

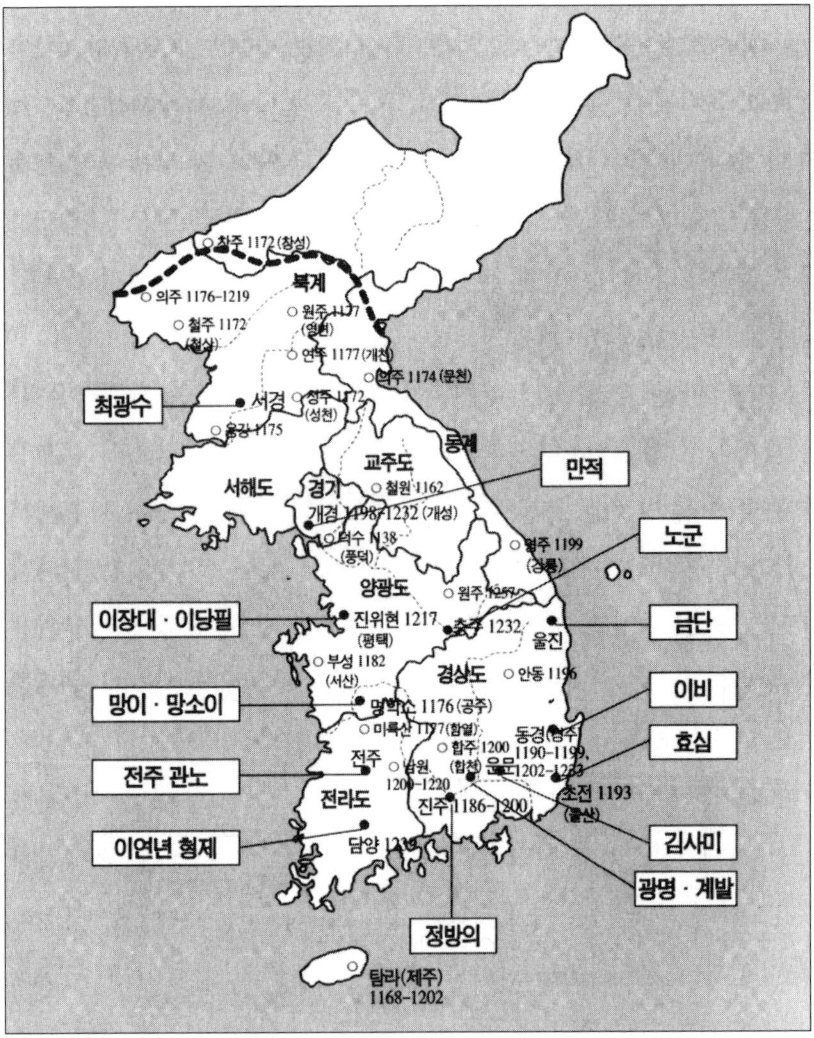

〈사진 6-2〉 고려시대 농민항쟁 분포도

벌하자 진정되었다. 전주에서는 군인과 관노가 반란을 일으켰는데, 역시 정부의 회유책에 의해 스스로 함락되고 말았다.

1193년에는 경상도 일대에서 대대적인 민란이 발생하였다. 운문(雲門)에서는 김사미(金沙彌)가, 초전(울산)에서는 효심(孝心)이 농민군을 일으켜 합세하였다. 그러나 밀성(밀양)에서 7,000여명의 전사자를 낸 패배로 쇠퇴하고 말았다. 1199년 명주(강릉)와 경주에서 대규모 농민군이 일어나 연합전선을 구축하였다. 이듬해에는 진주에서 공사노비의 반란이 일어났고, 협주(합천)에서는 부곡민의 반란이 일어나 서로 연합하였는데, 일반농민도 이에 가담하였다. 이러한 경상도 일대의 민란은 신라부흥운동으로 이어져 세력을 떨쳤다. 이는 종래 수령과 향리 등 말단 지방행정 담당자를 공격대상으로 삼았던 데 비하여, 고려왕조 자체에 대한 부정이었다는 점에서 특징을 달리한다. 이러한 경향은 고구려·백제의 부흥운동으로도 나타났다. 즉 1217년에는 서경의 군졸에 불과한 최광수(崔光秀)가 서경병마사의 침탈에 항거하여 동료군졸과 함께 봉기하여 스스로 고구려부흥병마사를 표방하였고, 20년 뒤 이연년(李延年)이 백제부흥운동을 주도한 것이다.

한편, 이 시기 반봉건 투쟁은 농민 뿐 아니라 천민·노비들에 의해서도 일어났는데, 이들은 신분해방을 주목적으로 봉기하였다. 망이·망소이의 난도 처음에는 신분해방이 주된 목적이었으나, 이후 천민과 농민의 난이 연합된 형태를 보였다. 신종 1년(1198) 개경에서 발생한 만적(萬積)의 난은 가장 대표적인 천민의 난이라고 할 수 있다. 최충헌의 사노였던 만적은 수천명의 공·사노비를 동원하여 신분해방은 물론 정권탈취까지 목적하여 봉기하였다. 만적의 "무신란 후 고관대작(高官大爵)이 천예(賤隸)에서 많이 나왔다. 장상(將相)이 어찌 종자가 따로 있겠는가"라는 말은 만적 개인의 인식 뿐 아니라, 당시 민란이 빈번하게 발생할 수 있었던 시대상의 면면을 보여준다 하겠다. 이러한 만적의 난은 기밀이 누설되어 실패로 끝나고 말았지만 그 맥은 이후로도 이어졌다.

이 밖에 무신집권 초기 군인들이 일으킨 반란도 적지 않았다. 무신란 이후에도 군인전의 탈점이나 군인의 노동력 착취는 여전하였는데, 군인들이 느끼는 불만은 그 이전에 비해 상대적으로 컸다. 그들은 난을 일으키거나 군에서 이탈함으로써 반항을 꾀했는데, 군에서 이탈한 자들은 생계유지를 위해 도적이 되거나 다른 반란에 가담하는 것이 일반적이었다. 또한 민란을 주도한 인물 가운데 지방세력가들이 포함되기도 하였다. 무신란으로 인하여 새로운 지방세력가에게 지방에서의 주도권을 양도해야 할 처지에 있던 세력가들이 동요를 일으킨 것이다. 그들은 또한 무신란 이후 중앙에서 낙향한 인물들과 지방에서 세력다툼을 벌이기도 하였다.

이와 같이 무신집권기 거의 전반에 걸쳐 발생한 농민을 비롯한 천민·군인·지방세력가 등의 봉기는 실패로 끝을 맺었다. 특히 천민을 포함한 농민군의 반란은 과감하고 줄기차게 지속되었다. 그러나 그 항전이 전국적으로 발생하였고 연합세력이 형성되기도 하였으나, 총체적으로 분산적이었으며 전술·전략적이지 못했다. 결국 계획적이기보다 누적된 불만이 다양한 형태로 폭발하여 항쟁으로 전개된 것이 대부분이라고 하겠다. 무엇보다 그들의 항거는 직접적 수탈자인 지방관료 또는 무신정권을 대상으로 하였으며, 정통의 권력인 왕권에 대한 저항은 극히 드물었다. 따라서 왕권을 앞세워 회유 무마하거나, 탐학한 지방관료를 교체하면 중단되는 경향을 보였다. 또한 몽고의 잇따른 침략은 민족적 위기의식을 촉발하여 민중의 의식을 대외적으로 돌렸고, 다양하게 전개되었던 민란도 점차 수그러들게 되었다.

그러나 이러한 실패와 한계에도 불구하고 당시의 민란이 역사발전에서 수행한 공헌은 경시될 수 없다. 우선 지배계급은 민란의 평정에 전력을 기울이는 한편 농민을 위한 여러 가지 시책을 강구하였다. 이러한 노력은 비록 조금씩 기만적으로 이루어졌으나, 지배세력에 대한 타격을 가함으로써 민중 스스로 얻어낸 기본적 전과물이라는 점에서 의의가 있다. 또한 이때 수행된 신분해방 투쟁으로부터 노비제는 완만하지만 소멸되는 과정을 밟게 되었으며, 노비의 주인에 대한 예속성도 약화되어 갔다. 그밖에 일반군현에 비해 차별되던 향·소·부곡도 빠른 속도로 없어지게 되었고, 잔존된 경우라도 차별이 소멸되어갔다. 즉 무신집권기의 민란은 귀족중심의 엄격한 신분사회에서 새로운 사회체제로 넘어가는 한 원동력이 되었다고 하겠다.

제 7 장

고려(高麗)와 주변국과의 관계

제7장
고려(高麗)와 주변국과의 관계

제1절 後三國과 高麗

1. 신라후기의 정세

신라 下代에 들어서 진골귀족들의 분열로 혈통(血統)에 의한 왕위계승보다는 정치적 실력과 군사적인 우월(優越)에 의해서 왕위(王位)가 존폐(存廢)되는 상황이 나타났다. 下代의 또 하나의 정치적 특징은 육두품(六頭品)의 성장과 호족세력(豪族勢力)의 등장이라 하겠다. 경제적인 측면으로 下代는 귀족들에 의한 대토지 경영이 나타났고, 그들은 국가에 대한 세금을 불법적으로 부담치 않음으로 해서 많은 재정적인 문제점을 낳게 된다. 텅 빈 국고(國庫)를 채우기 위한 가렴주구(苛斂誅求)는 농민들의 반발을 초래하게 되었고, 이런 농민들의 불만이 반신라적(反新羅的)인 봉기(蜂起)로 비화(飛火)되면서 신라의 멸망은 이제 현실화되었다.

그리고 下代는 새로운 사상의 경향으로 선종(禪宗)과 풍수지리설(風水地理說)이 성행하게 된다. 이들 사상이 지니는 개인주의적인 성격이 호족의 사상적 기반을 마련해주었다고 보며, 신라후기의 혼란 속에서도 새로운 질서를 형성하는데 큰 역할을 하였다.

2. 後三國의 정립(鼎立)과 高麗의 건국

위와 같이 新羅 下代는 혼돈(混沌) 속에서도 새 시대를 배태(胚胎)하는 역동기(力動期)였으니, 새로운 세력과 사상의 등장은 신 왕조의 개창(開創)으로 결말짓게 되었던 것이다. 高麗의 건국은 韓國史에 있어서 그 당시까지 보아왔던 모습과는 전혀 다른 양상으로 이루어졌다는 점에서 특이하다. 즉 태봉(泰封, 後高句麗)의 왕이었던 궁예(弓裔)가 신하들에 의해 축출 당하는 정변이 일어났고, 그 신하들에 의해서 王으로 추대되는 절차를 밟아 왕건(王建)이 고려 태조(太祖, 918~943)로 등극(登極)하는 것이다. 그리고 936년에 후백제를 멸망시킴으로 해서 한반도는 다시 통일을 이룩하게 되었다.

제2절 거란과 여진(女眞)

1. 요(遼)와 귀주대첩(龜州大捷)

1) 遼의 건국

거란족은 요하(遼河)의 상류인 시라무렌江 유역에 살던 유목민족(遊牧民族)이었으며, 916년 야율아보기(耶律阿保機)에 의해 거란(遼)이 건국되었다. 거란은 그 후 926년에는 발해를 멸망시키고 괴뢰정부인 동단국(東丹國)을 세운다.

2) 거란과의 갈등과 대책

太祖 25년(942)에 거란이 사신과 함께 낙타 50필을 보내왔을 때, 태조는 "거란은 발해와 화목하게 지내다 갑자기 발해를 멸망시킨 무도(無道)한 나라이니 이웃으로 삼을 것이 못된다"고 하고 드디어 교빙(交聘)을 끊고, 사신은 귀양보내며 낙타는 굶기어 죽게 하였다. 이러한 태조의 대거란정책은 그가 남긴 훈요십조(訓要十條) 중 네 번째 항목에 "거란은 금수지국(禽獸之國)이며, 풍속도 같지 않고 언어도 역시 다르니 의관(衣冠)제도를 본받지 말라"라고 하는 데서도 잘 나타난다.

그리고 정종(定宗, 945~949) 때에는 광군(光軍) 30만을 조직하여 거란의 침입에 대비하였던 것은 잘 알려진 사실이다.

3) 거란의 1차 침입과 서희(徐熙, 942~998)의 외교담판

거란은 993년(成宗 12년) 소손녕(蕭遜寧)을 총지휘관으로 하여 그들이 말하는 바 80만 대군으로 침입하여 왔으니, 그들이 노렸던 바는 高麗와 宋의 국교단절과 고려의 북진정책을 미리 봉쇄(封鎖)하려는 것이었던 것으로 보인다.

이 당시 고려 조정에서는 항복론(降伏論)과 할지론(割地論)으로 갈려 의론이 분분하였고 왕 또한 割地論으로 기울이고 있었다. 이 때 徐熙가 자청하고 나서 거란의 蕭遜寧과 외교담판을 벌이게 되는 것이다. 적장(敵將)이 주장하는 바의 핵심은 '高麗는 新羅의 땅에서 일어났는데 자기네의 소유인 고구려 땅을 침범한다는 것과 가까이 있는 거란을 놔두고 멀리 있는 宋과 접촉하는 것에 대한 불만'이었다.

이에 대해 徐熙는 '高麗는 옛 高句麗를 계승한 나라여서 그런 연유로 국호(國號)를 高麗라 한 것이고 따지자면 거란의 동경(東京)도 우리 지역인데 어찌 침식했다고 하느냐, 그리고 거란과의 사이에 女眞이 있어 거래를 막고 있으니 女眞을 쫓아내면 조빙(朝聘)을 하지 않겠느냐'라 하니 蕭遜寧도 어찌할 수 없음을 알고 물러났다. 이리하여 高麗는 成宗 13년부터 홍화진(興化鎭, 義州)·귀주(龜州, 龜城)·통주(通州, 宣川) 등 江東6州에 성(城)을 쌓아 실리(實利)를 얻었고, 거란은 고려가 거란의 연호를 사용하게 하는 것 등으로 명분(名分)을 얻었던 것이다. 이처럼 徐熙의 국제정세의 흐름 및 상대방의 저의(底意)를 간파한 뛰어난 능력으로 인하여 太祖 이래 숙원(宿願)이었던 압록강 하류유역을 회복하는데 성공하였던 것은 길이 남을 외교사(外交史)의 승리라 할 것이다.

4) 거란의 2차 침입과 양규(楊規, ?~1011)의 선전(善戰)

현종(顯宗) 1년(1010) 거란 성종(聖宗)이 40만 대군을 인솔한 갑작스런 친정(親征)으로 단행된 그들의 침공구실은 강조(康兆)의 정변을 문죄(問罪)한다는 것이었다.

興化鎭에서의 楊規의 善戰으로 거란군은 통주(通州)로 방향을 바꾸었는데, 이곳에서는 康兆가 처음에는 승리를 했지만 그로 인한 대비를 소홀히 해서 결국 포로가 되고 말았다. 이어 거란군의 개경 함락으로 顯宗은 나주(羅州)로 피난하게 되었다.

거란군은 顯宗의 친조(親朝)를 조건으로 물러갔는데, 楊規는 퇴각하는 거란군을 무로대(無老代, 義州) 등 곳곳에서 격파하여 사로잡힌 사람 3만여명을 빼앗는 등 그의 혁혁(赫赫)한 전공(戰功)이 거란군 퇴치에 결정적 역할을 하였다.

5) 거란의 3차 침입과 강감찬(姜邯贊, 948~1031)의 귀주대첩(龜州大捷)

거란은 顯宗의 親朝를 하지 않을 뿐더러 高麗가 宋과 은밀하게 사신을 파견하는 일 등이 일어나자 江東6州의 반환을 요구하기에 이르렀다. 그러나 이마저도 거절당하자 마침내 1018년(顯宗 9년) 12월에 소손녕(蕭遜寧)이 10만 대군으로 침입하여 왔다. 그러나 고려의 대공세로 전황이 여의치 않게 되자 거란군은 철수를 하게 되었고, 이 때 姜邯贊은 이들을 龜州에서 요격(邀擊)하여 거의 몰살(沒殺)시켰다. 이 때 살아서 돌아간 자가 수천 명에 불과하였으니, 바로 이렇게 크게 싸워 이긴 전투가 龜州大捷(1019)인 것이다.

이 전투의 대참패에 대해 거란의 성종(聖宗)은 蕭遜寧에 대해 “네가 적을 가벼이 여겨 깊이 들어가 이 지경에 이르렀으니 무슨 면목으로 나를 보겠느냐, 내가 너의 낯가죽을 벗긴 후 죽이리라"며 질책했다.

2. 女眞과 별무반(別武班)

1) 高麗의 대여진(對女眞) 정책

女眞은 고려를 부모의 나라로 여기고 있었으며, 많은 女眞人들이 고려로 투화(投化)해 오기도 하였다. 그런 한편 노략질을 감행하기도 하여 고려에서는 이들에 대해 응징(膺懲)과 회유책(懷柔策)을 병행해 갔다.

2) 別武班 조직과 9城 축조

숙종(肅宗) 9년(1104)에 윤관(尹瓘)의 건의에 따라 신기군(神騎軍)·신보군(神步軍)·항마군(降魔軍)으로 편성되는 別武班을 조직하여 대비해 나갔다. 그러다 예종(睿宗) 2년(1107)에 침략해 오는 女眞에 대해 尹瓘이 인솔하는 별무반이 연전연승을 거두고 함주(咸州) 등 9城을 쌓았다.

그러나 그 후 睿宗 4년에 女眞族이 여러 차례 와서 "9城을 돌려주면 대대로 조공을 바칠 것과 다시는 침략하는 일이 없을 것이며, 만일 이 맹세에 변함이 있으면 번토(蕃土)는 멸망할 것이다"라 하면서 간절하게 9城의 환부를 요구해 왔다. 고려에서도 이의 유지와 女眞과의 계속되는 전쟁을 감당하기가 쉽지 않아 재추회의(宰樞會議)의 결정으로 결국 돌려주고 말았다.

3) 금(金)의 건국과 이자겸(李資謙)의 사금정책(事金政策)

女眞族의 완안부(完顔部)의 아골타(阿骨打)가 마침내 여진족 내부를 통합하고 1115년(睿宗 10년)에 金나라를 건국하였다. 이어 金은 1125년에 거란을, 1127년에는 宋(北宋)을 멸망시킨다.

한편, 金나라는 고려에 대해서 예종(睿宗) 12년(1117)에 "兄인 大

女眞 金國 황제가 아우 고려 국왕에게 글을 보낸다……결위형제(結爲兄弟)하여 대대로 좋은 사이가 되자"며 형제관계를 요구해왔다. 그리고 인종(仁宗) 3년(1125)에는 金으로 파견한 사신의 國書에 칭신(稱臣)하지 않았다는 이유로 받아들이지 않는 사태가 발생하였다. 고려조정에서는 이에 대한 논의에서 결국 이 당시 권신(權臣)이었던 이자겸(李資謙)의 사금(事金)의 현실적 필요성의 주장에 따라 金의 요구를 수용하게 되었다.

제3절 오대(五代) 및 송(宋)과의 외교

高麗와 五代(907~960)와의 관계는 시종일관 평화적인 우호관계가 유지되었다. 이어서 宋이 五代의 혼란기를 수습하여 등장하였는데, 高麗와 宋 양국(兩國)은 모두 거란과 여진의 침략에 대비해야 하는 문제를 지니고 있던 상황이었다. 이러한 배경 때문에 高麗는 宋에게 문화적이며 경제적인 측면을, 宋은 高麗에 대해 정치적이고 군사적인 면을 취하려는 경향을 띠고 있었다. 결국 高麗와 宋과의 관계는 遼와 金의 홍쇠(興衰)에 따라 국교가 단절되거나 재개되는 양상이 반복되어 갔다.

제4절 몽고(蒙古)와의 전쟁

1. 蒙古의 침입과 응전(應戰)

高麗와 蒙古의 첫 접촉은 서경(西京)의 동쪽에 있는 강동성(江東城)에 몰려 있던 거란족을 토벌하는 과정(高宗 6년, 1219)에서였다. 즉 몽고가 거란족을 토벌하면서 고려에 식량과 군사를 요청해왔고, 고려가 이에 응하면서 첫 접촉을 하게 되었던 것이다.

蒙古의 침입을 촉발(觸發)시켰던 것은 몽고사신 저고여(著古與)의 피살사건이었다. 즉 그가 高宗 12년(1225) 1월 귀국 도중에 압록강변에서 암살당했는데, 이에 대해 몽고는 고려에 이 문제를 엄중 추궁하면서 국교단절을 통고해 왔다. 이리하여 30여년에 걸친 몽고의 침입은 계속되었는 바, 그 전쟁상황을 간략히 제시하면 아래 도표와 같다.

〈표 5-1〉 몽고의 침략과 應戰

	침략시기	적장	▽침략행위 및 *대응상황
1차	高宗18년 8월 (1231)	살례탑(撒禮塔)	▽연말경 개경포위→화의성립, 서북면 지방에 達魯花赤(다루가치) 72명을 분치(分置)
	최우(崔瑀)의 집권기		* 철주(鐵州, 철산) 백성들의 눈물겨운 항전 * 귀주성(龜州城)에서 박서(朴犀)의 승전 * 자주성(慈州城)에서 최춘명(崔椿命)의 승전 * 충주성의 노군(奴軍)과 잡류별초(雜類別抄)의 활약 * 무신정권은 개경에서 江華島로 천도(遷都, 1232년 7월)
2차	高宗19(1232)	살례탑(撒禮塔)	▽부인사(符仁寺, 대구근처)의 초조대장경 소실(燒失)
			* 광주(廣州)에서 입보민(入保民)과 관군의 승전 * 12월 처인성(處仁城, 용인, 부곡민이 살던 城)에서 승려 김윤후(金允侯)의 활약으로 적장 살례탑을 사살(射殺)
3차	高宗22～26 (1235～1239)	당고(唐古)	▽황룡사 9층목탑 燒失과 홍복원(洪福源)의 향도(嚮導)
			* 죽주(竹州, 죽산)에서 송문주(宋文胄)의 승전 * 온수(溫水, 온양)와 대흥(大興, 예산)에서 농민들의 승전 * 팔만대장경 조판(1231～1251)

4차	高宗34(1247)	아무간 (阿毋侃)	▽평안도와 황해도에서의 노략질
			* 몽고내부의 사정으로 곧 철수
5차	高宗40(1253)	야고 (也古)	* 왕의 출륙(出陸)과 왕자(淐)의 입조(入朝) * 金允侯는 충주성에서 관노(官奴)들의 신분해방을 약속하면서 그들을 격려하여 몽고군을 격퇴
6차	高宗41～46 (1254～1259)	차라대 (車羅大)	▽혹심한 피해를 입었으니, 한 해에 포로가 206,800여 명, 죽은 자는 부지기수(不知其數)
			* 충주부근 다인철소(多仁鐵所)의 노예들이 몽고군을 격퇴하자 익안현(翼安縣)으로 승격시켜주고 양민으로 해방 * 태자(太子)의 入朝 약속으로 몽고군 철수

2. 高麗 정부의 임전태세

蒙古와 전쟁을 치르는 기간은 최씨(崔氏) 무인정권시기였다. 몽고의 첫 침략이 있은 후, 최우(崔瑀)가 재추(宰樞; 二品 이상의 고위관료로 구성된 中書門下省의 宰府와 中樞院의 樞府)들을 모아 강화도(江華島)로의 천도(遷都)를 논의하는 과정에서 모두들 옮기기가 어렵게 여겼으나, 겁이나 감히 한마디도 못하고 있는 상황이었다. 이 때 유승단(兪升旦)은 "작은 것이 큰 것을 섬기는 것은 도리다. 예(禮)로써 섬기고 신(信)으로써 사귀면 저들 역시 무슨 명분으로 매양 우리를 힘들게 하겠는가. 성곽을 버리고 종사(宗社)를 돌보지 않고 해도(海島)로 도망가서 엎드려 구차스럽게 세월만 미루어 변방의 백성으로 하여금 장정들은 창과 화살촉(鋒鏑)에 맞아 죽고 노약자들은 끌려가 종이나 포로가 되게 하는 것은 국가의 장계(長計)가 아니다"라 하여 극력(極力) 반대하고 있다. 그러나 崔瑀는 대부분의 신하들이 반대에도 불구하고 遷都를 단행하고 있는데,

연구자들 사이에는 이를 놓고 긍정적, 또는 부정적으로 보는 견해로 엇갈리고 있다.

그러나 앞에서 간략하게 살펴보았듯이 蒙古軍과의 전쟁의 주체는 관군(官軍)이기보다는 일반백성 또는 천민(賤民)들이었으니, 이들이 목숨을 바치고 피를 흘리며 또 굶주려 가면서도 침략군과 결사적으로 대결하였던 것이다. 강도정부(江都政府)가 몽고와의 전쟁에서 취한 정책이란 것은 대개 입보산성(入保山城)·입보해도(入保海島)일 뿐 적극적인 대책은 없었던 것으로 생각된다. 따라서 고려정부(高麗政府)가 전쟁에 대응하는 자세가 소극적이고 무책임한 것이 아닌가 하는 생각은 극히 자연스럽다 할 것이다. 그리고 이러한 점은 그 오랜 전쟁 중에 3軍을 편성하여 蒙古와 정면 대결한 것은 제1차 침략 때의 단 한 차례뿐이었다는 점에서도 나타난다. 또한 전시상황(戰時狀況)임에도 강화(江華)에서의 최우정권(崔瑀政權)은 여전히 화려한 생활을 하였음을 알 수 있다.

저들 무신정권(武臣政權)이 자신들만의 정권유지를 위해, 그리고 그렇게 호사한 잔치를 벌이고 있을 때, 江華島를 나서면 몽고군의 말발굽이 우리 국토를 유린하고 있었다. 이제 백성의 입장에서 보면 살아남기 위해 외적의 침략에 맞서 싸우는 한편, 지배층의 과도한 가렴주구(苛斂誅求)에 저항해야 하는 이중고(二重苦)를 겪어야 하는 처절한 상황의 연속이었던 것이다.

아래의 사료(史料)는 그와 같은 고려 무인정권의 응전자세(應戰姿勢)를 보여주는 몇 가지 실례(實例)들이다. 이들 무인정권이 과연 백성을 다스리는 치자(治者)인가 하는 점은 여러분 각자가 판단하기 바란다.

史料 1: 高宗19년 봄 정월에……충주(忠州)의 관노(官奴)가 난을 일으켰으므로 재추(宰樞)가 최우(崔瑀)의 집에 모여 군사를 일으킬 것을 의논했다……이 보다 앞서 주(州)의 부사(副使) 우종주

(于宗柱)가 매양 문부(文簿)의 처리에 있어 州의 판관(判官) 유홍익(庾洪翼)과의 사이에 틈이 있더니, 몽고병(蒙古兵)이 장차 쳐들어올 것이라는 소문을 듣고 성(城)을 지킬 것을 의논하는데 의견이 달랐다. 宗柱는 양반별초(兩班別抄)를 거느리고, 洪翼은 노군잡류별초(奴軍雜類別抄)를 거느리고 서로 시기하더니, 蒙古兵이 들이닥치자 宗柱·洪翼·양반 등은 모두 城을 버리고 달아나고, 오직 奴軍雜類가 힘을 합쳐 蒙古兵을 물리쳤다.

宗柱 등이 州로 돌아와 관가(官家)와 사가(私家)의 은그릇을 검고(檢考)하자, 奴軍이 '蒙古兵이 약탈하여 갔다'고 말하였다. 호장(戶長) 광립(光立) 등 五·六人이 奴軍의 괴수를 죽이려고 음모하므로 奴軍들이 이를 알고 서로 모의하기를, "蒙古兵이 이르면 다 달아나 숨어버리고 城은 지키지 않다가 이제는 어찌 蒙古兵이 약탈하여 간 것까지 우리에게 죄를 돌려 죽이고자 하는가. 우리가 어찌하여 먼저 도모하지 않으랴"하고……(奴軍들은) 대체로 호강(豪强)으로서 본래부터 원망을 산 자들을 찾아서 하나도 남기지 않고 죽여버렸다.

史料 2: 高宗19년 여름 4월 재추(宰樞)들이 대관전(大觀殿)에서 모여 자주부사(慈州副使) 최춘명(崔椿命)의 죄를 의논했다. 이보다 앞서 몽고가 慈州를 포위하자 崔椿命은 이민(吏民)을 거느리고 굳게 지켜 항복하지 않았다. 나라에서는 살례탑(撒禮塔)의 힐책을 두려워하여 내시낭중 송국첨(內侍郎中 宋國瞻)을 보내어 항복을 권유했는데, 崔椿命은 문을 닫고 응대하지 않았다. 宋國瞻은 욕을 하면서 돌아갔다. 이어 三軍 장수가 撒禮塔에게 항복했다.

撒禮塔이 회안공 정(淮安公 侹)에게 말하기를 '慈州가 항복하지 아니하니 마땅히 사자를 보내어 항복하도록 타이르라'고 했다. 이에 侹이 후군진주(後軍陣主) 대집성(大集成)과 몽고관인(蒙古官人)을 함께 보냈다. 慈州城 아래에 도착하여 말하기를 "國朝와 三軍이 이미 항복하였으니 마땅히 속히 나와 항복하라"고 하였다. 椿命이

성루(城樓)에 앉아 다른 사람으로 하여금 '조정의 명령이 아직 도착하지 않았는데 무엇을 믿고 항복하겠느냐'라고 대답하게 했다……撒禮塔이 노해서 반드시 그를 죽이고자 하므로, 왕이 宰樞들에게 물었는데 모두 벌을 감해줄 것을 청했다…… 崔瑀가 내시 이자전(內侍 李自全)을 西京으로 보내어 장차 그를 죽이려 하였으나, 椿命의 사색(辭色; 말과 얼굴빛)이 변하지 않았다.

蒙古官人이 말하기를 "누구냐" 하니, 李自全이 이르기를 "慈州城의 副使다"라고 하자 官人이 "(그가) 우리에 대해서는 비록 명령을 거역했으나 그대들 나라에 있어서는 충신이다. 우리가 또한 죽이려 하지 않으며 너희들이 이미 우리와 더불어 화의를 약속했는데, 城을 보전한 충신을 죽이는 것이 옳은 일이냐"라면서 굳이 청하므로 포위(包圍)를 풀었다.

史料 3: 高宗32년 여름 4월 최이(崔怡; 최우)가 8일에 연등(燃燈)하면서 채붕(綵棚; 비단시렁)을 만들고 기악백희(伎樂百戱)를 펼치며 밤새껏 즐겼다. 성중(城中)의 사람들이 관람하는 것이 담장을 쳐놓은 것 같았다……

5월 崔怡가 종실(宗室)과 사공(司空) 이상과 재추(宰樞)들을 위해 자기 집에서 연회를 베풀었는데 채백(彩帛; 아름다운 비단)으로 산을 만들어 비단휘장을 걸치고 가운데는 그네를 매어 놓았다. 화려한 무늬와 비단으로 수놓은 꽃을 장식했고 팔면(八面)에는 은단추와 광채 나는 자개로 꾸몄다. 네 개의 큰항아리가 각각 얼음 봉우리로 채워졌다. 또 네 개의 큰 동이에는 홍자색(紅紫色)의 작약(芍藥) 10여 품(品)을 가득 꽂았다. 빙화(氷花; 얼음 꽃)가 서로 비쳐서 겉과 속이 찬란했다. 伎樂百戱를 펼치는데 팔방상(八坊廂) 공인(工人) 1350여 명이 모두 화려하게 장식해서 뜰에서 주악(奏樂)을 올리는데 거문고와 노래 소리, 북소리가 천지를 진동했다. 八坊廂에게는 각각 백은(白銀) 3근을 나누어주고 영관(伶官; 악공), 양부(兩部)의 기녀(伎女), 재인(才人)에게는 모두 황금과 비단을 주었는데 그 비용이 대단히 많았다.

史料 4: 高宗43년 2월에 몽고군사 때문에 6도에 선지사용별감(宣旨使用別監)을 보내는 것을 중지했다. 이 때에 집행하는 자가 백성들에게서 빼앗는 것을 제멋대로 하면서 오로지 (왕의) 은총(恩寵)만 바랬기 때문에, 백성들이 심하게 고통을 겪었고, 오히려 蒙古兵이 오는 것을 기뻐했다.

史料 5: 高宗43년 8월에……장군 송길유(宋吉儒)를 보내어 청주(清州) 백성을 해도(海島)로 옮기게 하였다. 宋吉儒가 백성들이 재물을 아끼어 옮기는 것을 싫어할까 염려하여 공사(公私)의 재물을 모두 불태워 버렸다. 이보다 먼저 최항(崔沆)이 사신을 여러 도에 보내어 주민들을 모두 몰아서 섬 안으로 들어가게 했는데, 명령을 따르지 않는 자는 집과 전곡(錢穀)을 불태워 굶어 죽은 자가 열에 여덟, 아홉이 되었다.

〈참고자료〉 對元關係에서의 고려 내부의 제변화(諸變化)

* 관제(官制)의 변화와 내정간섭; 정동행성(征東行省)의 설치・용어의 격하(格下)등
* 입성책동(立省策動); 부원배(附元輩)들이 高麗라는 나라 자체를 없애고, 元의 省을 설치하여(立省) 高麗를 元의 직속령(直屬領)으로 만들려고 했던 계략이다. 그 앞잡이 역할을 했던 자(者)가 반역자(叛逆者) 홍복원(洪福源; ≪高麗史≫130, 열전 권제43 叛逆四에 실려 있다)의 손자 홍중희(洪重喜)였다.
* 영토의 축소; 쌍성총관부(雙城摠管府)・동녕부(東寧府)・탐라총관부(耽羅總管府)
* 인적・물적 교류; 공녀(貢女)로 인한 조혼풍습(早婚風習)・체두변발(剃頭辮髮)의 유행 등

3. 강화(講和)의 성립 및 삼별초(三別抄)의 항거

1) 講和의 성립과 개경환도(開京還都)

蒙古와의 타협이 이루어지면서 太子(후일 高宗을 이어 元宗으로 즉위한다)가 元에 入朝하였으며(1259), 이리하여 高麗와 元의 講和는 성립하게 된다. 그리고 1264년(元宗 5년)에는 국왕인 元宗이 친조(親朝)하였으니, 이와 같은 일은 우리 사상(史上)에 처음 있는 실로 중대한 치욕적(恥辱的)인 사건이라 할 것이다.

한편, 고려무신정권의 추세(趨勢)는 최씨정권의 마지막 집권자인 최의(崔竩)가 高宗 45년에(1258) 김준(金俊) 등에 의해 제거되고, 金俊은 元宗 9년에(1268) 부하인 임연(林衍)에 의해 피살당한다. 이러한 무신정권의 변화는 위에서 본 것처럼 대원관계(對元關係)에서 영향을 받은 것이라 생각된다.

이와 같은 상황변화 속에서 드디어 1270년 開京還都가 이루어지게 되면서 고려내부에서는 다시 한번 내란에 휩싸이게 되었다.

2) 三別抄의 항거

三別抄는 최우(崔瑀)가 개경의 치안을 위해 야별초(夜別抄)를 조직했었는데, 이것이 확대되어 좌별초(左別抄)와 우별초(右別抄)가 되었고, 몽고에 포로가 되었다 돌아온 사람들로 형성된 신의군(神義軍)으로 구성된 군대였다. 이들 삼별초는 蒙古와의 전쟁기간 중 무신정권의 가장 중요한 세력기반이었다.

무신정권의 최후 집권자인 임유무(林惟茂)가 그의 자형(姊兄)인 홍문계(洪文系)에 피살됨으로 해서 오랜 기간의 무신정권은 막을 내리게 되었다. 이런 사태의 변화 속에 고려조정은 곧 이어 開京還都를 단행하게 되는데, 이에 반발하면서 삼별초는 거사(擧事)하게 되었던 것이다. 즉 元宗 11년(1270)에 배중손(裵仲孫)이 승화후(承

化侯) 온(溫)을 왕으로 추대하면서 반정부·반원(反元)의 깃발을 올렸다. 그 후 삼별초는 근거지를 진도(珍島)로 옮기고, 다시 제주(濟州)로 -이 곳에서의 지휘자는 김통정(金通精)- 옮기면서 항전을 계속하였지만 元宗 14년(1273) 高麗와 元의 연합군에 의해 진압되고 말았다. 이제 몽고에 조직적으로 대항하는 세력은 영영 없어진 셈인 것이다.

三別抄의 봉기는 역사적으로 매우 중요한 의미를 지니는 것으로 이에 대해서는 여러 견해가 엇갈리고 있는 실정이다. 그러나 이 擧事는 고려조정에 대한 반란이기보다는 몽고에 의한 고려의 종속화를 방지하기 위하여 일어난 것으로 생각되며, 그러했기 때문에 전라도와 경상도 등 남쪽 지역의 백성들이 많은 호응을 얻어 크게 세력을 떨치기도 하였다. 그들의 성격에 대해서는 연구자에 따라서 사병(私兵) 또는 공병(公兵)-사병화(私兵化)된 公兵-으로 보는 서로 다른 이해를 나타내고 있다.

4. 민중항쟁의 성격

지금까지 살펴본 것처럼 13세기의 高麗의 역사는 고려정부와 몽고, 이들 간의 관계로만 설명되어 오고 있는 것 같다. 그러나 그렇게 해서는 이 시기의 역사상(歷史像)을 충분하게 파악할 수 없으며, 그 이전부터 대립해오던 고려의 지배계급과 피지배계급, 그리고 새로이 나타난 침략자인 몽고와의 셋이 관계로 설정해야 할 것이라는 주장이 주목된다. 즉 12세기 후반이래 연달아 일어났던 민란(民亂)에서의 피지배층의 절규(絶叫)와 저항은 해결되지 않고, 그대로 계급간의 갈등을 노정(露呈)시켰던 것이다. 그리하여 江華遷都가 일반민에게는 배신행위였으며, 몽고의 침략이 계속되는 가운데서도 다른 한편에서는 종래의 계급갈등이 재연되고 있는 것이다. 또 三別抄의 항전을 강인한 민족정신에서 찾을 것이 아니라 고려지배층과 몽고와의 결탁에 대한 일반민의 저항이 폭발적으로 일어났다는 점에서 바라보아야 할 것을 주장하고 있다.

제5절 왜구(倭寇)와 홍건적(紅巾賊)

1. 일본과의 관계

高麗의 대일관계(對日關係)는 정치 및 경제 등 모든 방면에서 그 어느 때보다 소원(疎遠)하고 부진했던 시기였다. 이러한 고려시대의 일본과의 관계를 시기별로 구분하는 것보다는 성격면에서 통교무역(通交貿易)과 왜구(倭寇)에 대한 무력행사로 구별하기도 한다.

通交貿易의 형태는 일본의 진봉선(進奉船)에 의해 물품이 고려에 진상(進上)되고, 이에 대해 하사(下賜)하는 진헌하사(進獻下賜)로 이루어진 것을 말한다.

2. 왜구의 침입

1) 倭寇의 성격

왜구는 ≪高麗史≫에 '倭寇'·'왜적(倭賊)'·'왜노(倭奴)'·'해적(海賊)' 등으로 표기되는 무리들로, 고려 말부터 조선 초에 이르기까지 우리나라와 중국 연안에서 침략과 도적질을 자행하던 일본인 해적집단에 대한 총칭으로 사용되었던 말이다.

2) 倭寇의 침입

≪高麗史≫에 의하면 高宗 10년(1223) 5월에 倭가 금주(金州; 김해)에 침입하였다는 것이 첫 기록이다. 그 후 본격적인 침략은 충정왕(忠定王) 2년(1350)부터이며, 공민왕(恭愍王, 1352~1374) 때에

는 전후 110여 차례, 우왕(禑王, 1375~1388) 시기는 380여 회에 달하였다.

倭寇의 침략 규모 및 피해 참상(慘狀) 중 恭愍王代와 禑王代의 몇 가지 실례를 들어보면 다음과 같다. 먼저 恭愍王 13년 3월에 倭船 200여 척이 하동(河洞)·고성(固城)·김해(金海) 등지에 쳐들어왔고, 같은 해 5월에 왜적(倭賊) 3000명이 진해현(鎭海縣)에 침입하였는 바, 이 때 경상도도순문사((慶尙道都巡問使) 김속명(金續命)이 이를 격파하고 있다. 그리고 恭愍王 15년 5월에는 조선(漕船; 세곡(稅穀)을 운반하던 배) 3척을 탈취하였는데 죽고 상한 사람이 매우 많았다. 이어 倭賊들은 교동현(喬桐縣, 江華島)을 무찌르니 서울이 크게 진동하였다고 한다. 恭愍王 21년 6월에 동계(東界)의 안변(安邊) 등에 쳐들어와 부녀를 사로잡고 창고의 쌀 1만여 석(碩)을 약탈하였으며, 또 恭愍王 23년 4월에 350척이 합포(合浦)를 침범하였다.

다음 禑王 때에는 同王 5년 5월에 기병(騎兵) 700과 보병(步兵) 2000여 명이 진주(晉州)를 침범하였으며, 6년 8월에 500척이 진포(鎭浦)에 쳐들어와 멋대로 불사르고 노략질하니 시체가 산과 들을 덮고, 곡식을 운반하느라 땅에 쏟아진 쌀이 한 자 부피나 되었다고 한다. 이처럼 왜구들은 전국 각지에 쳐들어와 제멋대로 인명을 살상하고 재물을 약탈하는 만행을 저질렀던 것이다.

3) 高麗의 대책

高麗는 왜구의 침구(侵寇)에 대하여 강온(强穩) 양면책을 병용하여 사신을 파견하는 한편, 군사를 일으켜 토벌(討伐)을 단행하였다. 이 당시 일본은 겸창막부(鎌倉幕府)가 멸망(1333)하고 그 후 약 60여년간 남북조가 대립하는 혼란의 시기였다.

중요한 토벌로는 禑王 2년(1376) 최영(崔瑩)의 홍산대첩(鴻山大捷), 6년 최무선(崔茂宣)의 진포(鎭浦)전투와 이성계(李成桂)의 황산대첩(荒山大捷), 9년 정지(鄭地)의 관음포(觀音浦)전투, 창왕(昌王) 원년(1389) 박위(朴葳)의 대마도(對馬島) 정벌 등이다.

특히 荒山의 전투에서는 "마침내 (왜구를) 크게 깨뜨리니 냇물이 다 붉어져 6~7일 간이나 빛이 변하지 않아서 사람들이 마시지를 못하였고, 모두 그릇에 담아 오랫동안 두어야 마실 수 있었다. 이 때 노획한 말이 1600여 필이었으며 병기(兵器)는 이루 수를 헤아릴 수가 없었다"고 한다. 후일 朝鮮政府는 이 大捷을 기념하기 위하여 선조(宣祖) 때(1577년)에 승전비(勝戰碑)를 세웠는데, 20세기 일본의 강점기에 파괴되고 지금은 파편만 남아 있다.

3. 紅巾賊

1) 홍건적의 등장

紅巾賊은 원말(元末)의 혼란을 틈타 일어난 도적 떼로 머리에 홍건(紅巾)을 둘렀기 때문에 부쳐진 이름이다. 한 때는 그 무리가 거의 10만명에 이를 정도였으며, 국호를 宋이라 하여 몽고족에 대한 적개심을 활용하면서 크게 위세를 떨쳤다.

2) 紅巾賊의 침입

2차례에 걸쳐 침입하여 고려를 괴롭혔다. 즉 1차침입은 공민왕(恭愍王) 8년(1359)에 4만의 병력으로 단행되었으며, 2차는 同王 10년에 10여만의 무리로 침입하여 개경을 점령하기까지도 하였다.

이에 대해 고려에서는 정세운(鄭世雲)·안우(安祐)·이방실(李芳實)·최영(崔瑩)·이성계(李成桂) 등이 활약으로 홍건적의 침략을 격퇴하였다.

제 8 장

고려 후기 성리학의 수용과 사대부의 등장

제8장
고려 후기 성리학의 수용과 사대부의 등장

제1절 성리학의 전래와 수용

1. 고려 중기 신유학의 전래

고려 후기의 성리학의 수용은 한국사에서 중요한 의미를 지니고 있다. 이후 건국되는 조선에서는 성리학이 정치 및 사회이념으로 자리잡기 때문이다. 이러한 성리학의 수용과정을 살펴보기에 앞서 성리학에 대한 기본적인 내용을 알아보자.

유학을 발전사적으로 볼 때 선진(先秦)의 본원유학, 한당의 훈고학(訓詁學), 송명의 성리학(性理學), 청의 고증학(考證學) 등으로 분류할 수 있다.

성리학은 원래 '성명·의리의 학(性命義理之學)'의 준 말로, 중국 송대에 들어와 공자와 맹자의 유교사상을 '성리·의리·이기(理氣)' 등의 형이상학 체계로 해석하였는데, 이를 성리학이라 한다. 성리학에는 인간의 본성과 우주의 원리를 하나의 통일된 체계 속에서 파악하려는 사상적 특징을 지니고 있다. 성리학은 보통 주자학·정주학(程朱學)·이학(理學)·도학(道學)·송학(宋學)·신유학(新儒學) 등으로도 불린다. 주희(朱熹)는 송대(宋代) 주돈이(周敦頤), 장재(張載), 정호(程顥), 정이(程頤)를 계승하여 성리학을 집대성하였는데, 그는 유교의 텍스트 중에서 ≪대학(大學)≫·≪논어(論語)≫·≪맹자(孟子)≫·≪중용(中庸)≫의 사서(四書)를 경전화시킴으로써 그 지위를 격상시켰다. 그는 사서의 정립을 통하여 공자(孔子) · 증자(曾子) · 자사(子思) · 맹자(孟子)라는 유교의 도통(道統)을 역사적으로 확립하려고 하였다.

성리학은 가족을 중심으로 하는 혈연공동체와 국가를 중심으로 하는 사회공동체의 윤리규범을 제시함으로써 사회의 중심사상으로 발전하였다. 특히 ≪대학≫에 나오는 팔조목인 격물(格物) · 치지(致知) · 성의(誠意) · 정심(正心) · 수신(修身) · 제가(齊家) · 치국(治國) · 평천하(平天下)를 개인의 수양과 국가의 통치를 위한 행위규범으로 삼았다.

이러한 신유학이 우리 나라에 전래되기 시작한 때는 북송(北宋)에서 성리학이 발흥할 무렵인 고려 인종대(仁宗代: 1123~1146) 전후로 생각된다. 당시 고려에서는 송의 서적을 적극 수집하고 유입시켰다. 또 윤언이(尹彦頤) 등 고려의 유학자가 사신의 임무를 띠고 송에 다녀오기도 하였고, 중국 사신들도 고려에 빈번히 왔다 갔으며, 중국에 유학 가는 고려의 학생들도 적지 않았다. 이러한 경로를 통해 당시에 발흥하는 초기 성리학을 접할 수 있었을 것이다. 그리하여 최충(崔冲)이 세운 구재학당(九齋學堂)은 성리학자들이 중시한 텍스트였던 ≪중용≫에 나오는 솔성(率性) · 성명(誠明) · 대중(大中) 등의 용어로 재(齋)의 이름을 짓기도 하였다.

뿐만 아니라 고려 예종(1106~1122)은 궁중에 청연각(淸讌閣)을 설치하고 ≪중용≫을 강설하기도 하였는데, 이때 이곳에 왕이 참석하여 행해진 경전강론의 분위기를 가리켜 "삼강오상(三綱五常)의 가르침[教]과 성명도덕(性命道德)의 이치[理]가 사방에 가득하였다"는 기록이 있는 것으로 볼 때 성리학은 중국에서 발흥 · 성장한 것과 거의 때를 같이하여 전래된 것으로 보인다.

그러나 인종 8년(1130) 이래 고려와 송의 정치적 교류 단절은 고려로 하여금 집대성기의 주자 성리학과의 접촉을 어렵게 하였다. 뿐만 아니라 의종 24년(1170)의 무신란은 사상계 일각에서 일어나고 있던 귀족적이고 향락적인 분위기를 극복하려는 기회마저 빼앗아감으로써 유학사상의 발전에 왜곡을 초래하였다.

한편, ≪주역≫과 ≪중용≫에 의한 심성화(心性化)의 방향은 당시 불교계에 새로운 기풍을 불러일으켰던 선종(禪宗)계통으로 넘어갔다. 이 시기 유교와 관련하여 불교계의 흐름에서 주목되는 것은 유·불일치설이다.

유학자 출신 선종계통의 승려 수선사(修禪社)의 혜심(慧諶)에 의해 유·불일치설이 제기되는 등 심성화에 따른 유교와 불교의 융합과 조화가 무신란 이후 고려 사상계의 새로운 조류로 나타난다. 즉 본래 유학자로서 과거에 급제한 인물들이 대거 승려가 됨으로써, 이들 유학자 출신 승려와 기존 유학자들 간에 지속적으로 관계가 유지되면서 이러한 흐름을 형성하였던 것이다.

그러나 이러한 불교계 쪽에서의 심성화에 의한 유·불간의 조화는 그 한계가 있었다. 그 한계는 원간섭기를 거치는 동안의 불교계의 타락으로 인해 점차 유학자들에게 절실히 인식되었다.

2. 고려 후기 주자학의 수용

고려 중기에 새로운 학풍으로서의 신유학이 고려에 도입된 것은 위에서 지적한 대로 여러 측면을 통해 확인되지만, 이러한 초기 성리학은 아쉽게도 고려 후기 유학계에 계승·발전되지 못하고 말았다. 성리학의 본령이라 할 주자성리학이 원(元)으로부터 고려 사회에 소개되는 단서는 충렬왕대(1275~1308) 안향(安珦)이 주자학 관련 서적을 도입하면서부터라고 할 수 있다. 그것이 백이정(白頤正)·권부(權溥)·우탁(禹倬) 등의 연구와 보급에 의해 이제현(李齊賢)→이곡(李穀)→이색(李穡) 등으로 이어지면서 점차 수용된다고 하겠다.

〈사진 8-1〉 안향 영정(국립중앙박물관 소장)

이러한 주자성리학이 원으로부터 도입되게 되는 기반은 앞서 서술했지만 유·불이 융합되는 사상계의 흐름 때문이었다. 그러나 더 직접적인 배경은 속세와 타협하여 많은 폐단을 야기하며 사회 지도이념으로서의 지위를 상실한 불교를 대신할 새로운 사상의 필요성 때문이었다.

안향은 주희의 호인 회암(晦菴)에서 '회' 자를 따서 자신의 호를 회헌(晦軒)이라 하여 주희에 대한 존경심을 나타냈다. 그는 당시 최고교육기관인 국학(國學)을 진흥시키기 위하여 기금을 모아 대성전(大成殿)을 완성하였다. 또 관리들에게는 차등있게 은(銀)을 내게 하여 양현고(養賢庫)를 채웠으며, 그 이식(利殖)을 취하여 섬학전(贍學田)을 삼게 하였다. 또한 원에 사람을 보내 공자 이하 70제자의 상(像)과 제기·악기 및 유교경전 등을 구해 오게 하는 등 충렬왕대 유학진흥정책의 주역이 되었다.

그 무렵 백이정은 충선왕을 따라 원(元)의 수도에 가 10년간 머물다 돌아오는 길에 성리학 관계 서적을 많이 구입해 돌아와, 이제현과 박충좌(朴忠佐) 등에게 그것을 가르치기도 하였다. 또한 권부는 주자가 사서에 주석을 달아 편찬한 ≪사서집주(四書集註)≫의 간행을 왕에게 건의하여 널리 전파시켰다. 이리하여 사서가 충목왕 즉위년(1344)에는 과거(科擧)의 과목으로 채택됨으로써 성리학의 확산에 기여하였다.

우탁은 경사(經史)에 정통하였는데, 특히 역학(易學)에 조예가 깊었다. 그는 정자(程子)가 주석한 ≪역(易)≫을 스스로 터득하여 국학의 생도를 가르치기도 하였다. 당시 성리학 수용자가 모두 원에 가서 체류한 경험이 있었음에 비해 그는 독학으로 성리학을 이해하여, 그에 의해 성리학이 행해지게 되었다는 평가를 받기도 한다. 뒤이어 이제현 · 이색 · 정몽주(鄭夢周) 등은 피상적 차원을 넘어 성리학이 정치적 · 사상적 토대가 될 수 있는 계기를 마련하였다.

당시 원의 학풍은 성리학 중에서도 우주론적인 이기론(理氣論)보다 거경(居敬)을 위주로 한 실천윤리를 강조하는 측면이 강했다. 이러한 학풍은 당시 고려불교의 폐단에 대해 심각하게 반성해야 했던 고려의 유학자들에게 자연스럽게 수용되었다. 따라서 고려에서 수용한 성리학의 성격은 사변적(思辨的)이기보다 실천적인 측면이 강했고, 그 실천적 측면은 개인적 차원에서의 일상생활의 윤리도덕을 실천하는 것 뿐만이 아니라 국가적 차원에서의 경세제민(經世濟民)의 실현을 위한 정치적 실천이라는 특성도 강하게 지녔다고 하겠다.

그들처럼 성리학을 익혀 과거시험을 통해 중앙으로 진출한 당시의 향리 출신 신흥사대부들은 성리학 정신에 입각하여 정책을 제안하였다. 그들은 불교의 폐단을 지적하고 성리학의 명분의식에 기초하여 제도의 개혁을 주장하면서 배원친명(背元親明)의 외교정책, 정방제(政房制)의 폐지, 토지제도의 개혁 등을 추진하였다.

제2절 사대부의 등장

1. 사대부 대두

원간섭기는 우리 민족사에서 커다란 시련의 한 시기였다. 왕도정치를 표방한 유교적 귀족체제가 무신집권 이후 변질되고 이어서 단속적인 몽고의 침입으로 정치혼란이 증폭되었다. 토지제도를 비롯한 수취체제의 문란은 민생을 더욱 곤경에 빠뜨렸고, 부원배와 권문세족(權門世族)은 농장을 확대하여 갔다. 특히 원의 간섭으로 인한 비자주적인 정치운용은 이들의 전횡을 더욱 가능케 하였다. 이러한 고려 후기의 정치사회적 배경 속에서 무신란으로 정권에서 소외되었던 문인계층은 무신집권체제하에서 다시 그들의 입지를 넓혀가기 시작하였다. 이들은 처음부터 뚜렷한 하나의 세력으로 성장하지는 못하였으나, '학자적 관료'라 할 수 있는 '사대부(士大夫)'가 정치세력으로서 단계적 성장을 하고 있었다.

이 당시의 권문세족은 하층계급인 역관(譯官)·향리·평민·부곡민(部曲民)·노비·환관 중에서 전공을 세우거나, 원(元)나라 귀족과 혼인하거나, 몽고어에 능숙하여 출세한 부류들이 많았는데, 이들의 성향은 문학적·유학적 소양과는 거리가 멀었다. 이들 권문세족은 대토지를 소유하였는데 그 규모가 산천과 주군(州郡)을 경계로 할 정도로 방대하였다. 하지만 이들은 국가에 대한 조세의 의무를 회피하는 경우가 많아 국가재정의 파탄을 초래하였다. 그리고 이러한 불법적인 토지소유는 농민의 유망, 일반 민의 노비로의 전락, 자작농이 병작농으로 전환되는 사회변동을 초래하였다.

사대부층은 고려의 귀족과 여러 모로 대비되는 특성을 지녔다. 그들은 조상 대대로 내려오는 토착적 경제기반을 가진 지방에 토지를 소유한 중소지주층이요, 대부분은 향리가문에서 과거(科擧)나 군공(軍功) 등 본인의 능력으로 입신한 신흥계급이며, 보다 진보적인 사상체계인 신유학 즉 성리학으로 교양된 학자계급이었다.

농업분야에서 생산력의 발전은 한편으로 중소지주층의 성장을 가져왔다. 이들은 권세가와 달리 자신의 경제기반과 맞물려 있는 농민의 처지에 관심을 가지고 농업경영을 통해 생산력을 증대시켰다.

한편, 원간섭기에는 원과의 교류 속에서 실천윤리를 강조하는 신유학인 성리학이 수입되었다. 그리고 보다 도덕적이고 자율적이며 민본적인 사회건설을 희구하던 양심적인 지식인층에게는 새로운 통치이념으로서 넓은 호응을 얻었다.

이러한 신유학이 수용되는 추세와 관련하여 몇 차례 위로부터의 개혁이 시도되었다. 그 첫째는 13세기말 충선왕의 개혁으로서 권문세족의 불법과 부정을 시정하기 위해 정치·경제·사회·종교의 다방면에 걸쳐 개혁을 시도했지만, 결국 이를 뒷받침할 만한 개혁세력이 성숙하지 못한 탓으로 실패로 끝나고 말았다. 그 다음 14세기 중엽의 충목왕도 정치도감(整治都監)을 설치하고 비슷한 성격의 개혁을 시도했지만 역시 실패로 끝나고 말았다. 그러나 이 두 차례의 개혁 뒤에는 상당한 정도로 신유학의 소양을 지닌 학자적 관료층의 노력이 있었다. 예컨대 충선왕의 개혁에도 박전지(朴全之)·최참(崔旵)·오한경(吳漢卿)·이진(李瑱)의 4학사(學士)의 도움이 있었고, 충목왕의 개혁에는 왕후(王煦)·안축(安軸)·백문보(白文寶)·전녹생(田祿生) 등이 정치관(整治官)으로서 개혁을 주도하였다. 이들은 권문세족에 비하여 한층 낮은 가문의 출신자로서 과거를 통해 입사(入仕)한 부류였으며, 뒷날 조선왕조를 건국하는 신흥사대부의 선구를 이룬다고 할 수 있다. 그러나 원간섭기의 개혁운동이 실패로 끝난 것은, 그 개혁의 상대가 원과 연결을 가진 부원세력이므로 원에 대한 저항까지 포함한다는 점에서 궁극적인 한계점에 부딪치기 마련이고 이를 뛰어넘을 만큼 개혁세력의 성숙이 따르지 못했다는 것이 주요 원인이었다.

2. 사대부의 성장

고려말 신흥사대부가 두드러진 진출을 하는 것은 공민왕대(1351-1374)의 반원운동과 개혁정치를 통해서였다. 원이 쇠약해지고 한족(漢族)의 반란이 거듭되는 국제정세의 변화를 계기로 삼아 공민왕 5년(1356)에 획기적인 반원정책을 단행하였다. 이때 기철(奇轍) 등 친원세력을 전격적으로 제거하고, 군사행동을 통해 원에 빼앗겼던 영토를 수복하고, 고려에 설치되었던 원의 정동행성이문소(征東行省理問所)를 폐지하였으며, 원의 압력으로 축소 개편되었던 관제를 원래대로 회복시켰던 것이다. 이와 같은 반원운동은 공민왕이 주도하였고, 외척세력을 포함하는 측근세력이 중추적 역할을 담당하였다.

이때의 반원운동과 개혁정치는 신흥사대부 세력이 본격적으로 성장하는 계기가 되었다. 즉 원의 정치적 영향이 퇴조함에 따라 친원적 성향을 띠는 권문세족의 위치가 약화되지 않을 수 없었고, 이들 비리와 연결되어 있는 보수적 권문세족은 개혁이 추진되자 수세적 입장으로 바뀐 것이다. 이처럼 신진 개혁세력으로서의 신흥사대부가 주요한 정치세력으로 성장하여 개혁을 추진할 수 있는 좋은 여건이 마련된 것이다.

특히 공민왕이 권문세족과 인연이 먼 천민출신의 승려 신돈(辛旽)을 등용함으로써 개막되는 두번째의 개혁정치는 큰 의미를 지니는데 이를 통해 그들은 공고한 정치세력을 형성하였다. 신돈의 집권기를 통하여 이색·박상충(朴尙衷)·정몽주(鄭夢周)·정도전(鄭道傳)·이숭인(李崇仁)·윤소종(尹紹宗) 등이 과거를 통해 등용되었기 때문이다. 이 시기에는 불법으로 약탈한 권문세족의 토지와 노비를 본래의 주인에게 돌려주고, 억울하게 노비가 된 자들을 양민으로 환원시키기 위한 전민변정도감(田民辨正都監)을 설치하면서 적극적인 개혁활동이 이루어졌다. 또한 새로 중영(重營)된 성균관을 근거로 삼아 문장을 짓는 능력을 시험하는 사장(詞章) 중심에서 유학 경전의 의미를 묻는 경학(經學) 중심으로 과거시험의 기풍을 바꿔 유학의 성격을 혁신하였다. 이러한 가운데 당시 성균관 대사성인 이색을 중심으로 서로 유대를 굳히면서 주목되는 세력으로 성장하였던 것이다.

이들의 정치적 성장은 매우 두드러진 것이어서, 우왕 1년(1375)에 외교정책을 둘러싼 정치적 갈등이 야기되었을 때, 신흥사대부들은 대륙에서 새롭게 성장하는 명(明)나라와 외교적 관계를 맺고자 하여, 친원파인 보수적 권문세족들과 정면으로 대결하기에 이르렀다. 이 대결에서 신흥사대부는 권문세족에게 패배하여 일단 거세당하였다.

그러나 우왕대(1374-1388)는 대내외적인 모순이 격화되는 시기로, 특히 대명관계의 난조는 신흥사대부들이 중앙무대에 다시 등장할 수 있는 여건을 조성하였다. 한편, 공민왕 5년의 반원운동 이후 새로이 무장들이 등장하는데, 그 중 이성계는 보수적 기반이 없는 동북면(東北面) 출신의 신흥무장으로서 왜구의 출현이 급증하면서 뛰어난 무재(武才)와 휘하의 사병조직을 통하여 계속 성장하였다.

3. 사대부의 분화와 조선왕조 건국

사대부의 개혁운동은 우왕대를 고비로 하여 크게 두 파로 갈라지기 시작했다. 고려왕조의 테두리 속에서 온건한 개혁을 추진하려는 '온건개혁파'와, 역성혁명(易姓革命)까지 내다보면서 급진적 개혁을 시도하려는 '급진개혁파'의 대립이 그것이다. 이색 · 정몽주 등을 필두로 하는 온건개혁파는 비리의 핵심세력을 제거하고 대토지

사유는 정리하되, 왕조질서를 파괴하거나 공전제(公田制)를 지향하여 토지제도를 전면적으로 개혁하는 데는 반대하였다. 이들은 관직도 높고 경제기반도 안정되어 있어서 기성세력으로서의 기득권을 잃을까 두려워하였기 때문에 토지사유제를 인정하는 선에서 중소지주층의 이익을 안정시키려 하였다. 이러한 온건한 개혁방향은 성리학의 기본입장과 일치하는 것으로, 고려말 성리학자들의 대다수가 역성혁명과 전제개혁을 찬성하지 않은 이유도 여기서 찾아진다.

한편, 역성혁명을 찬성하고 나선 급진개혁파들은 그 개혁이념에 있어서 성리학만을 유일한 표본으로 생각하지는 않았다. 그들은 성리학을 정학(正學)으로 일단 긍정하면서도 모든 산업부분에서 권세가들에 의한 사유와 사영(私營)을 축소시켜 국가의 공적 기능을 강화하려 하였다. 신분제도에 있어서도 공민(公民)으로서의 양인(良人)을 확대시키고, 노비를 축소시킨 나머지 국민을 양인으로 제일화(齊一化)시킴으로써 중간지배층의 사민(私民) 지배를 극소화시키려 하였다. 다시 말해 정통성리학자들은 사대부를 지배계급으로 하는 사(士) – 민(民)의 지배·종속관계를 희구한 반면, 급진개혁파들은 국가의 공적 기능을 강화하여 '국가 – 민'의 지배·종속관계를 이상적으로 것으로 여겼다. 이것은 민의 존재를 기본적으로 병작농인 전호(佃戶)로 하느냐, 자작농으로 하느냐의 차이를 내포하는 계급구도인 것이다.

한편, 국가정책의 기본방향을 부국강병에 둘 것인가 아닌가의 입장도 두 세력이 각기 달랐다. 온건개혁파들은 부국강병이 패도(覇道)를 수반하는 것으로서 왕도(王道)정치에 배치되는 것으로 배격한 반면, 급진개혁파들은 영토의 확장이나 군사력의 증강, 그리고 국가수입의 확대를 불가결한 요소로 보았다. 따라서 무학(武學)이나 기술학 등도 중요한 학문영역으로 간주하였다. 급진개혁파들은 혁명의 실천수단으로서, 무장과의 제휴 필요성을 절감하였고, 실제로 신흥무장이나 농민군사의 이익을 대변하는 데도 무관심하지 않았다. 이들 급진개혁파는 우왕 초년에 무장과의 제휴를 이루며, 이때 이미 이성계를 정점으로 하는 혁명세력이 강고하게 결집되고, 개혁사업에 대한 구상도 완료한 듯하다. 마침내 우왕 14년(1388) 위화도회군이라는 획기적 사태가 벌어짐으로써 새로운 왕조건설의 제일보를 내디뎠다. 명의 부당한 철령위(鐵嶺衛) 설치 통고에 격분한 최영 등이 요동정벌을 꾀하여 출정하기에 이르자, 당초부터 이를 반대하던 이성계가 위화도에서 회군하여 최영을 제거하고, 우왕을 폐위시켰던 것이다. 이로써 실권을 장악한 이성계와 신흥사대부 세력은 같은 입장에서 구세력인 권문세족을 구축 제거하고 정치적 주도권을 쥐게 되었다.

신흥사대부들은 자신들의 경제기반을 유지 강화하고 정치적으로 성장하기 위해 국가재정의 안정, 국방의 강화, 인사권의 합리적인 운영을 통해 국가의 공적인 성격을 강화하려 하였다. 드디어 조준·정도전 등 급진개혁파들의 주도하에 전제개혁(田制改革)을 단행하였는데, 이는 조선 건국의 제2단계라고 할 수 있다. 이를 통하여 권문세족의 경제기반은 무너지고, 신흥사대부 중심의 경제적 신질서를 뜻하는 과전법(科田法)의 성립을 보게 되었다.

이 무렵 불교를 배척하고 유교를 드높이는 운동이 전개되었다. 고려 말엽에 권문세족과 결탁되어 극심한 타락상을 보여주면서 국가재정에 큰 타격을 입히던 불교와 사원을 공격하면서 성리학을 새로운 이념으로 삼을 것을 강력히 주장하였던 것이다.

불교배척운동은 최해(崔瀣)·안향·이제현·이색 등의 성리학자를 중심으로 전개되었지만, 이들은 불교의 존재 자체를 부정하는 것이 아니라 그 폐단만을 지적하는 수준이었다. 이러한 온건한 척불론자(斥佛論者)들은 불교의 폐단에 대해서는 비판의 입장을 취하면서도 개인적으로는 불교에 호감을 갖고 있는 경우가 많았다.

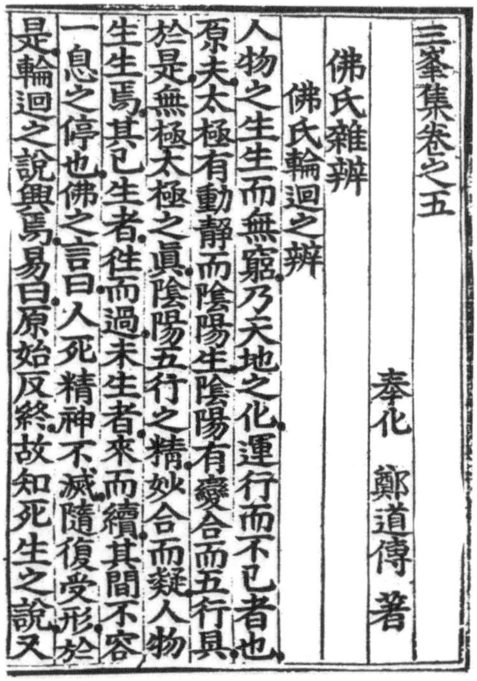

三峯集卷之五

奉化 鄭道傳 著

佛氏雜辨

佛氏輪迴之辨

人物之生生而無窮乃天地之化運行而不已者也原夫太極有動靜而陰陽生陰陽有變合而五行具於是無極太極之眞陰陽五行之精妙合而凝人物生生焉其已生者往而過未生者來而續其間不容一息之停也佛之言曰人死精神不滅隨復受形於是輪迴之說興焉易曰原始反終故知死生之說又

〈사진 8-2〉 정도전의 ≪불씨잡변≫

그러나 정도전 · 김초(金貂) · 박초(朴礎) 등 과격한 척불론자들은 현실과 유리된 불교의 비윤리성을 비판하고, 권문세족과 연결된 불교 자체를 아예 없애도록 주장하였다.

이미 우왕과 창왕을 왕씨가 아니라고 하여 폐위시킨 후 공양왕을 허수아비로 세우고 있는 상황 속에서 고려의 멸망은 시간문제였다. 결국, 전제개혁에 반대했던 이색과 마찬가지로 온건파 사대부의 입장에서 왕조교체를 반대한 정몽주를 제거함으로 인해 모든 장애물은 사라졌다. 뒤이어 역성혁명의 형식을 빌려 이성계가 즉위하니, 이것이 곧 조선왕조의 개창인 것이다. 고려 말엽을 통하여 꾸준히 성장한 신흥사대부 세력이 신흥무장과 힘을 합쳐 권문세족으로부터 정치적 승리를 쟁취하고, 신왕조 건설에 성공하였던 것이다.

제 9 장

조선의 건국과 정치운영

제9장
조선의 건국과 정치운영

제1절 조선의 건국

1. 국호개정과 한양 정도

위화도회군으로 정권을 잡은 이성계(李成桂)는 마침내 1392년 7월 17일 수창궁(壽昌宮)에서 즉위함으로써 조선왕조를 개창했다. 왕좌에 오른 이성계는 즉각 나라의 주인이 바뀌었음을 명(明)에 알렸다. 그리고 새로운 나라에 걸맞는 국호개정을 신하들과 논의하였다. 그 결과 '조선(朝鮮)'과 '화령(和寧)'으로 의견이 좁혀졌다. 조선은 유래가 오래되었다는 점이, 화령은 태조 이성계의 출생지라는 점이 강조되었다. 태조는 명에 사신을 보내 조선과 화령 중에서 국호를 정해줄 것을 요청하였는데, 명에서는 조선으로 국호를 정한다는 공문을 보내왔다. 태조는 즉각 교지를 반포하여 신왕조의 국호를 조선으로 정하였다.

새 왕조를 개창하고 나라의 이름도 바뀐 만큼 도읍도 새로이 정해야만 했다. 개경(開京)은 500여 년 동안 고려의 도읍이었던 만큼 태조에게는 껄끄러울 수밖에 없었다. 도읍지로 물망에 오른 곳은 계룡산(鷄龍山)·무악(毋岳) 남쪽·한양(漢陽)이었다. 오랜 논의끝에 계룡산은 풍수지리적으로 흉지(凶地)에 해당된다는 이유로, 무악 남쪽은 협소하다고 하여 결국 한양으로 도읍지가 결정되었다. 사실 한양은 고려시대에 남경(南京)으로 격상된 후, 고려 숙종(肅

宗) 때 남경천도운동이 추진되어 도성이 건설되기도 하였다. 숙종의 죽음으로 천도가 실현되지는 않았지만, 공민왕(恭愍王) 때 역시 새로운 도읍의 후보지로 물망에 오른 곳이었다. 이처럼 여러 차례 도읍의 후보지로 올랐던 한양이 조선왕조의 개창과 함께 수도로 자리잡게 되었던 것이다.

왕이 거처할 궁궐인 경복궁(景福宮)이 완성되었고, 뒤이어 종묘(宗廟)와 사직(社稷)도 축조되었다. 종묘는 조선시대 역대 왕과 왕비 및 추존(追尊)된 왕과 왕비의 신주(神主)를 모신 사당으로, 후대의 왕들이 선왕의 음덕을 기리고 그들의 가호가 있기를 비는 매우 중요한 의미를 지니는 곳이다. 사직은 백성의 복을 위해 제사하는 국토의 신인 사(社)와 곡식의 신인 직(稷)을 아울러 이르는 말로, 농사의 풍흉과 국가의 운명을 관장한다고 믿어지고 있었다. 따라서 나라가 망한다는 것을 종묘와 사직이 망한다는 말로 비유할 만큼 종묘와 사직은 국가의 가장 중요한 존재이다. ≪주례(周禮)≫에 의하면 도시를 만드는 기본원칙은 좌묘우사(左廟右社) 즉 왼쪽에' 종묘 오른쪽에 사직을 두는 것인데, 한양도 이에 따라 종묘와 사직을 배치하였다. 또 경복궁 남쪽 대로에 육조(六曹)와 중요한 관청이 설치되었다. 군사와 치안을 위해 높이 8.5m, 둘레 17km의 도성이 축조되었고, 도성에는 4대문과 4소문을 두어 도성 안팎의 출입이 가능케 되었다.

태조의 뒤를 이은 정종(定宗)이 다시 개경으로 천도한 적도 있지만, 태종(太宗)이 즉위하면서 한양은 수도로서의 위치를 되찾았다. 태종은 한양으로 천도하면서 궁궐을 수축하고, 운종가(雲從街)를 비롯하여 각종 도로를 설치하고 상점을 만들었다. 이로써 한양은 조선 개창 이후 지금까지 수도로서의 위용을 갖추게 되었다.

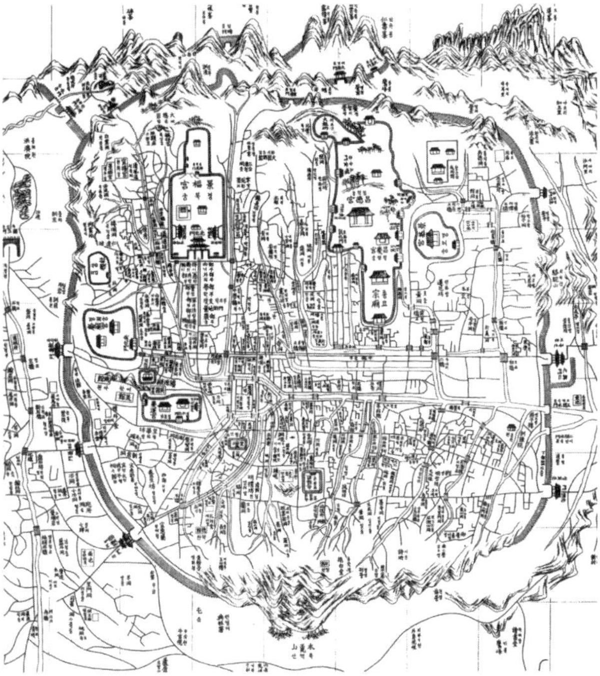

〈사진 9-1〉 한성부지도

2. 국가체제의 정비

조선은 건국초기 왕위계승을 둘러싸고 1·2차 왕자의 난이 일어나기도 했지만, 태종이 즉위하면서 점차 안정을 찾게 되었다. 태종은 사병혁파, 외척제거, 6조직계제 실시 등을 통해 국왕중심의 통치체제를 마련하였다. 또 명으로부터 책봉을 받아 대외적인 위상도 분명히 하였다. 이어 태종은 왕위를 세종에게 양위하고 상왕(上王)으로 물러났지만 병권(兵權)을 장악하여, 세종의 집권초기 강력한 후원자로서의 역할을 하였다.

태종의 뒤를 이은 세종대에 이르러 조선은 통치기반의 기틀이 정비되기 시작한다. 세종은 집현전(集賢殿)을 설치하고 사가독서

(賜暇讀書)를 실시하여 젊고 유능한 인재들을 학문연구에만 몰두하게 하였고, 이들을 자신의 친위부대로 육성하였다. 훈민정음(訓民正音)의 창제와 ≪소학(小學)≫·≪삼강행실도(三綱行實圖)≫ 등의 간행을 통해 유교윤리를 백성들에게도 보급하였다. 또 천문관측기구인 간의(簡儀)와 혼천의(渾天儀), 해시계 앙부일구(仰釜日晷), 강우량 측정을 위한 측우기(測雨器) 등의 발명, ≪농사직설(農事直說)≫의 편찬을 통해 농업을 적극 지원하였다. 유교사회에서 농업은 천하의 근본으로 여겨지고 있는 만큼, 농업의 적극적인 지원을 통해 백성의 생활을 안정시켜 국가를 안정시키려 했던 것이다. 대외적으로는 4군 6진의 개척으로 여진족(女眞族)과의 관계를 정비하고, 쓰시마(對馬島) 정벌로 왜구문제를 잠재우고 대일관계의 기틀을 마련하였다. 세종대 이같은 일련의 성과가 바로 길(吉)·흉(凶)·가(嘉)·빈(賓)·군(軍)례의 오례의(五禮儀) 편찬으로 이어졌다. 유교정치를 예악(禮樂)이라 하는 만큼 예의 시행에는 그에 걸맞는 음악이 필요하였다. 이에 따라 세종은 율관(律管)과 편경(編磬)의 제작, 아악(雅樂)과 향악(鄕樂)의 제정 및 정간보(井間譜)의 제작을 통한 음악의 정비를 통해 예치국가의 기틀을 마련하였다.

세종대 조선의 통치기반이 정비되기 시작했다면, 성종대에 이르러서는 국가체제가 정비되었다고 할 수 있다. 이를 대변하는 것이 바로 ≪경국대전(經國大典)≫의 편찬이다. ≪경국대전≫은 이(吏)·호(戶)·예(禮)·병(兵)·형(刑)·공(工)의 6전으로 구성되었는데, 조선은 이를 통해 통치근거를 삼고 국가를 운영해 나갔다. 물론 후에 ≪속대전(續大典)≫·≪대전통편(大典通編)≫·≪대전회통(大典會通)≫과 같은 법전이 편찬·시행되었지만, 조선이 멸망할 때까지 기본법전으로 이용되었다. 한편, ≪국조오례의(國朝五禮儀)≫의 편찬으로 예제도 정비되게 된다. 유교사회에 있어 예제는 사회생활의 기본질서로 인식되고 있던 만큼 왕실의 예인 오례가 정리되었다는 것은 유교적 예교질서가 정비되었음을 뜻하는 것이라 할 수 있다. ≪

경국대전≫과 ≪국조오례의≫의 편찬으로 대내질서의 정비가 이루어졌다면, 대외질서의 정비를 위해서는 ≪해동제국기(海東諸國記)≫의 편찬이 있었다. ≪해동제국기≫는 서장관(書狀官)으로 일본을 다녀 온 신숙주(申叔舟)가 편찬한 책이다. 신숙주는 자신이 일본에서 직접 보고 느낀 점을 바탕으로 일본에 대한 상세한 정황을 설명하고, 또 이에 따라 대일관계의 전반적인 사항들을 설정하였다. ≪해동제국기≫의 편찬으로 조선은 교린국인 일본과의 외교관계의 기본틀을 마련하여 외교상의 면목도 일신하였던 것이다.

제2절 조선의 정치운영

1. 사화의 발발

고려 후기 지방의 재지지주층(在地地主層)들은 성리학(性理學)과 강남농법을 수용하면서 점차 힘을 키워나가고 있었다. 무신정권의 등장 이후 이들은 과거(科擧)를 통해 능문능리(能文能吏)의 학자적 관료로 진출하면서 신진사대부(新進士大夫)라 불리우는 하나의 정치집단을 형성하였다.

신진사대부는 고려 후기 개혁방향에 따라 급진파와 온건파로 나뉘게 된다. 급진파는 전제개혁(田制改革)과 관료적 중앙집권을 위해 새로운 왕조의 개창을 주장하였다. 반면 온건파는 고려를 유지하면서 지주전호제(地主佃戶制)에 의한 향촌사회의 질서를 기반으로 하는 관료제를 추구하였다. 결국 역성혁명을 통해 새로운 왕조인 조선(朝鮮)이 개창됨에 따라 왕조개창에 참여한 급진파는 개국공신 등으로 책봉되면서, 집권세력으로서의 위치를 확고히 하였다. 반면 절의를 표방한 이들은 산림(山林)에 은거하게 된다.

산림에 의거했던 사림(士林)들은 성종대에 중앙정계에 복귀하게 된다. 15세기 후반 정계를 주도하던 훈구파(勳舊派)는 높은 관직에 기용되고, 공신전(功臣田) 등을 통해 농장을 형성하여 향촌의 기반을 파괴하였다. 이는 향촌의 주도층인 사림의 사회·경제적 기반까지 위협하는 상황에 이르렀고, 자신의 권익보호와 향촌의 안정을 위해 사림은 중앙정계로의 진출을 모색하지 않을 수 없었다. 한편, 성종(成宗)은 훈구파가 정치의 주도권을 장악한 상황에서 자신의 기반을 강화하기 위해 김종직(金宗直) 등 영남사림을 등용하였다. 이들은 주로 언관(言官)이 되어 훈구파의 비리를 공격하였다. 또 중앙집권적 향촌정책의 모순을 지적하면서 재지사족 중심의 향촌질서 수립을 시도하였다. 구체적인 방법으로 유향소(留鄕所) 복립, 향음주례(鄕飮酒禮)·향사례(鄕射禮)의 시행, 사마소(司馬所)의 설치 등을 노력하였다. 아울러 사림의 정치참여 일환으로 유일(遺逸) 천거를 추진하였다. 그 결과 1488년(성종 19) 유향소가 복립되고, 중종(中宗)대에는 학생·유일 등이 천거되기도 하였다. 하지만 천거에 의해 관직에 나아가도 청요직(淸要職) 등 주요한 벼슬에는 오를 수 없었다. 이는 훈구파들이 천거제 이후 문음(門蔭) 출신의 정계진출 둔화와 사림의 증가라는 상황을 우려하여 반대하였기 때문이었다. 특히 단종의 무덤을 소릉(昭陵)으로 복위(復位)하자는 사림의 주장은 세조의 즉위와 그로 인해 배출된 공신의 존재를 부정하는 것이었으므로, 훈구파의 강력한 반발을 가져오게 되었다.

사림의 개혁정치에 대한 훈구파의 반발은 연산군(燕山君)대 무오사화(戊午士禍)에서 시작된다. 사화의 직접적 단서는 이극돈(李克墩)이 자신의 비행기록을 사관(史官)인 김일손(金馹孫)에게 삭제해 달라고 부탁을 하였는데, 김일손이 이를 거절한 데에서 비롯한다. 이에 앙심을 품은 이극돈은 김일손이 세조의 집권을 부당하게 기록하였음을 연산군에게 알렸다. 국문과정에서 유자광(柳子光) 등은 김종직이 지은 <조의제문(弔義帝文)>이 세조의 집권을 반인륜적으로 묘사하고 있음을 확인하고, 이를 빌미로 김종직은 부관참시(剖

棺斬屍)하고, 그의 문인들인 사림을 제거했던 것이다. 결국 무오사화는 언권을 중심으로 왕권과 재상권을 견제하려는 사림의 권력 강화에 대한 반동으로, 세조의 정통성과 공신세력의 명분을 회복하려는 친위쿠데타적인 성격을 지니는 것이었다.

무오사화 이후 연산군대 다시 한번 사림이 타격을 입게 되는데, 그것이 바로 갑자사화(甲子士禍)이다. 갑자사화는 임사홍(任士洪) 등이 연산군의 생모 윤씨의 폐비사실을 고변하면서 시작된다. 임사홍은 외척인 심수근(愼守勤)을 지원하면서 훈구재상들을 격퇴하였는데, 이 와중에 많은 사림이 피해에 연루되었다. 임사홍 등은 이후 자신들의 집권에 혹 방해가 될지도 모르는 사림을 함께 제거하였던 것이다.

2차례에 걸쳐 화를 입은 사림은 지방에서 세력을 키워나가고 있었다. 연산군이 폐위되고 중종이 반정을 통해 즉위하자 사림은 다시 한번 중앙으로의 진출을 꾀한다. 중종대에는 영남사림과 더불어 기호지방의 사림이 등용되었는데, 조광조(趙光祖)가 중심 인물이었다. 조광조의 정계진출 이후 사림은 급성장하게 된다. 이때 사림은 훈구대신을 비판하면서 인사행정의 실무자인 전랑직(銓郎職)에 포진하여 세력을 확산하는 한편, 현량과(賢良科)로 대표되는 천거제를 통해 사림을 대거 등용하였다. 아울러 전통적 인습과 구제 혁파를 통해 성리학적 사회를 만들어 나간다는 명분하에 궁중여악(宮中女樂), 내수사 장리(內需司長利), 소격서(昭格署) 등을 혁파하였다. 또한 유향소의 운영이 경재소(京在所)를 통해 훈구파의 수중에 들어간 것을 극복하기 위해 향약(鄕約)과 ≪소학(小學)≫을 보급하였다. 이를 통해 사림은 자신들 주도의 향촌질서를 수립하려 했던 것이다.

한편, 훈구파는 계속되는 사림의 탄핵으로 궁지에 몰리고 있었다. 그런 가운데 사림이 중종반정때의 공신을 삭제하려 하자[僞勳削除] 이에 강력하게 반발하였다. 1519년(중종 14) 남곤(南袞)·홍경주(洪景舟) 등은 중종의 후궁인 홍경주의 딸 희빈 홍씨(熙嬪洪氏)를 통해 나뭇잎에 꿀로 '주초위왕(走肖爲王)'이라 쓰고 이를 벌레가 갉아먹게 하였다. '주초위왕'은 곧 조(趙)씨가 왕이 된다는 뜻으로, 조광조가 역심을 먹고 있음을 나타내는 것이었다. 훈구파는 이를 통해 조광조 등 사림을 축출하였던 것이다. 중종도 처음에는 훈구파의 지나친 전단을 막고 정국의 안정을 위해 사림을 중용하고 그 정책에 호응해 주었으나, 사림파의 급격한 성장에 따른 세력균형의 붕괴와 왕권에까지 영향력을 행사하려는 과격함에 결국 훈구파의 손을 들어주었던 것이다.

기묘사화후 중종~명종(明宗)대에는 재상과 왕이 연합한 형태를 취하는 상황에서 외척이 연합의 매개체로 등장하여 권신(權臣)이 되었다. 중종대의 김안로(金安老), 명종대의 윤원형(尹元衡)·이량(李樑) 등이 그러한 예이다. 권신정치가 펼쳐지는 가운데에서도 김안로가 실각한 후 사림은 다시 등용되기 시작하였는데, 특히 인종(仁宗)은 즉위 후 사림을 중용하였다. 하지만 인종의 뒤를 이은 명종이 즉위하면서 윤원형 등은 명종의 보위를 굳힌다는 명목으로 을사사화(乙巳士禍)를 일으켰다. 을사사화는 윤임(尹任)을 중심으로 한 인종의 외척인 대윤(大尹)과 윤원형을 중심으로 한 명종의 외척인 소윤(小尹)간의 정쟁에서 비롯되었다. 한데 윤임 등은 사림을 비호한 반면, 윤원형 등은 사림을 적대시하였고, 때문에 윤임 등이 제거되면서 사림이 많은 피해를 입었던 것이다. 그후 1547년에는 문정왕후(文定王后)의 수렴청정(垂簾聽政)을 비방하는 벽서가 발견되어, 이언적(李彦迪) 등 20여명의 사림이 유배당하는 정미사화(丁未士禍)가 일어나기도 하였다.

2. 붕당정치(朋黨政治)의 탄생

계속되는 사화 속에서도 사림은 향촌사회에서 꾸준히 자신의 기반을 다져나가고 있었다. 그런 가운데 사림은 문정왕후 사후 윤원형 등 권신세력을 축출하고 선조(宣祖)의 옹립에 적극 참여함으로써, 자신의 출신 기반인 향촌사회는 물론 정치적으로도 실권을 장악하게 된다. 즉 선조대 이황(李滉)·이이(李珥)·기대승(奇大升) 등이 중용되면서 정계의 주인공이 되었으며, 서원(書院) 건립·향약(鄕約)·계(契) 등을 통해 향촌사회의 주도권까지 장악하게 되었던 것이다.

사림이 중앙정계에 등장하면서 이미 붕당(朋黨)의 형국은 시작되고 있었다. 즉 사림내부에도 훈척과 연결되는 세력이 있었고, 신진세력과 연결되는 세력도 있었다. 따라서 정통성 문제를 둘러싸고 갈등이 일어나지 않을 수 없었던 것이다. 특히 선조대에는 붕당의 기능성이 인정되어 집단적 결사를 인정하는 바탕이 형성되고 있었다. 아울러 성리학에 대한 연구수준이 높아지면서 학문적 이해의 차이가 나타나게 되고, 이러한 학설의 차이 및 지역적 차이 등을 바탕으로 16세기 중반부터 서원을 중심으로 학파가 형성되기 시작하였다. 이렇게 형성된 학파가 정파로서의 기능을 하게 되었던 것이다.

우리 역사에서 붕당정치는 동인(東人)과 서인(西人)에서 시작된다. 그 직접적인 계기는 다음과 같다. 당시 김효원(金孝元)은 장원급제를 하였고, 강직한 성품을 지니고 있어 주위로부터 칭찬을 받는 선비였다. 마침 이조 전랑(吏曹銓郎)으로 있던 오건(吳健)이 후임으로 김효원을 추천하였으나, 명종비 인순왕후(仁順王后)의 동생인 심의겸(沈義謙)이 이를 반대하였다. 그 이유는 김효원이 과거에 급제하기 전 윤원형의 집에 머무른 일이 있었기에, 중요한 벼슬인 전랑에 임명할 수 없다는 것이었다. 그러나 얼마 후 김효원은 전랑에 임명되었고, 김효원이 자리를 옮길 때 주위에서 후임으로 심의겸의 아우인 심충겸(沈忠謙)을 천거하였다. 그런데 이번에는 김효원이 심충겸은 왕실의 외척이라는 이유로 그의 전랑 취임을 반대하였다. 원래 전랑은 전임이 후임을 천거하는 것이 일반적인 관례로 되어 있었으므로, 김효원의 반대는 심충겸의 전랑 취임에 큰 장애가 되었다.

이러한 가운데 사림은 김효원을 지지하는 세력과 심의겸을 지지하는 세력으로 나뉘게 된다. 이때 김효원의 집이 서울의 동쪽인 낙산(洛山) 밑의 건천동(乾川洞)에 있었기 때문에 그를 지지하는 세력을 동인(東人)이라 하였다. 반면, 심의겸의 집은 서울의 서쪽인 정동(貞洞)에 있었기 때문에 그를 지지하는 세력을 서인(西人)으로 부르게 되었던 것이다.[乙亥朋黨]

최초의 붕당인 동인과 서인의 등장은 개인간의 갈등에서 비롯된 것으로 보이기도 한다. 하지만 이는 사림 내부의 정치적 견해 차이에서 비롯된 것이었다. 즉 구체제의 척결을 놓고 선배들은 다소 온건한 입장을 보인 반면 신진 세력들은 강경한 입장에서 개혁을 주장하였고 선배들에 대한 비판까지 서슴지 않았던 것이다.

김효원을 지지한 동인이 바로 강경한 개혁을 주장한 신진세력이다. 동인은 개성을 중심으로 경기와 호남의 서경덕(徐敬德) 학파, 안동을 중심으로 한 경상좌도의 이황 학파, 진주를 중심으로 한 경상우도의 조식(曺植) 학파 등이 중심이었다. 반면 서인은 주로 동인으로부터 공격받는 입장에서 유대관계가 설정되었을 뿐이다. 이러한 정국에 이이(李珥)가 서인을 자처하면서 학연을 분명히 하게 되고, 이후 붕당 간의 상호비판과 견제를 원리로 하는 붕당정치가 본격적으로 전개되었던 것이다.

이이의 가세에도 불구하고 여전히 동인이 우세한 가운데, '정여립(鄭汝立) 모반사건' 때 동인을 과도하게 처리한 정철(鄭澈)의 죄를 논의하는 과정에서 동인은 남인(南人)과 북인(北人)으로 나뉘게 된다. 즉 정철의 처벌에 대한 강・온의 입장차이 때문이었는데, 이황의 문인을 중심으로 한 온건파는 남인으로, 서경덕・조식의 문인을 중심으로 한 강경파는 북인으로 갈라지게 된 것이다.

북인은 다시 선조(宣祖)의 후사문제(後嗣問題)로 대북(大北)과 소북(小北)으로 갈라져 대립하였다. 즉 대북은 당시 세자였던 광해군(光海君)을 지지하였고, 소북은 영창대군(永昌大君)의 세자옹립을 추진하였다. 결국 선조가 사후 광해군이 왕위에 오르게 되자 대북이 정권을 장악하게 된다. 광해군과 대북파는 전란으로 피폐된 사회를 북구하는데 많은 힘을 기울였다. 많은 서적을 편찬·간행하고, 사고(史庫)를 정비하는 등 문화적으로도 많은 업적을 남겼다. 또 성지(城池)와 병기를 수리하여 국방력에도 힘썼다. 대외적으로는 명과 후금(後金) 사이에서 중립외교로 조선이 전쟁에 휘말리는 것을 막았다. 하지만 궁궐조성사업을 대대적으로 벌여 백성들에게 원성을 받았고, 자신의 왕권강화를 위해 폐모살제(廢母殺弟) 즉, 동생인 영창대군을 처형하고, 인목대비(仁穆大妃)를 유폐시킨 것은 도덕적으로 약점이 되었다. 아울러 광해군의 중립외교는 임진왜란 당시 조선을 구원해 준 명에 대한 의리를 져버린 것으로 매도되었다. 이러한 점을 틈타 서인은 선조의 5남 정원군(定遠君)의 장남인 능양군(陵陽君)을 왕으로 옹립하는 인조반정(仁祖反正)을 일으켰다. 반정이 성공하자 이이첨·정인홍(鄭仁弘) 등 대북파는 처형당하거나 유배되었고, 이제 정권은 서인의 수중에 들어가게 되었다.

2차례에 걸친 외침에도 불구하고 서인은 민생안정보다는 북벌계획을 수립하고 이를 추진하면서 군영(軍營)의 설치를 통해 자신들 정권의 물리적 힘만을 키워 나갔다. 이에 남인은 서인정권이 추구한 개혁의 부당성과 북벌의 무모함을 지적하면서 예송논쟁(禮訟論爭)을 통해 서인과 정치적으로 대립하였다.

3. 탕평책(蕩平策)과 세도정치(勢道政治)

붕당정치가 왕실의 복상제(服喪制)와 같은 의례문제, 세자책봉·왕비책립과 같은 궁중의 변동을 계기로 삼아 다른 정파(政派)를 배제하는 형국으로 흐르자 붕당정치의 폐해를 없애려는 탕평책(蕩平策)이 등장하게 된다.

탕평을 표방하는 정국운영론은 숙종(肅宗)대 박세채(朴世采)에 의해 제기된 바 있다. 서인과 남인의 예송논쟁 속에서 즉위한 숙종은 갑술환국 후 정국을 안정시킬 필요를 절감하여 탕평교서를 반포하였던 것이다. 하지만 숙종은 탕평의 근본의도와는 다르게 상황에 따라 한 당파를 일시에 내몰고 상대 당에게 정권을 위임하는 환국을 통해 정치를 운영하였다. 특히 희빈 장씨 소생의 세자를 교체하려는 노론의 손을 들어준 이후, 노론 중심으로 일당전제화가 추구되면서 더 이상 탕평책은 거론되지 않아 탕평의 이념은 사라지게 되었다.

탕평책은 1729년(영조 5) 이후에야 정치운영의 원리로 작용된다. 영조(英祖)는 당파를 초월하여 온건하고 타협적인 인물들을 등용하여 군주권을 강화시켜 나가려 하였다. 하지만 자신의 즉위를 도운 노론을 무시할 수 없었기 때문에 탕평책을 실시하지는 못하였다. 그런데 경종의 갑작스런 죽음에는 영조가 관여되었다며 소론과 남인들이 중심이 된 '이인좌의 난' [戊申亂]이 일어나자, 군주 앞에서 붕당은 타도되어야 한다는 생각을 가지게 된다. 이후 영조는 영의정은 노론으로 좌의정은 소론으로 하는 식의 인사정책을 통해 붕당간 서로 견제토록 하였다. 인물의 기용도 각 붕당내의 강경론자들을 배제하고 탕평론자들로 정부를 구성했다. 그 결과 정국이 어느 정도 안정을 찾자, 능력에 따라 노론·소론·남인·소북 등 당색에 관계치 않고 인재를 고루 등용하였다. 뒤이어 당쟁의 온상으로 여겨지던 서원을 철폐하고, 당파의 이익을 대변하는 전랑을 혁파함으로써 붕당 타파의 의지를 굳건히 하였다. 하지만 영조의 탕평책은 자신을 지지하는 소론·노론의 완론(緩論)만을 등용하고, 노론의 준론(峻論)과 남인은 정국 운영에서 배제하였다는 한계가 있다.

영조의 뒤를 이은 정조(正祖) 역시 탕평책을 통해 정국의 안정, 더 나아가 왕권강화에 힘썼다. 정조의 정책은 영조의 탕평책에 대한 반성에서 출발하였다. 때문에 홍봉한(洪鳳漢)과 김구주(金龜柱) 등 외척세력부터 먼저 제거하였다. 한편으로는 규장각(奎章閣)·초계문신(抄啓文臣) 등을 통해 자신의 시위(侍衛) 세력을 육성하였다. 아울러 친위군인 장용영(壯勇營)을 설치하여 왕권강화의 무력적 기반까지 갖추었다. 노론과 깊은 관계에 있던 특권 상인들의 상권을 억제하고, 자신의 친위지역으로 육성하던 신도시 화성(華城)의 경제 활성화를 위해 금난전권(禁難廛權)을 폐지하기도 하였다. [辛亥通共] 이처럼 정조는 왕권강화를 통해 군주도통론(君主道統論)을 펴며 국왕의 주도하에 탕평책을 펴 나갔던 것이다.

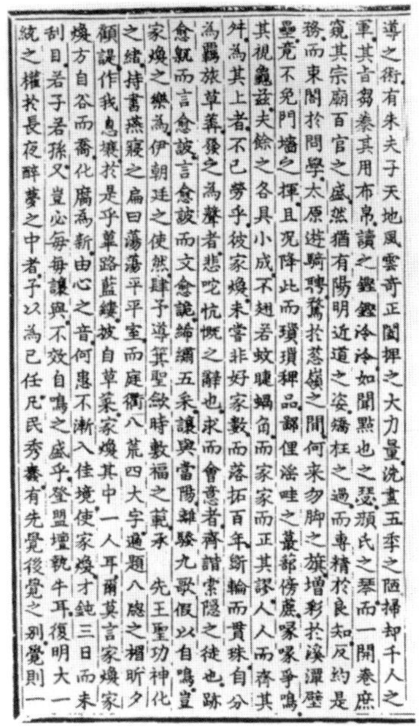
導之術有朱夫子天地風雲奇正闔捭之大力量洗盡五季之陋掃却千人之
軍其言芻豢其用布帛讀之鏗鏗泠泠如聞點也之瑟顏氏之琴而一開卷庶
窺其宗廟百官之盛然猶有陽明近道之姿矯枉之過而專精於良知反約是
務而東閣於問學太原遊騎騁騖於蔥嶺之間何來勿脚之旗增彩於溪潭壁
壘尭不免門墻之揮且況降此而瑣瑣稗品鄙俚淫哇之叢節傍蔗啄啄爭鳴
其視龜茲夫餘之各具小成不翅若蚊睫蝸角而家家而正其謬人人而齊其
舛為其上者不已勞乎彼家煥未嘗非好家數而落拓百年斷輪而貫珠自分
為羈旅草莽之為聲者悲咤抗慨之辭也求而會意者齊諧索隱之徒也跡
僉覲而言僉詖言僉詖而文僉詭綺繡五采讓與當陽雜騷九歌假以自鳴豈
家煥之樂為伊朝廷之使然肆予導箕聖敘時數福之範承 先王聖功神化
之緒持書燕寢之扁曰蕩蕩平平室而庭衢八荒四大宇通題八牕之楣昕夕
顧諟作我息壤於是乎單路藍縷披自草萊家煥其中一人耳爾莫言家煥家
煥方自谷而喬化腐為新由心之音何患不漸入佳境使家煥才鈍三日而未
刮目若子若孫又豈必每每讓與不效自鳴之盛乎登盟壇執牛耳復明大一
統之權於長夜醉夢之中者予以為己任凡民秀蘖有先覺後覺之別覺則一

〈사진 9-2〉
≪정조대왕실록≫의 '蕩蕩平平' 기사

영·정조대에 행해진 탕평책은 사대부에 대한 군주권의 우위를 주장하면서 집권관료제를 재정비함으로써 사회안정을 도모하려는 정국운영 노력이었다. 그 결과 격렬한 붕당간의 갈등을 어느 정도 해소시킬 수 있었다. 이러한 점에서 탕평책은 전시대보다는 발선된 정책운영론이었다고 할 수 있다. 하지만 탕평을 지지하는 세력과 반탕평파간의 갈등이 있었고, 탕평을 표방하는 세력 안에서도 붕당을 타파해야 한다는 완론과, 각 붕당의 의리 자체가 붕당 타파보다 더 중요하다는 준론 등으로 의견이 갈리게 되었다. 아울러 탕평의 주체인 완론은 왕실·외척과 연합한 특권 세력이었고, 국왕 자신도 철저히 정치적 중립을 지키지 못하였다. 특히 탕평책의 결과 이루어진 붕당의 퇴조현상은 정조 사후 왕권이 약화되면서 세도정치의 빌미를 제공하였다.

세도정치는 시파(時派)·벽파(辟派) 간의 심한 알력 속에 홍국영(洪國榮)의 도움으로 왕위에 올랐던 정조가 그에게 정국의 운영을 맡기면서 처음으로 등장한다. 그러나 사림의 탄핵으로 4년 만인 1780년(정조 4)에 홍국영이 물러나고, 정조가 친정(親政)함으로써 세도정치는 사라지게 되었다. 이로써 모습을 감춘 듯싶었던 세도정치는 정조의 뒤를 이어 순조(純祖)가 즉위하면서 다시 등장하게 된다.

왕좌에 오른 순조의 나이가 12세에 불과했으므로 수렴청정(垂簾聽政)이 실시되었다. 이때 김조순(金祖淳)은 정조의 비인 효의왕후(孝懿王后)의 수렴청정에 협조하면서 서서히 세력을 키워나갔다. 김조순은 자신의 딸을 헌종(憲宗)의 왕비로 들였고, 순조의 뒤를 이어 헌종(憲宗)이 8세의 나이로 등극하면서, 순원왕후(純元王后)의 수렴청정 아래 안동김씨의 세력을 확대하여 갔다. 이로써 안동김씨(安東金氏)는 헌종대 풍양조씨(豊壤趙氏)에게 잠깐 세력을 내어주기도 했지만, 60여년간 권력을 독점하였다. 끊이지 않을 것 같던 안동김씨의 세도정치도 1864년 고종(高宗)이 왕위에 오름으로써 막을 내렸다. 하지만 홍선대원군(興宣大院君)이 섭정(攝政)을 맡게 되면서 새로운 모습의 전제정치가 등장하게 된다.

제 10 장

조선중기 외침의 극복

제10장
조선중기 외침의 극복

제1절 일본의 침입

1. 국제정세

조선시대 대외관계의 기본정책은 사대교린(事大交隣)이었다. 이에 따라 조선은 명에게는 사대를, 여진족·일본·류큐(琉球)에 대해서는 교린관계를 유지하였다. 특히 일본의 중앙정부와는 대등한 관계를 유지하면서도 쓰시마(對馬島)를 비롯한 지방의 다이묘(大名)와는 기미(羈縻)관계를 유지하는 이중구조를 띠고 있었다.

이처럼 조선의 대일외교가 이중적 체제를 취할 수밖에 없었던 것은 왜구(倭寇)의 금압이 가장 시급한 문제였지만 일본의 중앙정부가 왜구문제를 해결할 힘이 없음을 알고, 서일본지역 다이묘들의 힘을 통해 왜구문제를 해결하려 했기 때문이었다.

조선전기 쓰시마정벌 이후 조·일 양국의 외교체제는 어느 정도 정비되어 갔고[癸亥約條], 이는 성종대 ≪해동제국기(海東諸國記)≫의 편찬으로 정리되었다. 이후 왜구문제가 어느 정도 진정되면서 조선은 대일외교에 있어 점차 소극적인 태도로 변하게 되었다. 즉 쓰시마와의 통상은 계속되었지만, 조선전기 빈번했던 양국의 사신왕래는 점차 줄어들어 1460년(세조 5) 이후 조선은 더 이상 일본에 사신을 파견하지 않는 등 일본에 대한 경계심을 늦추고 있었다.

선조(宣祖)대에 이르러 공론을 중요시하는 붕당정치가 이루어졌지만 아직 자리를 잡지 못한 상태였고, 경제적으로는 관료들에 의한 대토지소유의 확산, 방납제(防納制)와 수포대역제(收布代役制)의 실시, 환곡의 고리대금화 등으로 민의 부담은 더욱 가중되고 있었다. 특히 2백여년간 지속된 평화로 군정이 문란하고 군비가 갖추어지지 못한 상태였다.

한편, 명은 내부적으로는 사치와 방탕으로 인해 황실의 지출이 증대하여 국고가 탕진되고, 정치기강이 해이되어 환관이 국정을 어지럽히고 있었다. 또 관료들은 붕당(朋黨)을 이루어 대립・반목하여 정국은 혼란을 거듭하였다. 대외적으로는 북으로는 몽골, 남으로는 왜구의 침입으로 인한 '북로남왜(北虜南倭)'에 시달리고 있었다.

반면 일본의 경우 전국시대의 혼란이 오다 노부나가(織田信長)에 의해 통일되고 있었고, 노부나가가 암살된 이후 도요토미 히데요시(豊臣秀吉)에 의해 통일사업이 완수되었다. 전국을 통일한 후 히데요시는 토지조사사업인 다이코 겐치(太閤檢地)를 통해 토지의 단위를 통일했고, 유력 농민층의 무장해제를 위해 카타나가리(刀狩)의 실시와 계급간 이동을 금하여 무사와 농민을 엄격히 나누었다. 그 외 관소(關所) 폐지, 교통망 정비, 광산개발을 통한 화폐주조를 실시하였다. 이처럼 지방세력을 하나로 결집한 히데요시는 그 힘을 해외로 분출시키려 함에 있어 조선을 대상으로 삼았던 것이다.

임진왜란의 원인에 대해서는 조선을 중개로 명과의 무역을 부활하려는 의도, 히데요시의 공명심과 정복심, 신하들의 영지부족, 히데요시의 전제적 성격, 히데요시 자신에 대한 비판의 눈을 외정으로 돌리기 위해, 일본 국내의 여러 봉건영주 특히 신흥세력인 큐슈(九州)의 세력을 약화시키기 위한 것으로 이해되고 있다. 그 외 문화재 약탈과 포로확보라는 시각에서 임진왜란의 원인을 찾기도 한다.

물론 이같은 원인들이 복합적으로 작용한 것이겠지만, 조선과 일본의 상호인식의 차이라는 점도 지적되어야 할 것이다. 앞에서 언급한 바와 같이 조선은 일본과 교린관계에 있었지만 그것이 대등한 관계를 뜻하는 것은 아니었다. 조선은 일본에 대해 문화적 상위국이라는 입장에서 일본을 대하고 있었다. 일본 역시 조선보다 우월하다는 입장을 취하고 있었다. 때문에 히데요시는 진구황후(神功皇后)의 삼한정벌로 한반도가 일본의 식민지였던 만큼 이제 자신의 힘으로 식민지를 되찾아야 한다는 생각을 가지게 되었던 것이다. 즉 조선과 일본은 모두 자민족 중심의 우월감에 사로잡혀 상대국을 바라보았고 그 모순이 임진왜란의 발발을 가져온 것이다.

2. 전쟁의 발발과 경과

1592년(선조 25) 4월 14일 일본의 부산진 침공으로 임진왜란(壬辰倭亂)은 시작된다. 부산진을 함락시킨 일본군은 다음날 동래성을 함락시켰고, 뒤이어 일본군의 후속부대는 계속 조선에 상륙하였다. 일본군은 3개로로 나뉘어 한성을 향했고, 수군은 남해안을 돌아 서쪽으로의 진출을 계획하고 있었다.

조선정부는 4월 17일 일본의 침공소식을 접하자 신립(申砬)과 이일(李鎰)로 하여금 대비케 하였다. 하지만 이일은 4월 24일 상주에서, 신립은 4월 28일 탄금대(彈琴臺) 선두에서 패하였다. 연이은 패전소식을 접한 정부는 4월 30일 도성을 버리고 평양으로 향했다. 하지만 일본군이 대동강 연안에 이르자 다시 평양을 버리고 의주로 향하였다. 이때 선조(宣祖)는 광해군(光海君)을 세자로 책봉한 후 분조(分朝)를 설치하였고, 자신은 요동(遼東)으로 향하고자 하였다. 하지만 중국의 반대로 선조는 의주에 머물면서 명의 원군에 마지막 희망을 걸고 있었다.

〈사진 10-1〉 부산진 순절도(보물 제391호, 육군박물관소장)

〈표 10-1〉 일본군의 침공로

경 로	침 공 로
중 로	동래 – 양산 – 청도 – 대구 – 인동 – 선산 – 상주 – 조령 – 충주 – 여주 – 양근 – 용진나루 – 한성
좌 로	동래 – 언양 – 경주 – 영천 – 신령 – 군위 – 용관 – 조령 – 충주 – 죽산 – 용인 – 한성
우 로	김해 – 성주 – 무계 – 지례 – 금산 – 추풍령 – 영동 – 청주 – 한성

조선의 계속적인 원군요청에도 불구하고 명은 신중을 기하고 있었다. 그 이유는 조선이 일본의 향도(嚮導)가 되어 명을 침략할 것이라는 정보를 입수하였기 때문이다. 하지만 이 정보가 사실이 아님을 확인한 후 명은 조선에 원군을 파견하였는데, 이는 전쟁이 자국으로 확대되는 것을 막기 위한 것이었다.

1592년 7월 명은 3,500여 명의 원군을 파견하여 평양진공작전을 펼쳤지만 실패했고, 12월 하순 이여송(李如松)이 43,000여 명의 군사를 이끌고 조선에 도착하여 평양성 탈환에 성공하여 평안・황해・경기・강원의 4도를 회복하게 되었다. 이어 한양을 수복하기 위해 진군하던 이여송은 일본군을 얕잡아 본 결과 벽제관(碧蹄館) 전투에서 패하였고 이후 소극적인 태도로 일관하고 있었다.

전쟁초기 관군이 패전을 거듭하자 향토에 침입한 일본군을 물리치기 위해 각 지방에서는 의병이 봉기하였다. 4월 22일 곽재우(郭再祐)가 처음으로 의병을 일으킨 이후 전국 각지에서 의병이 봉기하였다. 특히 학연의 중심지였던 서원은 의병활동의 중심이 되었고, 불교계 역시 전국에서 승군을 봉기시켜 일본의 침입에 대항하였다. 조선정부 역시 의병을 공식적으로 인정하였고, 광해군은 전국 각지에 글을 보내 의병봉기를 독려하였다. 일본군은 주요 도로를 따라 진격하고 요충지에만 군대의 일부를 주둔시켰다. 따라서 의병은 유격적을 펼쳐 일본군의 배후를 괴롭히는 등 많은 성과를 거둘 수 있었고, 일본군은 예상치 못했던 의병의 활약으로 전략에 큰 차질을 초래하게 되었다.

육지와는 달리 바다에서는 조선의 수군이 승전을 거듭하고 있었다. 원래 일본은 수전에 약했다. 일본은 전국시대를 거치면서 많은 전쟁을 치루었지만, 수군의 역할은 보급로 차단이나 병력 및 군수품 운반목적으로 제한되어 있었다. 해전에서의 전술 역시 일본군은 조총과 장검으로 선상에서의 백병전을 주로 했다. 따라서 화포를 중심으로 한 조선의 공격에는 무력할 수밖에 없었던 것이다. 또 조선 수군의 거북선[龜船]과 판옥선(板屋船)은 일본의 전함인 아다케(安宅)나 세키부네(關船)보다 성능이 월등히 뛰어났다. 따라서 조선의 수군은 바다에서 연전연승하여 제해권을 완전히 장악하였던 것이다.

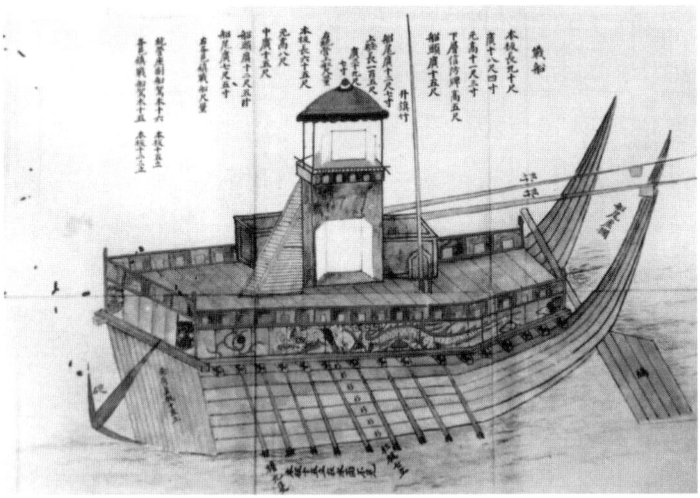

〈사진 10-2〉 판옥선도(규장각 소장)

전쟁초기 일방적 수세에 몰렸던 조선은 명군의 참전 이후 평양성 탈환, 행주대첩(幸州大捷)과 진주대첩(晉州大捷) 등 육전에서 공세를 강화해 나갔다. 또 의병의 봉기와 수군의 제해권 장악으로 일본군의 보급로를 차단하였다. 전의를 상실한 일본군은 전군을 남쪽으로 철수시킨 후 명과 강화교섭을 벌여나갔다. 히데요시는 명에게 ① 명의 황녀를 일본의 후비(后妃)로 삼을 것, ② 감합인(勘合印)을 복구할 것, ③ 조선의 8도 중 4도를 할양할 것, ④ 조선의 왕자 및 대신 12인을 인질로 삼을 것 등을 요구하면서 포로로 삼고 있던 임해군(臨海君)과 순화군(順和君)을 돌려보냈다. 하지만 이같은 요구가 받아들여지지 않을 것임을 안 명의 심유경(沈惟敬)은 히데요시를 일본의 왕에 책봉하고 조공을 허락한다는 내용의 봉공안(奉貢案)을 내세워 명(明) 황제로부터 허가를 받았다. 1596년 명은 사신을 파견하여 히데요시를 일본의 왕에 봉한다는 책서(冊書)와 금인(金印)을 전하였다. 하지만 히데요시는 자신이 속았다는 사실을 알고 다시 조선을 침입하게 된다[丁酉再亂].

한편, 조선은 명과 일본의 강화교섭으로 전황이 소강상태에 접어들자 조총(鳥銃)을 비롯한 화기를 대량으로 제작하고, ≪기효신서(紀效新書)≫의 남병전술을 도입하였다. 또 의병과 승병을 관군으로 편입시키는 등 일본의 재침에 대한 만반의 준비를 하고 있었다. 명군 역시 강화교섭이 진행되면서 1,600여 명만 조선에 남기고 철수하였지만, 일본의 재침이 있자 즉시 재출병하는 등 빠르게 대응하였다. 때문에 일본군은 재침한 지 2개월 만에 총퇴각하여 남해연안에 성을 쌓고 방어태세로 전환하였다. 때마침 히데요시가 병사하면서 왜군의 철수를 지시하였고, 1598년 11월 19일 노량해전을 마지막으로 7년 동안 명·조·일의 동아시아 삼국이 벌였던 국제전은 끝을 맺게 되었다.

3. 전쟁의 영향

일본의 갑작스런 침입을 맞은 조선은 국왕이 도성을 버리고 피난길에 올라야 했으며, 역사상 처음으로 분조(分朝)가 이루어지기도 하였다. 전쟁과정에서 조선은 경복궁(景福宮)·창덕궁(昌德宮)·창경궁(昌慶宮) 등의 궁궐이 불타고, 선릉(宣陵)과 정릉(靖陵)이 도굴되는 수모를 당하기도 했다. 사회적으로는 군공(軍功)이나 납속(納贖) 등으로 신분제가 해이해져 갔다. 전란 중 명군에 의해 관우(關羽) 숭배사상이 전래되어 관왕묘(關王廟)가 세워지는 등 민간신앙도 큰 영향을 받았다. 특히 전국토의 55.2%가 일본군의 침략을 당했으며, 170만 결이던 농지면적이 전쟁 후 54만 결로 줄어들었다. 전사자와 사상자 등 인명피해는 알 수 없을 정도이며, 일본에 포로로 잡혀간 사람만 4~5만명으로 추정될 정도이다. 때문에 조선은 전쟁 종료 후 정치·사회·문화·경제 등 모든 부분에서 국가재조(國家再造)에 힘을 기울이지 않을 수 없었다.

7년 동안 조선을 침입했던 일본은 아무런 성과도 거두지 못하였다. 오히려 무리한 출병으로 히데요시 사후 정권은 도쿠가와 이에야스(德川家康)에게 넘어가게 되었다. 하지만 전쟁을 통해 조선의 선진적인 문화가 전파되는 결과를 가져왔다. 일본은 조선인 포로를 통해 조선의 도자기제조 기술을 전수받아 세계 최고의 도자기 수출국가가 되었다. 사상적으로는 강항(姜沆) 등 조선의 성리학자로부터 성리학을 배워 새로운 지도이념을 수립하였다. 이와 함께 조선의 각종 전적(典籍)을 약탈해 갔는데, 이들 서적을 바탕으로 에도(江戶)시대 각종 문고가 세워졌고, 이는 오늘날 일본 도서관의 모체가 되었다. 또 조선에서 약탈해간 금속활자와 목활자는 에도시대 인쇄술의 발전과 학문발달의 촉매가 되었다.

명 역시 대군을 조선에 파견하여 국력을 크게 소모시킨 탓에 국가 재정이 문란하게 되었고, 만주의 여진족에게 세력을 확대할 수

〈사진 10-3〉 청화백자산수문접시(일본규슈도자문화단 소장)

있는 기회를 주어 명청 교체의 계기를 제공하였다. 이처럼 임진왜란은 동아시아의 국제정세를 크게 변화시키는 결과를 가져왔다.

제2절 여진족의 침입

1. 정묘호란(丁卯胡亂)

건주여진(建州女眞)의 추장 누르하치(奴兒哈赤)는 명이 임진왜란에 개입하여 국력이 쇠퇴해진 틈을 타 1616년 대금(大金 ; 後金)을 건국하였다. 명에 대해 순종적인 정책을 펴던 누르하치는 1618년 명을 공격하였고, 명은 조선에 원병을 청해왔다. 임진왜란이 끝난 지 20년이 지나지 않은 만큼 조선이 전쟁에 참가하는 것도 쉽지 않은 일이었지만, 일본의 침입 당시 조선을 도운 명의 지원을 거절하기도 어려운 입장이었다. 결국 광해군은 10,000여 명의 원병을 파견하면서도 전세에 따라 태도를 결정할 것과, 명군의 지휘대로 움직이지 말고 조선군이 피해를 입지 않도록 할 것을 특별히 명하였다. 전쟁에 참여한 조선군은 전세가 불리해지자 강홍립(姜弘立)은 후금과 휴전하고, 조선의 출병이 불가피한 것이었음을 설명하였다. 누르하치 역시 조선과 명의 특수관계를 이해한다며 우호적인 태도를 보였다.

하지만 광해군의 중립외교는 서인(西人)의 반발을 샀고 결국 인조반정(仁祖反正)의 명분을 제공하였다. 인조와 서인 정권은 반정을 정당화시키고 집권의 명분을 확보하기 위해 친명반청정책의 외교노선을 걷게 되었고, 이로써 조선과 후금과의 관계는 급속도로 악화되어 갔다. 이와 함께 명의 모문룡(毛文龍)이 평안도의 가도(椵島)에 들어와 조선과 협력하여 후금의 배후를 위협하였고, 이괄(李适)의 난 후 반란군 일부가 후금으로 망명하여 조선과의 분쟁을 조장하는 등 후금의 조선에 대한 경계심을 자극하였다.

인조와 서인정권은 후금의 침입에 대비하여 호위청(扈衛廳)·어영청(御營廳)·총융청(摠戎廳) 등 새로운 군영을 창설하고 남한산성(南漢山城)을 수축하였다. 또 경기지역의 지방군을 중앙군으로 개편하고, 서북 국경지역에 병력을 증강 배치하는 등 국방강화조치를 취하였다.

한편, 후금은 명 뿐만 아니라 배후에서 조선의 위협을 받게 되고, 명에 이어 조선과도 경제교류의 길이 막혀 극심한 물자 부족에 허덕이게 되었다. 때문에 무력적인 수단으로 이를 타개하려 하였다. 결국 1627년 1월 8일 후금의 태종 홍타이지(皇太極)는 조선 정벌을 명하였고, 후금의 군대는 의주와 창성진을 함락시켰다. 이 소식을 접한 조정은 청천강 이남을 제1방어선으로 구축하였지만, 제1방어선이 무너진데 이어 평양과 황주까지 함락되었다. 이에 크게 당황한 인조는 분조를 단행하여 자신은 강화도에서 전쟁을 총지휘하고, 소현세자(昭顯世子)는 전주로 이동 삼남지방에서 병력과 군량확보에 관한 업무를 총괄토록 하였다.

후금군은 의주를 함락시킨 후 화의를 제기하였다. 전쟁이 장기화될 경우 보급 수송의 곤란, 조선의 반격 등을 고려하여 신속히 전쟁을 종결시키고자 했던 것이다. 하지만 조선이 화의제안을 거부하자 남하를 계속하면서 화의를 수락하지 않으면 한성까지 침범할 것임을 경고하였다. 결국 조선은 후금의 제안을 받아들여 1627년 3월 3일 정묘화약(丁卯和約)을 맺었고, 이로써 조선은 후금과 형제의 국가가 되었다.

2. 병자호란(丙子胡亂)

정묘호란은 형제의 맹약을 체결함으로써 단기간 끝날 수 있었지만 시일이 지나면서 화약내용을 둘러싸고 조선과 후금 양측의 불만이 심화되어 전쟁재발 위험성이 증대되어 갔다. 전쟁으로 인해 친명배금사상이 팽배하고 있는데, 후금은 해마다 세폐(歲幣) 증액을 요구하여 조선의 배금의식을 더욱더 자극하였다. 조선은 비록 후금과 형제의 맹약을 체결하였지만, 내면적으로는 명과 동맹을 강화하여 후금을 견제하였다. 구체적으로는 은밀히 모문룡군을 비호하였고, 후금에서 망명해 온 사람들에 대해 후금의 송환요구를 무시하고 무제한적으로 수용하였다.

한편, 후금의 입장에서는 대명 공세를 취하기 앞서 조선을 확실하게 제압할 필요성을 절감하고 있었다. 특히 1636년 후금이 국호를 청(淸)으로 고치고 태종이 황제로 즉위하면서 조선에 대해 형제의 맹약을 군신의 의로 개정할 것과 세폐의 증액 등을 요구하였다. 하지만 조선은 이를 거부하면서 청과의 국교를 단절하자는 강경 분위기가 고조되고 있었다. 조선의 이같은 태도로 인해 청은 조선을 다시 침략하게 되었다. 즉 정묘화약은 체결 당시부터 이를 지키려는 의사를 가지고 있지 않았던 조선의 입장과, 형식적인 맹약에 불만을 품고 있던 청의 입장이 상충되어 전쟁의 재발을 가져왔던 것이다.

1636년 12월 청태종은 드디어 조선 침공을 감행하였다. 청군은 12월 8일 압록강을 건넌지 불과 6일 만에 한성부근에 이르렀다. 정묘호란 이후 조선은 남한산성에 수어청(守禦廳)을 신설하고, 훈련도감(訓練都監)을 개편하는 등 만반의 준비를 기하였다. 또 청의 침입이 있을 경우 의주·안주·평양 등 변방 요지의 방어병력을 인근 산성으로 이동시켜 이를 거점으로 청군의 남하를 지연시켜, 수도권 방어에 충분한 시간을 벌려고 하였다. 하지만 청군은 산성부근에 소규모 병력을 남겨 조선군을 묶어 놓고 주력군은 한성을 향해 남하를 계속하였다. 이로써 조선의 방어계획은 큰 차질을 빚게 되었다.

청군이 한성 부근에 이르렀다는 소식을 들은 인조는 강화도로 파천하려 했지만, 이미 청군이 한성과 강화도 간의 통로를 차단한 후였다. 결국 최명길(崔鳴吉)이 청군 진영에 나가 술과 고기를 먹이며 출병의 이유를 물으면서 시간을 지연시키는 사이에 인조는 세자와 백관을 대동하고 남한산성으로 들어갔다. 뒤늦게 속은 것을 안 청군은 남한산성을 포위하고 세자를 인질로 보낼 것을 요구하면서 화의를 청해왔지만 조선은 이를 거부하였다. 그러자 청군은 남한산성과 외부의 연결을 봉쇄한 가운데 소규모 공격을 계속하여 조선군을 고립시켰다.

한편, 청군은 강화도 공격에도 총력을 기울였다. 조선은 청군이 수전에 약하다는 판단하에 해안선 방어에 주력하지 않고 있었다. 하지만 청군에는 수전에 익숙한 한병(漢兵)의 항복군이 있었다. 결국 강화도는 함락되고 봉림대군(鳳林大君) 등은 1637년 1월 27일 삼전도에 있는 청태종의 본진에 도착 분산 수용되었다.

청은 조선과의 전쟁이 길어지는 것을 바라지 않고 있었다. 빠른 시일내 조선과의 전쟁을 종결시키고 명에게 총력을 기울여야 했기 때문이다. 청의 강화제의를 받은 조선은 강화의 정당성을 두고 척화파(斥和派)와 주화파(主和派)가 찬반 양론의 격렬한 대립을 보였다. 점차 강화쪽으로 의견이 기우는 가운데 강화도가 함락되었다는 소식을 듣고 결국 국왕의 출성 항복방침이 결정되었다. 이로써 조선은 청과 정축화약(丁丑和約)을 맺고, 1월 30일 인조는 삼전도에서 청태종에게 삼배구고두(三拜九叩頭)의 예를 행하였다. 그 결과 조선은 명과 모든 관계를 끊고 청의 제후국이 되었으며, 소현세자(昭顯世子)와 봉림대군, 척화론의 주모자 오달제(吳達濟)·윤집(尹集)·홍익한(洪翼漢) 등은 인질의 신분으로 청으로 향하게 되었다.

3. 전쟁의 영향

조선의 항복으로 병자호란은 끝났지만 이후 강화교섭의 세부사항 실행을 두고 양국은 첨예하게 대립하였다. 그 중에서도 조선국왕의 책봉 및 연호사용 문제, 명 정벌을 위한 원군 파병문제, 포로송환 문제 등이 주요한 현안이 되었다.

전쟁후 정축화약에 따라 조선은 청의 연호를 사용해야 했지만, 그 약속을 이행하지 않고 있었다. 청의 계속된 요구에 결국 조선은 청의 숭덕(崇德)이라는 연호를 사용하게 되었다. 하지만 개인 문서나 제향(祭享)의 축사(祝詞)에는 여전히 명의 연호가 사용되는 등 청을 인정하지 않고 있었다.

청의 원군요청을 받은 조선은 어쩔 수 없이 대명전쟁에 참여하였지만 소극적인 태도로 일관하였고, 임경업(林慶業)은 명에게 청군의 동태를 알려주는 등 반청행위를 계속하였다. 때문에 조선의 협력을 얻어 명을 제압하려던 청의 목적은 달성될 수 없었고, 조선에 대한 무리한 파병요구는 청에 대한 적개심만을 조장시키는 결과를 가져왔다.

전쟁 중 포로로 끌려간 사람들의 송환문제 역시 조선이 해결해야 할 심각한 문제였다. 청군은 납치한 조선의 백성을 속가(贖價)를 받고 풀어주었는데 속가는 1인당 25~1,500냥에 이르렀다. 조선의 포로가 탈출할 경우 청은 재송환을 요구해 왔고, 탈출한 포로의 수를 몇배로 늘려 요구하여 변경의 백성들이 청에 끌려가기도 하였다. 또 정절을 잃고 귀향한 환향녀(還鄕女)의 문제 역시 큰 파문을 가져와 이들의 이혼문제가 정치·사회문제로 대두되기도 하였다.

조선은 명을 제외한 주변국가에 대해서는 상대적으로 우월한 또 하나의 중심국이라는 소중화의식(小中華意識)을 가지고 주변국들을 상대해 왔다. 따라서 문화국인 명과 조선이 오랑캐 여진족에게 패배했다는 사실은 큰 충격이 아닐 수 없었다. 이에 대한 해결방안으로 등장한 것이 중화의 실체는 시대에 따라 바뀐다는 존주론(尊周論)이었다. 존주론에 따라 중화의 국가 명이 멸망한 만큼 문화의 중심은 조선으로 옮겨 오게 되고, 조선 전기의 소중화의식은 이제 조선중화의식으로 전환되게 된다. 원래 중화란 문화적·지역적·종족적 의미를 내포한 것이었지만, 조선은 문화적 측면을 중심가치로 삼아 스스로를 동아시아의 문화중심국으로 자부한 것이다.

다른 한편으로는 반청자주의식에 따라 청에 복수하여 치욕을 씻으려는 북벌론(北伐論)이 등장했다. 조선이 북벌을 추진하고 있을 때는 청의 전성기였던 만큼 좀처럼 기회를 가질 수 없었고, 효종이 세상을 떠나면서 북벌은 실패로 끝나고 말았다. 사실 북벌계획은 청에 대한 적개심과 존명주의(尊明主義)가 바탕이 된 명분적 사대주의의 연장이었다. 북벌계획에 의해 강화된 군대는 왕의 친위군과 수도경비 군사력의 강화에만 그쳤을 뿐이었다. 즉 지배층은 북벌계획을 통해 전쟁 패배의 책임과 전쟁 뒤의 정치적·경제적 위기를 모면하려 하였던 것이다. 특히 북벌계획은 청의 선진문화를 인정하지 않아 중국문화의 수입 통로를 막는 결과를 가져왔다. 하지만 18세기에는 청의 선진문물을 받아들여야 한다는 북학(北學)이 전면에 대두되면서 북벌론의 허위의식이 무너지게 되었다.

제 11 장

조선후기 사회의 변화

제 1 절 상품화폐경제의 발달

제 2 절 신분제의 변화

제 3 절 실학의 탄생

제 4 절 서민문화의 발달

제11장
조선후기 사회의 변화

제1절 상품화폐경제의 발달

1. 농업

조선후기 시비법(施肥法)의 발달 및 수리시설과 농구의 발전을 매개로 이앙법(移秧法)이 급속히 보급되었다. 이로써 단위면적당 수확량이 증가하고, 노동력이 절감되었으며, 벼와 보리의 이모작이 가능하게 되었다. 절감된 노동력은 경영규모의 확대를 가져와 광작(廣作)이 가능하게 되었으며, 생산력의 발달은 상품화폐 경제의 발전을 가져와 장시가 활발해졌다. 이로 인해 판매를 목적으로 작물을 재배하는 상업적 농업이 크게 증가하였다. 이로써 소농민은 자급자족 상태에서 벗어나 단순상품생산자로 시장에 등장하면서 상품화폐경제의 영향에 들어가게 된다. 즉 상업적 농업이 발전함에 따라 농민층의 소득은 증대하였고, 그것은 농민층의 분화 및 그 사회의식과 정치의식을 향상시키는 뒷받침이 되었다. 다른 한편으로는 토지소유와 경영의 집중화현상이 일어나면서 농민층분해현상이 일어난다.

결국 농업의 발전과 생산력의 증대는 농민층의 분해와 그 과정에서 지주제 모순의 심화, 당시의 사회경제적 조건에 대응하는 봉건정부의 부세정책 변화, 이에 대한 사회세력 및 구지방지배층의 반발 등이 상호 긴밀하게 연결되면서 조선후기 농민항쟁이 발생하게 되는 것이다.

2. 수공업

조선시대 수공업은 관영수공업, 민영수공업, 가내수공업으로 나뉜다. 임진왜란으로 관청에 소속되어 있던 수공업자들이 이탈하였고, 17세기 부역제가 급가고용제도(給價雇傭制度)로 전환되면서 장인(匠人)들의 부역노동에 의거한 관영수공업은 점차 쇠퇴하게 되었다. 특히 대동법(大同法)의 실시로 관장들이 제조・상납하던 물품을 공인(貢人)이 직접 시장에서 구입・조달하면서 관영수공업은 몰락의 길을 걷게 되었다. 이에 따라 부역에서 벗어난 장인들은 자영수공업에 종사하거나 상인자본에 의해 경영되는 민영수공업체의 고용장인으로 활동하게 되었다. 한편, 농촌의 가내수공업의 경우 조선후기에 이르러 특산물로 면화나 모시 등이 재배되면서 부업이었던 가내수공업이 전업화하게 된다.

이시기 수공업의 특징이라면 상인이 임금노동자를 고용하여 수공업체를 경영하는 기업적인 형태로 전환되는 양상을 보인다는 것이다. 또 분업에 기초한 협업으로 진행되어 일종의 매뉴팩처(Manufacture)적 단계에 도달하고 있었다는 점이다. 물론 아직 모든 수공업에서 이같은 형태가 나타났던 것은 아니지만 조선후기 수공업에 있어 자본주의적 생산양식의 맹아적 요소가 나타나고 있었던 것은 분명한 사실이었다.

3. 광업

17세기 중엽 이후 상품화폐경제의 발전과 대외교역의 활성화에 따라 금・은・동의 사회적 수요가 증가하였다. 원래 조선은 광업생산에 있어 정부주도 아래 부역노동에 의해 채굴하는 관채(官採) 중심이었다. 하지만 이는 정부의 재력과 인력의 부담을 가중시킬 뿐이었다.

조선후기 정부는 재정수입의 증대와 생산의 촉진을 위해 관청 중심의 광산 개발방식을 버리고 호조에서 채굴제련장과 부대시설 등을 마련해 주고 민간인에게 광산개발을 허용하여 세금을 징수하는 설점수세(設店收稅)를 실시하였다. 18세기말 이후에는 상인이나 지주가 물주가 되어 광산에 자본을 투자하고, 경영인인 덕대(德大)가 수십명의 노동자를 거느리고 광산을 개발하는 덕대제가 나타나 큰 광산촌을 이루게 된다. 이는 곧 광업에서도 수공업과 마찬가지로 상업자본의 등장과 분업적 협업형태가 갖추어지고 있었음을 말해주는 것이다.

4. 상업

농업과 수공업 및 광업 등 모든 산업이 급속도로 발전하자 상품생산이 증대하고 상업이 발달하였다. 아울러 상인층도 대거 등장하였다. 이처럼 상업이 활발해지자 종래 특권상인으로 이익을 독점했던 시전상인(市廛商人)들은 큰 위협을 받게 되었다. 시전상인들은 사상(私商)에 대항하기 위해 정부권력의 비호를 필요로 했고, 정부 역시 재정궁핍에 시달리고 있었으므로 상인들에게 의존할 수밖에 없었다. 그 결과 정부는 시전이 독점으로 취급하는 물품에 대해 다른 상인이 취급할 수 없도록 단속할 수 있는 배타적인 권한인 금난전권(禁亂廛權)을 부여하였다. 반면 사상은 서울근교로 상권을 확대해 가고, 상품화되지 않았던 물종을 개발하는 등 자유롭고 폭넓은 상업활동을 영위해 나가고 있었다. 결국 정부는 육의전을 제외한 시전의 금난전권을 폐지하는 신해통공(辛亥通共)을 실시하게 된다. 이는 도시빈민층, 영세상인, 소생산자층의 특권 상업에 대한 꾸준한 저항이 뒷받침된 결과이며, 이로써 사상인층의 활동은 한층 더 활발해지게 되었다.

이처럼 상업이 활발해지면서 상행위를 위한 장소인 장시가 활발해지게 된다. 장시가 처음 선 것은 1470년 전라도 지역에서인데, 장시는 지방에서 열린다고 해서 향시(鄕市), 사람들이 거래를 마친 후 흩어지고 나면 텅 빈다고 허시(墟市)라고도 하였다. 장시가 처음 열렸을 때에는 한달에 두 번씩인 15일장이었지만, 18세기 이후에는 대개 5일 만에 한 번 열리는 5일장으로 통일되어 갔다. 특히 5일장은 군마다 4~5개소에서 서로 다른 날짜에 번갈아 열렸으므로 지역 사람들에게는 상설시장과 같은 역할을 하게 되었다.

한편, 17세기 말엽부터 화폐유통이 광범위하게 이루어졌고, 18세기에는 조세와 지대의 금납화도 이루어졌다. 이같은 화폐유통은 농민층 분해를 촉진시켰고 상인·지주·고리대업자의 화폐재산 축적을 가능케 하였다. 대외무역에서도 사무역이 공무역을 압도하게 되면서, 19세기에는 대자본을 동원한 매점상인 도고(都賈·都庫)가 등장하게 된다.

이처럼 농업·수공업·광업·상업 등 생산부분 전체의 변화는 중세사회를 해체·동요시키는 원동력이 되었다. 이는 또 조선후기 사회에 자본주의적 요소가 등장하고 있었음을 말해주는 것이다. 하지만 조선이 일제에 강제 합병되면서 이같은 자본주의적 요소는 발전하지 못하고 일제의 식민지로서의 역할만 수행하게 되었다.

제2절 신분제의 변화

임진왜란과 병자호란을 거치면서 지배층인 양반의 권위는 떨어지고, 민의 지위향상이 이루어졌다. 여기에 15·16세기부터 축적되어 온 농업기술의 발전과 상품화폐경제의 발달로 전통적인 신분체제에 대한 의식과 계층구조는 변화되어 갔다.

조선후기 신분제 변동의 중요한 양상은 하층신분의 상층신분으로의 신분상승이었다. 특히 임진왜란과 병자호란 그리고 이괄의 난에서 군공(軍功)을 세운 자에 대해 면천·면역의 특권을 주었고, 전란중의 군량조달이나 전란후 재정부족 등을 충당하기 위한 납속(納粟)을 통해 관직을 제수하여 신분변화를 더욱 촉진하였다. 이외에 관문서 소각과 위조, 족보 매매 등 불법적인 방법을 사용하기도 하였다. 이에 따라 양반층의 급격한 증가현상과 양인의 상대적인 감소 및 외거노비의 실질적 소멸현상, 그리고 솔거노비의 광범위한 도망현상 등이 발생하였다.

〈표 11-1〉 울산지역의 시기별·신분별 호구비율

시기	양반호수(%)	상민호수(%)	노비호수(%)	계(%)
1729	26.29	59.78	13.93	100
1765	40.98	57.01	2.01	100
1804	53.47	45.61	0.92	100
1867	65.48	33.96	0.56	100

양반의 경우 양란을 통해 그 권위가 떨어졌으며, 당쟁을 통해서도 자체분화 되어갔다. 즉 양반의 극히 일부만이 권력의 핵을 이루면서 권력을 통한 대토지 소유자로 변해 갔으며, 다른 일부는 향반(鄕班), 토호(土豪)와 같이 권력의 주변으로서 위치를 이루면서 경제적으로 일정한 지위를 확보하였다. 또 상당수의 양반은 정치적으로나 경제적으로 일반 농민층과 거의 다름없는 잔반(殘班)으로 몰락하여 갔다.

양인의 경우는 양극분화 현상을 통하여 신분질서의 변화를 가져왔다. 즉 농민층의 일부가 상업적 농업과 합리적 영농방법을 통하여 새로운 서민지주로 성장하거나 자영농민적인 중소상품 생산자층으로 발전하는 한편, 대다수의 농민층은 소작농이나 일부 임금노동자층으로 떨어져 갔다. 천민의 경우에는 군공, 노비문서의 소각, 피역과 도망 등을 통해 신분해방의 길을 열었다.

이와 같은 양인, 노비 등 피지배계층의 분해 및 신분해방은 그들의 의식성장의 결과였으며, 그 결과는 당연히 조선왕조의 지배체제에 저항하는 민란 등으로 나타났다. 그리고 양인 이하 피지배신분층의 신분해방 및 신분상승 욕구는 봉건적 신분사회에 대한 부정과 저항이었으므로, 반봉건적 근대화의 방향과 같은 것이었다.

제3절 실학의 탄생

조선후기에 이르러 전통적 사회체제를 극복하고 새로운 사회를 이루려는 사상체계가 새로이 등장하였는데, 이것이 바로 실학(實學)이다. 실학 발생의 내재적 요인을 살펴보면 우선 통치질서의 와해현상을 들 수 있겠다. 임진왜란과 병자호란 후 조선사회는 집권층의 벌열화, 전통적 수취체제의 붕괴, 사회적 신분제의 혼란, 농업위주의 경제질서에 대한 도전 등이 있었다. 다음으로는 이같은 사회조류를 담기 위해서는 성리학적 학문체계를 벗어난 학풍 형성이 요청되었기 때문이다. 외부적으로는 서학(西學) 및 명말청초의 실학적 학문사상의 영향 등이다. 이러한 영향으로 형성된 실학은 중세체제인 지배층 중심의 정치·경제·사회·문화의 제반 문제점을 개선하려는 학문적 관심으로부터 출발하여 ≪경국대전(經國大典)≫체제를 대체시켜, 사회를 재편하고 중세체제 유지의 이데올로기인 성리학적인 이론을 타파하여 새로운 사회운영 윤리를 정립시키려고 하였다.

실학자들의 사상은 현실정치에 적극적으로 반영되지는 못하였다. 그 이유는 실학자 대부분이 재야에 있었다는 점과 개혁에 대한 방법이 미흡하였기 때문이었다. 그러나 실학은 화이사상(華夷思想)에서 탈피하여 어느 정도 민족주의적 성격을 띠었고, 근대지향적이었으며, 민의 이익을 대변한 사상·이론이었다.

1. 경세치용학파

18세기 전반 근기(近畿) 지역을 중심으로 성립된 경세치용학파(經世致用學派)는 토지제도 및 행정기구, 기타 제도상의 개혁 등 농촌현실에 관심을 두어 중농학파(重農學派)라고도 불리운다. 이들은 이익(李瀷)을 종주로 하지만 학문적 경향과 체질적 차이에 따라 안정복(安鼎福) 계열의 성호우파, 서학으로 경도된 성호좌파로 나눌 수 있다. 성호우파는 민족문화 및 언어, 국토에 대한 애정과 관심을 고조시켜 국학연구에 몰두하였다. 반면 성호좌파는 서양문물, 특히 서학에 관심을 가졌고 전통 주자학에 대해서는 보다 비판적인 입장이었다.

경세치용학파의 대표적 인물인 이익에 대해 살펴보면 그는 이이(李珥)와 유형원(柳馨遠)의 사상을 경세론의 모범으로 보고 그것이 실현되지 못한 것을 한탄하였다. 그의 저작 중 세인의 관심을 끄는 것은 ≪성호사설(星湖僿說)≫이다. ≪성호사설≫에서 이익은 정치개혁을 위해 과거시험의 전면적인 개편과 함께 천거제를 병행하고, 비변사를 혁파하여 의정부의 기능을 복구할 것을 주장하였다. 국방문제에 있어서는 3면이 바다로 둘러싸여 있는 만큼 수군을 강화해야 해야 하며 군량비축·무기제조·성의 건설 등을 통해 자주국방을 이루어야 함을 강조하였다. 아울러 사대교린의 외교를 통해 국가의 안위를 유지하여야 한다고 하였다. 사회적으로는 신분차별 타파를 주장하여 노비세전법과 노비의 매매를 반대하였지만, 노비제도 자체의 폐지를 주장하지는 않았다. 또 농민들이 상업에 종사하면 게을러져 농사에 방해가 되고 도둑을 증가시키므로 상업은 억제해야 한다고 주장하였다. 이익이 가장 중요시한 것은 토지개혁인데 구체적인 방법으로 한전론(限田論)을 제시하였다. 이는 현존하는 토지소유 관계를 인정하고 한 호(戶)가 소유할 수 있는 영업전(永業田)의 규모를 정하여, 그 한도 이상의 것에 대한 매매는 인정하지만 그 이하는 인정하지 않음으로써, 매매와 상속에 의한 토지소유의 균등화를 기대하였다.

시기적·사상적으로 성호학파와 북학파의 중간쯤에 위치한 이가 바로 유수원(柳壽垣)이다. 그의 사상은 77개 항목의 문답체로 저술한 ≪우서(迂書)≫를 통해 확인할 수 있다. 이에 따르면 유수원은 신분질서의 개혁을 통한 사·농·공·상의 4민의 비계급적 개편과 이에 기초한 전문화된 분업만이 부국안민의 길이라고 주장하였다. 그는 화폐의 유통과 도매상의 장려·분업·전문화 등을 주장하고, 이용후생을 통한 사회발전을 주장한 점에서 성호학파가 상업 및 수공업에 보수적인 것과는 달리 북학파의 경제론과 유사한 점이 많았다.

2. 북학파

18세기 후반 북학운동으로 시작된 북학파(北學派)는 상공업의 유통 및 생산기구 등 기술면의 혁신을 지표로 하여 선진적인 사상을 전개하였다. 때문에 북학파는 중상학파(重商學派) 또는 이용후생학파(利用厚生學派)라고도 불리운다. 북학파에는 홍대용(洪大容)·박지원(朴趾源)·박제가(朴齊家)·이덕무(李德懋)·유득공(柳得恭) 등이 대표적인 인물이다.

홍대용은 ≪담헌서(湛軒書)≫에 담겨 있는 <임하경륜(林下經綸)>에서 경세제민의 포부와 실현을 위한 구체적 방안으로 제도개선을 서술하고 있다. 그는 사민평등과 실용학문의 수용을 주장하고, 천문학 연구에 심취하였다. <의산문답(醫山問答)>에서는 천문·지리뿐 아니라 천도·인도 등에 대해 독자적인 견해를 밝혔다.

그의 지전설은 중국을 통하여 들어온 서양학설의 영향을 받은 흔적도 있지만, 동양적 논리의 전개나 지구의 자전설만을 말한 점에서, 코페르니쿠스의 태양중심설과는 달랐다. 토지개혁에 대해서는 정전론의 입장에서 토지의 균등한 분배가 이루어져야 한다고 주장하였다.

북학파의 구심점의 인물이었던 박지원은 ≪양반전(兩班傳≫ · ≪호질(虎叱)≫ 등을 통해 당시 사회의 부조리한 측면과 양반사대부층의 존화사상 및 명분론을 통렬하게 비판하였다. 또 청을 다녀온 뒤 쓴 ≪열하일기(熱河日記)≫에서는 그의 다양한 북학사상을 피력하였다. 박지원의 개혁론을 살펴보면 상공업의 진홍책으로 수레 · 선박의 이용과 화폐유통의 중요성을 강조하였다. 또 서얼의 통청(通淸)과 사노비의 해방을 주장하였다. 그의 토지개혁안은 이익의 한전론과 유사한데 차이점이 있다면 토지소유 상한을 제한하여 토지소유의 균등화를 꾀하려 하였다는 것이다. 아울러 영농방법의 혁신 · 상업적 농업 장려 · 관개수리 확충 등을 통한 농업생산력의 향상에 역점을 두었다.

북학론을 가장 적극적으로 개진한 사람은 박제가였다. 그는 ≪북학의(北學議)≫에서 화폐에 대해 진보적인 생각을 나타냈고, 상업이 발달하기 위해서는 수레를 사용할 것을 주장하였다. 또한 은의 해외 유출 방지와 중국상품의 수입을 반대하고, 밀무역의 양성화를 주장하였다. 그의 사상은 중상주의적인 입장에서 출발하여, '실용적인 학문'으로서 북학을 지향하는 획기적인 것이었다.

3. 북학에서 실사구시로, 다산 정약용

정약용(丁若鏞)은 사상적 전환기에 태어나 다양한 지적 편력과 변신을 거듭한 인물이다. 그의 사상은 처음 성호학파에서 출발하였으나 좌파에 편입, 서학에 깊이 심취하였다. 18년간의 유배생활을 마친 뒤에는 다시 북학으로 전향하는 등 격심한 갈등을 겪으면서 많은 학문적 업적을 이루었던 것이다.

정약용은 관직에 있으면서 <전론(田論)>·<탕론(湯論)>·<원목(原牧)> 등 이상적인 정치·경제개혁안을 제시하였으며, 유배시기에는 ≪경세유표(經世遺表)≫·≪목민심서(牧民心書)≫·≪흠흠신서(欽欽新書)≫를 저술하는 한편, 경학서·예서 등에 대한 주석서를 편찬하였다.

정약용의 정치사상에 대해 살펴보면 ≪경세유표≫에서는 관직제도·군현제도·전제 등 국가 경영의 전반적인 문제의 개혁안을 마련하였으며, ≪흠흠신서≫에서는 중앙이나 지방의 행정을 맡은 관리로서 공정한 판결을 기하는 개혁안을 제시하고 있다. ≪목민심서≫에서는 지방의 목민관으로서 수행해야 할 역할을 강조하였다. <탕론>에서는 민주주의 선거제도와 비슷한 주장을 폈다. 그 외 육관체제의 균형을 통한 상호견제로 균형정치를 이룩하려 하였다. 결국 다산의 정치사상은 대중에 의하여 운영되는 상향의 민본주의를 구상하고 이를 실천할 주도자로서 강력한 군주권을 주장한 것이었다.

정약용의 경제개혁론은 농업개혁론에서 구체적으로 제시되고 있다. <전론>에서 제시한 여전제(閭田制)는 토지의 사유를 부인하고, 30가(家)를 1려(閭)로 삼아 여장(閭長)의 지휘하에 공동소유·공동경작·노동에 따른 수확의 분배를 기본내용으로 하는 이상주의적인 토지제도 개혁안이다. 즉 경자유전 원칙의 관철을 통한 보다 근본적인 토지개혁을 부르짖었던 것이다. 그러나 이상적인 토지개혁안은 현실 불가능한 것이었다. 따라서 보다 현실적인 개혁론인 ≪경세유표≫에서는 정전론(井田論)을 주장하게 되었다. 정전론은 토지소유관계의 사적 전개라는 현실을 바탕으로 하면서도, 전체적인 관리는 국가의 공적인 권한 아래 두고, 농업의 모든 분야의 사회적 분업관계로 발전시켜, 사회적 분업을 통한 자영농을 육성하려는 것이었다. 이처럼 정전제를 주장했다고 해서 정약용이 여전제를 포기한 것은 아니었다. 정약용은 여전제에 이르기 위해 우선 실현가능한 정전제의 실시를 먼저 주장했던 것이다.

정약용은 과학기술에도 관심이 많아 한강의 배다리 [舟橋]공사를 맡았으며, 거중기(擧重機)를 고안하여 화성(華城) 건축에도 참여하였다. 이외에도 국방·언어·문학 등 여러 방면에 저작을 남기고 있어 '실학의 집대성자'로 평가받고 있다.

4. 실사구시학파

실학은 19세기 전반 김정희(金正喜)에 의해 제기된 실사구시(實事求是) 사상으로 만개되었다. 19세기 들어 북학은 고증학을 적극 받아들여 무징불신(無徵不信)·실사구시의 학문정신으로 경서 및 금석에 대한 과학적이고 실증적인 연구를 진척시켜 학문의 수준을 높인다. 즉 경전이 비판되고 고증의 대상이 되어 학문연구의 객관화를 기하게 되었던 것이다.

김정희는 청의 고증학을 터득하여 북학의 학문적 수준을 일보 전진·고양시켜 사상의 심화를 도모하였다. 김정희는 안동 김씨의 파행성에 비판적 자세를 취하다 제주도로 유배되기도 하였는데, 유배동안에도 학문연구를 게을리하지 않았고 추사체(秋史體)라는 독창적인 글씨체를 완성하였다. 나아가 추사체를 통하여 학파를 형성하였는데 양반사대부층과 중인계층을 망라하였다. 중인계층에게 북학을 전수하여 사회·경제적 발전을 예측한 것이라든가, 사대부층의 제자들이 19세기 후반 초기 개화운동의 핵심세력이 되는 것도 주목할 점이다. 즉 개화사상은 김정희 문하에서 길러진 많은 제자들에 의해 추진되었던 것이다. 한편, 김정호(金正浩)는 역사지리와 인문지리의 연구수준을 끌어 올렸으며, ≪대동여지도(大東輿地圖)≫ 제작을 통해 지도제작기술을 집대성하였다.

19세기 서울을 중심으로 한 문화선진지역에서는 기존의 봉건체제가 새로운 질서로 전환하던 시기였다. 19세기 중후반 서울의 사회적 분위기에 익숙해 있던 이규경(李圭景)이나 최한기(崔漢綺) 등의 지식인들은 보다 새로운 사상을 제시하기에 이르렀다.

이덕무의 손자인 이규경은 ≪오주연문장전산고(五洲衍文長箋散稿)≫라는 방대한 백과전서를 편찬하였다. 백과전서적인 학문의 지향과 초보적이기는 하지만 사물에 대한 변증법적인 태도는 서울의 서민사회적인 분위기를 반영한 것이라고 할 수 있다.

≪명남루총서(明南樓叢書)≫의 저자인 최한기는 유형원·이익·정약용으로 이어지는 전통적인 실학자들과는 거리가 있었다. 최한기는 전통적인 주리론에서 탈피하여 주기론의 입장에서 개혁안을 제시하였다. 그는 사·농·공·상의 차별적 신분관의 철폐를 주장하였다. 인재를 등용함에 있어 신분적 억압이나 직업의 차별을 철폐하고, 개인의 능력을 측정·교육함으로써 국가와 사회에 필요한 인재를 등용해야 한다고 주장하였다. 이러한 선진적인 그의 사상은 19세기 이후 사회경제적인 변화를 반영한 개화사상으로 발전, 근대적인 시민사상의 싹을 담고 있었다.

제4절 서민문화의 발달

조선전기의 예술은 지배층의 취향을 만족시키기 위한 것이었다. 그러나 조선후기에 이르러 양반문화의 세속화·대중화 경향이 이루어졌으며, 민들도 성리학적 문화의 굴레를 어느 정도 벗어던지고 그들 자신의 문화영역을 넓혀가면서 양반문화와 양립할 수 있는 서민문화를 발전시켜 나갔다. 그 결과 성리학적 문화체계는 서서히 무너졌다. 이와 같은 서민예술과 서민문화의 발전은 민의 의식 성장에 기여하였으며, 또 동시에 이는 민의 사회경제적 지위 향상과

의식성장의 결과이기도 한 것이었다.

1. 문학

조선 전기의 문학작품은 대부분 성리학적 윤리관을 강조한 것으로, 이는 생활의 교양이나 심신수양의 수단이었다. 그런데 16세기부터 한글소설이 등장하였으며, 17세기에 이르러 문학은 인간감정의 적나라한 묘사나 사회의 부정과 비리에 대한 고발정신을 강하게 표현하였다. 문학작품의 주인공들도 영웅적인 존재로부터 민중적인 인물로 전환해갔다. 또 배경에서도 공상적인 세계보다는 시정적(市井的)인 인간관계로 옮아가게 되었다. 특히 이 시기 한글소설은 양반을 풍자하였으며, 사회의 제반문제를 날카롭게 비판하였다.

한편, 민들은 사회・경제적 성장의 결과 문학작품에 대해 보다 적극적인 자세를 가지게 되었다. 문학작품을 전해주는 강담사(講談師)・강독사(講讀師)・강창사(講唱師)의 존재는 소설이 상업화되어 서민들과 밀접한 관계를 맺고 있음을 입증하는 것이다. 또 필사본을 빌려주는 세책가(貰冊家)가 생겨나고, 소설의 수요가 급증함에 따라 대량으로 찍어낼 수 있는 방각본(坊刻本)이 유행하기도 하였다. 아울러 구전설화 등을 서사화한 판소리사설을 창과 아니리, 발림 등을 통해 연희하는 판소리도 크게 유행하였다.

2. 그림

조선전기의 회화는 도화서(圖畵署)를 중심으로 한 직업적 화단과 문인사대부들의 문인화(文人畵)로 대별할 수 있다. 도화서의 화원들의 그림은 왕의 어진(御眞), 왕비 진영(眞影)의 제작과 공신들이 초상화 등을 주로 화폭에 담았다. 따라서 화원의 그림은 정치적 목적이나 교화의 수단인 만큼 작가의 예술성을 찾아보기 힘들다.

문인화의 경우는 사대부의 인격이나 정신세계, 자연에 대한 통찰을 드러내는 작품이 주류를 이루었다. 그러나 조선후기에 이르러 정형화된 화풍을 형성하게 되었다. 특히 양반 출신 뿐 아니라 중인계층의 화원(畵員)들에 의해 더욱 발전하여 나갔다.

산수화(山水畵)는 조선전기의 중국의 화법을 모범으로 하여 이상향을 그리는 관념산수에서 벗어나 실경산수(實景山水 ; 眞景山水)가 등장하였다. 실경산수는 '있는 그대로의 경치'를 화폭에 담아 중국 산수화풍의 영향 아래 발달해 온 한국미술의 일대 변혁을 가져왔다. 미술에서의 이같은 화풍이 등장한 것은 중국 중심의 중화의식(中華意識)에서 탈피하여 조선이 또 하나의 문화중심국이라는 소중화의식(小中華意識)이 바탕이 된 것이었다. 실경산수의 선구자인 정선(鄭敾)은 바위산이 많은 한국의 자연을 강렬한 흑색으로 표현하였다. 그리고 자신의 눈으로 직접 관찰한 조선의 자연을 그렸으며, 조선의 자연을 묘사하는 과정에서 독창적인 구조와 화법을 창안해 내었다.

조선후기 회화에서 나타난 또 하나의 새로운 경향으로 풍속화(風俗畵)가 있다. 풍속화는 인간의 생활상을 직접 대상으로 삼은 그림으로, 이를 통해 조선후기 사회상을 읽을 수 있다. 이처럼 풍속화가 유행하였다는 것은 곧 유교주의에 대한 예술면에서의 항의이며, 인간주의의 표방이었다. 한편, 조선후기 경제력 상승에 따른 기존의 신분질서가 동요하는 가운데 이루어진 서민문화와 민의 의식 성장이 바탕이 되었던 것이다. 하지만 19세기 들어 지배층 문화의 보수화와 맞물려 실사구시의 학예풍토가 약화되면서 풍속화는 현실감을 잃게 된다. 즉 19세기에 들면서 현실감이나 회화기량은 떨어지고 형식화하는 반면 민간생활 속의 장식 그림으로 정착되면서 양적 증가가 이루어진다. 다른 한편으로는 성희 묘사를 직설적으로 담은 춘화첩이 유행하게 된다.

〈사진 11-1〉 김홍도의 주막

풍속화의 대표적인 화가로는 김홍도(金弘道)와 신윤복(申潤福) 등이 있다. 김홍도는 배경을 생략한 채 농촌생활상 등 노동의 일상 풍속을 그림의 주제로 삼았다. 하지만 김홍도는 찰방(察訪)으로 근무한 이후부터는 사대부 의식에 물들었고, 이때부터는 상류생활에 관심을 쏟아 사대부적 취향의 관념성을 띤 작품을 주로 남겼다. 반면 신윤복은 중세 말기 변모하는 도시의 단면을 드러내는 데 주력하였다. 그리고 여속(女俗)이나 노골적인 남녀의 애정표현을 예술세계로 끌어 오렸다. 신윤복의 선정적이면서도 낭만적인 그림들은 관념적이고 독선적인 유교적 회화관에 대항하여 현실적 인간생활을 주제로 삼는 서민예술의 형성을 주장하는 것이었다.

〈사진 11-2〉 신윤복의 과부

이처럼 조선후기 회화가 풍성하게 되고 진보되게 되는 것은 창작자의 노고가 컸지만 그림을 감상할 수 있는 계층의 역할도 무시할 수 없는 것이었다. 즉 이 시기에 이르러 궁중과 사대부의 전유물이나 다름없던 회화가 환전되고, 부를 축적한 서민층에게까지 확대된 것이다. 또 교양을 갖추려는 부민층의 성장은 화단구조의 근대적 변화를 예고하는 것이었다고 할 수 있다.

3. 음악

조선전기의 음악은 주로 국가제례시 연주되는 음악이 주류를 이루었다고 할 수 있다. 하지만 조선 후기의 사회경제적 변동은 다양한 사람들이 음악을 향유할 수 있는 계기도 마련해 주었다. 즉 5일마다 열리는 장시의 발전으로 서민들은 대화를 통한 시대의 문제의식을 확대시켜 나갔으며, 이로 인해 서민이 주체가 되는 음악이 발달되어 갔다. 또 이 시대 농악(農樂)은 부락을 단위로 민중의 정취에 걸맞는 단체음악으로 발전되어 나갔다. 19세기에 들어와서는 잡가가 널리 퍼졌는데, 직업적 유랑 광대집단이나 소리패・기생 등에 의해 대중적으로 널리 불리워졌다. 음악 향유집단의 범위가 넓어지면서, 서민들이 음악의 주요한 향유층이 되었고, 중인 이하 계층의 음악적 요구에 부응하여 가객(歌客)과 악사(樂士)도 등장하였다.

4. 탈춤

조선시대 춤문화는 유교적 전통의 일무(佾舞), 궁중에서의 나례(儺禮)나 행사에서 연행된 잡희(雜戲) 등이다. 이것이 지배층의 춤문화라면 피지배층은 농촌에서의 지배층과 피지배층의 대립을 희극적으로 처리하는 종합예술로서 탈춤을 발전시켜 나갔다. 탈춤은 후기로 갈수록 양반지주층에 대한 농민 말뚝이의 적대감을 심화시켜 나갔다. 이후 탈춤은 신흥 상인계층 등의 후원으로 상업도시에서는 전문인에 의한 도시가면극으로 발전하였다. 이처럼 조선후기 민들은 자신의 불만과 당시 사회의 모순을 탈춤 등을 통해 대담하게 비판함으로써 자신들의 불만을 신랄하게 토로하였던 것이다.

제 12 장

근대사회로의 전환

제 1 절 제국주의의 등장

제 2 절 대원군 정권

제 3 절 병인양요와 신미양요

제 4 절 개 항

제12장
근대사회로의 전환

제1절 제국주의의 등장

19세기말부터 20세기 초에 걸쳐 제국주의(帝國主義)시대가 전개되었다. 이 시기에 제국주의 열강들은 후진지역이나 약소국가들을 지배하기 위하여 경쟁적으로 침략을 자행하였다.

제국주의는 산업혁명의 산물로서 정치적·경제적·문화적으로 다른 나라를 억압, 강압, 지배, 주권 침해하려는 이념이었다. 산업혁명은 중세의 생산체제를 질적으로 전환시켰는데, 특히 기계, 에너지, 노동력의 결합으로 나온 대량생산을 가능하게 하였다. 대량생산은 막대한 이윤 발생과 자본축적을 야기하였다. 이같은 산업혁명이 사회 전체에 미치는 파급은 대단한 것이었다. 그리고 산업혁명은 국내에서의 경쟁체제를 유도하면서 국외로 그 생산품을 소비할 시장개척이 요구되었다.

영국에서 시작된 산업혁명은 19세기 중엽을 전후하여 유럽의 주요 국가와 미국 등에 확산되었으며, 19세기 후반에 이르러서는 자본주의가 고도로 발달하게 되었다. 독점 자본주의, 금융자본주의에 도달한 선진자본주의 국가들은 국내에 축적된 잉여자본의 투자시장을 확보하기 위하여 새로운 식민지를 필요하게 되었다. 선진자본주의 국가의 식민지 확보는 상품소비시장, 잉여자본 투자시장, 상품 원자재의 안정적인 구매차원에서 매우 긴요한 것이었다.

한편, 이탈리아의 통일과 독일의 통일로 고조된 민족주의는 배타적·침략적 성격의 민족주의로 변질하였다. 이와 같이 자본주의 현저한 발전과 강렬한 민족주의의 색채를 강하게 띤 유럽의 열강들은 1870년대부터 후진국가를 침략하여 식민지로 만들었다. 이에 세계는 제국주의 시대로 접어들게 되었다. 대표적인 제국주의 국가들은 영국, 프랑스, 독일, 러시아, 미국, 일본 등이었다.

그런데 제국주의 열강의 침략대상이 된 지역은 아프리카와 아시아지역이었다. 제국주의 시대에 아프리카의 대부분은 유럽 열강의 식민지로 전락되었다. 아시아지역도 일부 국가를 제외하고는 제국주의 열강의 식민지, 혹은 반식민지가 되었다. 그리고 아시아, 아프리카에서는 서구 열강들의 식민지 확보를 둘러싼 경쟁이 치열하여 점차 전쟁으로 발전하기도 하였다. 영국의 종단정책과 프랑스의 횡단정책, 그리고 제1차 세계대전(1914)은 그 단적인 예증이었다.

〈그림 12-1〉 열강의 중국분할 장면

이런 구도하에서 조선도 서구열강의 침략대상이 되었다. 때문에 조선후기에서 개항기로 접어들면서 제국주의에 저항하려는 민족주의의 흐름이 등장하였다. 서세동점으로 표현된 서구 열강의 도전을 어떻게 극복할 것인가라는 과제는 간단한 것이 아니었다. 그러나 당시 국내에서는 이같이 급변하는 세계정세를 간파하지 못하였던 것이다. 연안에 등장한 서양의 배를 이양선, 서양사람들을 색목인으로 부르고 그들의 통상요구를 단호히 배척하는 정도의 현실인식을 갖고 있었다.

제2절 대원군 정권

철종의 뒤를 이어 고종이 12세라는 어린 나이로 왕위에 오르게 되었다(1863). 이에 국왕의 생부인 흥선군 대원군인 이하응이 정치적 실권을 잡고 10년간 정치를 주도하였다. 그 당시 조선정부는 안으로는 세도정치에 의한 국정의 혼란과 삼정의 문란에 의한 민생 파탄으로 민란이 급증하였다. 밖으로는 서양세력이 중국과 일본의 문호를 개방시키고, 곧 조선으로 몰려오는 상황이었다. 따라서 대원군은 대내적으로는 국가의 기강을 바로 잡고, 대외적으로는 서구 열강의 도전을 적절히 극복해야 하는 과제에 직면하였다.

대원군이 등장한 그 시기는 동아시아 국가들이 서양의 군함과 대포소리에 놀라고, 그로 인한 동양중심의 세계관에서 깨어나기 시작한 때였다. 중국은 영국과의 아편전쟁을 통하여 서양 자본주의에 무릎을 꿇었다. 그 외형은 영국이 인도에서 생산된 아편을 무차별적으로 중국에 유입하는 것에 대한 중국의 반발이 도화선이었지만, 그 이면에는 중국 중심의 동아시아 체제와 서구 열강이 주도한 자본주의체제의 충돌이었다. 그 결과 중국은 영·불연합군에 의해 북경을 함락당하고(1860), 서구 열강의 상품시장으로 전락하였던 것이다.

일본의 경우도 중국과 유사하였으나 그 전개는 상이하였다. 일본은 네덜란드에게만 문호를 개방하였으나 기본적으로는 쇄국을 하였다. 그러나 군함을 앞세운 미국에 의하여 1854년에는 개항을 할 수밖에 없었다. 일본은 단순한 문호개방에서 한발 더 나아가 1868년에는 메이지(明治)유신을 단행하여 천황제 국가로 재정비하였다. 이는 중세의 바쿠후(幕府)체제를 종결하고, 왕정복고를 추진하면서 근대적인 시스템으로 가려는 정책의 산물이었다. 이같이 전열을 정비한 일본은 대외 팽창주의 노선하에서 대만출병을 단행하고 조선을 정벌하자는 정한론(征韓論)을 내세웠다.

이러한 배경하에서 대원군 정권은 내정쇄신, 쇄국정치를 기본으로 한 정책을 펼쳐 나갔다. 이는 국제정세를 무시한 보수적인 정치노선이었다. 당시는 일반 백정으로부터 일정한 지지를 받았지만 그는 당시 지배층인 양반과 신진 인사들로부터는 비판을 받고 있었다.

대원군은 내정에서 무엇보다도 외척의 세도로 권세를 누려온 안동김씨를 정계에서 밀어내고 당파와 신분을 가리지 않고 인재를 등용하였다. 이러한 인사정책은 붕당정치와 세도정치의 기반을 무너뜨리려는 구도에서 나온 것이다. 그리고 이 정책은 왕권강화의 기반을 구축하려는 그의 정치적 노선을 말하는 것이었다.

왕권강화를 위한 대원군의 노력은 정치기구의 재정비로부터 시작되었다. 그는 문무고관의 합의체로서 군사와 정무를 총괄해 오던 비변사를 축소, 격하시켰다. 그리고 의정부와 삼군부의 기능을 부활시킴으로써 정치와 군사의 업무를 분리시켰다. 또한, 통치체제의 정비를 위하여 대전회통과 육전조례를 편찬하는 등 각종 법전을 정비하였다.

그리고 대원군은 문란한 삼정(전정, 군정, 환곡)을 바로 잡아 민생을 안정시키려고 노력하였다. 대원군은 양반과 백성들 모두에세 군포를 바치도록 하고, 기존의 환곡제도를 사창제로 전환시켰다. 그는 국가재정을 좀 먹고, 백성을 수탈하면서, 붕당의 근거지였던 서원을 대폭 정리하였다. 당시 서원은 면세와 면역의 대상이었기에 그 위세는 대단하였다. 대원군의 개혁으로 인해 600여개의 서원이 철폐되고 47개소만이 남게 되었다. 이 시책은 서원에 딸린 땅과 노비를 몰수하여 국가재정을 확충하는 효과를 가져왔다. 이는 백성에 대한 양반과 유생들의 횡포를 막기 위한 조처였기에 양반과 유생들의 강력한 반발을 야기시켰다. 그럼에도 불구하고 대원군은 그를 과감히 단행하여 그의 위상을 높이면서 왕권 강화에 대한 그의 의지를 구현하였다.

또, 대원군은 실추된 왕실의 위엄을 과시하기 위하여 임진왜란때 불타버린 경복궁을 재건하였다. 막대한 공사비를 마련하기 위하여 원납전을 강제로 징수하였고, 새로운 화폐인 당백전도 만들었다. 비록 그 원성이 적지 않았으나 그는 왕실 권위 회복을 통한 국가 재건의 뜻을 굽히지 않았다. 그러나 공사기간이 길어지면서, 재정부담을 맡은 양반과 백성들의 원성이 높아지기도 하였다.

이러한 대원군의 내적인 왕권 강화 정책은 전통적인 지배체제를 재정비하여 국가기강을 바로 잡으려는 것이었다. 그리하여 백성에 대한 양반층의 억압과 수탈을 금지시켜 민생 안정에는 기여하였다. 그러나 세계정세, 서구열강의 도전, 자본주의 질서의 도래라는 측면에서는 한계를 갖는 개혁정책이었다.

제3절 병인양요와 신미양요

대원군은 내적으로는 왕권강화, 민생안정을 통하여 체제정비를 시도하였다. 그에 반해 외적으로는 쇄국정치를 단행하였다. 쇄국정치는 도전하는 서구열강에 대하여 일체의 문호를 개방하지 않고 조선의 전통적인 질서, 가치관에 의해 존립하려는 정책이었다.

조선후기에는 서구열강이 문호개방, 통상을 줄기차게 요구하였다. 이에 조선에는 서양의 배가 자주 출몰하고, 서양인이 측량을 하고, 서양의 종교가 전래되었으며, 서양 물품이 유입되는 등 서양의 움직임을 무조건 배척만 할 수 없는 형편이었다. 이러한 서양의 위협에 대하여 대원군은 일관적으로 쇄국노선을 견지하였다. 그러나 중국, 일본이 서양세력에 대하여 문호를 개방한 현실이었기에 그 쇄국은 위기를 맞게 되었다.

이 시기의 천주교는 프랑스 신부의 활동으로 교세가 확장되어 신도가 2만여명에 달하였다. 대원군은 처음에는 천주교에 관대하여, 프랑스 선교사의 알선으로 프랑스세력을 끌어들여 러시아의 남하를 견제하려고 하였다. 그러나 그 교섭은 실패로 돌아갔으며, 때마침 중국에서도 천주교 탄압이 시작되었고, 유생들의 강력한 요구도 있어 대대적인 탄압을 시도하였다. 병인박해라 불리우는 이 사건으로 9명의 프랑스 신부와 8천여명의 신도가 처형당하였다.

당시 처형을 피한 프랑스 신부는 북경으로 탈출하여 이를 프랑스 군함에 보고하였다. 이에 프랑스는 극동함대 로즈제독이 이끄는 7척의 군함을 조선에 파견하였다. 프랑스 군대는 강화읍을 점령하고 서울의 입구인 한강을 봉쇄하였다. 그러나 대원군의 항전의지와 한성근, 양헌수 부대의 항전으로 김포의 문수산성과 강화도의 정족산성에서 프랑스군을 격퇴하였는데, 이를 병인양요(丙寅洋擾, 1866)라 한다. 프랑스군은 퇴각하면서 강화도에 있었던 외규장각의 문서를 탈취하기도 하였다.

그즈음, 독일 상인 오페르트가 통상을 거부당하자, 이를 보복하기 위해 충남 덕산에 있는 남연군(대원군, 부친)의 묘를 도굴하다가 발각되어 도망친 사건이 일어났다. 이 사건은 대원군의 쇄국정치를 더욱 공고하게 만들었다. 이 사건으로 양이에 대한 공포와 경계심은 극도로 고조되었다.

한편, 병인양요가 일어나기 직전 미국의 상선 제너럴셔먼호가 대동강을 거슬러 와서 통상을 요구하다가 불타버린 사건이 있었다. 당시 미국인들은 통상을 요구하다, 평양 백성들과 시비가 일자, 도주중에 평양 군민의 공격에 의해 상선 전체가 불타고, 미국인 전부가 희생당하였다. 얼마후 이를 파악한 미국은 아시아함대 사령관 로저스제독이 이끄는 5척의 군함으로 강화도로 보복공격을 감행하였다. 미국은 이를 문호개방의 구실로 삼으려고 하였다.

당시 대원군은 병인양요 이래 국방력을 더욱 강화하고 있었으므로 미국의 공격에 단호히 대처하였다. 강화도에서는 어재연이 이끄는 조선군대와 미군은 강화도의 초지진과 광성진에서 치열한 전투를 전개하였다. 미군은 사상자가 발생하자 후퇴하였는데, 이를 신미양요(辛未洋擾, 1871)라 한다.

프랑스와 미국의 침략을 물리친 대원군은 의기양양하여 "서양 오랑캐가 침범함에 싸우지 않음은 곧 화친하는 것이요, 화친을 주장함은 나라를 팔아버리는 것이다"(洋夷侵犯 非戰則和는 主和賣國)라는 내용의 척화비(斥和碑)를 전국 각지에 세웠다. 이로써 그의 쇄국정책은 더욱 공고해졌다. 대원군의 통상거부 외교정책은 일시적으로 외세를 저지시켰다. 그러나 문호개방을 늦게 하였기에 근대화 추진에는 장애로 작용하였다. 즉 대원군 정권은 봉건체제의 확립을 통하여 국난을 극복하려 하였지만 적지 않은 한계를 갖고 있었다.

제4절 개 항

조선이 세계 자본주의와 본격적인 접촉, 서구 열강과의 만남, 제국주의와 대결의 의미를 갖고 있었던 개항은 1876년에 단행되었다. 그런데 이 개항은 대원군 쇄국정치의 후퇴, 대원군 정권의 종말속에서 등장한 것이다. 대원군이 병인양요, 신미양요를 겪으면서 강화된 왕권 및 정권에서 손을 놓게 된 것은 고종의 성장, 그리고 그의 정책에 반발한 양반층의 동요와 무관한 것은 아니다. 고종이 20살이 넘으면서 고종 자신이 친정하려는 마음과 그의 배후에 있는 민비의 정치적인 야심이 작용하였다.

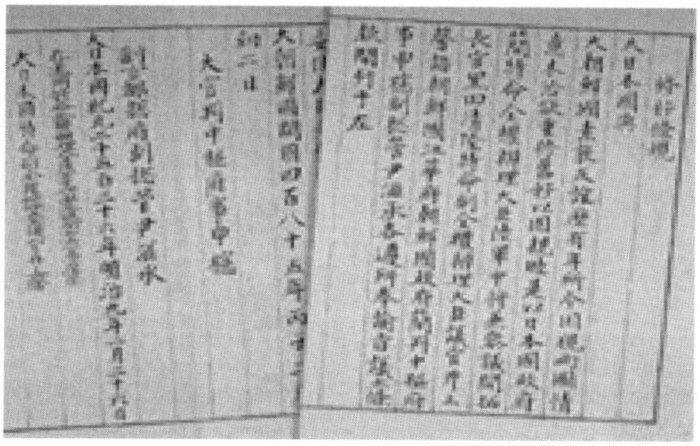

〈사진 12-1〉 병자수호조약 전문

이같은 상황에서 최익현의 대원군 정책에 대한 반대 상소는 적절한 계기로 작용하였다. 고종은 최익현의 상소를 수용하였기에, 대원군은 10년 집권의 권좌에서 내려오게 되었다. 그즈음 조선내부에서도 점차 개항, 통상을 요구하는 신진세력이 등장하였다. 그리고 고종, 민비도 그 변화에 큰 관심을 갖기에 이르렀다.

한편, 메이지(明治)유신 이후 근대국가의 체제를 갖추고, 부국강병의 길로 접어든 일본은 자본주의화를 서두르면서 해외 진출을 시도하였다. 여기에는 왕정복고체제에서 오는 불만을 외부로 전환시키려는 정책도 작용하였다. 특히 왕정복고를 알리는 국서에 회답하지 않는 조선에 대하여 일본은 모욕을 당하였다고 보고, 그 보복을 강구하였다. 이는 정한론이라는 명분으로 성장하고 있었다. 고종과 민씨척족들은 이같은 일본의 호전적인 자세에 긴장하였다. 이에 그 갈등을 해소하려는 마음이 있었으나, 그 해결책이 뚜렷하지 않았다. 그러나 당시 대부분의 관료층은 일본과의 전통적인 관계를 고수하려고 하였다.

마침내 일본은 1875년 운양호 등 군함 3척을 보내 부산 앞바다에서 함포사격을 하고, 함경도 영흥만까지 북상하였다가 돌아갔다. 3개월 뒤, 일본은 강화도로 와서 8척의 함포사격을 하고 강화도에 침입하여 약탈, 방화, 살상까지 자행하였다. 일본의 이 무력도발은 일본이 미국에게 당한 함포외교를 모방한 것이었다. 이 사건으로 인해 조선정부는 일본의 문호개방 요구를 받아들이게 되었거니와 이것이 강화도조약(1876)이었다. 당시 조선은 미곡무역 불허 등 6개조항을 마련하여 조약에 포함시키려 하였으나, 한가지도 명문화시키지 못하였다. 그에 반해 일본의 주장은 대부분 포함되었다. 마침내 담판 개시 15일만인 1876년 2월 3일, 강화도 연무당에서 12개 조항의 조일수호조규가 체결되었다.

강화도조약은 조선이 외국과 맺은 최초의 근대적인 조약이었으나 그 이면에는 불평등의 성격이 많았다. 강화도조약에서 조선은 자주국으로 일본과 평등한 권리를 가진다고 하였으나 그는 중국의 종주권을 부인하려는 목적에서 나온 것이다. 그리고 조약에는 인천과 그외에 2개 항구를 추가로 열고, 일본인의 통상활동 허가, 자유스러운 측량을 규정하였는데 이는 일본의 경제, 군사적인 침략의도를 드러낸 것이었다. 이로써 일본은 조선에 경제적・정치적 침략의 발판을 마련하게 되었다.

이 조약이후 서구열강들은 조선과의 조약에 관심을 기울이고 경제적・정치적 침략에 적지 않은 노력을 하였다. 1882년 이후 미국, 러시아, 영국, 독일, 프랑스 등과도 조선은 외교관계를 맺기에 이르렀다. 이는 조선이 본격적으로 세계사의 무대에 진출하였음을 의미하는 것이다. 때문에 개항은 개화의 본격화를 촉진하였고, 이로부터 조선이 국제적인 무대에서 어떠한 역할을 할 것인가의 과제를 안게 되었다.

제 13 장

위정척사와 개화

제13장 위정척사와 개화

제1절 위정척사

1. 위정척사론

위정척사(衛正斥邪)는 조선후기의 서세동점하는 시대적 분위기에서 시작되었다. 서양 제국주의 도전에 대하여 조선은 봉건사회의 가치관에 의하여 그를 물리칠 수 있다는 문화적 자긍심이 있었던 것이다. 위정척사는 정학(正學)을 지키고, 사학(邪學)을 물리친다는 뜻이다. 여기에서 정학은 성리학을, 사학은 서양의 가치관을 의미한다. 즉 이 흐름은 기존의 신분제를 철저히 고수하고 화이론(華夷論)과 금수론(禽獸論)에 의거 서양에 대한 강한 배척을 말하는 것이다. 서양의 통상요구와 경제적 침투, 식민지로 삼으려는 정치적 강압, 천주교로 상징되는 가치관의 도전을 극복하려는 자주, 자존의식이었던 것이다. 요컨대 문화적 우월성이 강히하게 나타났다. 일시적으로는 서양의 경제적 침략을 배격하는 대외적 자주의식이 표출되기도 하였다.

때문에 이 사상은 성리학을 기본으로 한 소중화(小中華)의식이 깔려 있었다. 이는 중국에 대한 모화성, 존왕양이, 서양을 오랑캐 및 짐승으로 인식한 서양에 대한 배타성이 수반되었다. 그러나 그 이면에서는 다분히 복고적이고 관념론의 틀을 벗어나지 못하였다. 이는 당시 광범위하게 대두된 봉건질서의 극복이라는 면에서는 안이한 대처였다. 사회 전반에 대두된 새로운 질서·체제로의 전환, 대안 모색이라는 측면에서는 일정한 한계를 갖는 것이다. 이 흐름의 등장에는 천주교가 충효를 최고의 도덕으로 평가하는 전통적인 질서를 부정·파괴하는 성격을 갖고 있었기에 성리학의 입장에서 천주교를 이단(異端)으로 단정하였다. 그리하여 이 사상에 참가한 계층은 유림세력을 저변으로 한 양반층, 관료층이 중심이었다. 일반 백성들은 자주, 자존의식에 의거 동참하였지만 수동적인 위치에 머물러 있었다.

그렇지만 이 사상은 일본과 외세의 도전에 대하여 전통적인 질서, 문화를 수호하기 위한 위기의식에서 발생한 것은 사실이다. 19세기 조선사회는 민족적 모순과 계급적 모순이 중첩된 위기에 직면하였는데, 이 사상은 주로 민족적 모순의 해소에 주력하였다. 그러나 일시적으로는 조선사회 구성원들의 현실의식과 문화의식을 고양시켰다. 후일 이 사상은 의병전쟁의 밑거름으로 전환되었다. 즉 이 계열에 참가자들은 의병운동과 민족해방투쟁에 지속적으로 활동하였기에 자연 위정척사의 사상은 민족운동의 본거지였다. 그러나 일면에서는 보수 반동의 성격, 유림 중심의 정치적 성격이 드러나기도 하였다.

2. 위정척사의 전개

위정척사의 흐름은 대원군의 쇄국정치, 개항을 전후하여 분명하게 드러났다. 이 사상을 촉발케 한 것은 천주교의 전래와 개항 직후 나타난 외세의 경제적 침탈이었다. 이 변동에 의거 조선사회의 위기의식이 고조되면서 그 대응의 논리로 대두하였던 것이다.

그런데 그 구체적인 운동으로 전개된 것은 대략 다음과 같은 계기, 단계에 의해서이다. 우선 제1기는 1866년, 1871년에 일어난 병인양요와 신미양요의 기간이다. 제2기는 1876년 강화도조약에 의해 개항이 단행된 시기이다. 제3기는 1880년 수신사 김홍집이 일본에서 ≪조선책략≫을 유입시키면서 촉발된 논란과 1881년에 전개된 상소운동의 기간이다.

제1기의 병인양요와 신미양요의 시기는 대원군이 집정을 하였을 때이었다. 이에 위정척사의 사상은 대원군의 쇄국정치를 이론적으로 뒷받침하였다. 1866년 1월 조선조정에서는 천주교도의 처형과 천주교 서적의 소각을 단행하였다. 이해 8월에는 미국상선 제너럴셔먼호가 평양의 대동강에 정박하자 평안도 관찰사 박규수가 이 배의 입국경로와 목적을 묻고 퇴거를 요구하였다. 그러나 미국인은 이를 거부하고 총기를 난사하였으며, 평양의 관민은 그에 강력 대처하였다. 이 사건으로 미국상선은 불에 전소되고 미국인도 전원 희생당하였다.

한편, 8월 12일에는 프랑스 함대가 서울 인근까지 진격하면서 프랑스 신부 처형에 대한 책임을 묻고, 문호개방을 요구하였다. 이같은 프랑스의 도전에 대하여 대원군은 단호히 대처하였다. 그 당시 호남에 거주하였던 유학자로 이름이 높은 기정진은 프랑스 요구를 거부해야 한다는 척사 상소를 올렸다. 그 주장은 쇄국양이책을 확정할 것, 외국에 대해서는 외교문서로써 입장을 명확히 할 것, 외적을 진압하기 위해서는 조선의 험준한 지형을 이용할 것, 언로를 열 것, 내정개혁에 힘을 써 외적을 물리치는 근본으로 삼을 것 등이었다. 내수외양론(內修外攘論), 양물금단론(洋物禁斷論에) 기초한 기정진의 상소에 이어 9월 12일에는 동부승지인 이항로가 천주교를 이단시하고 서양세력을 배척해야 한다는 취지의 상소를 올렸다. 그는 당시 국론이 서양을 물리치자는 설이 분열되었다고 보고, 서양을 물리칠 것을 주장하였다. 이항로는 국론을 통일시켜야 한다고 지적하면서 국왕이 윤음을 발표하고, 외적 침입의 연유 및 선후책을 명백히 하여 민심을 진작시킬 것, 홍문관・사헌부・사간원 외에도 언로를 넓혀 여론을 들을 것, 장수를 선발하여 무기를 갖추고 인재를 등용할 것, 전국 각도에 명망이 있는 선발대를 보내 충의와 기백이 있는 인사를 모아 충의군으로 삼고 관군에 협력하게 할 것, 국왕 스스로가 정치 및 사생활에서 모범을 보일 것을 주장하였다. 그리고 그는 경복궁 중건 등 토목공사의 중지와 사치풍조의 제거 등을 주장하는 국가보전책을 주장하고, 서양과의 교역은 국가의 경제를 파탄시킬 것이라는 내용으로 상소를 하였다.

이같은 기정진과 이항로의 상소는 프랑스 군사침략에 대하여 싸울 것을 주장하는 것이었기에 대원군은 이를 기반으로 쇄국양이 정책을 굳건히 하였다. 이에 대원군은 위정척사를 강력히 추진하고, 9월에는 척사의 의지를 구현한 3개조의 내용을 공표하였다. 그는 서양 오랑캐와 화친을 허락하면 나라를 팔아 먹는 것이요, 교역을 허락한다면 나라를 망치는 것이며, 적이 서울에 육박해 오는 것을 보고 도망간다면 나라를 위태롭게 한다는 것이었다.

한편, 1871년 4월에는 미국의 군함이 통상을 요구하면서 강화도에 침투하였다. 미군은 이전 제너널셔먼호 소각의 책임을 추궁하면서 군사적 침략을 감한 것이다. 당시 유림들은 서양세력이 종교적 침략에 이어 군사적으로 강하게 위협하고, 전투를 감행하자 큰 위기의식을 갖게 되었다. 이에 척사론자들은 지배층을 중심으로 국론을 통일하여 소중화의 문물을 지키고 쇄국양이책을 강화해야 한다고 주장하였다. 이는 프랑스와 미국의 통상요구를 정면으로 거부하는 통상반대운동이었다. 이때 대원군은 척화비를 전국에 세우면서 서양에 대한 단호한 척화를 선언하였다.

이같은 제1기의 위정척사는 병인양요, 신미양요를 배경으로 나타났고, 유림들의 활동은 주로 상소를 통하여 구체화되었다. 주된 흐름은 쇄국정치, 주전척화(主戰斥和), 통상수교의 거부이었다. 그러나 이 흐름은 척사를 정치적으로 이끌던 대원군이 1873년 11월 5일 실각함으로써 변질을 겪게 되었다.

위정척사 제2기는 1876년 강화도조약이 체결된 전후로 볼 수 있다. 일본의 강요로 불평등조약인 강화도조약이 체결 직전부터 본격화되었다. 당시 유림들은 개화정책을 비판하고 일본의 경제적 침탈에 대한 문제를 강력히 주장하였다.

1876년 1월 최익현은 지부복궐소(持斧伏闕疏), 오불가소(五不可疏)를 올려 일본과의 통상조약을 반대하였다. 그는 이 상소에서 왜양일체론(倭洋一體論)을 주장하고 왜가 서양의 앞잡이로서 속으로 깊이 연계되어 있다고 하였다. 나아가서 그는 교역이 되면 얼마 가지 않아 우리나라 수천의 전답과 가옥은 지탱할 수 없고 나라도 망할 것이라는 경고를 하였다. 이는 일본이 양이와 다름없고, 조약이 맺어지면 천주교가 들어올 것을 지적한 것이었다. 그리고 이항로의 제자인 김평묵과 유중교는 서양세력에 대한 깊은 우려와 함께 다른 한편으로는 남인세력에 대한 정국 주도가 일어날 수 있다는 위기의식에 사로잡혀 위정척사에 나섰다. 이는 외세를 물리침과 동시에 개항을 주도한 노론세력을 축출하려는 정치적 의도가 개재된 것이다. 이처럼 이 시기의 위정척사 흐름은 급진과 온건이라는 이질성을 띠면서 전개되었다.

그런데 이러한 제2기의 위정척사 운동은 유림 다수의 동의와 연명하에 전개되었다. 즉, 연명(連名) 상소이었던 것이다. 이는 이전보다 서양과의 교섭, 문호개방, 서양 물품의 침투가 보다 근접한 현실을 우려한 결과였다.

위정척사의 제3기는 1880년대로 볼 수 있다. 1880년 8월 수신사 김홍집은 일본에서 귀국하면서 ≪조선책략≫을 고종에게 제출하였다. 중국인 황준헌의 저서인 ≪조선책략≫은 러시아의 남하정책을 막기 위해서 조선은 친중국, 결일본, 연미국의 정책을 펴 나가야 된다는 것이 그 골자이었다. 이 주장은 당시 조정과 재야에 파문을 일으켰다. 이에 그해 11월 7일 유원식이 그를 반대하는 척사상소를 올렸으나 오히려 조정은 신사유람단을 일본에 파견하였다.

이런 상황하에서 영남지방의 유림들은 강력 반대를 하였다. 1880

년 11월 1일 영남 전역에 척사통문이 발송되었다. 그리하여 이듬해 1월부터 대규모 집회가 열리고, 이만손을 대표로 하는 만인소(萬人疏)를 작성하기로 하였다. 당시 안동, 상주, 경주, 대구, 김해 등지의 유림들은 이 만인소에 적극 참여하였다. 이들은 그 상소를 위해 서울로 올라와 대궐 앞에서 자신들의 주장을 개진하였다. 각처에서 100~300여명 단위로 상경한 그들은 복합(伏閤) 상소를 하였던 것이다. 이 영남만인소에는 미국과 조약을 맺는 것을 강하게 비판하고, 김홍집의 책임을 물으며, 천주교의 전래를 경계한 내용이 담겨 있다. 더욱이 이 상소는 고종을 비판하고, 민씨정권의 퇴진을 요구하는 정치적인 성격을 띠었다. 특히 강원도 유생인 홍재학은 강경한 상소를 올려, 국문을 당하고 끝내에는 사형을 당하였다. 당시 고종은 천주교가 사교임을 천명하는 척사윤음을 발표하였지만 그 효과는 미미하였다.

영남 만인소에 자극을 받은 각처 즉 경기, 충청, 호남, 강원 등지의 유림들도 연대하여 상소를 전개하였다. 이들은 기존의 연고, 논리를 벗어나 유대관계를 갖고 상경하여 복합투쟁을 하였다. 당시 상소의 핵심은 미국과 조약을 체결해야 한다는 연미론의 저지이었다. 이 주장은 재야에 있었던 대원군과 그를 지지하는 남인세력을 자극하였다. 급기야 이같은 정세하에서 대원군 재집권 쿠데타 사건이 일어났다. 안기영이 주도한 그 사건은 국왕을 폐하고 대원군의 서자인 이재선을 추대하려고 하였다. 이 사건은 내부자의 밀고로 관련자가 처형되면서 일단락되었다. 그러나 이 사건으로 도덕성에 치명타를 입은 척사세력의 힘은 서서히 와해되어 갔다. 안기영사건 이후 조정은 미국을 비롯한 서구열강과 조약을 맺어 나갔기에 위정척사의 역할은 매우 제한적이었다.

특히 1882년 6월 5일에 일어난 임오군란은 위정척사의 종말을 고하는 성격을 갖게 되었다. 외형적으로 이 사건은 개화정책에 불만을 품은 소수 군인들에 의해 일어났다. 정부가 우대한 신식군대인 별기군에 비해서 차별대우를 느낀 구식 군인들은 열악한 대우, 월급의 미지급, 겨와 모래가 섞인 녹봉 지급에 강한 불만을 품게 되었다. 이에 구식군인들은 그 불만이 결국은 개화정책에서 비롯되었다고 보고 개화를 주도한 조정의 관료들을 처단하였다. 나아가 총기를 약탈하고, 그들은 일본공사관을 습격하였다.

〈사진 13-1〉 척화비

구식 군인은 대원군에게 도움을 요청하고, 민중들과 합세하여 정부고관들의 집을 습격하였다. 이 군란은 대원군의 집권으로 진정되는 듯 하였으나, 청·일 양국의 대립을 가져 왔다. 일본은 거류민 보호라는 명분을 내세워 군대 파견의 움직임을 보였으며, 청은 신속히 군대를 파견하여 대원군을 군란의 책임자로 청에 압송하였다. 이때 조선은 일본과 제물포조약을 맺어 배상금을 물고, 일본 공사관의 경비병 주둔을 인정하였다. 이후 청은 본격적으로 조선의 내정에 개입하였다. 청은 군대를 상주시키고, 고문을 파견하여 조선의 내정에 개입하였다. 조선정부는 민씨일파가 재집권하였으며, 친청정책의 기조하에 개화를 추진하였다.

제2절 개 화

1. 개화사상

개화(開化)는 서구를 모방하여 근대화를 추구하려는 이념이다. 구체적으로는 서양의 문물을 수용하여 조선의 부국강병을 이루려는 사상이었다. 때문에 개화사상은 서양의 문명, 기술을 도입하여 그를 우리의 것으로 만들려고 하였다. 어원적으로는 물적 개화인 개물(開物)과 인적교화인 화민(化民)이 결합한 뜻으로 나타났다. 산업적인 근대화와 계몽과 교육에 의한 지식의 근대화를 포함하는 것이다.

개화사상은 조선의 일부 지식인들 사이에서 움트고 있었으나 개항 직후부터 정치의 무대로 나오게 되었다. 개화사상을 주장한 인물들은 개신적인 관료, 한의사, 통역인, 승려, 청년 양반 등이었다. 개화사상은 안으로는 실학, 특히 중상파·북학파의 이념을 계승하였다. 실학의 이용후생, 외국과의 통상은 개화사상으로 이어졌다. 개화사상의 대부인 박규수의 조부가 북학파의 중심 인물인 박지원임은 그 단적인 예증이다. 박규수의 지근거리에는 유대치, 오경석, 강위, 신헌 등이 있었다. 개화사상에 외적으로 영향을 준 것은 청을 통한 새로운 지식의 유입이다. ≪해국도지≫, ≪영환지략≫, ≪박물신편≫과 세계지도, 자명종 등은 이들에게 세계에 대한 안목을 길러주었다.

개화사상이 본격화 된 것은 박규수, 오경석, 유대치(유홍석)가 그들의 문하에 양반 자제들을 불러 교육을 시키면서이다. 역관인 오경석은 10여차례나 청나라를 다녀왔고, 북학파 박제가의 책을 공부하면서 개화사상을 세워 갔다. 유대치는 오경석의 친구로서 한의였는데, 오경석이 전해준 신서적을 읽고 개화사상에 몰두하였다. 박규수는 박지원의 손자로서 청의 북경에 사절로 갔다 오면서 중국 및 서양의 실상에 눈을 뜨게 되었다. 그는 북경 함락, 미국상선(제너럴셔먼호)의 평양에서의 통상교섭 시도의 저지 등을 겪으면서 서양의 기술 및 정체에 대하여 깊은 관심을 갖게 되었다. 이들에게 큰 충격을 준 것은 제너럴셔먼호 사건과 병인양요이었다. 박규수가 한성판윤에 임명되어 서울에 오면서 이들은 의기투합하여 개화사상을 교육시키고, 전파하여 개화만이 구국의 길임을 역설하게 되었다. 그 결과 이들의 주위에 양반 자제들이 모여들고, 그들을 교육시키면서 개화사상은 널리 퍼져 나갔던 것이다.

그 결과 1870년대에 접어들면서 김옥균, 박영효, 서광범, 유길준, 홍역식, 서재필 등이 모여 각종 서적을 읽으면서 조선이 개화되어야 한다는 입장을 가다듬게 되었다. 그리고 이 분위기는 이동인·탁정식 같은 승려, 중인, 상인, 역관 등에도 파급되어 갔다. 이들은 조선이 개화하는 것이 부국강병의 지름길이라고 믿고 그를 정치적으로 해결하고자 하였다. 이에 이들을 급진 개화파라 부른다. 그에 반해 온건개화파, 개량적 개화파라 불리우는 김윤식, 어윤중, 김홍집, 민영익 등이 조정에 있었다. 이들은 청의 양무운동을 모델로 하여 점진적인 개혁을 주장하였다.

당시 초장기의 개화사상은 동도서기(東道西器)의 입장을 취한 것으로 이해하고 있는데 여기에서 동도는 조선의 가치관을 서기는 서양의 문명을 의미한다. 즉 우리의 가치관은 유지하면서 서양의 기술만 수용한다는 입장이었다. 이러한 취지는 중국의 중체서용(中體西用)이나, 일본의 화혼양재(華魂洋才)와 그 맥을 같이하는 것이다. 이에 반해 김옥균 등 청년들은 동도 자체를 부정하는 변법적(變法的) 개화를 주장하였다. 변법이라 함은 서구의 문화, 제도까지 수용하려는 것이었다. 여기에서 전자를 동도서기론, 후자를 문명개화론으로 구분할 수 있다. 전자는 청의 양무운동을 받아들여 유교사상을 지키면서 서양의 과학과 기술만을 수용하자고 한 온건 개화파이다. 그에 반해 후자는 일본 메이지(明治)유신을 모방하여 서양의 과학, 기술 뿐만 아니라 서양의 사상의 제도까지 적극적으로 받아들이자고 하였다. 이들의 차이는 당시 조선을 유교에 의해 개화되었는가, 아니면 야만의 상태인가였다. 개화의 추진은 이 양 세력의 주도권, 정권장악 등에 의해 다양한 모습으로 전개되었다.

2. 개화운동

〈사진 13-2〉 개화파 동지들

개화사상은 개항 이후 본격적인 개화운동을 추동하였다. 개화운동은 당시 득세하였던 위정척사 사상과 치열한 대결을 하면서 성장하였다. 때문에 개화운동도 그 내용에 따라서 일정한 단계별의 차별성을 갖고 있다.

개화사상이 조선의 정치무대에 서게 된 것은 개항 전후이다. 이 당시 개화론자들은 조선이 개화되기 위해서는 우선 개국, 개항되어야 한다는 내수외양(內修外攘)의 개국통상론을 강력히 주장하였다. 1876년 일본에 의해 강화도조약이 체결되기 직전 박규수는 일본과의 조약이 불가피함을 역설하였다. 박규수는 청나라 방문, 신지식의 수용을 통해 개항의 필요성을 절감하고 있었다. 그리고 그는 일본의 요구를 거부할만한 조선의 힘이 미약함을 파악하였다. 이에 그는 조약의 책임자인 신헌과 유기적인 연락을 하면서 개항에 일조를 기하였다. 이처럼 이 단계에서의 개화운동은 개명적인 소수 양반에 의해 추진되었다

개화운동이 본격화된 것은 2단계로 말할 수 있는 개화사절의 파

견이다. 개화를 하고자 할 경우에는 무엇보다도 문명국, 개화국으로 지칭하는 일본, 청, 미국에 대한 견문을 넓히는 것이 급선무였다. 이에 개화론자들은 청년층, 양반 관료들을 대상으로 개화의 시찰, 견문을 지속적으로 추진하였다.

일본과의 조약이 맺어진 그해 조선에서는 일본에 76명으로 구성된 수신사(修信使)로 김기수를 파견하였다. 이들은 20일간 일본의 각처를 순방하고, 귀국후에는 ≪일동기유≫, ≪수신사일기≫를 기록으로 보고하여 조정에 큰 충격을 주었다. 이어 고종 17년인 1880년에는 수신사로 갔던 김홍집이 황준헌의 ≪조선책략≫과 정관응이 지은 ≪이언≫(易言)을 유입시켜 큰 파란을 일으켰다. 그 내용에는 미국과의 조약체결을 주장하며 유생층의 반발을 가져왔지만, 서양의 제도와 기술을 받아들여 부국강병을 이루어야 한다는 것은 개화정책의 자극제로 작용하였다. 1881년 1월에는 조사(朝士)와 수행원 등 60여명으로 구성된 신사유람단(紳士遊覽團)을 일본에 보내 3개월 동안 각종 행정기관과 군사·교육·공업 등의 시설을 살피도록 하였다. 이는 일종의 전문위원의 파견이었다. 이들 가운데 유길준, 윤치호는 일본에 남아 일본의 문명을 익히기도 하였다. 이들이 후일 개화사상가로 활약하였던 것이다. 1881년 9월에는 김윤식을 영선사(領選使)로 하여 38명의 청년과 기술자를 청에 보냈다. 이들은 군사훈련법과 무기제조법을 배우러 떠난 것이다. 이들은 정부의 후원이 부족하여 1년만에 귀국하였으나 이를 계기로 서울에 신식무기를 만드는 기기창이 설치되었다. 미국과의 조약이 맺어진 이듬해인 1883년 정부에서는 민영익을 전권대신으로 한 보빙사(報聘使)를 미국에 보냈다. 이들은 40여일간 미국에 머물면서 선진문명을 시찰하였다. 일행 가운데 유길준은 미국에 남고 민영익과 서광범은 유럽에 들러 견문과 지식을 배웠다. 이러한 다양한 시찰과 견학은 개화추진의 밑거름이 되었으며, 그 시찰에 참여한 청년들이 개화운동의 전위로 활약하였다.

다음으로 개화운동의 3단계는 시찰, 견학을 통해 느끼고, 배운 것을 조선에 귀국하여 우리 현실에 접목하는 것이었다. 이 단계에서는 다양한 서구 문물이 들어오고, 그것을 수용하려는 움직임이 자생하였던 것이다. 일종의 제도개혁, 서구문명의 토착화이었다. 시찰 및 견학에 참여한 대상자들은 귀국후 각기 담당 분야에 대한 보고서를 제출하여 개화정책을 뒷받침하였던 것이다.

제도개혁으로 가장 주목되는 것은 1880년 12월 정부조직을 대폭 고쳐 통리기무아문(統理機務衙門)을 만들고 그 아래에 외교, 산업, 군사, 기계 등 12 분야의 실무부서를 둔 것이다. 그리고 이듬해에는 군제를 종래의 5영에서 2영으로 고치고 별기군이라는 신식부대를 두었다. 별기군은 양반 자제 중에서 뛰어난 대상자 100여명을 선발하여 신식 무예를 배우게 한 부대였다. 개화운동에서 1882년은 미국, 영국, 독일 등과 연이어 조약을 맺은 기념비적인 해이었다. 그러나 이 해에 구식군인들의 불만으로 임오군란이 일어나 일시적으로 개화에 적지 않은 타격을 입었다. 그러나 청의 개입, 민씨 일파의 재집권으로 개화운동은 지속되었다. 그러나 지나친 청의 개입은 개화파의 분열을 야기시키면서 개화추진에 일정한 장애로 작용하였다. 그럼에도 불구하고 개화운동은 탄력을 받고 정부의 개화정책은 지속되었다. 근대문물이 도입되고, 사회 각 부분에서 서양의 문명이 활용되었다. 신문의 발간, 신교육의 보급, 병원의 건립, 우체국 설립, 선교사들이 설립한 학교의 등장 등 그 변화 폭은 상당한 것이었다. 여기에는 시찰과 견학에 참여한 소장 개화파들의 노력이 개입되었음은 물론이었다.

3. 갑신정변

개화운동의 본격적인 전개와 함께 나타난 것은 개화운동의 분화이었다. 개항 당시에는 개화세력이 미미하였으나 개화운동이 전개되면서 서서히 개화운동의 주체에도 이질적인 흐름이 나타났다. 개화사상의 선구자인 박규수의 지도를 받은 김옥균, 박영효, 유길준 등이 하나의 정치세력으로 성장하여 개화파를 이루었다. 개화파는 1880년대에 들어 정계에 진출하여 정부의 개화정책을 뒷받침하였다. 그런데 이들과 별개로 개화를 주도하는 흐름이 있었거니와 그들은 김홍집, 김윤식, 어윤중 등이었다. 이들은 민씨정권과 결합되었고, 청의 양무운동을 모방하였다. 당시 이들은 점진적인 개혁을 추구하였기에 온건개화파, 혹은 사대당이라고 칭하였다.

이에 대하여 김옥균, 박영효. 홍영식, 서광범 등 소장파 개화관료들은 청의 내정간섭과 청에 의존하는 정부의 정책에 반발하였다. 특히 청의 간섭으로 정부정책이 원만하게 이행되지 못하는 것을 강력히 비판하였다. 이들은 급진개화파, 개화당이라고 불리웠는데 청의 간섭을 물리쳐 자주독립을 이룩하고 일본의 메이지(明治)유신을 모델로 하는 급진적인 개혁을 추진하였다. 김옥균을 중심으로 하는 이들은 박규수가 죽은 뒤에는 중인출신의 한의사인 유대치의 지도를 받았다. 또한 이들은 평등사상을 갖고 있었는데 일본을 견학한 후에는 일본의 발전상을 보고 큰 충격을 받아 더욱더 근대적인 개혁의 필요성을 절감하였다. 소장파 개화관료들은 수신사, 보빙사, 신사유람단에 포함되어 외국 시찰을 하였기에 그들의 외국사정은 해박한 것이었다.

그러나 이들은 개화 초기에는 세력을 키우면서 민씨일족인 민영익의 후원을 얻고, 조정에도 진출하였지만, 온건개화파가 정부정책을 주도하였기에 개화정책에 반발하고 있었다. 특히 임오군란 이후 친청세력은 그들의 정책에 반대한 개화당을 억압하였다. 친청세력의 압박으로 개화정책의 추진은 물론 자신들의 기반마저 위협을 느낀 개화당은 민씨정권을 무너뜨리고 본격적인 개화정책을 추진하기 위한 비상수단을 강구하였다.

그때, 청이 베트남 문제로 프랑스와 전쟁에 돌입하자 조선에 주둔한 청군의 일부를 철수시켰다. 개화당은 이를 절호의 기회로 삼아 정변을 준비하였다. 개화당은 일본 공사의 지원을 약속받고 정변을 구체화시켰던 것이다. 마침내 개화당은 우정국 개국 추하연인 1884년 12월 4일에 거사를 단행하였다. 그들은 사대당 요인을 살해하고 개화당 정부를 세운 뒤, 14개조의 정강을 내세웠다. 그 내용은 청에 대한 사대관계의 폐지, 문벌 폐지 및 인민평등권의 확립, 지조법 개혁, 모든 재정을 호조에서 관할, 내각 중심의 정치 등이었다. 이러한 주장은 근대국가 건설을 지향하는 것이었다. 특히 서양의 정치문화까지 수용하려 한 변법적인 근대화이었다. 그러나 갑신정변은 청군의 개입으로 3일만에 종료되어, 3일천하로 끝나고 말았다. 서울에 주둔한 불과 140여명의 일본군을 믿고 거사를 하였던 것이다.

갑신정변으로 조선은 일본과 한성조약을 체결하였는데 여기에는 배상금 지불이 담겨 있었다. 그리고 청·일 양국은 조선에서 군대를 철수하고, 장차 조선에 출병할 경우 미리 알릴 것을 골자로 한 천진조약을 맺었다. 이로써 일본은 청국과 대등하게 조선에 대한 파병권을 얻었다. 갑신정변은 개화당의 세력 기반의 미약함, 청의 무력 개입 등으로 실패로 끝났다. 그 결과 청의 내정간섭은 더욱 강해졌으며, 개화세력은 후퇴하고, 결과적으로는 자주적 개화에 부정적인 영향을 끼쳤다.

그러나 역사적으로는 중국의 사대외교 청산, 입헌군주제의 지향, 봉건적 신분제도 타파를 시도하였다는 점에서 큰 의의를 갖는다. 즉, 근대국가 건설을 추구한 최초의 정치개혁이었으며, 역사발전에 합치하려한 민족운동의 성격도 갖고 있었다.

개화파들의 사상은 일단 좌절되었지만 그들의 개화사상은 독립협회에서 펼쳐지게 되었다. 후기 개화사상으로 칭할 수 있는 독립협의 이념은 국민자유권, 국민평등권, 국민주권, 국민참정권 사상으로 구체화되었다. 여기에서 독립협회는 언론, 집회, 결사를 주장하고 마침내는 의회설립운동(관민공동회 등)을 전개하였다.

제 14 장

민중의식의 성장과 동학혁명

세 1 절　지배체제의 모순과 민중의 저항

제 2 절　교조신원운동과 척왜양창의운동

제 3 절　반봉건적 성격의 1차 동학혁명

제 4 절　반침략 반제국 성격의 2차 동학혁명

제14장
민중의식의 성장과 동학혁명

제1절 지배체제의 모순과 민중의 저항

19세기로 접어들면서 조선사회는 두 가지 측면에서 커다란 위기에 직면하게 되었다. 하나는 내적인 과제로 봉건체제의 모순이고, 다른 하나는 외적인 과제로 서구열강의 도전이었다. 먼저 내적인 과제로서, 정치적으로는 세도정치와 과거제도 문란으로, 경제적으로는 수취체제의 문란과 일반민중들에 대한 가혹한 수탈로, 사회적으로는 성리학의 공리공론과 지배이념의 한계로 지배체제의 모순이 날로 심화되었다. 그리고 외적과제로는 서구선진 자본주의열강의 침략으로서, 서학의 국내포교, 이양선의 연안 출몰, 서양의 통상 및 일본의 개항 요구, 외국상품의 국내 침투, 서구열강의 식민지화 위협 등으로 민족적 위기의 고조였다.

이러한 변화는 봉건체제를 지탱해주던 중심적 고리들의 이완·붕괴과정과 맞물려 진행되었다. 당시 사회·경제적 변화에 대응하여 서울과 지방에서는 봉건지배층에 대한 저항을 보다 적극적으로 표출하는 세력이 형성되기 시작하였다. 이들은 점차 조직적으로 저항을 벌였는데 때때로 관료와 지주들을 습격하기도 하였다. 이 시기 들어 이러한 일반민중들의 저항은 이전보다 지속적이고 조직적으로 전개되었다. 당시의 민중 저항 가운데 가장 대표적인 것으로는 홍경래란(洪景來亂)을 들 수 있다. 이 홍경래란은 민중들을 주축으로 하면서 당시 성장하고 있던 사상인(私商人)층과 권력으로부터 배제된 몰락양반들이 연합하여 일으킨 저항이었다.

19세기 중엽을 지나자 각 지역과 각 계층별 저항은 더욱 빈번하고 강력해졌다. 이중 가장 주목할 만한 것은 지주들의 지나친 지대착취에 저항하여 항조운동(抗租運動)과 봉건말기적 조세수탈에 저항하여 일어난 민중의 봉기였다. 당시 민중들은 조선사회의 사회·경제적 모순들이 가장 첨예하게 대립된 기본계층으로서 조선봉건체제에 심각한 타격을 가할 수 있는 가장 큰 저항세력이었다. 당시 빈농이었던 유계춘(柳繼春)이 이회(里會)를 열고 직접 통문을 만들어 돌림으로써 시작된 민중봉기는 악질지주와 탐관오리의 집을 부수고 진주로 공격해 들어갔다. 이렇게 하여 1862년의 임술민중항쟁은 경상도·전라도·충청도 지방을 비롯하여 전국적으로 확산되었다.

1876년 일본의 강요된 개항으로 농촌경제는 더욱 무너져내렸고 여기에 자극을 받은 민중의 저항은 끊이지 않았다. 1879년에는 울산에서 민중들이 관아로 쳐들어가 관리들을 구타하고 감옥을 파괴하여 죄수들을 방면시켰다. 이들은 아전들이 마구잡이로 거두어들이는 조세에 불만을 품어왔던 것이었다. 1880년 황해도 장련에서도 같은 성격의 민중봉기가 일어났고, 1883년 동래에서도 비슷한 민중봉기가 일어나 감옥을 부수고 죄수를 풀어주었다. 성산·여주·원주·북청·정선·인제·광양·함홍 등지에서도 해마다 민중들이 지방의 탐관오리와 악질지주에 대항하여 횃불을 들었다. 이러는 사이에 민중봉기와는 달리 명화적(明火賊)이라는 일정한 조직을 갖춘 도적떼들이 경향(京鄉) 각지에서 출몰하여 부호의 집을 털기도 하고 관아를 습격하기도 하였다.

19세기에 들어와 사회변혁의 한 요인으로 작용한 민중사상, 이른바 ≪정감록≫의 도참사상·미륵사상, ≪주역≫의 후천개벽사상 등을 주목할 필요가 있다. 이미 조선 후기부터 전국 구석구석까지 파고들어 기층민의 정서와 결합되면서 확산되었던 이러한 민중사상은 19세기의 커다란 사회·경제적 변화와 더불어 사회변혁세력의 적극적 활용에 힘입어 지배계급의 성리학에 대항하는 기층민중의 저항 이데올로기로서 중요한 몫을 하게 되었다. 이는 곧 동학(東學)으로 연결되고, 또 동학혁명 당시 일반 동학군의 정서와 상당히 일치된 변혁론이었다는 점에서 19세기 조선사회의 특질을 발견하게 된다.

19세기는 확실히 조선의 여러 계층의 사람들에게 믿음과 신앙을 주던 사상들 사이에 서서히 내적 교류가 이루어져 하나로 묶일 수 있는 사회적 분위기를 창출한 시대였고, 동시에 그런 사상들이 반봉건운동에 강력한 이념적 구심점으로 등장하여 민중들을 결집시킬 수 있었던, 새로운 사회가 시작되려는 여명기였다.

1894년에 일어난 동학혁명과 동학을 결부시켜 그 명칭을 '동학농민전쟁', '동학농민혁명', '동학민중운동' 등으로 부르기도 한다. 그것은 동학혁명과 동학과의 깊은 관련성과 동학혁명에 끼친 동학의 기여도를 보여주는 것이다. 한편에서는 동학혁명 지도자가 '동학교인이냐 아니냐' 하는 이분법적 발상에서 동학혁명과의 관련성을 논하기도 한다.

1. 동학의 창도와 사상적 특성

수운(水雲) 최제우(崔濟愚)가 동학을 창도하던 1860년 농촌사회는 봉건사회의 모순과 농민층 분화로 그 안정적 기초가 뒤흔들리고 있었다. 최제우에게도 이런 농촌현실이 그대로 보였고, 자신도 급속히 몰락해가는 양반집의 서자로서 그들과 함께 역사의 뒤켠으로 밀려가는 데 예외일 수 없었다. 혼란한 사회를 개혁해야 할 지도적 위치에 있는 자들은 허송세월만 하고 있었고, 이런 틈을 타 사회 일각에서는 서학(西學)이 기층민의 호응을 얻고 있었다. 여기서 그는 서학을 하나의 사상적 충격으로 받아들이고 새로운 길을 찾기 위한 구도에 들어갔다.

수운 최제우는 개인적으로 겪어야 했던 고난과 시대의 과제를 함께 해결하고자 하였으며, 이를 위해 10년 동안 전국을 주유하였고, 1855년 울산 유곡동에서 을묘천서를 받은 후 사색과 수련으로 마침내 1862년 4월 5일 동학을 창도하였다. 동학은 조선후기에 이르러 성숙된 민중의식을 기반으로 하여 민족적 위기와 봉건적 위기를 동시에 극복하여 보국안민(輔國安民)과 광제창생(廣濟蒼生)하려는 민중적 민족적 종교사상이었다.

최제우는 그가 창도한 새로운 도(道)·사상·종교의 명칭을 동학(東學)·천도(天道)라고 이름하였고, 이는 서학(西學)에 대한 대결의식에서 나온 것임을 강조하였다. 여기서 그가 밝힌 동학은 '동양의 학'과 '동국의 학'이라는 이중의 의미를 내포하고 있다. 이것은 동국, 즉 조선의 문화적 특성을 강조하는 것이다.

1860년 4월 5일 최제우에 의해 창도된 동학의 사상적 특성은 크게 '다시 개벽'의 혁세사상, '시천주'의 평등사상, '유무상자'와 '동귀일체'의 대동사상, '척왜양'의 민족주체 사상 등으로 요약할 수 있다.

최제우는 ≪용담유사≫에서 자신의 득도 이전까지의 세계를 '개벽후오만년', '하원갑', '전만고', '효박한 이 세상' 등의 표현을 통하여 비판하였으며, 득도 이전의 시대는 온갖 모순이 가득 찬 시대로 극복되어야 할 시대임을 밝히고 있다. 또한 최제우는 동학의 새로운 출발 기점인 1860년 4월 5일을 기점으로 '다시 개벽', '상원갑', '후만고', '오만년지운수' 등의 표현으로 새로운 세계의 도래를 역설하고 있다. 즉 최제우는 모순에 가득 찬 지금까지의 혼란한 시대는 반드시 무너지고 다가오는 새 시대, 다시 개벽의 시대야말로 지상천국의 이상적 사회가 될 것이라고 제시하고 있다.

이와 더불어 최제우는 '무위이화'라는 개념을 통하여 제국주의의 침략과 조선왕조 지배층에 대한 비판적 의식을 제시하였다. 최제우는 다시 개벽과 무위이화를 통해서 낡은 시대와 낡은 문명을 극복하고 새로운 시대와 새로운 문명을 개척하고자 하는 현실 비판사상이며 천도(天道)를 회복하는 새 시대, 새 문명사회 건설을 지향하는 진보적 사상의 일면을 보여주고 있다.

최제우는 ≪동경대전≫에서 '오심즉여심'·'천심즉인심', ≪용담유사≫에서 '나는 도시 믿지 말고 한울님만 믿었어라. 네 몸에 모셨으니 사근취원 하단말가' 라는 표현을 통해 '한울님과 인간이 둘이 아니고 하나'임을 밝히고 있다. 이와 같은 내 몸에 모셔져 있는 한울님을 체험함으로써 시천주 사상은 조선왕조 신분제를 타파하고 근대적 평등사상을 확립하고 있다.

최제우의 시천주 사상은 최시형에 의해 '천지만물이 시천주 아님이 없나니 만물을 일체 공경으로 대하라', '사람은 한울이라 평등이요 차별이 없나니라. 사람이 인위로써 귀천을 가리는 것은 한울님의 뜻에 어기는 것이니 제군은 일체 귀천의 차별을 철폐하여 선사(先師)의 뜻을 맹세하라', '어린 아이를 때리는 것은 한울님을 때리는 것이다'라는 범천론적 동학사상으로 확대되었다. 뿐만 아니라 해월 최시형의 사상적 특성은 만민평등, 천주직포, 새소리도 한울님소리, 이천식천 등으로 확대되었다. 뿐만 아니라 해월 최시형의 사상적 특성은 만민평등, 천주직포, 새소리도 한울님 소리, 이천식척 등으로 확대되었다. 이러한 그의 사상은 민중들 속으로 실천됨으로써 1894년 동학혁명 당시 동하혀명에 참여한 동하군을 결속하는 중요한 요소로 작용되었다.

최제우는 동국(東國)의 학(學)인 동학(東學)은 당시 민중들 사이에 이미 널리 포교되고 있는 서학(西學)을 제압하고자 한 것을 밝히고 있다. 이러한 최제우의 반외세적 척왜양 사상은 줄곧 동학의 기본사상으로 이어졌으며 특히 1893년부터 전개된 교조신원운동에서도 잘 나타나고 있다. 보은 장내에서 전개된 보은집회에서는 척왜양창의를 기치로 내걸고 수만명의 동학도인이 모여 20여 일간

집단적으로 시위를 하였다. 이어 1894년 기포된 동학혁명 과정에서 수많은 격문과 포고문을 통해 반침략적 의지를 드러내고 있다.

이외에도 최제우는 포교과정을 통해 경제적 여력이 있는 제자들로 하여금 생활이 어려운 사람을 적극 돕도록 가르쳤다. 유무상자라 하여 경제적 공동체 정신을 발휘하도록 한 것이다. 이러한 관계 속에 형성된 동학의 조직은 최시형에 이르러 더욱 활성화되었다. 1875년부터 1892년에 이르기까지 최시형은 통문을 통해 유무상자의 실천을 강조하였다. 더욱이 최시형도 이를 몸소 실천하였다. 이와 같은 유무상자의 대동사상은 교조신원운동을 비롯하여 동학혁명을 통해서 실천적으로 나타나고 있다.

제2절 교조신원운동과 척왜양창의운동

1890년대에 들어와 호서·호남지역에서는 동학의 교인수를 늘어가고 있었고, 이를 기화로 지방수령들은 '동학은 사술(邪術)이다'라는 이름 아래 교도들의 돈을 빼앗거나 관아에 잡아가곤 하였다. 상황이 이렇게 전개되자 동학의 서인주(徐仁周)는 1892년 10월 서병학(徐丙鶴)과 함께 수운 최제우의 억울함을 호소하고자 해월 최시형의 지도 아래 교도를 공주에 모이게 하고 충청감사 조병식(趙秉式)에게 글을 올렸다. 이것이 이른바 공주교조신원운동이었다. 감사 조병식은 "앞으로는 동학을 해치지 않을 터이니 해산하기를 바란다"는 글을 내걸고 다른 제재조치는 내리지 않았다. 서인주 등은 감영(監營)이 고식적이고 비타협적인 반응만을 보이자 재차 교도들을 모아 신원운동을 계속하기로 결정하였다. 당시 교조신원운동은 단순히 신원운동에 그치는 것이 아니라 신앙의 자유를 획득하고자 하는 운동이었으며, 또한 동학교인들이 기다리고 있던 대사회운동의 실마리를 풀어가는 데 그 뜻이 있었다. 이에 따라 최시형(崔時亨)은 보다 조직적으로 교조신원운동을 지도하였다. 이렇게 하여 11월에 전라도 삼례에서 집회가 열렸는데, 이때도 역시 전라감사의 해산 종용과 회유적인 글이 있었다.

두 번의 교조신원운동에서 지방관리들의 기만성이 분명히 드러남에 따라 이제는 봉건정부의 안에서 직접적인 계기를 만들 차례였다. 1892년 12월 초, 충청도 보은 장내리에 연일 수많은 사람이 몰려들었는데, 그곳은 동학교도뿐만 아니라 공주집회와 삼례집회로 고무된 군중들의 열기로 끓어올랐다. 이들은 곧바로 한양으로 올라가 상소운동을 벌였다. 1893년 1월 말, 봉소도소를 청주 손천민(孫天民)의 집으로 정하고, 거기서 복합상소의 제반절차를 정하였다. 소수(疏首)는 박광호(朴光浩)로 정하고, 서병학은 2월 1일에 먼저 상경하여 한양에서 준비를 마치게 하였다. 먼저 한양에 올라온 서병학 등은 사실 복합상소에는 큰 관심이 없었다. 이들은 오히려 교인들에게 군복을 입혀 대병(隊兵)과 협동하여 민씨집단을 타도하고 정부간당을 멸하는 정치운동에 더 뜻을 두고 있었다. 2월 8일 한양에 도착한 손병희(孫秉熙)·김연국(金演局)·손천민·박인호(朴寅浩) 등은 사태의 심각성을 깨닫고 서둘러 11일 광화문 앞에 엎드려 상소하였다. 그러자 13일 "각자 집에 돌아가 하는 일에 힘쓰고 있으면 소원에 따라 시행하리라"는 전교가 내렸고, 이에 북접계 쪽에서는 복합상소를 중단하고 각자 고향으로 내려갔다. 이때 서인주·서병학 등은 척왜양의 괘서를 한양 거리에 내걸고 반외세(반봉건)를 부르짖고 있었다.

미국인 학당에 벽보를 붙인 것을 선두로 하여 미국인 교회당에 강경한 어조로 구체화된 내용의 괘서가 나붙었다. 다음은 프랑스공사관, 일본영사관에도 각각 괘서가 붙었다. 이중에서 미국인 교회당과 프랑스공사관에 나붙은 괘서는 반외세적인 태도를 극명하게 드러내면서 "만약 빨리 본국으로 돌아가지 않으면 갑옷과 투구를 갖추어 공격하겠으니 그리 알라"하여 공격하겠다는 뜻을 분명히 하였다. 한양주재 다른 외교관들은 이러한 상황을 본국에 알리면서 비상대책을 마련하기 시작했다. 그들은 사태가 발발하면 곧장 군대를 한양으로 보낼 준비를 완료하였다. 이때야말로 이들이 조선에 와서 최초로 느낀 위기의 순간이었다.

광화문 교조신원운동에서 외세의 침략에 대한 위기를 느낀 동학교단은 1893년 3월 10일 교도들을 보은 장내리로 모이도록 하였다. 보은에 집결한 동학교도는 돌성을 쌓고 그 중앙에 '척왜양창의(斥倭洋倡義)'라는 큰 기를 내세우고 사면에는 각각 방위를 나타내는 깃발을 꽂아 전투대형을 갖추기도 했다. 개항 이후 이렇게 많은 사람들이 모여 자신들의 요구를 집단적으로 표명한 것은 처음이었다. 이때 모인 사람의 수가 약 7~8만에 이르렀다 한다. 집회의 해산을 책임맡은 양호선무사(兩湖宣撫使) 어윤중(魚允中)은 상황을 정탐한 후 3월 26일 장내리에 가서 왕의 칙유문(勅諭文)을 반포하고, 그들의 뜻을 왕에게 전하겠다고 회유하였다. 이렇게 하여 동학교단은 해산하였다.

동학교단의 척왜양운동을 전개하였으나 정부의 변화는 전혀 없었다. 이러한 와중에 전라도 고부에서 동학교인을 중심으로 첫 동학혁명의 불길을 당겼다. 당시 고부는 주변에서 가장 번성했던 고을이었다. 관할지역 안에 동진강·정읍천·고부천·팔왕천·초강천 등이 흘러 고부평야·팔왕평야·이평(배들)평야·백산평야·초강평야 등이 형성되어 비옥한 농토를 가지고 있었을 뿐만 아니라, 서해안의 풍부한 해산물까지 장악할 수 있어 천혜의 낙토였다. 이런 고부땅에 조병갑(趙秉甲)이 군수로 부임해왔는데, 그는 부임 초부터 온갖 노략질을 일삼았다. 고부동학들은 조병갑의 불법탐학뿐만 아니라 균전사(均田使)로 보내진 김창석(金昌錫)에게도 수탈을 당하였다. 그밖에도 전운사(轉運使) 조필영(趙弼永)이 여기에 가세하였고 이들은 몇 년 안에 갑부가 되었다. 고부의 동학교인들은 더 이상 참을 수 없는 지경에 이르렀다.

제3절 반봉건적 성격의 1차 동학혁명

전봉준은 합법적인 방법으로 등소(等訴)하였으나 오히려 곤욕을 치를 뿐이었다. 이에 전봉준은 고부군 서부면 죽산리(현재 정읍군 고부면 신중리 주산)에 있는 송두호(宋斗浩)의 집에 도소를 정하고 혁명에 따른 대책을 토론하고 당면과제를 결정했다. 그리고 고부 관내 동학 집강(執綱)들 앞으로 사발통문(沙鉢通文)을 보냈다. 1월 10일 저녁, 말목장터로 몰려든 동학교인들은 두 패로 나누어 고부 관아로 달려가 다음날 이른 아침에 고부관아를 점령하였다. 이들은 먼저 억울하게 갇힌 사람들을 풀어주었고, 무기고를 부수어 무기를 나누어 가졌다. 이러한 동학교인들의 항쟁에 대해 정부에서는 고부 군수에 박원명(朴源明)을 임명하고, 장흥부사(長興府使) 이용태(李容泰)를 안핵사(按覈使)로 임명하였다. 박원명은 동학군과 민정을 의논하는 등 유화책으로 동학군의 주장을 받아들였고, 동학군은 해산하였다.

그러나 동학군이 해산하자 안핵사 이용태는 역졸 800여 명을 이끌고 고부에 도착, 동학교인의 항쟁 참가자와 주모자를 색출한다는 명분으로 동학교인을 수탈하였다. 이에 전봉준은 손화중·김개남(金開南)·김덕명(金德明) 등과 함께 전라도 무장에서 4천여 명의 동학군을 모아 호남창의소라는 이름 아래 창의문(倡義文)을 선포하였다. 그리고 주변 각 고을에 통문을 보내어 제폭구민(除暴救民), 보국안민(輔國安民)의 대의를 위해 일어날 것을 호소하였다.

전봉준은 동학군을 이끌고 3월 20일 무장을 출발, 백산으로 본진을 옮겼다. 백산에 집결된 8천여 동학군은 대장에 전봉준, 총관령에 손화중과 김개남, 총참모에 김덕명과 오시영, 영솔장에 최경선 등으로 대오를 정비하고 보국안민의 격문을 발포하였다. 백산에 본진을 둔 4대 행동강령을 선포했다. 이러한 동학군의 기포에 대하여 정부에서는 동학군의 기포에 대해 홍계훈(洪啓薰)을 양호초토사(兩湖招討使)로 임명하고 영병과 포군을 이끌고 백산으로 출동시켰다. 여기에는 보부상부대도 뒤따랐다.

〈그림 14-1〉 동학교도들이 운집한 백산봉기 기록화

동학군은 태인을 거쳐 원평으로 진격했다. 그러나 감영군이 내려온다는 소식에 다시 태인 쪽으로 돌렸다. 그리고 고부 황토재에서 관군을 유인하여 대승하였다. 이어 정읍, 흥덕, 고창, 무장, 영광, 함평을 비롯하여 전라도의 각 읍이 차례차례 장악하였다. 이처럼 호남에서 시작된 동학혁명은 경상도·충청도·강원도·황해도 지방으로 확대되었다.

한편, 동학군 진압에 나선 홍계훈은 동학군의 기세에 눌려 정부에 증원군을 요청하였고, 정부에서는 강화병 4백여 명을 파견키로 하였다. 증원군을 내려보낸다는 정부의 조치를 접한 홍계훈은 전주성을 출발하여 금구를 거쳐 태인에 일박하고 정읍·고창을 경유하여 영광에 도착하였다. 홍계훈의 경군이 영광으로 오고 있을 무렵, 동학군의 주력부대는 21일 장성 황룡촌에 이르러 월평삼봉(월선봉) 밑에 진을 쳤다. 경군의 습격을 받은 동학군은 삼봉의 정상에 올라 학익진(鶴翼陣)을 치고 대나무로 만든 수십 개의 장태를 굴려 경군에 대승하였다. 이것이 장성 황룡촌전투인데, 여기서 승리로 동학군의 사기는 어느 때보다도 드높았다. 황룡촌전투에서 승리한 동학군은 정읍, 금구를 거쳐 전주성으로 향하였다. 동학군은 전주성 아래 진을 치고 성안에 있는 내응자들에게 알려 전주성 점령의 준비를 물샐틈없이 마무리하게 하고 군대를 용머리고개에서 야영시켰다. 다음날 동학군은 전주성의 서문과 남문을 향해 돌격해 들어가 전주성을 점령하였다. 호남 최대의 관문이자 호남의 심장부인 전주성이 동학군에 의해 함락되었다는 것은 조선정부로서는 치명적인 타격이었다. 전주성을 점령한 전봉준은 선화당에 지휘본부를 정하고 홍계훈의 공격에 대비하였다. 그리고 성안의 부녀자들을 비장청(裨將廳)에 모이게 하여 징발한 포목을 나누어주고 동학군의 군복을 만들게 하였다.

홍계훈은 전주성이 함락된 하루 뒤 용머리고개에 도착하여 완산칠봉 일대에 진을 치고 동학군은 몇 차례 전투를 벌였으나 큰 전과 없이 서로 대치하였다. 여기에 전주성이 함락되자 조선정부가 청에 원병을 요청하여 청군이 5월 5일과 5월 7일 각각 아산만에 도착한 사정과, 천진조약에 따른 일본의 동시출병권 주장으로 역시 일본군도 곧 상륙하리라는 위급한 상황이 작용하였다. 이러한 상황에서 전봉준과 홍계훈은 화약을 검토하게 되었고 결국 전봉준의 주장이 관철되어 청·일 양국에 군사주둔의 빌미를 제공하지 않기 위해 화약을 맺되 국내정치의 부패상황을 바로잡을 방안으로서 폐정개혁을 실시하기로 하였다. 이렇게 해서 동학군과 정부 사이에 전주화약이 맺어졌다. 전주화약은 농민의 토지소유의 지향을 포함하는 봉건적 경제의 불평등을 제거, 봉건적 신분차별로부터 해방, 중앙집권층 및 지방 탐관오리의 축출에 대한 내용 등을 담고 있는데, 이는 근대자본주의적 개혁과 지향을 내포하고 있는 것이었다. 전주화약이 체결 후 홍계훈은 일부 군사만 전주성에 남기고 곧 서울로 돌아갔다. 이에 따라 동학군은 호남지역 가운데 운봉과 나주를 제외한 50여 개 군을 장악하고 집강소를 설치하여 폐정개혁을 추진하였다.

전주화약으로 정부는 청과 일에 철병을 요청하였으나 오히려 일본군은 경복궁을 침범하고, 청일전쟁을 일으켰다. 이러한 국가적 위기의 상황에서 동학군은 재기포를 단행하였다. 동학교단의 최고 책임자인 해월 최시형은 전국의 동학교인에게 총기포할 것을 지시하였고, 이에 따라 호남지역 동학군은 전봉준을 중심으로 삼례에서, 호서지역의 동학군은 청산에서 각각 기포하고 논산으로 집결하였다. 이와 때를 같이하여 경상도, 강원도, 경기도, 황해도 지역의 동학군도 각각 혁명의 대열에 참여하였다. 논산에서 합류한 호남·호서지역 동학군은 충청도 관찰사에게 격문을 띄워 동학군과 협력하여 항일전선을 공동으로 펼칠 것을 촉구하였다. 그러나 관군에게서는 소식이 없었다.

제4절 반침략 반제국 성격의 2차 동학혁명

한편, 청일전쟁에서 승리한 일본군은 조선의 정부군과 합세하여 동학군을 치기 위해 남하준비를 서둘렀다. 일본은 사태의 심각성을 느끼고 내무대신 이노우에(井上馨)를 조선주재 일본공사로 발령하였고, 이노우에는 공주대회전을 앞두고 공주에 들어갔다. 일본군은 용산을 출발하여 동(가흥·충주·문경·대구로 향함), 서(수원·천안·공주·전주로 향함), 중(용인·죽산·청주·성주로 향함) 3로(路)의 분진대(分進隊)로 나누어 진격시켰다. 일본군은 동학군이 공주를 향해 돌진해오자 서로분진대와 중로분진대를 공주로 합류시켰다.

또한 정부는 장위영 영관(壯衛營領官) 이두황(李斗璜)을 죽산부사로, 경리청 영관(經理廳領官) 성하영(成夏泳)을 안성군수로 삼아 먼저 내려보냈다. 이어 호위부장 신정희(申正熙)를 도순무사(都巡撫使)로 삼아 모든 군사를 지휘하게 하고 양호순무영(兩湖巡撫營)

〈사진 14-1〉 동학혁명의 상징인 전봉준의 체포장면

을 설치하여 남쪽의 동학군을 토벌하도록 하였다. 신정희는 순무영 별군관(巡撫營別軍官) 이규태(李圭泰)를 좌선봉장으로, 이두황을 우선봉장으로 삼아 동학군과 싸울 준비를 마쳤다. 조선정부는 허진(許璡)을 순무영중군으로, 이규태를 좌선봉으로 삼아 교도중대(敎導中隊)와 통위영(統衛營) 병정 2중대를 이끌고 청주·공주방면으로 내려가게 했다. 이두황이 이끄는 관군이 목천 세성산성의 동학군을 물리치고 남하하여 공주에 이르렀고, 서울을 출발한 이규태도 공주에 도착하였다.

이렇게 하여 동학군과 정부·일본 연합군과의 대회전이 기다리고 있었던 것이다. 동학군과 관군·일본군 연합군은 공주를 사이에 두고 우금치 고개에서 치열한 전투가 벌어졌다. 동학군은 관군 방어선의 이곳저곳을 찌르고 물러가길 여러 차례 관군의 정신을 흩어놓았다. 동학군은 효포의 곰티를 주요 목표로 삼아 공격하는 척 효포 쪽에서 먼저 싸웠다. 이 사이 주력부대는 우금치를 향해 움직였다. 정부·일본연합군은 우금치 고개로 달라붙는 동학군에게 최신식 무기로써 무차별 사격을 가했다. 우금치 전투에 대해서 전봉준은 “2차 접전 후 1만여 명의 군병을 점고하니 남은 자는 3천여 명을 넘지 않았으며, 그 후 다시 2차로 접전한 후 점고하니 5백여 명을 넘지 않았다”고 하였다. 이리한 전세에 따라 동학군은 논산으로 후퇴할 수밖에 없었다. 논산 남쪽의 황화대로 집결한 동학군은 여기서도 정부·일본 연합군의 공격을 받아 다시 남쪽으로 내려갔다. 논산에서 철수한 동학군은 전주성에 들어가 선화당에 머물면서 전열을 재정비하였다. 전주성을 떠난 동학군은 금구 원평으로 내려갔다. 원평전투는 11월 25일 오전부터 벌어졌다. 어두워질 때까지 싸운 동학군은 반격의 기선을 잡지 못하고 사방으로 흩어졌다. 동학군은 다시 태인으로 내려갔다.

태인에 내려간 전봉준은 김문행·유공만(劉孔萬)·문행민(文行敏) 접들의 동학군 8천여명을 모았다. 태인의 산 위에 집결한 동학군을 향해 정부·일본 연합군은 두 대로 나누어 산의 양쪽에서 협공했다. 상호 접전이 계속되었으나 고지의 유리한 조건도 동학군에게 승리를 안겨주지 못했다. 공주대회전 이후 모인 동학군은 숫자는 많았지만 기율이 없어 싸움에 임해서는 힘없이 무너졌던 것이다. 전봉준은 원평·태인에서의 전투까지 희생적으로 치러낸 동학군을 해산시켰다.

동학군 본대가 해산하고 있을 무렵, 전라도 남해안 일대에 있던 동학군은 12월 5일 장흥을 점령하고 부사 이하 관속들을 처단하였으며 12월 10일 밤에는 강진병영을 습격, 함락시켰다. 장흥·강진 지방의 동학군이 강력하게 버티어 나가자 관군과 일본군은 12월 10일부터 이곳으로 총공세를 감행했다. 이곳의 동학군은 장흥에서 정부군과 맞닥뜨려 끝까지 싸우다 해산하였다. 그외에도 12월 12일 영동 용산장터에서는 토벌나온 관군을 동학군이 공격하여 청주로 쫓아버렸다.

황해도 지방에서의 마지막 전투는 11월 27일 해주 교외에서 벌어졌다. 해주성의 관군과 일본군을 물리치기 위해 동학군은 맹렬한 공격을 펼쳤으나 당하지 못하고 흩어졌다.

이밖에도 경상도·강원도 각 지방에서 동학군이 지방관아를 점령하는 등의 활약을 하였으나 정부·일본 연합군의 반격을 당하여 동학군들은 12월을 고비로 해산하고 말았다. 그리하여 1894년의 동학혁명은 막을 내렸다.

그후 호남 일대는 좌선봉장 이규태 및 우선봉장 이두황이 거느리는 관군과 일본군에 의해 무자비한 소탕작전이 전개되었다. 이들은 동학전쟁을 진압한다는 구실 아래 동학군은 물론 무고한 양민까지 닥치는 대로 체포·학살하였으며, 심지어 부녀자를 능욕하거나 마을을 불태워 잿더미로 만들었다. 이에 대하여 오지영은 이렇게 기록하고 있다.

"갑오 12월부터는 조선남방은 관병과 일병의 천지가 되고 말았다. 동리동리마다 살기가 충천하고 유혈이 가득하였다. (중략) 동학군으로서 관병·일병·수성군·민포군에게 당한 참살광경은 이루 말할 수 없었다. 그 중에서 가장 참혹한 곳이 호남이었고 충청도가 그 다음이며 경상·강원·경기·황해 등 여러 도에서도 살해가 많았다. 전후 피해자를 계산하면 무려 30~40만명에 달하였고 동학군의 재산이라고는 모두 관리의 것이 되고 가옥 등 물건은 죄다 불속에 들어갔으며, 기타 부녀자 강탈, 능욕 등은 차마 다 말할 수가 없는 것이다."

동학혁명 기간 동안 쌓아올린 새로운 사회로의 사회·경제적 기반, 이를테면 근대 민족사회를 여는 조건들이 정부·일본 연합군의 학살·파괴로 좌절되어갔다.

동학혁명은 아래로부터의 개혁을 담당하였고 근대민족국가로의 길을 여는 데 힘을 쏟았다. 동학통치가 비록 전국적으로 확대, 실시되지 않고 비록 호남지방 및 인근 일부지방에 한정되었다고는 하나, 조선 역사상 처음으로 동학이 혁명을 통해 주체적으로 중앙의 봉건권력에 저항하고 일정지역을 장악하여 동학적 권력의 집행과 재분배를 경험하였다는 점에서 주목할 만한 역사적인 사건이었다. 특히 봉건사회의 말기적인 모순들이 동학들을 내리누르고, 세계자본주의 열강—무엇보다도 일본의 경제·군사적 침략—까지 동학들을 조를 때 안팎의 거대한 장벽들을 서로의 연대의식과 자신들의 독자 역량으로써 완전히 돌파해버리고 근대민족사회로의 터전을 형성하였다는 점에서 커다란 의의를 가지고 있다.

제 15 장

항일의병전쟁과 애국계몽운동

제 1 절　항일의병전쟁

제 2 절　애국계몽운동

제15장
항일의병전쟁과 애국계몽운동

제1절 항일의병전쟁

일제의 침략에 대한 가장 적극적인 무력항쟁이 의병항쟁이었다. 항일의병항쟁은 1895년 을미사변으로 인한 민비시해와 단발령에 자극을 받아 일어난 을미의병에서 시작되었다. 이후 일제의 식민지가 될 때까지 무력적인 저항운동을 하였다. 이러한 항일의병전쟁은 대체로 그 시기와 성격에 따라서 3단계로 구분할 수 있다.

1단계 : 1895년 을미의병부터 을사보호조약 체결 전인 1905년까지의 의병전쟁

을미의병은 동학농민전쟁의 실패 후 더욱 강화된 일제의 침략행위에 대하여 위정척사사상을 가진 유생층과 동학농민군에 참여했던 농민들이 민비시해사건과 단발령에 대해 머리는 자를 수 있어도 머리카락은 자를 수 없다[吾頭可斷 此髮不可斷也]며 반발하는 등 대일감정의 악화로 일어난 것이다. 의병운동을 주도한 것은 위정척사사상을 가진 유생들이었다. 이 시기에 가장 두드러지게 활동한 부대는 유인석 의병부대였다. 충청도 제천에서 조직된 이 부대는 주로 친일적인 관리와 일본인을 처단하였고, 이강년, 김백선 등의 의병장이 배출되었다. 그리고 춘천에서 조직되어 주로 경기도 지방에서 활동한 이소응 부대와 경상도 선산에서 일어난 허위 부

대 등이 크게 활동하였다.

의병은 전국 각지에서 군사활동을 전개하여 친일관리와 일본인들을 처단하는 활약을 하였다. 그러나 1896년 아관파천으로 친일정권이 붕괴된 후, 국왕의 해산권고조칙이 내려지면서 의병부대는 대부분 해산되었다. 이 때 그 하부조직 가운데 동학농민군의 일부는 활빈당(活貧黨)을 조직하여 반봉건・반침략운동을 계속 전개하였다.

2단계 : 1905년 을사조약 이후부터 1907년 군대해산 이전까지의 의병전쟁

을사조약을 강제로 체결한 일본은 대한제국의 외교권을 박탈하고 통감부를 설치하여 본격적으로 내정에 간섭하기 시작하였다. 조약이 체결되어 독립국가의 면모가 없어지고 국권상실의 위기가 도래하자 전 국민의 저항활동이 전개되었다. 정부관료 중에도 분함을 이기지 못하여 목숨을 끊는 자도 있었다. 고종의 시종무관이던 민영환이 국민에게 보내는 유서를 남기고 자결함으로써 민족의식을 더욱 자극했다. 나철과 오기호는 매국노를 암살하려고 오적암살단을 조직해 친일파를 징벌했고, 장지연을 비롯한 지식인들은 항일언론활동을 전개하였다.

을사조약을 계기로 무장단을 조직하여 적극적으로 항일투쟁을 전개하는 의병부대들이 전국 각지에서 형성되어 일본군과 군사시설을 공격하였고, 친일파인사들을 응징하기도 하였다.

이 시기의 의병전쟁은 민종식 부대와 최익현 부대, 신돌석 부대, 정용기 부대 등이 일본군과 치열한 전투를 벌였다. 민종식의 의병부대는 충청도 정산을 근거지로 하여 한때는 홍주성을 점령하였으나 일본군의 공격을 받아 민종식이 체포되어 진도로 유배되었다. 최익현 의병부대는 전라북도에서 조직되어 태인・곡성・순창 등지에서 활약하다가 패하였고, 최익현은 쓰시마로 유배된 후 순국하였

다. 경상북도 영천에서 조직된 정용기 의병부대는 산남창의진을 편성하여 청하·청송지방에서 활약하였다. 특히 평민출신의 의병장이었던 신돌석은 3,000여 명에 달하는 의병부대를 조직하여 강원도와 경상도의 해안지역을 무대로 활동하면서 일본군에 큰 타격을 주었다.

의병활동이 치열했던 곳은 충청도, 전라도, 경상도 지방으로서 그 지도자는 유교를 숭상하는 전직관료가 대부분이었다. 그러나 전투병력의 주축을 이룬 것은 농민들이었고, 광무연간에 활동하던 동학당·영학당·화적·활빈당 등의 무리들도 다수 포함되어 있었다.

3단계 : 군대해산 후의 의병전쟁(1907~1910)

〈사진 15-1〉 의병전쟁에 가담한 의병부대의 모습

고종황제는 일본에 의하여 강제로 체결된 을사조약이 무효임을 밝히려고 네덜란드 헤이그에 특사(이준, 이상설, 이위종)를 비빌리에 파견하였으나, 일본의 방해공작으로 뜻을 이루지 못했다. 그러나 이준 열사는 분사하고 나머지 특사는 기자회견을 열어 국제사회에 일본의 침략행위를 비판함으로써 저항하고 있다는 것을 보여

주었다. 그 결과로 인하여 조선은 일본의 헤이그 특사사건에 대한 보복조치로써 고종의 강제퇴위와 군대의 강제해산 및 정미7조약의 체결을 당해야 했다.

고종의 강제퇴위와 군대해산은 또다시 의병이 봉기하는 계기가 되었다. 해산명령을 받은 대한제국의 정규군인 서울의 시위대(侍衛隊)와 지방의 진위대(鎭衛隊) 군인들은 군대해산에 반대하여 일본군과 치열한 시가전을 벌이기도 하였다. 김덕제와 민긍호가 이끈 원주진위대의 군인들은 근대적인 무기로 무장하고 강원도, 경기도, 충청북도에서 일본군과 전투하여 타격을 주었다. 또한 지홍윤과 유명규 등이 지휘하는 강화분견대와 홍주, 진주의 분견대에서도 의병에 가담하여 일본군과 전투를 벌였다.

당시 해산된 군인들의 의병 가담은 의병의 사기와 전투력을 높여 주는 데 크게 기여하였다. 지난 과거에 유생과 농민이 중심이 되었던 의병부대는 더 많은 평민층의 참여를 가져와서 신돌석·홍범도·김수민 등과 같은 평민 의병장이 등장하였으며, 농민 이외에도 상인·광산노동자·포수 등 각계 각층의 인사들이 참여하였다. 그리고 각 의병부대는 우수한 지위관과 무기를 확보하였으며, 그 규모도 전국적으로 확대되었다. 종래의 의병항쟁은 경기도와 삼남지방을 중심으로 전개되었으나, 강원도를 비롯한 전국 각지와 간도, 연해주 등지로 확대되었다.

의병전쟁이 확산되는 가운데 의병부대가 연합하여 보다 적극적인 서울진공작전이 시도되었다. 1907년 12월에 전국 각지에서 1만여명의 의병이 양주에 집결하여 13도창의군을 결성하고, 이인영을 총대장에, 허위를 군사장으로 하여 마침내 1908년 1월에 서울진공작전을 시작하였다. 그러나 허위가 지휘하는 선발군이 일본군의 선제공격으로 서울 동대문 밖 근교에서 패하고, 또한 총대장 이인영이 부친상을 당하자 '불효는 불충'이라면서 고향으로 돌아가게 되어 결국 서울진공작전은 실패하였다.

작전이 실패한 뒤 창의군은 해산되었으나 의병부대들은 전국에서 독자적인 활동을 전개하였다. 1907년에서 1910년까지 의병과 일본군의 교전횟수는 3,500여 회에 이르고, 전투에 참가한 의병은 15만명에 이르렀다.

일본군은 전라도지방의 의병을 진압하기 위해 남한대토벌작전을 세워서 의병이 근거지로 삼을 만한 촌락과 가옥을 방화, 약탈, 폭행을 자행하였다. 일본군의 무자비한 탄압으로 국내의 의병전쟁은 1909년 이후로 점차 약화되었고, 1910년 이후에는 국내에서의 활동이 더욱 어렵게 되자 그 활동무대를 중국 간도·연해주지방으로 옮겨서 항전을 계속했다. 이들을 국내에서 활동하던 의병과 구분해 독립군이라고 부른다. 그 중에서 통화·집안지방의 유인석 부대, 장백·임강지방의 이진룡 부대, 환인지방의 조채준 부대, 장백현의 홍범도 부대 등이 대표적인 무장투쟁세력이었다. 또한 안중근 의사는 1910년 10월 26일 초대 통감 이토히로부미를 하얼빈역에서 처단하여 의병운동의 최고 전과를 올렸으며, 상하이 홍커우 공원 의거를 거행한 윤봉길 의사와 함께 영원한 민족의 독립투사로 남았다.

의병전쟁은 구국운동의 가장 대표적인 형태로 외세의 침략에 대한 우리 민족의 강인한 정신이 표출된 것이었다. 보호국 체제하에서는 국권회복을 위한 무장투쟁을 주도했고, 식민지 체제하에서는 항일무장 독립군이 활동할 수 있는 기반이 되었다.

제2절 애국계몽운동

을사조약을 전후하여 지방유생과 평민들의 항일의병전쟁이 전개되고 있을 때, 개화파의 개혁이념과 독립협회의 조직운동 경험을 토대로 한 계몽운동이 국권회복운동의 한 방면으로 펼쳐지고 있었다. 국권상실의 원인을 '실력부족'으로 인식하고, 교육보급과 산업발전을 통해서 실력을 양성하면 국권을 회복할 수 있다고 하였다.

애국계몽운동의 사상적 기반은 지배적인 이념인 유교적 인식을 기본으로 하면서 개화파의 문명개화론, 개화자강론이 확대 발전된 것이다. 특히 독립협회운동을 통해서 개화운동의 저변이 확산되었던 점도 영향을 끼쳤다. 따라서 애국계몽운동은 대한자강회, 대한협회, 신민회와 각 학회 등의 사회운동단체를 중심으로 전개되었다.

그런데 애국계몽운동은 그 실천방법으로 인하여 두 가지로 구분되어졌다. 하나는 실력양성이 선행되어야 만이 독립이 달성될 수 있다고 믿는 계열과, 다른 하나는 독립이 선행되어야 실력양성이 이루어질 수 있다고 생각하는 계열이다.

실력양성을 우선하는 측은 변법개화사상을 계승하고 신앙의 자유, 평등, 민권사상을 선호하면서 서양식 근대시민국가를 수립하려고 하였다. 그래서 이들은 일본을 우호적으로 생각하고 일본의 통감정치를 오히려 긍정적으로 수용하고 우리나라를 문명국으로 발전시킬 수 있는 좋은 기회로 믿었다. 그래서 일본과 협력을 모색하는 길을 찾게 되었으며, 결국에는 일제의 침략이 가속화될수록 친일파로 전락해 갔는데, 그 대표적인 단체가 일진회이다.

반면에 독립이 선행되어야 한다고 보는 계열은 혁신적인 유학자

출신의 지식인들이 다수를 차지하였다. 따라서 이들은 일제의 침략성을 폭로, 규탄하면서 민족주의 사상을 퍼뜨리는데 총력을 기울였다. 대체로 황성신문이나 대한매일신보 계열의 인사들이 여기에 속했다. 그러나 일제의 침략과 탄압이 가속화되면서 지하운동을 전개하다가 1910년 이후에는 중국으로 망명하여 독립운동을 계속하였다.

1. 정치 · 사회단체의 활동

애국계몽운동은 1904년 러 · 일 전쟁 개시 직후에 보안회의 황무지개척 반대운동에서 시작되었다. 일본의 황무지 개간권 요구에 반대하는 운동을 벌여 저지하는데 성공했다. 그러나 일제의 탄압으로 해산되기는 하였으나 일제의 경제침투에 저항해서 성공한 대표적인 사례였다. 다음해 국민의 정치의식 고취와 입헌정체의 수립을 목적으로 한 헌정연구회가 설립되어 일진회의 반민족적인 행위를 규탄하는 활동을 하였는데, 통감부가 설치된 직후에 정치집회가 금지되면서 해체되었다.

대한자강회는 사회문화활동과 교육활동, 산업진흥을 주장하고 외세배격을 표방하였다. 전국에 25개 지회를 두고, 월보를 간행하면서 활동을 넓혀가던 중 고종의 강제퇴위에 대한 반대운동을 주도하다가 통감부에 의하여 강제로 해산되었다. 그러나 대한자강회는 대한협회로 계승되어 통감정치의 시정개선을 요구하고 교육보급, 산업개발, 민권신장, 행정개선 등을 목표로 활동하였으나 통감부의 탄압이 더욱 강화됨에 따라 그 배일적 성격이 점점 약해졌다.

그 밖에 서우학회, 한북흥학회, 서북학회, 기호학회, 호남학회 등 여러 단체가 결성되고 기관지로서 학보도 발행하는 등 활발한 활동을 하였다. 그러나 보호국 체제하에서 정치단체의 활동은 제약을 받아서 위축될 수밖에 없었다. 일제가 식민지를 목표로 보안법을 공포하는 등 탄압을 가하자 합법적인 활동은 어려워졌고, 따라서 운동은 자연히 비밀결사화하였다. 이것이 바로 신민회였다. 신민회는 언론인, 군인, 민족자본가를 중심으로 조직된 비밀단체였으므로 무장활동과 비무장활동을 겸하여 활동하였고, 또한 민족운동의 간부를 양성하기 위하여 대성학교를 세우고, 출판활동을 위한 태극서관을 설립하였으며, 자금을 조달하기 위하여 자기회사를 운영하여 교육 및 출판과 실업활동을 전국적으로 확대하였다. 그리고 내면적으로 독립군 기지 건설을 통한 군사적 실력양성운동을 전개하여 간도와 삼원보를 독립운동 기지로 삼아서 식민지시대의 무장 독립투쟁의 기반을 마련하는 역할을 하였다.

2. 언론활동

언론활동으로서는 ≪황성신문≫, ≪대한매일신보≫, ≪제국신문≫, ≪만세보≫, ≪대한민보≫ 등을 발행하여 사회의 근대화를 국민에게 계몽하고, 일본의 침략상을 폭로하였다. 특히 ≪황성신문≫은 을사조약이 발표되자 장지연이 쓴 "시일야방성대곡(是日也放聲大哭)"이라는 논설을 실어서 일제침략과 매국관료에 대한 국민의 비분강개한 의사를 대변하였다. 일본의 검열을 피하면서 애국계몽운동의 효과를 거두기 위하여 영국인 베델(裵說)을 발행인으로 초빙하여 만든 것이 ≪대한매일신보≫이다. 당시 영국은 일본과 동맹을 맺고 있었으므로 영국인이 경영하는 신문사를 검열할 수가 없었다. 이 점을 이용하여 이 신문은 일본의 침략행위와 한국인의 매국행위, 그리고 항일운동을 자세하게 보도할 수 있었다. 특히 신채호와 박은식 등은 애국적인 논설을 써서 당시 독자들에게 큰 영향을 주었다. 한편, 해외에서는 미국교민이 ≪신한민보≫를, 노령지역의 연해주교민이 ≪해조신문≫을 각각 발간하여 독립정신을 고취하였다.

3. 국채보상운동

1907년에는 국채보상운동이 전개되었다. 일본에서 빌린 차관이 1,300만원에 이르렀는데, 이 액수는 정부의 1년 예산과 같은 정도의 돈이었다. 그런데 정부에 의한 국채보상은 사실상 불가능한 상태였다. 그래서 김광제 등은 2천만 동포가 3개월 동안 금연하여 모금한 돈으로 국채를 보상하자고 주장하였다. 대구에서 시작된 이 운동은 곧 서울을 비롯한 전국적으로 확대되었다. 국민들은 이에 호응하여 남자들은 담배를 끊고 절약한 돈으로 모금에 참여하고, 부녀자들은 반찬값을 절약하거나 비녀와 가락지 등을 팔아서 이 모금운동에 참여하였다. 특히 ≪대한매일신보≫와 ≪황성신문≫ 등 여러 언론기관이 의금모집에 적극적으로 나섰다. 그러나 통감부는 이 운동을 배일운동으로 간주하여 그 중심인물인 양기탁을 보상금 횡령이란 누명을 씌워서 구속하는 등 탄압을 가하여 중지되고 말았다.

4. 교육운동

애국계몽운동은 교육운동, 종교운동, 국문연구, 국사연구에서도 전개되었는데, 가장 활발한 분야가 바로 교육운동이었다. 1905년 을사조약 이후에는 더욱 활성화되어 수많은 교육기관이 설립되어 운영되었다. 근대적 사립학교의 시초는 1883년의 원산학사(元山學舍)이며, 1886년에 배재학당(培材學堂) 등 미국 선교회 계통의 사립학교가 설립되었다. 그 뒤 일제의 식민지로 전락할 때까지 불과 몇 년 사이에 전국에는 무려 3,000여개에 달하는 사립학교가 세워졌다. 교육내용은 서양의 새로운 학문과 사상이 중심을 이루었다. 역사, 법학, 수학, 지리, 정치학 등 근대 지식을 가르치고, 민족교육

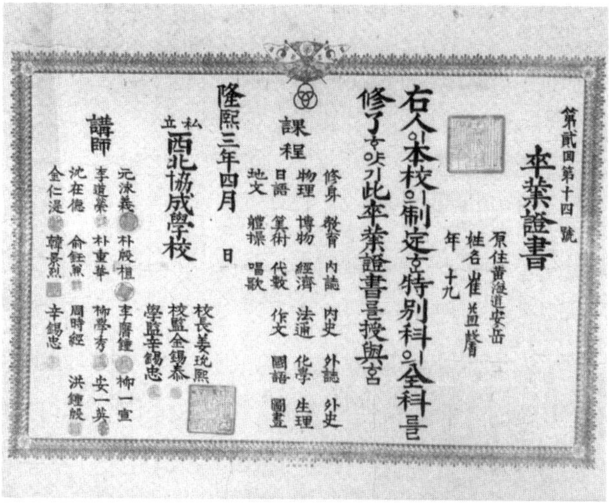

第貳回第十四號

卒業證書

原住黃海道安岳
姓名 崔益贇
年 十九

右人이本校의制定한特別科의全科를
修了하얏기此卒業證書를授與함

課程
修身 教育 內誌 內史 外誌 外史
物理 博物 經濟 法通 化學 生理
日語 算術 代數 作文 國語 圖畫
地文 體操 唱歌

隆熙三年四月 日

私立西北協成學校

校長姜玧熙
校監金錫泰
學監李錫忠

講師
元泳義 朴殷植 李甲鍾 柳一宣
李道宰 朴重華 柳學秀 安一英
沈在德 兪鈺兼 周時經 洪鍾䟊
金仁湜 韓景烈 李錫忠

〈사진 15-2〉 사립 협성학교의 졸업증서(1909)

을 강화하는 것을 목적으로 토론회, 웅변회, 운동회를 개최하였다. 또한 기독교의 선교활동으로 인하여 설립된 기독교계통의 학교는 유교적 사고의 타파와 서양문명의 보급에는 이바지하였으나, 반일 항쟁을 위한 민중의 계급적인 이해를 끌어내기에는 한계가 있었다. 이것은 교육담당자인 선교사들이 자본주의로 근대화한 모습을 신성화하는 동시에 제국주의 침탈을 문명화라고 인식시켜 민족의 모순을 은폐하였기 때문이다. 일본은 이러한 교육운동이 항일운동과 관련된다는 것을 확신하여 이것을 탄압하기 위하여 1908년에 사립학교령을 제정하여 통감부의 인가를 받도록 하고 교과서도 검정을 받은 것만 사용하도록 통제하였다. 그래서 배일적인 내용을 담은 교과서는 금서로 지목하여 사용할 수 없게 하였다.

제 16 장

일제의 식민지 지배정책

제16장
일제의 식민지 지배정책

제1절 식민지 지배체제의 구축

1910년 8월 22일 대한제국 내각총리대신 이완용(李完用)과 조선통감 데라우치(寺內正毅) 사이에 '한일합병'에 관한 조약이 체결되었다. 그리고 이어 같은달 29일 공포됨으로써 한국은 일본의 식민지가 되었다. 일제는 강점 초기부터 폭력을 수반한 무단통치를 실시함으로써 합병에 반대하는 한인들의 저항을 분쇄하고자 하였다. 이는 헌병경찰제도를 앞세운 것으로 구한말부터 이어져온 의병항쟁과 계몽운동을 탄압하려고 한 것이었다. 이를 바탕으로 일제는 토지조사사업을 시행하는 등 강력한 식민지 지배정책을 추진해 나갔다. 이러한 무단통치를 통해 일제는 식민통치기반을 구축하고자 한 것이었다.

1. 정치체제의 변화

구한국을 합병하자 일제는 기존의 조선통감부를 조선총독부로 개칭하여 조선통치기구로 삼았다. 조선총독은 편제상 일본 천황에게 소속되어 있었으므로 내각의 통제를 받지 않았다. 따라서 조선에서 총독은 봉건시대의 군왕과도 같은 막강한 권한을 갖게 되었다. 일제는 조선총독으로 민간인이 아닌 일본 육군이나 해군의 대장을 임명하였는데, 이는 일제가 조선을 어떠한 방식으로 통치하고자 했는가를 보여주는 것이었다. 일제는 조선총독에게 입법·사법·행정의 3권과 조선 내의 군통수권 등 모든 권한을 부여하였으며, 총독의 명령(제령)은 일반 법률과 동일하게 적용되도록 하였다. 이를 통해 조선총독이 조선에서의 민족운동을 자의적으로 탄압할 수 있는 근거를 마련해주었다. 초대총독으로는 합병 전 조선통감이었던 데라우치를 그대로 유임시켰다.

조선총독부 중앙조직은 총독의 최고보좌관으로 정무총감을 두고, 그 아래에는 헌병사령관으로서 경무총감을 두도록 하였다. 지방의 경찰행정은 총독에게 예속시켜 중앙의 경무총감이 관장하도록 하였다.

일제는 합병 직후인 1910년 9월 10일 칙령 제343호 <조선주차헌병조례(朝鮮駐箚憲兵條例)>를 발표하고 헌병경찰제도를 시행하였다. 이 제도는 식민지 강점에 대한 한국인의 독립운동을 군사적인 방식으로 탄압하기 위해 실시한 제도였다. 특히 경무총감부의 고등경찰과는 한국인의 독립운동에 관한 첩보수집과 탄압만을 전담하기 위해 설치된 기구였다. 1911년 현재 헌병기관수는 911개소였으며 헌병경찰의 수는 13,971명에 달하였다. 이것이 1918년에는 1,048개소 14,341명으로 증가하였다.

일제 헌병경찰은 사법관의 특권을 부여받았으며 경찰직무는 물론 일반행정부문까지 광범위하게 취급하였다. 이들은 주로 한국인의 기본권 및 시민권을 억압하는 역할을 하였다. 즉 헌병경찰들은 일제의 무단통치에 저항하는 한국인에 대해 즉결심판권을 이용해 가차없이 체포·연행하여, 법원의 재판 없이 3개월까지 징역에 처할 수 있는 권한을 갖고 있었다.

이외에도 일제는 합병을 전후하여 한국인을 억압하는 제도를 속속 도입하였다. 1910년 3월에는 <경찰범처벌규칙>을, 같은해 12월 3일에는 제령 제10호 <범죄즉결례>를, 1912년 3월에는 이미 1894

년에 폐지되었던 <조선태형령>을 부활시켰다. 이러한 제도를 통해 한국인의 신체의 자유・국민주권・국민저항권 등을 억압하였다. 한편, 1907년 9월 법령 제5호로 제정된 <총포 및 화약류 단속법>을 존속시켜 한국인들의 무장을 완전히 해제시키고 이후로도 무장할 수 없도록 규제하였다.

2. 경제수탈의 제도화

일제는 구한국시기인 1907년부터 이미 한국의 토지를 약탈하기 시작하였다. 이른바 토지조사사업이라고 일컬어지는 이 토지약탈은 1918년 12월까지 계속되었다. 이 사업의 결과로 소농민의 토지 소유권은 침해되었고 경작권 또한 불안정하게 되었다. 그리고 농민들의 토지상실과 토지로부터의 유리가 가속화되어 유랑하는 농민이 대량으로 발생하기 시작하였다. 반면 일제는 토지조사사업으로 수탈한 토지를 일본인 농업이민자에게 넘김으로써 일본인 지주의 성장을 도와주었다. 일제는 산림법・국유림구분조사・임야조사사업 등을 시행하여 농민의 임야사용을 금지시켰는데, 이것 또한 농민들의 농가경영에 심대한 타격을 주었다. 위의 조치로 한국 전체 삼림의 약 50% 이상이 총독부와 일인 소유로 넘어갔으며, 압록강 및 두만강 일대에서는 대규모 벌목이 이루어지기 시작했다.

토지조사사업 등으로 한국의 농업기반을 장악한 일제는 민족산업을 억압하고 파괴하기 위한 조치도 시행하였다. 일제는 먼저 1910년 12월 <회사령>을 공포하여 민족자본의 성장을 막고자 하였다. 이것은 한국에서 회사를 설립하는데 있어서 총독의 사전허가가 반드시 있어야 한다는 것, 총독은 회사활동에 관한 정지・폐쇄・해산 등의 권한을 갖는다는 것을 내용으로 하고 있다. 1915년 12월에는 <조선광업령>이 발표되었는데 기본적인 내용과 취지는 <회사령>과 유사하였다. 이를 통해 일제는 국내의 광산산업을 지배하여 지하자원을 식민지 모국의 공업원료로 사용하기 위해 약탈하였다. 이 외에도 <조선어업령>(1911), <관세령>(1912), <연초세령>(1914), <지세령>(1914), <주세령>(1916) 등을 제정하여 한국내 산업의 재편을 도모하였다.

일제는 호남선·경원선·함경선 등 철도를 신설하고 주요간선도로를 개설하기도 했는데, 이는 식민통치를 원활하게 하기 위한 조치였다. 또한 조선은행·조선식산은행·동양척식회사 등을 설립하여 조선의 금융계를 장악하고, 지방에는 금융조합을 설치하여 서민금융을 관장토록 하였다.

3. 사회문화의 억압

일제는 조선을 완전한 식민지로 재편하기 위해 교육부문에 상당한 노력을 기울였다. 이는 한국인의 문화적·정신적 독립성을 말살하기 위한 조치였다. 먼저 1911년 <조선교육령>을 제정하여 일본어의 보급과 한국인에 대한 실업교육 강화를 모색하였다. 조선교육령에 따라 조선에서의 대학교육은 이루어지지 않았는데, 이는 한국인을 위한 교육이 전문인 양성을 위한 실업교육에 주안점이 두어졌음을 의미한다. 또한 그동안 민족운동의 산실역할을 해오던 사립학교·서당·야학 등을 정리하기 위해 <사립학교규칙>(1911)을 제정하였다. 이 규칙은 1915년에 개정되었으며, 1918년에는 <서당에 관한 규칙>이 제정되어 사설강습기관을 탄압하는데 이용되었다.

일제는 이에 그치지 않고 식민주의사관을 유포시켜 한국인들의 저항의식을 희석시키고자 하였다. 일제는 1915년 상해에서 박은식의 ≪한국통사≫가 발간되어 국내에 유포되자, 이에 대처하기 위해 이듬해 조선반도사편찬위원회를 조직하고 ≪조선반도사≫를 편찬토록 하였다. 이러한 사업을 통해 일제는 조선인이 역사적으로 사대적 성격과 당파성이 있으며, 역사 또한 정체된 상태에 있다는 식민사관을 유포시켰다. 또한 일제는 조선 각지에 산재한 문화재를 일본으로 반출시키고 경복궁을 파괴하는 등 한국문화를 말살하기 위해 안간힘을 썼다.

한편, 일제는 대한협회·서북학회·기호흥학회 등 계몽운동단체들을 해산시켰으며, ≪황성신문≫ ≪대한매일신보≫ ≪제국신문≫ ≪만세보≫ 등 일제에 저항적인 언론기관을 폐쇄시켰다. 그 대신 일제의 식민정책을 선전하는 기관으로 총독부 기관지인 ≪매일신보≫와 그 영문판인 ≪The Seoul Press≫, 일본거류민들을 위한 ≪경성일보≫ 등의 발행을 허가하였다. 더불어 모든 종류의 한국인 정치집회·강연회·연설회 등은 금지되었다. 이에 그치지 않고 일제는 잔여 의병세력을 진압하는데 치중하였으며 105인사건 등을 조작하여 한인 민족운동가들을 체포·투옥시켰다.

제2절 문화정치와 식민지 지배체제의 재편

1920년을 전후하여 일본은 국내외적으로 모순과 위기를 맞이하게 되는데 그 첫번째가 쌀소동이었다. 제1차 세계대전 중 일본 독점자본은 급속히 성장하였으나, 그 결과 사회경제적 모순은 더욱 첨예해져 마침내 1918년 7~8월에는 쌀소동이 발생하게 된 것이었다. 전 인구의 1/4이 참여한 이 소동으로 일본은 헌정사상 처음으로 평민재상과 정당내각이 출현하는 등 내부적으로 심한 변동을 겪었다. 아울러 전쟁종식으로 호황이 사그러들며 일본경제는 만성불황에 빠져들기 시작하였다. 이러한 사정은 일제가 안정적인 식민지 지배를 채택하게 하는 계기가 되었다. 더욱이 식민지에서 지속적으로 전개된 저항운동은 일제에 큰 부담으로 작용하였다. 결국 일제는 3·1운동을 계기로 식민지 조선에 대한 정책을 재검토하게 되었다.

1. 문화정치로의 전환

3·1운동이라는 거족적인 저항에 놀란 일제는 종래의 무단통치, 탄압일변도의 정치로는 식민지체제를 안정적으로 유지할 수 없다는 판단에 따라 통치방식을 바꾸었다. 그동안 일제는 강력한 헌병경찰을 앞세운 폭력적인 통치를 앞세워 식민지를 수탈하고 일본자본의 조선진출을 확대함으로써 식민지체제를 구축해왔다. 그러나 그러한 방식이 한계에 부딪히고 한국인의 강력한 저항을 받게 되자 이에 대한 대안으로 문화정치를 표방하게 된 것이었다.

1919년 9월 조선총독으로 부임한 사이토(齋藤實) 총독은 시정방침훈시를 통해 식민통치의 기본적인 취지를 밝혔다. 문화정치의 기본적인 내용은 문관의 총독임용이 가능해진 것, 헌병경찰제도의 폐지, 보통경찰제 실시, 일반관리들의 착검 폐지, 조선인관리임용 등으로 이루어져 있었다.

사이토의 문화정치는 당시 일본수상 하라 다카시(原敬)가 추진해온 내지연장주의, 동화주의를 내용으로 하는 식민지 문관통치정책과 궤를 같이하는 것으로, 식민지 지배체제의 안정적 재편을 위한 일종의 세련된 통치방법이었다. 따라서 본질적인 정치개혁이나 식민지 지배정책의 근본적인 변화라고는 볼 수 없는 성격의 것이었다. 다만, 식민통치에 지장을 주지 않는 약간의 출판·결사를 허용하고 위협정치를 상징하는 제복착검을 폐지하는 등 회유를 통해 한민족의 상위계층 일부를 매수하고 동화정책을 심화시켜 나가고자 한 것이었다.

2. 문화정치의 실상

일제의 문화정치의 본질은 무엇보다도 경찰과 군비의 강화에서 드러났다. 즉 헌병경찰제가 보통경찰제로 전환되었다고 해서 일제의 탄압이 약화된 것은 아니었으며, 단지 경찰업무와 군대업무를 분리한 것에 지나지 않았다. 오히려 1918년에 비해 경찰관서는 5배, 경찰관은 4배, 경찰예산은 3배 가까이 늘었다. 군대의 수도 1920~1921년에 최소한 각각 2,400여 명이 증원되었으며 치안유지법이 시행되는 등 식민통치의 폭압기능은 더욱 강화되었다.

1920년대는 1910년대에 비해 오히려 수탈이 가속화된 시기였다. 1920년대 일제의 조선수탈정책은 산미증식계획으로 대표되었다. 산미증식계획은 토지개량과 농사개량 등 두 축을 중심으로 진행되었다. 이를 통해 일제는 제1차 세계대전 동안 축적한 잉여자본을 한국에 투자하여 높은 이윤을 올리고 일본인 지주의 토지소유를 확장시키며 동시에 식량문제를 해결할 수 있었다. 이 사업의 결과 대지주의 수는 증가한 반면 한국인 지주와 자작농의 수는 감소하였으며 소작농의 수는 증가하였다. 또 일제는 1920년 4월 <회사령>을 철폐하여 일본자본이 자유롭게 진출할 수 있도록 길을 열어주었다. 그리고 1923년에는 일본상품의 조선진출에 관세를 철폐하여 제1차 세계대전 후 활로를 찾지 못하던 상품수출의 길을 확대해주었다. 1927년에는 <신은행령>을 발표하여 조선인 소유 은행을 강제로 합병하여 조선은행에 예속시키는 등 산업 전반에 걸친 지배를 강화하였다.

또한 일제는 문화정치를 표방하면서 조선인의 민족의식을 말살하고 친일・사대사상을 주입함으로써 민족해방운동을 저지하는데 주력하였다. 이 정책은 식민지 교육, 민족어의 금지와 일본어 강요, 출판물의 단속 등을 통해 감행되었다. 아울러 3・1운동으로 나타난 반일민족운동에 대처하기 위해서 분할통치를 본격화하여 새로운 친일파를 양성하기 시작하였다. 즉 친일여론을 조장하기 위해 교풍회·국민협회·대동동지회 등을 조직하였고, 대지주계급과 예속자본가들의 친일단체로 대정친목회·유민회 등을, 유생들의 친일단체로 대동사문회·유도진흥회를, 농민운동을 약화시키기 위한 어용단체로서 조선인소작회상조회를 조직하였다. 또 민족분열정책의 효과를 높이기 위해 민족자본가 일부를 무장투쟁노선 및 절대독립노선에서 이탈시켜 문화운동·자치운동 등 개량주의 운동노선으로 돌리려고 획책하였다. 이러한 영향으로 조선의 민족주의운동은 문화정치에 타협적인 부분과 비타협적인 부분으로 분리되었다.

제3절 1930년대 중반 이후 전시파쇼체제의 성립

1930년대 이후 일제는 대륙침략을 본격화하기 위해 한반도를 병참기지화하고 식민지인들을 그 도구로 이용하고자 하였다. 일제는 1931년 만주사변을 계기로 중국 동북지방을 잠식해 들어가기 시작했으며, 1937년에는 노구교사건을 빌미로 중일전쟁을 일으킴으로써 대륙침략을 본격화하기 시작하였다. 이에 일제는 무기와 식량의 확보, 전투병의 충원 등을 위해 식민지에 있어서 전시동원체제를 확립하고 민족말살정책을 시행하게 되었다. 1930년대 이후 계속된 일제의 식민지 억압은 1941년 태평양전쟁의 발발을 계기로 그 정점에 도달하였으며, 식민지 민중들의 삶은 더욱 피폐해지게 되었다.

1. 병참기지화 정책의 시행

일제는 대륙침략을 위한 기지를 건설하기 위해 식민지 지배정책으로 대륙병참기지화정책을 채택하였다. 이에 따라 한반도 북부지역에는 군수품 생산을 위한 공장이 들어서게 되었고 한국인들은 이에 동원되어 노동력을 착취당하기 시작하였다.

중일전쟁이 한창이던 1938년 조선총독부는 <육군병 지원자 훈련소 생도규칙>을 공표하여 한국 학생과 청년들을 지원병이라는 명목으로 전쟁수행에 동원하기 시작하였다. 그리고 전쟁물자를 징발한다는 명목으로 양곡을 수탈하여 농촌을 피폐화시켰다. 일제가 수탈한 양곡은 전선으로 보내지지 않았으며 식민지 본국으로 반출되어 일본의 가뭄으로 인한 식량난을 타개하는데 사용되었다. 그리고 일본으로 유입된 물자를 기반으로 태평양전쟁을 준비하였다.

일제는 병참기지화정책을 시행하기 위해 한반도에 본격적으로 공업자본을 진출시키기 시작하였다. 즉 일본자본의 대대적인 한반도 유입으로 인해, 북부지역에서는 화학·전기·금속공업 등 군수중공업이 급격하게 발전하였다. 중공업의 발전은 전 산업에서 차지하는 공업생산의 비중을 높이는 결과를 낳았다. 즉, 1931년 당시 전 산업의 23%를 차지하던 공업생산이 1939년에는 38.3%로 급증한 것이었다. 이와같이 공업생산의 증가는 식민지 민중들에게는 아무런 도움이 되지 못했다. 일제는 한반도에서 생산된 공업물자를 일본으로 유입시켜 전시체제를 강화하는데 이용하였다. 이것의 영향은 식민지의 궁핍화를 가속화시키는 것으로 나타났다.

2. 황민화정책의 시행

일제는 한반도를 그들의 병참기지로 만드는 동시에 민족말살정

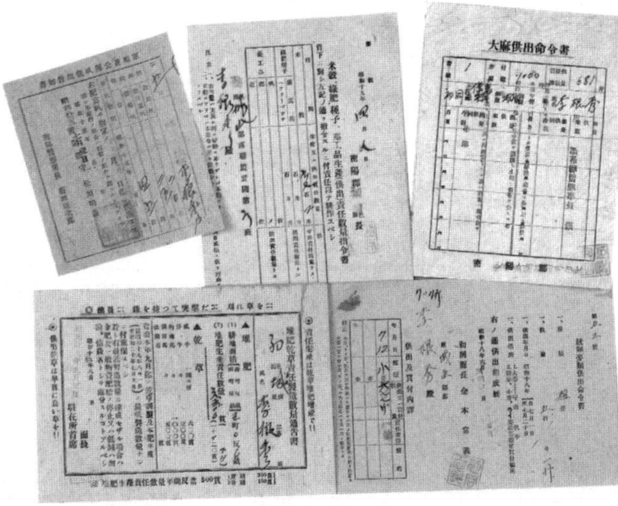

〈사진 16-1〉 일제의 각종 수탈을 보여주는 문건

책을 추진하였다. 1940년대 일제는 소위 내선일체라는 미명하에 식민지에 강력한 동화정책을 시행하였다. 이는 황민화정책으로 나타났는데 이의 대표적인 예가 창씨개명(創氏改名)의 실시였다. 창씨개명은 한국 구래의 성을 없애고 이를 일본식 씨성으로 대체하고자 한 것이었다. 그리고 경우에 따라서는 이름까지도 일본식으로 고치도록 하였다. 이는 한국인의 민족적 자긍심을 실추시키고 한국인을 일본 천황의 신민으로 만들고자 한 것이었다. 이와같은 창씨개명의 실시로 한국인의 90% 이상이 일본식으로 씨성을 바꾸었다.

일제는 한민족을 말살시키기 위한 조치를 다각도로 취하였다. 먼저 일상생활에서의 한국어 사용을 금지시키고 일본어 사용을 강제하였다. 그리고 총독부 기관지인 ≪매일신보≫를 제외한 모든 한글 신문 및 잡지의 자진폐간을 유도하여 한국인들의 눈과 귀, 입을 막고자 하였다. 또한 한국의 민족문화를 연구하는 학회를 일제히 정리하고자 하여 조선어학회·진단학회 등을 해산시켰으며, 조선물산장려회 등 각종단체도 강제해산시켰다. 이에서 그치지 않고 일제는 황국신민의 서사를 제정하고 신사참배를 강요하는 등 동화정책을 강도 높게 시행해나갔다.

3. 각종 동원체제의 시행

일제는 한국인의 동원을 효율적으로 수행하기 위해 1938년 <국민정신총동원 조선연맹>을 발족시킨 바 있는데, 1940년에 이를 <국민총동원연맹>으로 개편하여 식민지민중의 통제를 강화하고자 하였다. 1941년에는 <치안유지법>을 개정하여 반일적 혹은 저항적 기미가 보이는 대로 체포 및 구금을 자의로 감행할 수 있도록 하였다.

1943년 8월 일제는 한국에 징병령을 공포·시행하여 수많은 한국청년들을 전쟁에 동원하였으며, 징용령을 발동하여 수백만의 청장년을 각종 산업현장에 징발하였다. 또한 <근로보국대>라는 미명하에 남녀를 불문하고 총동원하여 신사·비행장·중요농장·광산·항만·도로·철도 등을 신설하는데 투입하였다. 이는 전선이 확대되어감에 따라 늘어난 군인수효를 충당하고 부족한 노동력을 보완하기 위해 시행한 것이었다.

일제는 사람뿐만 아니라 각종 물자도 징발하고자 하였다. 먼저 금속공출이라는 이름으로 금·은·동·철제 등으로 된 각종 기구와 식기·제기·세면기 등을 징발하였다. 공출된 각종 금속은 군수품을 생산하는네 투입되었다. 금속공출이 한계에 다다르자 일제는 최후의 수단으로 각처에서 벌목을 시행하여 목재를 반출해갔으며, 가솔린 대용으로 관솔을 공납케 함으로써 식민지 민중들을 부역에 동원하였다.

제 17 장

3 · 1운동과 국내민족운동

제17장
3·1운동과 국내민족운동

제1절 3 · 1운동

1. 배경

1910년 일제는 한국을 식민지로 만든 이후 헌병경찰과 일본군의 무력에 기반을 둔 강압적인 무단통치를 시행하였다. 또한 토지조사사업으로 대규모의 국유지를 창출하여 총독부 당국이 지주가 되었으며, 동양척식회사와 일본인 지주들의 대규모 토지 획득으로 한국 농민은 토지를 상실하고 몰락하게 되었다. 일제는 또 회사령 등을 통하여 민족자본의 발전을 억압하는 한편, 일본 자본의 조선 진출을 통해서 한국인 노동자를 본격적으로 지배해 나갔다.

이러한 상황에서 일제지배하의 한국사회에서는 각계 각층에서 일제의 식민통치에 대한 반발이 나타나기 시작하였다. 농민들은 동양척식회사와 일본인 대지주의 토지집적과 총독부의 강제적인 식민정책 등에 반발하여 1912~18년 사이의 93만 건의 토지분쟁사건, 1914년 황주흥업회사 소작인 600명의 폭동계획, 삼척 원덕면 농민폭동, 1918년 철원군 마장면 면사무소 피격사건, 남원군의 농민폭동, 함남 문천군 운림면 농민의 헌병분견소 습격투쟁이 그 대표적인 예이다. 또한 노동자들은 낮은 임금과 긴 노동시간, 비인간적인 대우, 민족적 차별에 반발하여 적극적인 투쟁을 전개하였다. 1912년에는 파업 6건에 참가자가 1,500명에 불과하였으나, 1918년에는 파업 50건에 참가자 6,105명으로 급증하였다.

이와 같이 1910년대 국내에서 반일운동의 기운이 성숙되고 있었는데, 민중들에게 일본에 대한 적개심을 한층 더 고조시키는 사건이 1919년 1월 22에 일어났다. 그것은 바로 갑자기 승하한 고종 황제를 일제가 독살했다는 소문이 퍼진 것이다. 황제는 일제의 독립운동 포기를 끝까지 거부하여 국민의 흠모를 받다가 갑자기 승하한 것이다. 그래서 거족적인 반일기운이 팽배하게 되었고, 여기에 국제정세의 변화가 가세하여 독립만세운동을 벌이게 되었던 것이다.

1911년 러시아에서 사회주의 혁명이 일어났으며, 이 혁명은 유럽에서의 혁명운동을 크게 자극하였다. 한편, 제1차 세계대전의 종전이 다가오자 독일지배하에 있던 체코 등 유럽 소수민족과 에이레와 이집트 등 약소민족들은 일제히 독립운동을 전개하기 시작했다. 그런 가운데 미국대통령 윌슨의 민족자결주의가 제창되었다. 이 원칙은 소수민족의 이해를 존중하고 국가의 대소를 막론하고 독립과 영토보존을 보장하는 것이었지만, 이것은 패전국의 식민지, 특히 유럽지역에 국한된 것이었다.

이상과 같은 국제정세의 변화는 한국의 민족운동가들을 크게 자극하였는데. 특히 윌슨의 민족자결주의가 그들을 더 고무시켰다. 그러나 당시 연합국으로서 승전국측에 속하는 일본의 식민지인 한국에 이 민족자결주의가 적용될 수는 없었다. 그런데 당시 한국의 민족운동가들은 이 점을 명확히 인식한 경우도 있고, 그렇지 못한 경우도 있었다. 그렇지만 독립운동가들은 이러한 국제정세의 변동을 우리 민족이 독립할 수 있는 기회로 파악하고 파리강화회의에서 미국을 비롯한 서구열강들에게 이 원칙을 한국에도 적용해 달라고 호소한다면 후원해 줄 것이라는 기대를 품고 있었다.

이러한 상황에서 민족대표들은 대중화, 통일화, 비폭력의 원칙 아래 민족의 독립을 요구하는 선언과 함께 거족적인 시위운동을 전개하기로 결정하였다. 거사시기는 고종의 장례일인 3월 3일의 이

틀 전인 3월 1일 정오로 정하였고, 민족대표 33인의 이름으로 서명한 독립선언서도 전국에 미리 배포되었다.

2. 전개과정

1919년 3월 1일 파고다 공원에 수천 명이 모였다. 이 곳에서 독립선언문이 낭독되고(33인은 태화관) 독립이 선언되었다. 조선독립만세를 외치는 시위군중은 고종장례식에 참석하러 온 지방농민을 포함하여 수십 만에 달하였다. 청년학생들은 도처에서 연설을 하고 신문, 각종 전단, 선언서를 배포하면서 동원작업을 전개하였다. 평양, 남포, 안주, 선천, 의주, 원산 등에서도 만세운동이 일어났다. 5월 말까지 지속된 이 운동에는 전국 210여개 군에서 2백여 만명의 주민이 1,500여 회의 시위에 참가하여 거족적인 독립의지를 보여 주었다. 그 주도층은 지식인·청년·학생·종교인 등이었지만, 중소상공인과 노동자와 농민 등 모든 계층이 주체적으로 참여하였다.

〈사진 17-1〉 3·1운동 당시 시위하는 민중들

3월 초순 학생과 상인 및 노동자층이 주체적으로 참여하여 만세시위운동이 서울과 평양 등 전국의 주요 도시에서 전개되었다. 상인과 노동자들은 만세시위와 동맹파업·철시·전차공격과 광구파괴 등의 방법으로 항쟁하였다.

3월 중순 이후 운동은 점차 전국의 각 농촌으로 확산되고, 주요 도시에서도 운동이 재발하였다. 이 시기 특히 농촌의 운동을 기획 조직하는 과정에서 서당선생·학교졸업생 등 지식인층이나 일부 중소지주 등 유력자층이 중요한 역할을 담당하였다. 그러나 운동이 확산되는 과정에서 농민층 내부에서도 운동을 주도하는 이들이 나타나기 시작하고, 운동의 양상도 격렬해져 곳곳에서 유혈충돌 현상이 나타났다. 운동이 전국적으로 확산되자, 일제는 야만적인 수단으로 이를 탄압하려 하였고, 이에 맞서 시위농민들은 농기구나 간단한 무기로 무장하고 면사무소·헌병분견소·경찰서·토지회사·친일지주 등을 습격하여 민적부·과세대장 등을 소각하는 등, 일제의 식민통치질서를 붕괴시켜 나갔다. 또한 도시에서도 학생과 노동자들에 의한 파업과 시위도 더욱 격렬해졌다.

3·1운동이 민중들에 의해 폭력적인 저항으로 발전한 것이다. 이 시기 특히 격렬한 저항을 보인 것은 농민인데, 이것은 그들이 1910년대 일제의 식민지배에 의해 가장 큰 피해를 입었기 때문이다. 그들은 운동의 지도부 일부가 보인 자치(自治)의 획득선에서 만족하려는 움직임과는 달리, 식민통치의 완전종식 곧 조선의 절대독립만이 자신들의 살 길이라는 인식을 가지고 있었다. 그래서 그들 중 일부는 만세시위에 그치지 않고, 헌병분견소와 면사무소 등을 습격하여 이를 접수하고 일본인들의 철퇴를 요구하기도 하였다.

한편, 만세시위운동은 국내에서만 전개된 것은 아니었다. 간도지방의 용정·훈춘에서, 연해주지방의 블라디보스톡 등지에서도 독립의 의지를 선언하고 만세시위운동을 전개하였다.

3. 일제의 탄압

일제는 3월 1일 만세운동에 대하여 무자비한 탄압을 가하였다. 맨손 시위대에 발포한 것은 물론, 수원 제암리의 경우에는 마을 사람을 교회에 가두어 출입구를 봉쇄한 후 불을 지르고 총격을 가하여 모두 살해하였다. 또한 일본인들에 의한 폭력, 살인, 고문, 방화 등은 이루 헤아릴 수 없이 많았다. 이러한 만행은 운동이 고양되면서 일본군이 증파되고 조선에 거주한 일본인들이 자위단을 조직하면서 더욱 극심해졌다. 일제의 자료에 의하면 3월과 4월 두 달 동안 약 2백만명으로 추산되는 시위참가자 중 7,500명이 피살되었고, 16,000여명이 부상당하였다. 그리고 49개의 교회와 학교, 715호의 민가가 불에 탔다. 반면 일본측 관헌은 8명이 피살되고 158명이 부상당하였다. 체포된 자들 중에는 일제의 악랄한 고문과 야만적인 태형으로 인하여 목숨을 잃은 자가 많았다. 그리고 수많은 사람들이 보안법위반·소요죄·내란죄·살인죄 등의 죄목으로 재판에 회부되었다.

일제의 가혹한 탄압으로 시위운동은 4월 중순 이후 점차 퇴조하기 시작하였다. 그러나 일제의 이러한 탄압에도 불구하고 다음해 3월까지 노동자들의 파업, 농민들의 봉기, 학생들의 맹휴, 상인들의 철시 등으로 계속 이어졌다. 이러한 일제의 탄압에도 불구하고 반일투쟁은 계속되었으며, 국외에서도 조직적인 항일활동을 지속적으로 전개하였다.

4. 역사적 의의

3·1운동에 의하여 민족의 독립은 달성하지 못하였으나 민족해방운동사에 끼친 영향은 매우 크다고 할 수 있다. 즉 민족해방운동이 비폭력적운동의 한계를 넘어 무장독립운동으로 본격적으로 발전하는 계기를 부여하였다. 3·1운동의 역사적 의의를 다음과 같이 정리할 수 있다.

첫째, 이 운동은 전민족이 계급적·계층적 이해를 초월하여 일제의 지배에 반대하고, 당연한 권리로서 민족해방과 새로운 국가건설을 일제와 세계에 선언한 것이다.

둘째, 이 독립만세운동에서 보여 준 조선인들의 일제에 대한 항거는 일제로 하여금 1910년대의 '무단정치'의 한계를 느끼게 해 주었으며, 비록 기만적이지만 '문화정치'로 전환하게 하였다.

셋째, 3·1운동을 경험하면서 농민과 노동자 등 민중의 민족의식과 계급의식이 성장되었으며, 이후에는 그들이 민족해방운동의 주체세력으로 등장하기 시작하였다. 이것은 민족운동선상에서 부르조아계급의 민중에 대한 영향력이 약화되기 시작하였음을 뜻한다. 즉 향후 민족해방운동이 광범한 대중적 기반 위에서 전개되지 않으면 안된다는 인식을 확대시키는 전환점이 되었다.

넷째, 이후에는 더욱 조직적이고 체계적인 독립운동으로 발전하는 결정적 계기가 되었다. 상하이에 공화주의에 입각한 임시정부를 수립시켰고, 국경지역에서의 무장투쟁의 역량을 크게 강화시켰다.

다섯째, 3·1운동은 제1차 세계대전 이후 고조되고 있던 전세계 약소민족의 해방운동과 보조를 같이 하였을 뿐만 아니라, 중국을 비롯한 아시아 여러 민족 및 세계 각지의 약소민족해방운동에 커다란 영향을 미쳤다.

제2절 대한민국 임시정부의 성립과 활동

1. 임시정부의 성립

3·1운동을 전후하여 국내외에서 독립운동가들 사이에서는 조직적인 독립운동을 수행하기 위해서는 임시정부를 세워야 한다는 인식이 확산되었다. 그 결과 러시아령의 연해주에서 손병희를 대통령으로 하고 이승만을 국무총리로 하는 대한국민의회(2. 25), 서울에서는 손병희를 정도령(正道令)으로 하고 이승만을 부도령으로 하는 조선민국임시정부(4. 9), 상해의 대한민국임시정부(4. 10), 철산

과 의주에서는 이동휘를 집정관으로 하고 이승만을 국방총리로 하는 신한민국정부(4. 17), 그리고 서울에서 이승만을 집정관 총재로 하고 이동휘를 국무총리 총재로 하는 한성정부(4. 23)가 세워졌다.

5개의 임시정부 가운데 현실적인 세력은 대한국민의회와 대한민국임시정부이었는데, 좀더 강력한 독립운동을 추진하기 위하여 단일화 움직임이 나타나게 되었다. 이에 협의를 거친 결과 한성정부의 정통성을 계승하고 정부의 위치는 연락이 편리한 상해에 두기로 결정하였다. 1919년 9월 6일 상해의 임시의정원은 공화주의와 3권분립의 원칙에 기초한 헌법을 공포하였으며, 11월 9일에 내각과 의정원을 구성하여 대한민국임시정부가 출범하였다.

임시정부의 수립은 우리나라 역사상 최초로 민주공화주의 원칙에 입각한 정부가 수립되었다는 점에서 커다란 의미를 가지고 있다. 또한 그 동안 분산적으로 이루어져 오던 국내외 민족운동을 조직적이며 총괄적으로 지휘할 수 있는 중심체가 성립된 점이다.

2. 임시정부의 활동

임시정부는 민족운동의 통할과 국제외교 활동에 그 중점을 두었다.

본국과의 연락을 위해 연통제(聯通制)를 국내와 만주에서 실시하였다. 그리고 연락업무를 위해 교통국을 설치하였으며, 선전활동의 일환으로 ≪독립신문≫을 발간하였다. 연통제는 내무총장 안창호가 국내 및 독립운동 단체가 있는 해외 각 지방과의 연락수단을 갖추고 그것을 통하여 임시정부의 행정체제를 세우려는 목적에서 실시한 일종의 지방행정기관과 같은 것이었다. 연통제의 조직은 서울에 총판부(總辦部)를 두고, 각 도(道)에는 독판(督辦), 부(府)에는 부장(府長), 군(郡)에는 군감(郡監), 면(面)에는 면감(面監)을 두었으며, 간도 지방에는 간도총판부가 조직되어 임시정부 및 해외의 독립운동에 대한 정보의 국내 전달과 국내에서의 독립운동자금 모집과 항일운동 지휘 등을 위한 연락망으로 활용되었다. 그러나 이 조직은 1921년 일제의 경찰에 발각되어 많은 희생자를 내면서 와해되었다.

임시정부는 초기부터 외교를 통한 독립의 성취에 중점을 두어 활동하였다. 1919년 파리강화회의에서의 노력이 수포로 돌아간 뒤, 미국의 워싱턴에 구미위원부, 필라델피아에 한국통신부, 파리에 파리위원부 등을 두어 외교활동을 계속했다. 임시정부의 외교는 파리강화회의나 워싱턴회회의, 국제연맹으로부터 독립을 보장받고, 국제연맹에 가입하는 것을 목표로 하였지만 냉담한 반응에 부딪혀 별다른 성과를 거두지 못하였다. 그러나 이러한 활동은 국제적으로 한국인의 정부가 있음을 알리고, 국내적으로는 국민들에게 희망과 용기를 주었다.

임시정부의 외교운동이 열악한 국제적 환경으로 인하여 좌절되었을 때, 임시정부는 운동노선 등을 둘러싼 각 세력간의 갈등이 표면화되었다. 임시정부의 출범과정에서 무장투쟁노선을 주장하던 세력은 이승만이 미국대통령에게 국제연맹의 한국위임통치를 청원했던 사실을 비판하였다.

임시정부의 노선갈등이 일어나서 독립운동세력이 분열되자 독립운동전선의 통일을 꾀하자는 여론에 의해 1923년 1월 국민대표대회가 개최되었다. 그러나 이 대회에서도 임시정부를 해체하고 새로운 정부를 구성하자는 창조파, 임시정부의 조직만 개조하자는 개조파로 분열되어 운동의 통일에는 접근하지 못한 채 끝나고 말았다. 이후 임시정부는 1925년 대통령 이승만을 해임시키고 박은식을 제2대 대통령으로 추대하였으며, 곧이어 대통령제를 국무령제로, 국무령제를 다시 국무위원제로 바꾸는 등 조직개편을 단행하였지만, 임시정부의 인적구성과 활동은 상당기간 침제에 빠졌다.

임시정부가 다시 활동을 시작한 것은 중일전쟁이 발발하여 이에 대처하기 위하여 군사위원회를 조직한 때부터였다. 이 때 임시정부는 중국 정부와 함께 중경(重慶)으로 옮겨갔다. 이곳에서 의정원을 소집하여 건국강령을 발표하고 여러 정당을 합쳐 한국독립당을 발족시키고 광복군을 조직하였다. 이 후 태평양전쟁이 발발하자 임시정부는 대일선전포고를 하는 한편 국내 진공 작전을 추진하는 활동을 하였다. 당시 임시정부의 존재와 활동은 일제의 식민지배의 탄압과 억압을 받던 한민족의 희망이었고, 독립투쟁심을 고취하는 존재였다. 한민족의 독립투쟁은 일제의 강화되는 무력 탄압 속에서도 한층 더 적극적이고 활발한 독립투쟁으로 계승되었다.

제3절 국내민족운동

1. 실력양성운동

3·1운동 후 일제가 식민지배정책을 무단통치에서 문화통치로 전환하여 우리 민족을 회유하고 동화하려는 정책을 펼쳤다. 이에 국내의 우익세력들은 한말의 실력양성운동을 계승하여 일제와 타협하면서 실력을 양성하자는 측과 일제에 대한 타협을 거부하면서 적극적인 항일운동을 전개하려는 측으로 나누어졌다.

최남선·김성수·이광수 등 실력양성론자들은 민족개조론과 자치론을 표방하여 민속의 좋지 않은 민족성을 개조하여 민족산업을 양성하고 근대시민으로 다시 태어날 것을 역설하였다. 최남선은 조선총독부 조선사편수회에 참여하는 한편, 불함문화론(不咸文化論)을 써서 한국과 일본을 동지적인 종교문화권으로 설정하여 일본의 신사정책을 찬동하는 결과를 초래했다. 이광수는 민족개조론에서 우리 민족성의 결점으로 허위·비사회성·이기심·나태 등이 있음을 지적하였고, 무실역행으로 산업발전과 교육진흥을 해야 한다고 주장했다. 그러나 민족개조론은 서구적인 가치관을 주입하는 효과는 있었지만 민족과 역사에 대한 허무주의를 조장하여 독립운동에는 좋지 않은 영향을 주었다.

실력양성론자들은 실력양성의 구체적인 방법으로 언론을 통한 국민계몽과 문맹퇴치운동, 민립대학설립운동과 물산장려운동을 추진하였다. 이상재·한규설이 중심이 되어 민립대학설립 기성회를 조직하고, 대학 설립을 위한 모금활동을 하였다. 그러나 일제의 방해공작으로 실패하였는데, 이에 당황한 일제는 경성제국대학을 설립하여 극소수의 한국인을 입학시킴으로써 한국인의 고등교육열을 무마시켰다. 물산장려운동은 조만식 등이 평양에서 조직한 평양물산장려회(1920)를 시초로 하여 1923년 서울에서 조직된 조선물산장려회가 중심이 되어 자급자족·국산품애용·소비절약·금주·금연운동이 전 조선인의 지지를 받으며 전개되었다.

한편, 국학자와 종교인들은 민족문화를 옹호하면서 항일독립정신을 고취시켰다. 장지연과 김윤경 등은 조선어연구회를 조직하여 우리말을 연구하고 보급하는데 노력하였는데, 이것은 후에 조선어학회(1931)로 계승되어 국내에서 가장 강력한 항일문화운동으로 발전하였다.

신채호와 박은식은 국외로 망명하여 한국사연구를 독립운동과 병행하였다. 신채호는 ≪조선사≫, ≪조선상고사≫, ≪조선상고문화사≫, ≪조선사연구초≫ 등을 ≪조선일보≫와 ≪동아일보≫에 연재함으로서 한국고대사연구를 개척하여 우리나라 고대문화의 우월성과 상고사의 영역 확대를 주장하여 민족정기를 심어주는데 크게 공헌하였다. 박은식은 ≪한국통사≫에서 국혼을 강조하였고, 임시정부의 사료편찬위원으로서 수집된 자료를 기초로 하여 ≪한국독립운동지혈사≫를 저술하여 처음으로 독립운동사를 정리하였다.

종교분야에서는 ≪조선불교유신론≫을 썼던 한용운이 조선불교유신회를 만들어 일제의 사찰령에 반대하는 투쟁을 하였으며, 또한 일제가 조선불교중앙교무원을 설치하여 불교계를 장악하자 항일비밀결사인 만당(卍黨)을 조직하여 민족의 자주독립을 위한 투쟁을 전개하였다. 그리고 님의 침묵이라는 시를 써서 조국에 대한 사랑과 해방에 대한 열망을 노래하였다.

〈사진 17-2〉 물산장려운동의 포스터

종교이면서 민족의 고유성을 보존하게 하고 민족정신을 고취하는데 큰 역할을 한 것이 대종교였다. 1909년 나철 등에 의하여 국조 단군을 구심점으로 하는 한국 고유의 민족종교로 창시된 단군교는 1910년 7월 대종교로 개칭되었다. 대종교는 포교활동을 벌이면서 민족교육학교를 각지에 설립하여 민족주의 교육운동도 전개하였다. 1910년대 강경한 항일운동을 전개하였던 대종교는 일제의 탄압으로 1915년 교주 나철이 구월산의 삼성사에서 자결하였으며, 그 후 김교헌과 윤세복이 교주가 되면서 점차 순수한 종교운동으로 노선을 바꾸어 갔다. 그러나 일제는 대종교를 불온한 종교로 계속 탄압하였다.

2. 신간회운동

1920년대 민족운동선상에는 민족운동의 분화와 사회주의 사상, 공산당운동의 등장 및 항일운동으로서 노동자와 농민운동 등이 다양하게 전개되었다. 그런데 이러한 운동들은 자본주의적이냐 사회주의적이냐, 또는 친일적인가 반일적인가 하는 내용들이 교차하는 가운데 이념적으로 민족주의계열과 사회주의계열로 구별되고 있었다. 이러한 운동 계열은 각각 항일독립의 방법이나 독립을 통해서 세워야 할 새로운 민족국가상에 대하여 이견을 가진 채 상호 대립하기도 하고 연대하기도 하면서 발전해갔다.

민족주의자들이 절대독립론에서 방향을 바꾸어 자치운동을 전개하자 이에 반대하는 비타협적인 민족주의자들은 사회주의자들과의 연대를 통해 항일운동전선을 공고히할 필요성을 인식하였다. 그리고 만주·중국 등지에서도 국민대표자회의가 실패한 뒤 분열된 독립운동단체를 통합하고 민족해방운동의 단일전선을 형성하려는 민족유일당운동이 일어났다. 또한 일부 사회주의계열에서도 "조선의 사회운동은 민족운동을 도외시할 수 없다. 따라서 종래의 제한된 경제투쟁에서 한층 대중적이고 의식적인 정치투쟁으로 전환할 필요가 있다"고 한 정우회 선언(1926년 9월)에서도 나온 것처럼 단일전선 형성의 필요성을 강조하였다.

이러한 배경하에서 1927년 2월 "1 우리는 정치적·경제적 각성을 촉구한다. 2 우리는 단결을 공공히 한다. 3 우리는 기회주의를 일제 거부한다"는 강령을 세우고, 신간회가 조직되었다. 창립대회에서 조선일보계의 이상재와 천도교 구파인 권동진을 각각 부회장으로 선출하였으며, 중앙의 간부에는 주로 비타협적인 민족주의자들이 선출되었다. 사회주의자들은 지방의 지회설립에 주력하였다.

중앙의 간부들이 지방을 순회하면서 "1 조선인에 대한 착취기관 철폐. 2 일본인의 조선이민 반대. 3 타협적 정치운동 배격. 4 조선인 본위의 교육제도 실시. 5 사상연구의 자유" 등을 주장하는 강연을 하였다. 또한 지회활동을 통해서 노동쟁의·소작쟁의·동맹휴학을 적극적으로 지도하는 한편, 일제의 식민지 지배정책에 대응하면서 민중의 정치의식을 높여갔다. 이러한 활발한 활동의 결과 신간회는 군 단위의 지방 지회 141개소와 회원 4만명을 갖는 조직으로 확대되었고, 일본 동경이나 오사카에도 지회가 조직되었다.

신간회운동이 민중운동으로 확대 발전해가자, 초기에는 관망의 자세를 취했던 일제는 이에 당황하여 신간회를 탄압하기 시작했다. 일제는 중앙본부의 활동을 제한함과 동시에 전국의 지회에 대한 해체공작을 벌여 나갔다. 특히 신간회가 1929년 말 광주학생운동을 지도하며 진상보고를 위한 민중대회를 열기로 하자, 핵심간부를 체포하는 등 탄압을 가하였다. 1930년 이후에 교체된 김병로를 위원장으로 하는 중앙의 간부진들이 합법노선을 내세우며 타협적인 모습으로 선회하자, 사회주의자들이 지도하는 지방지회는 온건노선을 반대하여 중앙본부를 배척하여 신간회의 해소를 주장하였다. 마침 코민테른에서도 조선의 사회주의자들이 민족주의자와의 연대를 부정하도록 하는 분위기를 제공하여 분리투쟁을 종용하는 노선의 변화가 나타나게 되었다. 이것은 곧바로 신간회 내부에서 사회주의자와 민족주의자와의 주도권 싸움으로 격화되어 결국 1931년 5월 16일 조선중앙기독교 청년회에서 대의원 77명이 참석한 가운데 해소대회를 열고, 해산을 결의하여 창립된 지 4년만에 막을 내렸다.

신간회운동은 민족주의자와 사회주의자 간의 민족협동전선운동의 새로운 길을 개척했다는 것으로서 그 의의가 크다. 특히 이 운동에 참여했던 비타협적 민족주의자들이 좌우의 중간적인 노선을 창출하려고 노력한 것은 새로운 시도로서 중대한 의미를 갖는다.

제 18 장

만주지역의 민족운동

제18장
만주지역의 민족운동

제1절 한인사회의 형성과 민족운동의 태동

압록강과 두만강을 경계로 하여 한반도와 접하고 있는 중국 동북지역의 땅을 일반적으로 만주(滿洲)라 한다. 일찍이 옛 고구려와 발해의 활동무대였고, 이후 비록 우리 민족의 공식적인 영토는 아니었지만 일찍이 건너가 살던 땅이었다. 그러나 1677년 청(淸)나라는 만주를 청조의 발생지라 하여 성지로 여기고 봉금(封禁)지대로 선포하였다. 이에 따라 한민족의 만주이민은 법적으로 금지되었으나 이민은 계속되었다. 특히 조선 후기 토지를 상실한 농민들이 많이 발생하자 만주이민은 급격히 증가하였다. 이에 청나라도 1875년 봉천성의 봉금령 해제를 기점으로 해서 1890년 초에는 봉금령이 완전히 해제되었다. 그후 만주이민은 비약적으로 증가하였다.

만주는 흔히 동만·북만·남만으로 나눌 수 있다. 동만지역은 두만강 대안에 있는 연길(延吉), 화룡(和龍), 왕청(汪淸) 지역을 말한다. 보통 간도(間島)·북간도 등으로 지칭되던 땅이 바로 이곳이다. 이 지역은 전체 인구의 80~90%가 한인으로 조선 후기부터 한인들이 집단적으로 들어와 개간한 지역인데 만주지역 한인사회의 중심이 되는 곳이다. 북만지역은 동만 위쪽의 지역으로 중동(中東)철도 연변에 있는 동녕(東寧)·영안(寧安) 지역으로 중동철도를 건설할 때 다수의 한인들이 노동자로 종사하다가 정착한 곳이다. 그리고 남만지역은 압록강 대안에 있는 집안(輯安)·통화(通化)·류하(柳河)·관전(寬甸)·장백(長白)·무송현(撫松縣) 지역을 말한다.

만주지역은 민족운동의 중심지이기도 하였지만 일본제국주의의 대륙침략을 위한 발판이기도 하였다. 일제는 만주지역의 한인들을 보호한다는 명목으로 1907년 동만 용정(龍井)에 통감부 간도파출소를 세웠고, 그 이듬해부터는 헌병분견소를 설치하여 이 지역에서 싹트고 있던 민족운동을 탄압하였다. 또한 1909년 일본은 청과 간도협약을 맺어 간도를 청의 영토로 인정하는 대신 철도이권을 챙겼으며, 만주지역에 일본 영사관을 둘 것과 일본영사의 재판입회권을 보장받기도 하였다. 이어 만주지역에 대한 일제의 경제적 침투로 일본자본의 영향력하에 놓이게 되었고, 일본제국주의의 대륙진출의 전진기지가 되는 중요한 요충지가 되었다.

만주지역에서 독립운동단체들이 활동하기 시작한 것은 1910년을 전후하여 국내에서 활동하던 의병운동과 애국계몽운동 세력이 대거 만주로 이주하면서부터이다. 1909년 남한대토벌(南韓大討伐)로 의병운동 세력은 만주나 노령지역으로 근거지를 옮기고 새로운 조직을 만들어 재기를 도모했다. 이리하여 서만에서는 농무계(農務契)·향약사(鄕約社), 동만에서는 중광단(重光團), 북로군정서(北路軍政署) 등이 조직되었고, 노령에는 십삼도창의군(十三道唱義軍)을 조직하기도 하였다.

초기 이주한인들이 독립군기지로 활용하고자 한 곳은 서간도(西間島)였다. 신민회는 1909년부터 요원을 만주로 파견하여 독립군기지를 만들 지역을 답사하도록 하였는데, 1910년 파견된 이회영(李會榮)·이동녕(李東寧)·주진수(朱鎭壽) 등이 류하현(柳河縣)·삼원보(三源堡)·추가가(鄒家街) 지역을 적지로 선정하였다. 이어 1910년 말부터 1911년 초에 경상도지역 인사들을 중심으로 이주가 시작되었다. 이들이 이곳에 정착하여 경학사(耕學社)를 설립하였고, 다시 합니하(哈泥河)로 옮긴 후 부민단(扶民團)으로 명칭을 바

〈사진 18-1〉 만주로 이주하는 동포들

꾸었다. 부민단은 한인들의 생존을 도모하고 한인 사이의 분쟁을 해결하는 자치기관이었다. 이주한인들은 자치단체를 유지하면서 독립운동의 방편으로 교육사업에 주력하였다. 이와 더불어 독립군의 근간을 이룰 인재를 육성하는 데도 전력을 기울였다. 이에 따라 신흥강습소(新興講習所)를 설치했고, 1913년에는 합니하에 새로운 교사를 마련하고 신흥학교로 바꾸었다.

한편, 동만지역에서는 1906년부터 이상설·이동녕 등이 중심이 되어 연길현 용정에 서전서숙(瑞甸書塾)을 설립하여 청년들에게 민족의식을 주입하고, 독립운동의 주역으로 훈련시켰다. 이어 1907년 간민교육회(墾民教育會)가 창설되어 교민자치단체로서의 역할을 하였다. 북만에서는 1910년 5월 신민회 망명간부들이 밀산(密山)에 독립군기지를 만들기로 하고 자금조달과 토지매입의 계획을 세웠으나 뜻을 이루지 못하였다. 또한 이 지역에는 이동휘·김립 등이 중심이 되어 나자구(羅子溝)에 대전학교(大甸學校)를 세워 독립군양성에 힘썼으나 재정의 어려움과 중국측의 압력으로 곧 폐쇄되었다. 그리고 노령지역에서도 1911년 5월 블라디보스토크 신한촌에 한인자치단체인 권업회(勸業會)가 창설되었고, 각지에 한인학교가 세워졌다. 이들 한인단체와 학교는 이 지역 한인사회의 결속력을 지탱해주는 구심이었으며, 민족의식을 유지시키고 독립의 필요성을 일깨우는 역할을 담당하였다.

1917년 2월 러시아혁명과 제1차 세계대전의 종결은 국내외 민족운동에 커다란 영향을 주었다. 특히 미국대통령 윌슨의 '민족자결주의'에 대한 언급은 당시 국내외를 막론하고 독립운동 진영을 크게 고무시켰다. 윌슨의 14개조 전후처리방안은 원래 패전국의 식민지 처리를 규정한 것으로, 승전국인 일본의 식민지인 조선과는 무관한 것이었다. 그럼에도 불구하고 당시 민족주의자들은 이 민족자결주의선언에 크게 고무되었는데 이는 만주에서도 마찬가지였다. 이렇듯 국제정세의 호전으로 국외 독립운동진영이 점차 소생의 기운을 보이던 차에 국내에서 3·1운동이 일어났다. 3·1운동의 발발은 이러한 소생의 움직임에 결정적으로 불을 지폈다.

제2절 무장항일투쟁과 민족운동세력의 통합운동

국내 3·1운동의 여파는 만주지역에도 파급되어 각지에서 만세시위가 잇달아 일어났다. 그러나 만주에서의 시위는 국내와 달리 무장투쟁을 운동방략으로 삼았다. 이에 따라 3·1운동 직후 만주 각지에서 독립군이 결성되고 직접적인 무장투쟁을 전개하였다. 당시 이와 같은 근본적인 배경은 3·1운동을 통해 얻어진 한민족의 역량에 대한 자신감과 국제정세의 호전 때문이었다. 뿐만 아니라 무기구입의 가능, 경제적 여건의 조성, 인적자원의 확보도 그 배경 중의 하나였다.

유하현에서는 신흥학교를 신흥무관학교로 개편하고 본격적인 독립군 양성을 시작하여 1920년 가을에 폐교될 때까지 무려 3천명의 독립군을 배출하였다. 그리고 이해 11월에는 신흥학교 출신들을 중심으로 서로군정서(西路軍政署)를 결성하였다. 서로군정서는 국내와 만주지역에서 소규모 게릴라전을 수행하였고, 1920년 8월 미국의원단이 내한할 때 서울에서 테러활동을 계획하기도 하였다. 그리고 보약사・향약계・농무계 등을 만들어 활동하던 박장호(朴長浩)・조맹선(趙孟善) 등 의병장을 중심으로 1919년 4월 대한독립단이 조직되었다.

서간도 지역은 평북독판부(平北督辦府)・대한청년단연합회・독립단・한족회 등의 세력이 통합운동을 벌이던 중 임시정부와 연락을 취해 1920년 9월 임시정부 직속의 독립군 부대로서 광복군총영을 설치하였다. 광복군총영은 만주와 국내에서 활발한 활동을 전개하여 주재소 행정기관 파괴 78건, 주재소 습격 56회, 면사무소・영림소 소각 20회, 경찰 살상 95명에 이르는 전과를 올렸다. 서간도 지역에서는 이밖에도 광한단(光韓團)・대한독립의용단・보합단(普合團)・의성단(義成團) 등의 독립군 단체가 활동하였다.

북간도 지역은 한인들이 가장 많이 밀집되어 있는 곳으로서 1919년 11월 연길・화룡・왕청현의 대표가 모여 대한국민회(大韓國民會)를 결성하였다. 대한국민회는 당시 동만에서 가장 크고 중심적인 단체로 북간도 4현을 총괄하고 80여 곳에 지회를 건설하였다. 대한국민회는 그 산하에 직속으로 국민회군을 두었고, 특히 홍범도의 대한독립군을 후원하여 독립군활동에 기반을 마련해주는데 주력하였다. 1911년에는 서일을 중심으로 북로군정서가 조직되었다. 왕청현 서대파 십리평에 근거지를 만들고 병영과 사관양성소를 설치하였다. 이들은 러시아에서 대량의 무기를 구입하여 가장 강력한 무장력을 갖추게 되었다. 이밖에 동・북만 지역에서는 대한신민단(大韓新民團)・한민회군(韓民會軍)・의민단(義民團)・의군부(義軍府)・광복단(光復團)・백산무사단(白山武士團)・태극단(太極團) 등 무수히 많은 독립군단체가 활동하기도 하였다. 당시 독립군의 전투는 만주와 국내 각지에서 수백 여 회 수행되었으나, 그

〈사진 18-2〉 청산리 대첩에 사용한 북로군정서의 무기

중에서 규모가 크고 대표적인 전투로는 봉오동(鳳梧洞) 전투와 청산리(靑山里) 전투를 들 수 있다. 홍범도가 이끄는 봉오동 전투에서 일본군은 전사자 157명, 중상 200명, 경상 100명의 피해를 입고 두만강을 건너 도망하였다. 반면 독립군은 전사 4명, 중상 2명의 가벼운 피해를 입었을 뿐이었다.

이렇듯 한국 독립군의 활동이 점차 확대되자 일제는 훈춘사건을 조작하여 1920년 10월 7일을 1만 5천명에 이르는 대부대를 파견하였다. 그러나 일본군은 김좌진이 이끄는 독립군과 10월 21일 백운평(白雲坪) 전투를 시작으로 천수평 전투, 어랑촌 전투, 고동하곡(古洞河谷) 전투에서 1,200여 명이나 전사하였다. 이를 '청산리 전투'라고 한다. 독립군은 청산리 전투의 승리로 일제의 독립군 섬멸기도를 분쇄하고 독립군의 주력을 유지함으로써 일본군이 '간도출병'으로 달성하려던 목적을 완전히 좌절시켰다. 만주지역으로 들어온 일본군은 한인 양민을 학살하고, 한인학교를 방화하는 등 천인공노할 만행을 저질렀다. 이러한 만행은 우발적인 것이 아니라 훈춘사건 전부터 '불령선인초토계획(不逞鮮人剿討計劃)'을 세웠는데, 기록에 의하면 당시 일본군에게 사살된 양민이 3,664명에 이르렀고, 민가 소각이 3,520채, 학교 소각이 59회, 교회당 소각이 19회, 곡물피해가 5만 9,970석에 달하였다.

청산리 전투 후 북로군정서를 비롯한 독립군 단체들은 일단 황구령에 집결해 있다가 소련과 만주의 국경지대인 밀산(密山)으로 향하였다. 서로군정서 세력을 비롯한 남만의 독립군들도 모두 밀산으로 집결하였다. 밀산에 집결한 독립군들은 여기서 통합운동을 펼쳐 대한독립군단(大韓獨立軍團)을 결성하였다.

한편 일본군의 토벌(1920년)과 자유시사변(1921년)을 겪은 후 만주지역으로 돌아온 민족주의자들은 조직 재건에 착수하였다. 그리고 1922년부터는 이들 단체간에 새로운 통합의 기운이 나타나기 시작하였다. 이러한 통합운동의 결과로 참의부(參議府)·정의부(正義府)·신민부(新民府)가 만들어지고 이후 만주 민족주의운동은 이 3부를 중심으로 전개되었다.

1920년대 초 만주지역 통합운동의 시초를 연 것은 1922년 1월 '남만통일회의'의 개최였다. 이 회의를 계기로 서로군정서·대한독립단·벽창의용대·광복군총영 등의 단체대표가 모여 대한통군부를 조직하였다. 1922년 8월 대한통군부는 나머지 남만지역 단체와 함께 다시 '남만한족통일회'를 개최하고 대한통의부를 조직하였다. 그러나 대한통의부(大韓統義府)는 결성 초기부터 공화파인 양기탁(梁起鐸)계와 복벽파인 전덕원(全德元)계가 서로 대립으로 내분이 심각하였다. 이로 인해 통의부 일부가 이탈해서 참의부를 설립하였다. 참의부는 집안·무송·장백·안동·통화·유화 등 압록강 연안지역 한인들의 자치를 담당했고, 600여명 정도의 병력을 두었다. 참의부는 1920년대 중반까지도 국내진공작전을 펼쳤는데, 특히 1924년 5월 사이토 총독이 국경순시를 위해 압록강을 통과할 때에 이를 습격하였다.

이처럼 통의부는 만주지역이라도 독립운동세력의 통일을 이루려 노력하였다. 이러한 노력 끝에 1924년 7월 '전만통일의회주비회'(全滿統一議會籌備會)가 개최되고 마침내 정의부가 조직되었다. 정의부에는 대한통의부 간부들과 대한군정서·길림주민회 등의 단체가 참여하였으며, 하얼빈과 액목현을 경계로 그 이남지역을 통치하였다.

그리고 북만에서도 1925년 1월 목릉현에서 북만지역단체들이 모여 '부여족통일회의'(扶餘族統一會議)를 개최하고 통합을 모색, 3월에 영안현에서 신민부를 조직하였다. 신민부는 북로군정서 계열의 군정파와 중동선 지역의 민간대표로 구성되어 주로 북만지역 한인들의 자치를 담당하였다. 이들 3부는 단순한 독립운동단체가 아니라 나름대로 제반기구와 제도를 갖추고 만주 한인사회를 통치하는 자치조직이었다.

제3절 사회주의 계열의 민족운동 전개

1920년대 초반부터 만주지역에도 사회주의사상이 전파·보급되고 사회주의운동이 성장하였다. 만주지역은 소련측과 접경을 이루는 관계로 일찍부터 러시아혁명의 영향을 받고 있었는데, 특히 노령지역의 한인 사회주의자들의 영향력이 매우 강하게 작용하였다. 노령지역에서는 1918년 한인사회당이 결성되어 활동하였다. 이들은 이후 상해 고려공산당과 이르쿠츠크 고려공산당으로 분열되었는데, 이 중 이동휘를 위시한 상해파 공산당은 일찍부터 만주지역에 조직적으로 침투하고 있었다. 이에 1921년과 1922년 사이에 상해파 고려공산당의 서간도지방회·요하지방회·북간도지방회가 설립되어 활동하였다.

만주지역 사회주의운동의 성장은 청년단체를 중심으로 이루어졌다. 이들 청년단체들은 1920년대 초부터 만주 각지에서 우후죽순처럼 생겨났다. 초기에는 민족주의적 성격의 단체와 사회주의적 성격의 단체가 혼재되어 있었으나, 점차 사회주의적 청년단체가 주도권을 잡게 되었다. 1920년대 중반 만주 청년단체들은 동·북·남만 지역별로 통합을 이루었는데, 이 시기에는 이미 사회주의 계열이 주도권을 잡게 되었다. 남만에서는 1924년 11월 반석에서 11개 청년단체가 통합하여 남만청년총동맹을 결성하였다. 동만에서는 용정에서 동진청년회 등 20여 개의 단체가 합동하여 동만청년총연맹을 결성하였고, 1928년 1월에는 동만청년총동맹으로 개칭하였다. 북만에서는 1926년 5월 대진청년회 등 5개 단체가 연합하여 북만청년총동맹을 창립하였다. 이들 세 단체는 사회주의의 전파·보급에 주력하였다. 이밖에도 독서회·사회과학연구회 등이 만주 각지에 조직되어 활동하였으며, 재만농민동맹·재동만조선노동조합평의회 등의 노동자·농민 조직들도 생겨났다.

만주지역에 사회주의사상이 전파·확산되면서 전위조직들도 생겨나게 되었다. 만주지역 전위조직은 주로 국내 조선공산당을 추진하던 세력과 밀접한 관련을 맺고 있었다.

1926년 조봉암(曺奉岩) 등 제1차 공산당사건으로 도피한 화요회계 인물을 중심으로 조선공산당 만주총국이 조직되었다. 이 조직은 영안현(寧安縣) 영고탑(寧古塔)을 근거지로 하여 동·북·남만에 각기 지역국을 두고 활동하였다. 그러다가 1927년 10월 제2차 조선공산당 공판을 기해 시위운동을 벌이다가 일제히 검거되어 조직이 와해되었다. 화요파 조선공산당 만주총국이 깨지자 그 이후부터는 통일된 대오를 만들어내지 못하고, 각기 파벌별로 전위조직을 건설하여 서로 대립하는 양상을 보이기도 하였다.

우선 화요파는 검거 이후에 곧바로 김찬(金燦)을 중심으로 영고탑에서 만주총국을 재건하였다. 이들은 주로 북만에서 활동하였는데 이 지역의 민족주의단체인 신민부와 서로 대립하면서 청년·농민·

노동 단체에 침투하여 활동하였다. 당시 국내의 조선공산당 중앙은 이미 화요파가 아닌 엠엘(ML)파가 장악하고 있었다. 따라서 조선공산당 중앙은 김찬 등 화요회 계열이 세운 만주총국을 인정하지 않고, 1928년 3월 새로이 만주총국 간부를 임명하였다. 이것이 이른바 엠엘파 만주총국이다. 엠엘파는 반석에 근거지를 두고 주로 남만지역에서 활동하였는데 반석에 있는 재중국한인청년동맹·재만농민동맹·재만조선인혁명자후원회에 침투해서 영향력을 미쳤다. 또한 이들은 이 지역에 있던 정의부에 침투하여 활동하기도 하였다. 서울상해파는 재만공산주의단체 등을 조직하여 주로 동만지역을 중심으로 활동하였다. 이들은 1928년에 <12월테제>가 나오자 이듬해 7월에 조선공산당재건설준비위원회를 조직하여 당재건에 주력하기도 하였다. 이렇게 만주에서도 한인 전위조직들이 나타나 활동하였지만 이들이 당시 대중운동을 통일적으로 지도한 것은 아니었다. 그들은 대중 속에 깊이 뿌리내리지는 못하였고, 서로 파벌싸움을 계속함으로써 대중들에 대한 통일적 지도는 불가능했던 것이다.

이렇듯 1920년대부터는 만주에서는 민족주의운동과 사회주의운동이 서로 병렬하는 양상을 보였다. 양자는 서로 다른 이념과 사업방식을 갖고 있었지만, 일본제국주의에 대항하는 세력이라는 점에서 동일한 이해관계를 갖고 있었다. 이에 민족주의·사회주의운동 양진영 간의 항일을 위한 통일적 대오결성이 만주 민족해방운동진영의 과제로 제기되었다. 당시 중국국민당과 중국공산당은 1924년경부터 국공합작을 단행하여 한인 운동가들에게 많은 영향을 미쳤다.

중국관내에서는 이미 중국의 국공합작이 단행될 무렵부터 민족유일당 건설을 위한 논의가 시작되었다. 1926년 북경에서 한국유일당 북경촉성회가 결성되고, 1927년 4월에는 상해에서 한국유일독립당 상해촉성회가 결성되었다. 그후 광동·무한 등지에서 민족유일당 조직을 위한 준비조직들이 잇따르게 되었다. 중국 관내의 민족유일당운동은 결국 실패로 돌아가게 되었지만 만주지역에 커다란 영향을 미쳤다. 이에 앞서 1925년 조선총독부 경무국장 미쓰시 미야쇼(三矢宮松)와 중국 봉천성 경무처장 우진(于珍) 사이에 협정이 맺어졌는데, 이것이 이른바 악명높은 삼시협정(三矢協定)이었다. 이 협정으로 말미암아 만주지역 민족주의·사회주의 운동진영 모두가 심대한 타격을 받고, 침체기에 빠지게 되었다. 이러한 어려운 상황속에서 무엇인가 획기적인 활로를 모색하기 위해서는 만주지역 전체 운동집단들이 통일된 대오를 편성하는 것이 극히 현실적인 과제로 요구되었던 것이다.

이와 같은 배경에서 만주지역에서도 제반 운동세력의 통일·단결을 이루려는 민족유일당 결성을 위한 움직임이 시작되었다.

제4절 민족유일당운동과 한·중연합 항일투쟁

1927년 1월 조선공산당 만주총국(제1차 화요계 만주총국)은 이미 민족유일당 건설방안을 마련하여 이를 준비하였다. 한편, 같은 해 4월 민족주의단체였던 정의부는 길림 신안촌에서 남만청년총동맹 및 한족당과 함께 유일당건설을 협의하다가 일단 그 연구준비기관으로 시사연구회(時事研究會)를 조직하기도 하였다. 또한 1927년 8월 정의부는 민족유일당 촉성을 위한 결의안을 발표하였다. 그 내용은 첫째 참의부·신민부와의 연합을 적극 도모, 둘째 전민족운동통일을 위하여 유일당건설을 촉성한다는 것이었다. 이에 따라 민족주의운동 내부의 통합이 필연적인 과제로 제기되었는데, 이러한 상황은 사회주의운동진영도 마찬가지였다. 만주지역 사회주의운동의 구심체였던 청년단체들은 민족유일당운동과 발맞추어 상호간에 통합을 위해 노력하였다. 1927년 8월 남북청년단체협의회가 개최되어 청년단체 간의 통합을 모색하였다.

이와 같은 준비작업 끝에 1928년 5월 일제와 중국경찰의 삼엄한 감시 하에서 화전과 반석을 옮겨가며 민족유일당 결성을 위한 회의가 시작되었다. 이 회의에는 만주지역에서 활동하던 18개 단체에서 파견된 39명의 대표자가 참가하였다. 회의과정에서 민족유일당 조직방법을 놓고 이른바 협의회파(協議會派)와 촉성회파(促成會派)로 양분되어 대립하였다. 협의회파는 단체본위로, 즉 개인가입이 아닌 단체별 가입으로 민족유일당을 만들 것을 주장하였다. 여기에는 주로 정의부를 위시하여 북만조선인청년총동맹·다물단 등 민족주의단체가 가세하였다. 한편, 촉성회측은 단체가입을 하게 될 경우 중앙집권적인 당조직이 불가능하다는 입장을 내세우면서 신간회와 같은 방식으로 개인가입에 입각한 유일당 건설을 주장하였다. 촉성회파에는 북만청년총동맹·남만청년총동맹·동만청년총동맹 같은 사회주의계열의 단체들이 가세하였다.

이와 같은 논쟁 끝에 결국 민족유일당운동은 수포로 돌아갔다. 그후 양파는 각기 민족유일당조직동맹(民族唯一黨組織同盟, 협의회파)과 민족유일당재만책진회(民族唯一黨在滿策進會, 촉성회파) 등을 조직하여 민족유일당 조직을 위한 노력을 계속하긴 했으나 아무런 성과가 없었다. 그 결과 운동계의 통일·단결을 이루기보다는 오히려 양자간의 대립을 더욱 격화시키는 양상을 보였다.

민족유일당운동이 결렬된 후 민족주의 운동세력들은 기존의 3부를 통합하기 위한 움직임을 시작하였다. 1928년 9월 3부의 통일을 위한 회의가 연길현 신안촌(新安村)에서 3부 대표가 결집한 가운데 열렸다. 이 회의에서 정의부는 자신들의 조직을 중심으로 하는 통합방식을 계속 주장하였고, 여기에 신민부 민정파와 참의부의 일부가 가세하였으나, 신민부 군정파를 비롯한 나머지 세력들은 반대하였다. 이러한 대립 끝에 회의는 아무런 성과없이 끝나고 말았다. 이 회의는 3부의 통합이라는 원래의 취지와는 달리 3부 내부에서도 분열이 일어나고, 서로 결별하게 되는 결과를 가져오게 되었다. 그

후 각 세력은 각기 이합집산을 거듭하였다.

정의부의 핵심과 참의부의 심용준(沈龍俊)파, 신민부 민정파 등은 1929년 4월 길림에서 새로이 국민부라는 군정부를 수립하였다. 이들은 민족유일당조직동맹을 조직하고 계속 활동하였는데, 1929년 12월에는 이를 개편하여 조선혁명당을 만들었다. 그리하여 국민부 휘하의 혁명군을 분리시켜 조선혁명군으로 조직하고, 조선혁명당의 통제하에 두었다. 이로써 국민부에 참여했던 세력들은 이전의 군정부들과는 달리 당(조선혁명당)·통치조직(국민부)·군대(조선혁명군)의 체계를 갖추고 당중심으로 운용하려는 모습을 보였다. 이로써 국민부는 순수한 자치행정기관의 위상을 띠게 되었다. 국민부는 부립사범학교를 설치하는 등 교육사업과 ≪조선혁명≫·≪봉화≫를 발행하는 등 출판사업에 주력하였다.

그러나 1930년 8월 조선혁명당 내에서 내분이 일어났다. 국민부를 지지·육성하자는 쪽과 이를 반대하는 쪽의 대립이었다. 양자는 유혈사태를 일으키는 등 극심한 상쟁을 계속하였다. 이에따라 이들 운동세력은 별다른 역량을 유지하지 못하고 흐지부지되었다. 이러한 와중에서도 조선혁명군 총사령 양세봉(梁世奉)을 비롯한 일부 독립군들은 만주사변 이후에도 중국구국군과 함께 항일투쟁을 전개하였다.

한편, 3부통합운동과정에서 정의부 중심 통합론에 반기를 들었던 김동삼(金東三) 등의 정의부 탈퇴파, 김좌진 등의 신민부 군정파, 참의부 김승학(金承學)파 등은 1928년 12월 혁신의회(革新議會)를 조직하였다. 이들은 민족유일당재만책진회를 결성하여 민족유일당운동을 추진하였고, 중국 내에서 합법적인 자치기관(동향회)을 결성하기 위하여 활동하였다. 혁신의회는 1년 안에 군정부를 만들기 위한 과도적 조직이었는데, 1929년 4월 같은 지역에서 국민부가 출범하자 이러한 계획이 무산되었고 마침내 해체되었다.

혁신의회 해체 후 김좌진을 비롯한 신민부 군정파 세력들은 무정부주의 이념을 수용하고 재만조선무정부주의자연맹과 합동하여 한족총연합회를 조직하였다. 이들은 철저히 '상호부조, 자유연합'이라는 무정부주의적 조직원리에 입각하여 철저한 농민의 자발적인 의사와 지역자치를 중심으로 상향식으로 조직을 만들려고 하였으나 뜻대로 이루지는 못하였다. 이들은 별동대라는 군대조직을 유지하기도 하였는데, 별동대는 일제에 대한 투쟁보다는 북만지역 공산주의자들과 싸우는 데 주력하였다. 특히 1930년 5·30폭동이 일어난 이후부터는 중국군벌과 손잡고 공산주의자를 탄압하기도 하였다. 1931년 한족총연합회는 김좌진·김종진(金宗鎭) 등 핵심간부가 암살됨에 따라 점차 약화되다가 1931년 여름에는 이청천 등 민족주의계열의 이탈로 완전히 해체되었다.

이후 이청천을 비롯한 일련의 민족주의자들은 북만에서 생육사(生育社)를 조직하여 활동하였다. 당시 북만에는 생육사·한족총연합회·동빈현주민회(同賓縣住民會) 등의 민족주의단체가 있었는데, 이들 중에 일부는 1930년 7월 이청천·홍진(洪震)·신숙(申肅) 등을 중심으로 한국독립당을 결성하였다. 그리고 1931년 11월에는 한국독립군을 조직하여 활동하였다. 이들은 만주사변이 발발하자 1932년 11월에는 동만으로 이동, 중국구국군과 합작하여 일본군과 무력항쟁을 벌이기도 하였다. 하지만 1933년 10월 중국구국군이 이청천 사령관을 구금하는 등 일련의 사건 끝에 간부들이 모두 중국관내로 이동함으로써 만주지역에서는 그 명맥이 끊어지게 되었다.

1931년 9월 18일 일제의 만주침공이 일어나자 만주지역 사회주의운동에도 큰 변화가 일어나고 있었다. 당시 일제는 만보산사건 등을 이용하여 한인과 중국인을 이간시키면서 이를 자신들의 대륙침략에 이용하였다. 그들은 만주지역 한인운동가들과 중국인운동가들을 서로 분열·상쟁시킴으로써 항일의 대열이 약화되는 것을 노리고 있었다. 이에 이 시기에는 한인과 중국인의 통일·단결의 문제가 중요한 과제로 제기되었다. 특히 1928년 5월 중국공산당 만주성위원회가 봉천에 설치되면서부터 중국공산당 조직이 만주지역에 들어오자 이 문제는 급박한 현실적인 과제로 제기되었다. 당시 한인 사회주의자들은 자신들의 국제주의적 원칙과 일국일당 원칙에 입각하여 중국공산당에 개인적으로 가입하였다. 중국공산당 쪽에서는 만주성위원회 안에 소수민족위원회를 설치하고 이들을 맞아들였다. 이로써 당시 공산주의자들은 한중인민의 통일된 대오를 마련하는 과정에서 조선혁명의 독자성과 과제를 폐기해버림으로써 이 문제에 대한 올바른 원칙과 방도를 마련하지 못하였다. 조선혁명의 독자성을 유지하면서도 한중인민의 올바른 연대를 이루어 당시 만주지역 한인의 이해와 요구를 모두 반영할 수 있게 하는 것은 이후 운동의 과제로 남게 되었다.

일제의 만주침공 후에도 1931년 가을의 추수투쟁, 이듬해 봄의 춘황투쟁에서 보는 것처럼 대중들의 진출은 폭발적으로 전개되었다. 이러한 대중적 열기에 호응하여 청년공산주의자를 중심으로 새로운 무장투쟁이 시작되었다.

1930년대 만주지역 항일무장투쟁은 1920년대 민족운동의 과정에서 각성되고 조직화된 대중역량을 바탕으로 이를 한 단계 높은 단계의 투쟁으로 발전시킨 것이었다. 따라서 그것은 1920년대 민족운동의 연장선 위에서 이를 계승하는 것이었으며, 또한 1920년대 운동의 한계를 뛰어넘어 이를 극복하고 발전시키는 과정이었다. 이들은 1920년대 활동의 성과를 이어받음과 동시에 한편으로는 그 한계를 짊어진 것이었다. 1920년대 후반 만주지역 민족운동에서 문제점으로 제기되었던 것은 앞에서 언급하였듯이 종파주의·파벌주의를 극복하고 대중의 이해와 요구에 기초해서 이들과 긴밀히 결합하는 것, 한중민족의 연대를 바탕으로 하면서도 '조선혁명'의 과제를 풀어나갈 수 있는 방도와 원칙을 마련하는 것 등이었다. 1930년대는 이것을 풀어가는 과정이었으며, 이 과정에서 이 지역 민족운동은 보다 높은 단계로 전진할 수 있었다.

제 19 장

식민주의 사학과 민족사학

제19장
식민주의 사학과 민족사학

제1절 식민주의 사학

일제의 식민주의 역사학은 식민통치를 정당화하기 위해 우리 역사를 왜곡한 사학이다. 즉 식민통치 일환으로 역사학을 이용한 것이다. 이에 일제는 침략행위의 합리화, 식민통치의 정당화를 시도하였다. 결국 일제의 식민사학이 의도하는 것은 다음과 같은 논리이다. 한국의 역사·문화·전통은 정체되고, 부끄러운 역사이다. 그리고 일제의 식민통치는 한국역사 발전에 도움을 주었다. 이같이 일제는 한국인에게 패배의식을 심어주고, 자신들의 식민통치를 정당화함으로써 한국인의 저항의식을 마비시키고, 식민통치를 영속화시키려 하였다.

일제의 식민사학을 주도한 기관은 동경제국대학, 조선사편수회, 경성제국대학을 들수 있다. 그 중에서 조선사편수회가 가장 대표적인 작업을 수행하였다. 조선사편수회는 일제 관학자가 중심이 되고, 조선인을 고문과 촉탁으로 활용하였다. 한국인으로 참가한 고문은 이완용, 박영효, 권중현이고 편수업무에는 이병도, 신석호, 최남선, 이능화가 참여하였다. 조선사편수회의 대표적인 성과물은 《조선사》 편찬작업을 들 수 있다. 총독부는 1916년에 반도사편찬사업을 시작한 후, 1922년에는 조선사편찬위원회, 1925년에는 조선사편수회를 설치하여 식민지 역사학을 조직적으로 창출하였다. 《조선사》는 1937년에 간행되었는데, 엄청난 자금을 투입하여 일제에게 유리한 것과 한국에게 불리한 것을 중심으로 편찬의 지침을 삼았다.

이처럼 일제의 한국사 연구는 한국의 침략을 정당화·합리화 시키고, 일제의 식민통치를 후원하는 어용적인 성격을 갖고 있었다. 그 저변에는 한국인에게 열등감·패배감을 심어주고, 일본인에게는 우월감·자신감을 심어주려는 논리가 깔려 있었다. 요컨대 한국인의 저항, 독립운동의 정신을 배제하려고 하였다.

1. 일선동조론

일선동조론(日鮮同祖論)은 명분적으로는 한국과 일본이 동일한 조상으로부터 혈통을 이어받은 근친관계에 있다는 논리이다. 즉 일본은 일본의 신인 천조대신(天照大神)의 적자이고, 한국은 그 서자라는 것이다. 그러나 그 내면에는 고대 이래 한국은 일본의 지배를 받았다는 이론이 깔려 있다. 그 주된 내용은 신화시대에는 일본 신의 후손이 조선의 신이 되었으며, 역사시대에 들어와서는 신공왕후의 신라정벌설과 임나일본부설을 근간으로 한국은 일본의 지배하에 있었다는 것이다.

일선동조론을 주장한 대표적 학자인 기다(喜田貞吉)는 그의 저술인 《한국의 병합과 국사》(1910)에서 일본과 한국은 같은 뿌리라고 주장하였다. 고대에는 일본이 한반도를 지배하였으며, 일본은 부강한 본가(本家)이고 한국은 빈약한 분가(分家)이므로, 일본의 한국 병합은 분가가 본가로 복귀하는 것이며 두 나라가 본래의 상태로 돌아간 것이라 하였다. 이 책을 저술한 저자는 3·1운동이 일어나자 〈일한양민족동원론〉(日韓兩民族同源論, 1921)이라는 글에서 3·1운동은 일본과 한국의 근원이 같다는 것을 알지 못하여 일어난 것으로 주장하였다. 이에 그는 두 나라의 백성은 제국신민으로 혼연 융화하여 영구한 행복을 누려야 한다고까지 강조하였다.

이처럼 일선동조론은 일제의 지배정책인 동화주의(同化主義)를 선전하는 데에 교묘히 활용되었다. 이 논리는 일본, 한국 뿐만 아니라 만주·몽고지역의 여러 민족도 같은 조상이라고까지 확대되었다. 여기에서 대동아공영권의 논리가 나왔던 것이다.

요컨대 일선동조론은 일제의 한국침략에 따른 정당성을 확보하기 위해서 억지로 만든 이론이다. 이 논리에서 파생된 것이 기마(騎馬)민족설이다. 또한 이 논리와 연결되어 등장한 논리는 삼한정벌설, 임나일본부설 등이다. 임나일본부설은 일본의 야마토(大和)정권이 4세기 후반에 한반도 남부지역에 진출하여 신라와 백제로부터는 조공을 받았고, 가야에는 일본부라는 기관을 두어 6세기 중엽까지 직접 지배하였다는 주장이다. 일제는 이러한 논리를 강변하기 위해 광개토대왕비문을 변조하고, 칠지도(七支刀)가 백제에서 일본에게 선물로 준 것이라는 내용으로 선전하였던 것이다.

일선동조론은 역사적 사실과 학문적인 진리를 왜곡하여 침략의 정당화, 동화정책을 위한 도구로 역사를 활용한 괴변이자 억지었던 것이다.

2. 타율성론

타율성론은 한국의 역사는 한국인의 주체적인 역량에 의해 전개된 것이 아니라 주변 외세의 간섭과 힘에 의해서 좌우되었다는 주장이다. 즉 한국사의 전개과정이 한국민족의 자주적인 역량에 의해 자주적으로 이루어졌다기보다는 외세의 간섭과 압력에 의해 타율적으로 이루어졌다고 보는 논리이다. 일제는 그 목적을 관철하기 위해 우리 역사에서 타율적인 측면만을 선별하여 그것을 한국사의 주된 흐름으로 서술하였다. 이 논리에서 나온 것이 만선(滿鮮)사관과 반도적 성격론이다.

만선사관을 강력하게 주장한 학자는 이나바(稻葉岩吉)였는데, 그는 <만선불가분의 사적 고찰>(1922)에서 한국사의 독자성을 부인하고 한국은 민족, 영토, 경제의 관점에서 대륙 특히 만주와 분리할 수 없는 관계를 가졌다고 주장하였다. 그는 1930년대 초 만주국이 세워지자 <만선사 체계의 재인식>(1935)이라는 논문에서 한국에서 일어난 역사적인 사건은 모두가 대륙 정국의 반영이었다고 보았다. 이러한 논리는 곧 한국사의 주체적 발전을 부정하고 한국사를 대륙, 특히 만주의 세력이 영향 준, 피동의 역사로 만들려는 것이었다.

요컨대 한국사의 자주성을 완벽하게 배제하는 논리이다. 만선사관은 만주사를 중국사에서 분리시켜 한국사와 더불어 한 묶음하에 두어 일제의 통치영역을 만드는 것이었다. 중국에 대해서는 만주에 대하여 연고권을 행사하지 않도록 하고, 한국에게는 자주성을 부정케 하는 것이다.

다음으로 살필 반도적(半島的) 성격론은 한국사의 흐름을 부속성, 주변성으로 규정하려는 논리이다. 즉 한국사의 근본에 지리적인 요소를 강조하는 것이다. 다시 말하자면 한국은 아시아대륙의 끝인 반도에 처하여 있기에 정치·문화적으로 대륙의 영향을·강하게 받았음을 강조하면서 나아가서는 역사의 주체성을 부인한다.

우리 역사를 타율적으로 흐른 이유를 주장한 미시나(三品影英)는 ≪조선사개설≫(1940)의 서설에서 '조선사의 타율성'이라는 제목을 붙여 우리 역사의 성격을 아시아대륙의 중심부에 가까이 붙어 있었고, 주변 위치였기 때문에 항상 그 본류로부터 벗어나 있었다고 보았다. 그리고 한반도 주위에는 여러 이웃나라가 있어서 항상 여러 세력의 여파가 미치고 그들에 의해 시달리거나 지배되었다고 억지 주장을 하였다. 결국 반도적 성격으로 인해 우리 역사는 숙명적으로 주변의 지배를 받았으며, 나아가서는 그로 인해 한국민족의 성격에도 영향을 주었다고 한다. 그 영향의 대표로 사대주의를 거론하였다.

이러한 주장은 지리적 결정론이다. 역사를 결정지우는 요소 중에서 지리적인 조건은 인간의 의지, 능력 등에 의해서 극복되어 왔다는 보편적인 역사를 부정하는 것이다. 때문에 일본인 학자들은 한국사가 숙명적으로 타율성임을 강변한다. 이 논리에 다르면 한국은 늘상 약소국이며, 문화적으로도 타율성을 벗어나지 못하다는 입장이다. 그렇다면 우리 역사는 2천년 동안 지배·강요만 받아 왔는가? 찬란한 신라문화, 고려청자, 조선의 자기 등 수많은 예술품은 어떻게 나왔는가?

일제의 타율성론은 한국사의 전개가 자주적인 역량에 의해서가 아니라, 외세의 간섭과 영향에 의하여 이루어졌다는 것을 강조하는 억지이다. 일제는 이를 입증하기 위해 우리 역사에서 타율적인 요소만을 뽑아서 그를 주된 내용으로 역사를 만들었던 것이다. 예컨대 우리 역사기록에서 외세가 침입한 것이 무려 900여회가 넘는다고 제시한 것은 그 대표적인 사례이다. 그들은 우리 역사에서 자주성이 뛰어난 사례는 애써 감추고 관심을 보이지 않았다.

일제가 이처럼 타율성을 강조한 것은 그들의 한국침략과 식민통치를 합리화하기 위함에서 나온 것이다. 이 논리를 수용하면 일제의 식민통치는 당연한 것으로 받아들일 가능성이 농후하고, 우리 역사는 늘상 외세의 지배와 영향을 받았다는 부끄러움에서 얼굴을 둘 수 없는 자괴감에 빠지게 되는 것이다.

3. 정체성론

정체성론(停滯性論)은 한국이 여러 정치적·사회적 변화를 겪으면서도 능동적으로 발전하지 못하였다는 논리이다. 즉 한국사의 발전단계와 과정이 매우 후진적임을 강조하는 논리이다. 그에 반해 일본의 역사는 정상적인 단계를 거쳐 왔고, 그래서 선진국임을 은연히 내세운다. 이에 한국은 후진국이기에 일본의 식민통치를 당연한 것으로 여기고, 나아가서는 고맙게 여기어야 한다는 주장이다. 우리의 근대화를 위해서는 일본의 역할이 필요하다는 침략미화론으로 이어졌다.

정체성론을 주장한 대표적인 학자인 후꾸다(福田德三)는 러일전쟁 직전에 한국을 순방하고 <한국의 경제조직과 경제단위>(1904)라는 글을 집필하였다. 그는 이 글에서 한국사의 두드러진 특징으로 정체성을 들고, 그 원인을 봉건제의 부재에서 찾았다. 나아가서 그는 한국의 역사단계는 일본의 10세기경으로 보았다. 그는 한국은 토지사유제가 발달하지 않았으며, 화폐경제의 발달이 낮은 수준이고, 상공업사회의 분화가 저급하다고 주장하였다.

한국사회의 낙후성을 강조한 일본학자는 시가다(四方博)인데, 그는 경성제국대학 교수로 근무한 인물이다. 그는 주로 사회경제사 분야를 연구하였는데 <조선에서의 근대 자본주의 성립과정>, <구래의 조선사회의 역사적 성격에 대하여>라는 글에서 개항 당시의 한국은 자본축적도 없고 기업적 정신을 가진 계급도 없었으며, 대규모 생산을 담당할 기계와 기술도 없었다고 주장하였다.

조선후기 한국사의 연구에 의하면 농업, 공업, 상업 등 각 분야에서 자생적인 근대화가 추진되었다고 한다. 농업분야에서의 광작과 상업적인 농업, 농업노동자의 출현, 도매상의 등장 등은 우연히 나온 것이 아니다. 더욱이 조선후기 봉건체제의 극복, 근대사회의 지향의 성격을 갖고 있었던 실학의 발생도 자주적인 근대화를 추구한 노력이라 할 것이다. 그런데 이같은 자생적인 근대화(자본주의 맹아)가 외세, 제국주의, 일제에 의해 그 싹이 제거되었다는 것이다. 이런 논리를 내재적 발전론이라고 한다.

그럼에도 불구하고 한국사의 정체성을 강조하는 일제 관학자들은 19세기말 이래의 한국사회를 일본의 9~10세기경의 일본사회 수준으로 보려는 의도를 갖고 있었다. 이에 그들은 은연중 일본에 의한 한국발전의 역할을 내세우는 것이다. 즉 한국은 타율성, 비주체적이기에 일본의 도움을 받아야만 근대화를 할 수 있다는 목적 중심의 역사를 서술하였던 것이다. 그리하여 일제의 관학자들은 후진적이고, 무능력한 한국이 일본의 도움으로 근대화되었다는 주장을 지금에 와서도 강변하는 것이다. 때문에 한국을 근대화 시키기 위해서 일본이 한국에 온 것임을 주장하고, 침략과 강탈은 애당초 성립할 수 없다는 논리이다. 요컨대 한국사의 정체성을 강조함은 일본의 침략과 식민통치를 합리화시키는 억지 주장이다.

4. 당파성론

당파성론은 조선왕조의 멸망원인이 우리 민족의 파쟁의식과 분열주의에 있다는 주장이다. 즉 조선의 정치사를 당파, 당쟁으로 매도하는 일제의 역사관이다. 이는 조선 역사 전체를 부정함으로써 조선은 망할 수밖에 없는 나라임을 심어주려는 것이다. 그리고 나아가서는 한국인들에게 조선이란 나라는 회복, 부흥할 필요가 없는 대상임을 심어 주고, 한국인의 저항, 독립심을 삭제시키는 것과도 연결되는 것이다. 한편으로는 조선의 멸망의 책임이 일제가 침략, 강탈에 의해서 나온 것이 아니라 조선의 지배층의 무능력, 부도덕에서 기인한 것이라는 주장도 여기에서 나왔다. 즉 조선의 지배층인 양반에게 조선 멸망의 책임을 전가하는 것이다.

일본학자 중에서 이 주장을 한 대표적인 인물은 시데하라(幣原坦)인데, 그는 1900년에 한국에 건너와 교육분야에서 큰 활동을 하였다. 그는 ≪한국정쟁지≫(韓國政爭志, 1907)라는 책을 집필하였는데, 그는 여기에서 낭쟁이라는 관짐을 갖고 당피성이론을 만들었다. 그는 조선의 정파는 주의를 가지고 대립하는 공당(公黨)이 아니라, 이해를 갖고 서로 배제하는 사쟁(私爭)이라 하였다. 경제사가인 카와이는 <조선에서의 당쟁의 원인 및 당시의 상황>이라는 글에서 조선의 경제생활이 곤궁하고 그것에 따른 사회 조직이 문란한 것이 당쟁이 뿌린 내린 원인으로 주장하였다. 한편, 호소이(細井)라는 학자는 ≪붕당사화의 검토≫라는 저술에서 조선에서의 정쟁은 여러 대에 걸쳐 계속되어 결코 고칠 수 없는 조선인의 체질이라고 강조하였다.

한편, 일제의 이 당파성론은 3·1운동 이후 더욱 확대되었다. 일제는 문화정치를 내세우면서 이면적으로는 친일파 양성, 분열정치 등의 식민정책을 시도하였다. 이에 일제 관학자들은 사색(노론, 소론, 남인, 북인) 당쟁의 구도의 관점에서 조선시대 전체를 분열, 당쟁이라는 시각을 갖고 조선시대 역사를 집필하였다. 그리고 일제 관학자들은 조선을 나라로도 정식 인정치 않으려 하였거니와 그 단적인 예증이 이조라는 표현이다. 조선이라는 국호를 왜 이조(李朝), 즉 이씨조선이라고 격하시켰는가? 여기에는 조선은 이씨일가가 좌지우지하였던, 양반이 함부로 하였던 형편없는 나라였다고 강조하려는 비하적인 시각이 숨어 있는 것이다.

〈사진 19-1〉 한국역사를 왜곡한 일본책, 《조선사의 길잡이》

어느 시대, 국가에도 당파, 당쟁은 늘상 있었다. 어쩌면 그것을 인류사회의 숙명일수도 있고, 정치라는 속성에서 완전 배제하는 것은 불가능할 수도 있을 것이다. 그러나 일제가 우리 역사에 나타난 하나의 측면을 지나치게 과장하여 그를 전체인 양 포장한 것은 정상적인 역사서술의 자세로 볼 수 없다. 최근 연구에 의하면 조선이라는 국가가 500여 년간 지탱할 수 있었던 저력은 양반, 사대부(선비)들이 논리, 이념, 도덕성이라는 명분을 갖고 국정에 임하였던 데에서 나왔다고 본 연구도 있다. 당시 선비들의 도덕성은 간단하게 볼 수 없는 측면이다.

일제가 조선의 역사를 당쟁이란 하나의 관점으로 서술, 강조한 것은 결국에 가서는 침략, 강탈을 숨기기 위한 위장전술이다. 때문에 그는 참다운 역사의식의 소산이라고 볼 수는 없다. 일제는 당쟁을 강조하면서 그를 한국인의 체질, 습관으로까지 확대하였다. 그리고 그를 이용하여 그 시기의 민족운동을 분열시키는 자료로도 이용하였던 것이다. 최근에서도 우리 스스로 단결이 안 되는 민족이니, 혹은 우리 민족은 단합이 안된다는 자조적인 이야기의 저변에도 일제의 교묘한 역사왜곡의 파편이 남아 있다고 보여진다. 우리는 이같은 일제의 식민지 체질, 근성을 극복해야 한다.

제2절 민족사학

민족사학은 일제의 식민주의 사학을 극복하려는 사학이다. 때문에 반식민주의 역사학의 성격을 갖고 있다. 근대역사학은 전근대 역사학을 탈피하면서 일면으로는 일제의 식민주의 사학과 대결하면서 발전하였다. 전근대 역사학은 왕조 중심, 사건 나열의 편년체, 기전체의 서술이었다. 이에 반해 근대 역사학은 실증적·비판적·합리성의 역사학이다. 나아가서는 인과관계를 중시하면서 사회발전을 분석·종합하려는 특징을 갖고 있다. 그러면서도 민족, 민중 중심의 서술을 하였다.

이같은 한국 근대 역사학은 식민주의 역사학에 대항한 반식민주의 역사학의 발전과 그 궤를 함께 하였다. 즉 일제의 침략과 지배를 합리화하고 정당화하려는 일제의 논리를 배격하려는 것이 그 기본이었다. 때문에 반식민주의 역사학으로서의 민족사학은 항일, 독립운동의 노선을 자연적으로 잉태하게 되었다. 근대적 역사인식을 가지면서도 한편으로는 식민지 현실을 타파하기 위한 독자적인 민족의식을 갖게 되었던 것이다.

1. 실증사학

실증사학은 문헌중심의 역사학이다. 어떠한 법칙성보다는 문제중심의 고증과 사실 추구에서 얻은 결론을 중요시한다. 이 연구의 특성은 과거의 사실을 일목요연하게 서술할 수 있다는 장점이 있다. 그러나 그 반대로 역사서술에 체계적인 사관이 미약하다는 비판을 받기도 한다. 실증사학은 좌우 편향에서 벗어나 실증이라는 방법을 강조한 역사학이다. 한편 실증은 모든 학문의 기초, 방법이기에 이를 학풍으로까지 확대하여 보기는 어려운 문제가 있다. 그럼에도 불구하고 일제하에서는 일정한 흐름을 형성한 것은 사실이다. 일제 식민주의 사학이 우리 역사를 왜곡, 부인하면서 한국사 전체를 매도하였기에 자연 그에 저항하는 대응방법으로서 철저한 실증을 강조한 것이다.

이 실증사학은 일본에 유학을 가서 역사학을 공부하고 귀국한 한국 학자들에 의해 주도되었다. 그들은 유학을 가서 일본 역사학자들에게 역사학을 공부하였는데, 그들의 선생들도 실증적인 학풍에 강하게 치우쳐 있었다. 요컨대 일본 역사학자들은 독일의 랑케(Ranke)의 역사학에 경도되었다. 랑케의 역사이론은 과거의 사실을 있었던 그대로 정리, 재구성, 서술하는 것을 중요시하였다. 랑케사학자들은 자신의 이론을 객관적인 역사서술이라고 강조하였다.

실증사학자들이 주축을 이룬 진단학회는 민족주의 기치를 내걸고 1934년에 결성되었다. 진단학회에 가입한 학자들은 사료 비판을 기하면서 개별적인 구체적 사실에 대해 객관적인 서술에 유의하면서 학회지인 ≪진단학보≫를 펴냈다. 대표적인 학자들은 이병도, 김상기, 이상백, 송석하, 고유섭 등이었다. 실증사학자들은 실증, 사실정리라는 방법으로 일제의 관학에 대항하였던 것이다. 그리고 그들은 일제 식민주의 역사학자들이 소홀하게 취급한 분야를 다양한 시각에서 접근하여 일정한 학문적 성과를 성취하기도 하였다. 예컨대 이능화의 ≪조선불교통사≫, 이병도의 고대사와 사상사, 김상기의 대외관계사, 이상백의 사회제도사, 손진태와 송석하의 민속학, 고유섭의 미술사 등이었다. 한편, 실증사학은 자기 전통문화에 대한 신뢰를 가질 수 있는 기반을 제공하였다.

진단학회를 결성한 학자들은 일본, 국내의 최고학부에서 교육을 받은 관계로 세련된 문헌고증방법을 발전시키고 근대 서양의 역사이론을 받아들여 역사학을 전문화하는 데에는 성공하였다. 그러나 그들은 대학과정에서 식민지 사학자들의 학풍을 전수받았고, 대개 일제의 관변 역사학의 연구기관에 근무하였다. 따라서 이들의 역사인식이나 민족의식은 일정한 한계를 갖는 것이었다. 그러므로 실증사학은 일제 식민주의 역사학에 대결적인 이론의 틀까지는 내세우지 못하였다. 심지어 어떤 학자는 일제가 우리 역사를 왜곡하는 기관인 조선사편수회에 촉탁으로 근무하였다. 최근 이들이 역사학계의 친일파로 매도당하는 것도 이런 체질과 요인에서 나온 것이다.

일제하 실증사학자들은 식민주의 역사학이 역사적 사실 자체를 왜곡하는 현실에서 역사적 사실 자체를 객관적으로 입증하려고 노력하였다. 이를테면 소극적인 저항인 것이다. 나아가서 일본역사학의 영향을 받은 그들은 자료정리는 가능하였지만 철저한 비판정신이 결여되었고 자기 전통문화에 대한 인식도 투철하지 못하였다. 결국 실증사학은 역사학의 기본정신에 충실하였지만, 이로 인해 식민사학의 아류라는 비판을 받기도 한다.

2. 민족주의 역사학

반식민주의 사학을 주도한 것은 민족주의 역사학이다. 그들 중 대표적인 인물은 신채호와 박은식이었다. 이들은 과거 역사와 전통을 비판·계승하면서 동시에 서구 근대 역사학의 방법론을 체계화해야 한다는 당면과제를 고민하였다. 그러나 이 흐름의 특징은 무엇보다도 민족 독립운동의 일환으로 역사를 서술한 것이다. 민족주의 역사학자들은 나라는 망하였지만 민족의 정신, 혼, 얼, 정기 등을 지키고 가꾸면서 독립의 그날을 대비하면 언제인가는 반드시 독립은 달성된다는 강한 확신을 갖고 있었다. 때문에 이 역사학에서는 민족정신을 고취시키려는 역사서술이 나타났던 것이다.

박은식은 1911년에 ≪연개소문전≫을 집필하여 제국주의 및 식민사학에 대항할 수 있는 영웅주의를 만들어 냈다. 그리고 그는 중국으로 망명하여 1915년에는 ≪한국통사≫(韓國痛史)를 간행하였다. 여기에서 그는 국혼을 보존하는 것이 민족을 보존하는 것이라는 입론을 세웠던 것이다. 근대기 최초의 통사로 불리우는 이 저술은 한국의 멸망의 원인과 국난극복사를 정리하였다. 그리고 1920년에 가서는 ≪한국독립운동지혈사≫(韓國獨立運動之血史)를 발간하였다. 이 저술은 우리가 일제의 침략, 통치에 단순히 순응한 것이 아니라 피와 땀으로서 저항하고 강력히 투쟁한 사실을 정리한 책이다. 이 저술은 근대 역사학의 서술방법을 채택하여 주제, 사실, 사건별의 체제를 도입한 것이 큰 특색이다. 즉 박은식은 인간정신이 역사의 원동력이라 보고, 독립투쟁의 당위성을 부각시키려는 실천적 역사학을 구현하였다. 이처럼 그는 실천적이고 민중적인 입장에서 민족의식을 정립하였다. 박은식은 상해 임시정부의 대통령으로도 활약한 독립운동가이었다.

신채호는 겨레의 민족정신을 고양시키기 위해 ≪독사신론≫(讀史新論)을 발표하여 근대 역사학의 기틀을 세웠다. 또한 그는 박은식의 역사이론을 계승하여 근대 역사학을 완성하였다는 평가를 받았다. 나아가서 그는 역사의 주체로 민중을 설정하여 역사는 민족전체의 역사임을 강조하였다. 그의 민중관이 선명히 드러난 것은 의열단의 요청으로 작성된 <조선혁명선언>(1923)이다. 이 선언은 외교론과 준비론이 대결하는 현실에서 민족의 독립은 민중의 직접적인 투쟁인 폭력에 의해서 가능하다는 것을 주장한 것이다.

신채호의 역사이론은 ≪조선상고사≫(1931, 조선일보) 총론에 나

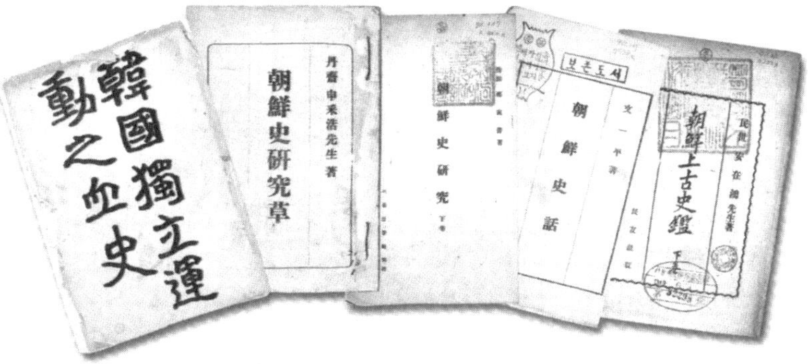

〈사진 19-2〉 민족사학의 대표적인 저술

오는 역사는 아(我)와 비아(非我)의 투쟁이 시간부터 발전하며 공간부터 확대하는 심적 활동상태의 기록이라고 규정한 바에서 극명하게 나온다. 그의 이론은 비타협적 · 저항적 민족주의를 보여주는 역사이론이었다. 한편, 그의 역사는 우리 민족의 영웅성, 진취성을 보여주는 대상을 선정한 것에 특색이 있다. 이에 그는 만주지역을 자주 답사하고, 만주지역에서의 우리 민족의 역사를 정리하였다. 그리고 만주지역 및 고구려의 정신을 낭가(娘家)사상으로 표현한 것도 의미깊은 것이었다.

1930년대 이르러서는 정인보, 문일평, 안확 등에 의해서 민족주의 사학은 계승되었다. 정인보는 정약용의 문집인 ≪여유당전서≫를 교열하면서 역사에 관심을 보였다. 그는 1935년 동아일보에 연재한 <오천년간 조선의 얼>이라는 글에서 민족정신의 본질을 '얼'이라고 규정하였다. 문일평은 조선심과 민중을 강조하였다. 그는 조선심을 민족적 특색을 가지면서도 민중의 실생활에 도움을 주려는 마음으로 정의하였다. 또한 문일평은 일제의 남조선 경영과 만선사관을 비판하였다. 홍경래와 같은 민중을 반역아(叛逆兒)로 보면서도 그 저항을 역사발전의 원동력으로 이해하였다. 안확은 1923년에 ≪조선문명사≫를 간행하였는데, 이 저술은 민족사를 개선과 진화의 관점에서 이해한 저술이다. 이는 일제의 당파성론을 정면 대응한 것이었는데, 안확은 조선역사를 정당정치와 자치제라는 관점에서 새롭게 보려고 하였다.

이같은 민족주의 역사학은 독립운동의 일환으로 전개되었기에 민족의식을 고취하는 면에서는 큰 역할을 하였다. 그러나 영웅사관, 정신사관, 투쟁사관, 국수주의에 경도되었으며 역사학의 기본인 사료의 뒷받침 및 논리라는 측면에서는 한계를 드러냈다.

3. 사회경제주의 사학

사회경제주의 사학은 유물론에서 우리 역사를 서술한 학풍이다. 일제하 사회주의에 경도된 경제학, 사회학의 학자들에 의해서 주도되었다. 이들은 식민주의 사학의 억지와 왜곡을 비판하기 위해서 유물론의 법칙성, 발전단계라는 이론을 활용하였던 것이다. 식민사학의 몰역사성과 한국사의 특수성을 세계사적인 발전법칙성을 갖고 극복하려 하였다.

백남운은 1933년에 ≪조선사회경제사≫를, 1937년에는 ≪조선봉건사회경제사≫를 간행하였다. 그는 역사서술의 동기를 민족사에 대한 자기비판의 수행과 우리의 미래상을 전망할 수 있는 실천적인 역사관의 수립으로 보았다. 이에 그는 식민사관의 종속성, 당파성, 정체성에 대해 강하게 비판하였다. 나아가서 그는 이를 극복하는 대안으로 우리 사회를 과학적(세계적인 보편성)으로 분석할 수 있는 시각을 가져야 된다고 주장하면서 그를 유물사관이라 하였다. 이는 일원론적인(원시 공산제, 고대 노예제, 중세 봉건제, 근대 자본주의) 변증법의 역사 발전관이었다. 여기에서 봉건제 결여라는 식민사학의 논리를 비판할 수 있는 근거를 갖게 되었다.

전석담도 백남운의 이론을 지지하면서 역사과학 및 사회경제사관의 입장을 개진하였다. 1936년에 ≪조선사회사 독본≫, 1937년에 ≪조선역사독본≫을 간행한 이청원은 백남운의 입장을 지지하면서 독자적인 해석을 하였다. 그는 기존 민족주의 사학의 신비성, 정신성을 관념사관으로 비판하고 세계사적인 보편성을 주장하였다. 즉 그는 일반성과 특수성이 변증법적인 통일에 의해서만이 역사의 정당한 파악이 가능하다고 보고, 아시아적 생산양식론을 수용하여 조선사회의 구체적인 특수성을 밝히는 연구를 하였다.

그러나 사회경제주의 사학은 세계사의 보편성을 강조하는 입장에서 한국사의 사회구성체의 발전론을 기계적으로 적용하려는 한계를 갖고 있었다. 요컨대 유물사관의 법칙을 지나치게 우리 역사에 대입하려는 의욕이 넘쳐 우리 역사의 특수성을 밝혀내지는 못하였다. 그러면서도 이 흐름은 한국사의 후진성을 극복할 수 있는 이론적인 토대를 제공하였다는 점에서 일정한 기여를 하였다. 8·15해방 이후 이 학풍의 학자들은 대부분 월북하여 북한 역사학의 기초를 정비하였다. 1950~1970년대에는 이들의 저술은 이념적인 문제로 인해 남한에서 열람도 하지 못할 정도였지만, 최근에는 상당 부분 공개, 출판되었다.

4. 신민족주의 사학

신민족주의 사학은 역사학의 기본인 문헌고증을 토대로 사회경제사학의 보편적인 발전법칙을 수용하려는 안재홍, 손진태에 의해서 전개되었다. 신민족주의는 내적으로는 민주주의를 성취하여 민족을 구성하는 사회계층 간의 대립·반목을 해소하고, 외적으로는 타 민족에 대하여 자주적인 입장을 견지하려는 논리이다.

안재홍은 그의 역사서에서 신민족주의를 직접적으로 연구하지는 않았지만 그의 독창적인 민세주의가 신민족주의와 긴밀히 연결되고 있었다. 신간회 활동에 주도적이었던 그는 1930년대에 접어들어 역사학에 관심을 기울였다. 그는 조선에 고유한 것, 조선문화의 특색, 조선의 전통을 천명하여 학문적으로 체계화한 조선학운동을 선도하였다. 이 운동은 일본의 식민지 동화주의에 대응한 논리이며, 사회경제주의의 도식적 이론을 경계한 학문적인 체계였다. 나아가서는 극좌, 극우를 지양하는 중도노선의 성격이었는데, 그 대안을 민족에서 찾으려고 하였다. 이에 그는 인류의 역사는 자연 정복투쟁, 민족 생존투쟁, 국내 계급투쟁의 역사라 규정하고 국제적 현실을 고려하여 민족의 특수성을 극복해야 한다고 주장하였다. 요컨대 그는 세계사의 보편성과 민족사의 특수성을 바르게 결합하여 민족과 세계의 모순이 없는 발전논리를 모색하자는 민세주의를 주장하였다. 바로 이 주장이 신민족주의 범주에 포함되는 것이다. 그의 논리는 ≪조선상고사감≫(朝鮮上古史鑑)에서 찾아볼 수 있다.

손진태는 민속학에 깊은 관심을 갖고 있었는데 그는 지배층 중심의 봉건사관 타파를 주장하면서 동시에 자본주의적 민족주의와 계급사관을 비판하고 새로운 대안을 내놓았거니와 그것이 바로 신민족주의였다. 그는 1941년에 구상한 ≪조선민족사 개론≫의 서두에서 신민족주의 입지에서 이 민족사를 썼다고 할 정도로 그는 일제 말기부터 자신의 구상을 가다듬었다. 그는 왕실 중심적이며 귀족적인 지배계급 중심의 사관을 비판하고, 나아가서는 민족주의도 청산되어야 한다고 주장하였다. 이런 전제하에 그는 대내적으로는 민족을 구성하는 사회계급의 모순관계와 의식문제를 사회발전의 체계속에서 인식하고, 대외적으로는 우리 민족의 타민족에 대한 투쟁과 문화교류를 사회발전논리와 연결시켜 민족의 성장·발전이라는 체계속에서 전개하려고 하였다. 이는 투쟁과 화합의 양면성을 강조하는 역사인식의 표출로, 중도우파 혹은 중도좌파의 성격을 갖는다.

신민족주의 사학은 민족주의 사학의 한계성을 탈피하였고, 사회경제주의 사학의 역사인식도 수용하였다. 그런데 이 흐름은 손진태와 안재홍이 6·25때 납북되는 관계로 계승되지 못하였다. 더욱이 6·25전쟁 이후 남북한에서의 경직된 이념 대결에 의해 일제하 반식민주의의 전통과 정신은 왜곡·변질되었다는 것이 더욱 큰 문제였다.

제 20 장

해방과 대한민국 건국

제20장
해방과 대한민국 건국

제1절 해방과 미군의 진주

1. 미국의 대한정책과 미군정 수립

미국의 대한반도정책은 기본적으로 동북아시아정책의 기조 위에서 이루어졌다. 한반도는 소련과 국경을 접하고 있었으므로, 미국은 이러한 지정학적 위치를 고려하여 한반도정책을 수립하였다. 제2차 세계대전이 진행되고 있는 동안 미국은 전후에 대비한 대한정책을 수립하고 있었다. 당시 미국은 한반도에 신탁통치를 실시할 계획을 가지고 있었다.

루스벨트는 국제민간행정기구안이라는 방안을 구상하고 있었다. 이것은 주권과 시정권(施政權)을 분리하여 주권의 행사를 일반적인 국제기구(유엔)로 넘기는 한편, 미소중영 4개국에게는 감독권을 통해 한국의 내정에 개입할 수 있는 권한을 부여하는 것을 골자로 한 것이었다. 신탁통치구상은 한국의 주권과 자결권을 부인한 것으로 인식되는데, 국제적인 측면에서는 연합국의 협조노선이 반영된 것으로 이해되기도 한다.

소련은 미국의 이러한 전후구상에 소극적인 동의를 보였다. 이는 한반도에 자국에 우호적인 정부를 수립한다는 대한정책 구상에 배치되지 않기 때문이었다. 즉 소련은 한반도에서 시정담당국으로서의 기득권을 확보할 수 있으며, 이를 통해 대미협조를 통한 대일발

언권을 확보할 수 있다고 판단했기 때문이다.

이와 같은 미국의 전후구상은 여러 전시 연합국 회담, 즉 1943년 3월 루스벨트-이든 회담을 시작으로 카이로 회담(43. 11), 얄타회담(45. 2), 포츠담회담(45. 8) 등을 거치며 구체화되었다. 즉 미국은 미·영·중·소 등 4개국이 전후 한반도에 신탁통치를 실시한다는 점에 대해 연합국 사이에 원론적인 합의를 이끌어냈던 것이다.

한편, 미국의 이러한 대한정책은 전쟁 막바지 군사적 점령이라는 방안으로 급격히 변화하였다. 미국의 급격한 정책선회는 당시 급변하는 정세에 영향받은 것이기도 하기만, 이에 앞서 미국이 군사적 점령이라는 방안을 구상하고 있었기 때문에 가능한 것이기도 하였다. 미국은 1943년경부터 대일전 종식을 위한 한반도 점령을 구상하기 시작하였다. 미국은 한반도 점령을 통해 일본 본토를 점령할 교두보를 마련하거나 혹은 한반도에 대한 발언권과 기득권을 장악하려는 의도를 보였다. 그리고 전쟁이 막바지에 이르자 이러한 의도에 따라 38선을 획정하는 등 한반도 분할점령을 준비하기 시작하였다. 즉 1945년 7월 4일 합동기획참모부 링컨 준장이 한반도 분할점령 준비를 제안한 이래 미소간의 군사적전 협의를 고려하면서 38선 주변의 분할안을 구체화시켰다. 이후 8월 11일 전략기획단의 본스틸 대령과 러스크 대령이 실무적으로 38선을 획정하였다. 38선은 소련이 받아들일 수 있는 최북단에, 그리고 수도 서울을 미국 관할지역에 포함시킨다는 원칙하에 상정된 것이었다.

소련은 미국의 제안을 전격적으로 수락하였다. 소련은 전후 세계 전략의 기본원칙인 대미협조노선과 동북아 전반에 대한 발언권 확보를 위해 미국과의 타협이 가능한 공동점령을 승인한 것이었다. 미소의 이러한 합의에 따라 해방후 남북한에는 각각 미군과 소련군이 진주하여 분할점령하였다. 소련은 8월 말경 북한지역을 석권하였으며, 미군은 9월 9일 남한에 진주하였다.

진주에 앞서 미군은 포고문을 발표하여 미군에 의한 남한점령의

〈사진 20-1〉 국토와 민족의 분단을 상징하는 38선 팻말(1945)

성격을 밝혔다. 맥아더가 발표한 이 포고문은 미군의 절대적 권한을 강조하였으며, 현상유지정책을 기조로 한다는 것이었다. 또한 점령군으로서의 미군의 위상을 확실히 해두었다. 이에 따라 미군은 한반도 진주 이후 미군정 수립에 박차를 가하였다. 미군정은 38선 이남의 유일한 합법정부임을 선언함으로써 맥아더의 포고령에 입각한 절대적 권한을 확보하고자 하였다. 또한 미군 진주 이전부터 자생하고 있었던 인민공화국 등 토착권력을 무력화시키고자 하였다. 미군정은 점령군의 무력에 기반하고 있었는데, 그런 까닭에 미전술군이 한반도 남부지역 전역을 장악한 1945년 말이 되어서야 관할지역 전역을 장악할 수 있었다.

미군정의 점령정책은 현상유지를 기본으로 한 것이었다. 미군정은 조선총독부의 통치구조가 한반도 통치에 적절하다고 판단하여 관련기구를 바탕으로 군정체계를 수립하였다. 그리하여 일제 말 일제에 복무하였던 전직 관료들을 대거 미군정에 참여시켰다. 치안을 유지할 경찰조직 또한 식민지시기 경찰조직과 인력을 그대로 이용하고자 하였다. 미군정은 보수세력과의 결합을 통한 통치질서를 구축하고자 하여 한민당 관련 인사들을 통치에 적극 활용하였다. 경제정책에 있어서도 자유 시장경제 원리에 입각한 미국식 제도를 이식하고자 했다.

2. 한인 정치세력의 동향

일제말기 전세를 관망하던 민족지도자들은 일제의 패망을 예견하고 각자의 방식으로 해방 이후를 준비하고 있었다. 이 가운데 해방 이후를 가장 조직적으로 준비한 사람은 여운형이었다. 그는 1944년 8월 건국동맹을 조직하고 각 방면에 걸쳐 해방 이후를 준비하였다. 그리고 해방이 되자 건국동맹을 모체로 하여 건국준비위원회(건준)를 조직하고 붕괴된 총독부의 행정공백을 메우며 민족국가 수립을 위한 활동을 벌였다. 설립 당시 건준은 사회주의자와 비타협적 민족주의자로 구성된 연합전선적 성격을 갖는 조직이었다. 건준은 치안대를 조직하여 치안유지에 힘쓰는 한편 식량확보에 경주하는 등 시급한 행정문제를 처리하였다. 또한 각지에서 전개되는 건국사업을 체계적으로 지도하는 역할도 담당하였다.

한편, 건준은 9월초 미군진주에 앞서 조선인민공화국(인공)으로 확대개편되었다. 이렇게 된 데에는 건준에서 활동하던 공산주의자들의 입김이 크게 작용하였다. 원래 좌우 연합조직으로 출발한 건준은 점차 공산주의자들이 주요한 권력을 장악하며 급속히 좌경화하였다. 건준 내에서 지배적인 위치를 장악한 공산주의자들은 9월 6일 인민공화국 수립을 선포하였는데, 이것은 미군진주를 앞두고 정부수립을 기정사실화하여 미국으로부터 한인정부로서 인정받으려고 한 것이었다. 이때 건준은 이 문제를 둘러싸고 분열하였으며, 그 결과 안재홍을 필두로 한 비타협적 민족주의 세력이 대거 건준을 이탈하였다.

인공은 정강을 발표하여 일본 제국주의와 봉건잔재를 청산할 것,

노농대중의 생활향상을 기할 것 등을 천명하였다. 조직적인 측면에서 인공은 이승만 등 우익 거두를 정부 수반 및 각료로 임명하여 좌우연합적인 구성을 보이고자 하였다. 그러나 기본적으로 인공은 공산주의자들에 의해 장악된 조직이었으며 이후에도 우익세력은 이에 참여하지 않았다.

해방된 이후 전국 각지에서는 건준 지부가 조직되어 지방수준에서 다양한 형태로 건국활동이 전개되었다. 그리고 여러 정당들이 조직되어 정치활동에 나서기도 하였다. 먼저 정당을 설립하고 정치활동에 나선 것은 좌익세력이었다. 조선공산당(조공)은 9월 8일 창당되었는데, 미국을 진보적 민주주의 국가로 규정하는 등 낙관적인 정세인식을 보이고 있었다. 조공은 일제시기 비타협적인 민족해방운동 경력과 민중지향으로 인해 대중적 신망과 대중장악력을 획득하였으나, 분파주의와 정세인식상의 한계 등 문제점을 내포하고 있었다. 조선인민당은 건국동맹을 모체로 조직되었는데, 통일전선 결성의 매개체를 자임했음에도 불구하고 여운형 개인에게 지나치게 의존하는 한계를 보였다. 남조선신민당은 조선독립동맹 경성특별위원회의 후신으로 조직되었으며 연합성 신민주주의를 지도이념으로 하였다.

좌익세력이 조직화함에 따라 우익세력들도 정당을 조직하며 대열을 정비하였다. 한국민주당(한민당)은 1945년 9월 16일 인공타도를 기치로 설립되었다. 한민당은 대체로 보수세력을 중심으로 결성되었는데 미군정의 지원을 받아 조직을 정비하였으며, 미군정의 여당역할을 하였다. 국민당은 건준에서 이탈한 안재홍 등 온건우익세력이 결집하여 설립한 정당이었다. 국민당은 한민당에 비해 정치적으로 유연한 태도를 취하여 우익주도의 합작원칙을 견지하였다. 이승만은 귀국한 후 독립촉성중앙협의회(독촉중협)를 조직하였다. 독촉중협은 좌우익을 망라한 통합조직을 지향하였으나 점차 이승만의 정치기반으로 전락하였다. 김구를 위시한 임시정부 세력은 11월

23일 귀국 후 임정법통론에 입각하여 임정의 구성 및 노선을 인정한 위에서 합작·통일을 추구하였다.

제2절 민족국가수립을 둘러싼 갈등

1. 모스크바삼상결정과 미소공동위원회

미국과 영국, 소련 등 연합국 3국은 1945년 12월 모스크바에 모여 전후 처리문제를 논의하였다. 이 회의에서 3개국 외상은 한반도 처리문제에 대한 합의사항이 포함된 모스크바삼상결정서를 발표하였다. 이것은 소련안을 기본으로 미국안을 반영하여 작성한 것으로 한국임시정부 설립 방안을 제시한 것이었다. 이에 따르면 먼저 미·소간의 협의기구인 미·소공동위원회(미·소공위)를 설치하고 한국인과 협력하여 한국 임시정부를 수립한다는 것이다. 그리고 미·소 양국은 민주개혁과 신탁통치안에 대해 임시정부와 협의한다는 것이다.

삼상결정은 미국의 신탁통치구상에 비해 한국인의 참여를 보장하며 미·소타협을 전제로 한다는 점에서 긍정적인 것이었다. 그러나 미·소 강대국의 주도권을 전제로 하여 미·소간의 패권갈등을 제어할 수 있는 구조를 갖추지 못했다는 한계를 가지고 있었다. 즉 삼상결정은 한반도 문제에 대한 연합국 사이의 유일한 합의안이기는 했으나, 그 실현가능성은 애초부터 의문시될 수도 있는 것이었다. 삼상결정안이 국내에 전해지자 이에 반대하여 우익세력을 주축으로 반탁운동이 거세게 일어났음은 주지의 사실이다.

국내 우익세력의 격렬한 반탁운동에도 불구하고 미소는 삼상결정에 따라 미·소공동위원회를 개최하였다. 1946년 3월 덕수궁에서 시작된 미·소공위는 우호적인 분위기에서 협의를 계속하였다. 그러나 한국인 협의대상 선정문제에 대해 미·소가 이견을 좁히지 못하여 결국 결렬되었다. 1947년 재개된 미·소공위도 1차때와 마찬가지로 협의대상 선정문제로 미·소가 대립하다 끝내 결렬되었다. 소련은 반탁운동진영을 공위참여대상에서 제외하고자 하였는데, 이는 남한의 우익세력이 미·소공위에 참여하는 것을 제어하기 위한 것이었다. 이에 맞서 미국은 의사표시의 자유 및 인구비례원칙을 내세우며 소련측의 주장을 반박했던 것이다. 이 과정에서 한국인들의 의사표시는 철저히 묵살되었다.

2. 반탁운동의 전개

1945년 12월 말 모스크바로부터 날아온 삼상결정 소식은 어지러운 국내 정치를 한층 더 어지럽게 만들었다. 국내에 모스크바삼상결정 소식이 알려진 것은 ≪동아일보≫ 보도를 통해서였다. ≪동아일보≫는 삼상결정이 한반도에 대한 신탁통치 실시를 결정한 것이며, 소련의 주장에 의한 것이라고 보도하였다. 민족국가 건설을 열망하던 당시 민중들은 이러한 결정을 국민감정상 받아들일 수 없었다. 보도가 나간 후 민중들은 분노했으며, 임정을 필두로 한 우익세력은 물론이고 좌익세력들도 삼상결정에 대해 강력히 반발하기 시작했다. 그리하여 1946년 초반 남한 전역은 반탁투쟁의 열기에 휩싸이게 되었고 반소감정은 극에 달하였다.

그런데 ≪동아일보≫의 삼상결정 보도는 사실을 왜곡한 것이었다. 뒤늦게 이를 알게 된 좌익세력은 노선을 변경하여 삼상결정 지지를 천명하였으나 대세를 돌리지는 못하였다. 오히려 반탁운동의 파고에 휘말려 우익세력으로부터 민족반역자라는 비난을 받았으며 일부 지지기반을 상실하기까지 하였다.

반탁운동의 중심에는 임정이 있었다. 임정은 국민감정에 배치되는 삼상결정 내용으로 인해 일어난 민족적 분노를 자신들의 정치적 입지를 강화하는 데 이용하고자 하였다. 임정은 반탁총동원위원회를 통해 반탁운동을 지도하였으며 이를 임정봉대운동으로 유도하고자 하였다. 그리고 반탁운동의 여세를 몰아 국자 1호 및 2호를 선포하여 미군정을 제압하고자 하였다. 그러나 이러한 임정의 쿠데타 시도는 미군정의 저지로 수포로 돌아갔다.

반탁정국이라 이를만큼 강력하게 전개되던 반탁운동은 1946년 초반을 고비로 약화되었다. 이는 삼상결정에 따른 미・소예비회담의 박두와 좌익진영의 노선전환 및 우익진영의 분화 등으로 인하여 가히 폭발적이었던 초기의 반탁열기가 저하되었기 때문이었다. 반탁운동을 주도하였던 임정은 쿠데타 시도로 인해 미군정과 갈등관계에 빠지게 되었고, 미군정과의 협조를 강조하던 이승만・한민당 등은 점차 반탁운동에 대해 소극적으로 대처하였다. 김규식・안재홍 등도 좌우대립의 심화를 우려하여 반탁운동에 소극적인 입장을 취하였다.

3. 좌우합작운동의 전개

미・소공위가 결렬되자 남한의 정치지도자들은 공위 결렬의 원인이 된 좌우대립에 대해 반성하고 합작을 모색하기 시작했다. 의도는 달랐지만 미군정도 좌우합작을 추진하였다. 즉 미군정은 과도입법기구 설치를 위해 합작운동을 지원한 것이었다. 좌우합작위원회는 민주주의민족전선과 대한국민대표민주의원의 대표 10인으로 구성되었는데, 운동 자체는 우익측의 김규식과 좌익측의 여운형 등 온건세력을 중심으로 전개되었다.

좌우합작운동에 대해 공산주의자 등 극좌는 물론 한민당 등의 극우세력도 적대적인 태도를 취하였다. 공산주의자들은 좌우합작운동이 좌익세력의 분열을 획책한다는 점에서 반대하였다. 좌익측에서는 1946년 7월 삼상결정 전면지지, 북한식 민주개혁 실시, 입법의원 설치 반대 등을 내용으로 하는 합작 5원칙을 발표하였다. 이것은 조선공산당의 공세적이고 비타협적인 노선을 반영한 것으로 우익측으로서는 받아들이기 힘든 내용이었다. 이에 대해 우익측은 합작 8원칙을 발표하여 반대입장을 분명히 했다. 우익측은 미소공위 재개에 동의하면서도 신탁문제에 대해 유보적인 입장을 보였다. 기본적으로 한민당 등 우익측은 공산주의자들과의 합작은 있을 수 없다는 점에서 합작운동에 적대적인 태도를 취했던 것이다.

이러한 가운데 좌우합작위원회는 독자적인 합작 7원칙(1946. 10. 7)을 발표하고 입법위원 구성에 적극적으로 개입하는 등 활동을 계속하였다. 합작 7원칙은 좌우측 합작안에 대한 절충안으로 삼상결정에 의한 정부수립과 미・소공위 재개를 명확히 규정하였다. 합작위원회는 토지개혁에 대해서도 유상몰수 무상분배를 주장하였으며 입법의원 구성에 대해서도 적극적이었다.

좌우합작운동은 본래의 취지와는 달리 정치세력의 분화가 가속화되면서 중도우파세력의 결집체로 축소되었다. 이것은 중도좌파세력이 합작운동에서 탈락한 데에서 비롯되었다. 이들은 미군정이 합작운동에 적극 개입하여 입법의원 구성을 발표하고 개혁을 거부한 것에 대해 비판하며 합작위원회를 이탈하였다. 이로써 좌우합작운동은 김규식 등 중도우파가 주도하고 일부 중도좌익을 아우르는 중간파를 형성하는 것으로 귀결되었다.

제3절 한국문제 유엔이관과 대한민국 정부수립

1. 한국문제의 유엔이관

1947년 제2차 미・소공동위원회가 결렬되자 미국은 한국문제를 유엔으로 이관하고자 하였다. 미국은 한반도문제 처리에 있어서 소련과의 타협에 의해 해결하고자 하였다. 그러나 미·소공위가 결렬되자 미·소타협이 불가능함을 인정하고 국제기구인 유엔을 통해 한국문제를 해결하고자 하였다. 이를테면 미국은 유엔감시하 남북총선거를 통한 한국문제 처리를 제안한 것이었다. 이것은 냉전질서가 강화되는 상황에서 미국측의 압도적 우위를 보장하는 유엔에 한국문제를 이관함으로써 자국의 의도를 관철시키고자 한 것이었다.

그런데 이러한 미국측 제안은 남북분단에 대한 책임을 회피하기 위해 제시된 것으로 보인다. 미국은 남북총선을 통한 통일정부 수립을 주장했으나, 실제로는 소련의 반대를 예상하고 있었다. 소련이 반대한다면 전한국의 총선은 불가능하게 될 것이고, 만약 그렇게 되면 남한만의 단독정부를 수립하고자 했던 것이다.

미국이 한국문제를 유엔으로 이관하려고 하자 소련은 미소양군 동시철수안으로 맞섰다. 즉 한반도에 주둔하고 있던 미·소 양군이 동시에 철수하고 한국문제는 한국인들 자신에게 위임하자는 것이었다. 소련의 입장에서 미국의 우위가 예상되는 유엔으로의 한국문제 이관은 받아들일 수 없었다. 대신 한국문제를 한국인들에게 맡김으로써 북한 민주기지의 안정성에 대한 자신감을 바탕으로 미국의 영향력을 약화시킬 수 있다고 생각했던 것이다. 이러한 측면에서 소련측 제안은 한국인의 자주성을 보장하는 긍정적인 면이 있기는 했으나, 실제로는 미국의 반대를 예상하고 북한의 독자적인 정부수립의 정당성을 강화하려는 의도를 내포한 것이었다.

결국 한국문제는 미국의 의도대로 유엔으로 이관되었다. 그리고 유엔은 1947년 11월 14일 총회에서 유엔감시하 남북총선을 통한 독립국가 건설안을 결정하였다. 이에 따라 유엔은 총선감시를 위한 유엔조선임시위원단(유엔조위)을 구성하여 한국에 파견하였다. 이와 같은 유엔의 결정에 대해 소련과 북한측은 유엔조위의 입국을 거부하였다. 북한입국을 거부당하자 유엔조위는 남한단선을 통한 정부수립, 남한단선을 통해 통일정부 수립을 위한 남한측 협의체 구성, 남북협상 지원 등 세가지 방안을 유엔에 제시하였다. 이에 대해 유엔은 소총회에서 가능한 지역에서의 총선 실시를 결정하였다. 결국 남한 단독정부 수립이 기정사실화된 것이었다.

2. 단정반대세력의 결집과 남북협상

미·소공위 결렬과 뒤이은 한국문제 유엔이관으로 분단이 가시화되자 이에 반대하는 정치세력이 결집하기 시작하였다. 좌우합작운동으로 세력화된 중간세력은 김규식을 중심으로 한 민족자주연맹(민련)으로 결집하였다. 민련은 중도우파의 주도하에 중도좌익세력을 망라한 조직이었다. 그러나 공산주의자는 배제되었다. 민련은 지식인과 엘리트를 중심으로 구성되었는데, 이러한 구성요소 때문에 대중운동보다는 정치협상과 대중계몽에 주력하였다. 이에 앞서 중간좌파들은 여운형을 중심으로 근로인민당을 결성하고 세력기반을 확대해가기 시작했다. 그러나 여운형 암살로 구심점을 잃은 후 표류하는 인상을 주었다. 이들 중간정당 및 단체들은 단독정부 수립을 저지하고 남북총선을 이루기 위해 남북협상을 추진하였다. 그러나 이 과정에서 중간파는 유엔의 역할에 대한 입장차이로 이견을 보였다. 대체로 중간좌파는 유엔배제의 입장을 취한 반면, 중도우파는 유엔과의 협조가능성을 열어두었다. 나아가 김규식 등 민련 내 중도우파세력은 남북총선을 목표로 하면서도 경우에 따라서는 남한단선도 수용할 수 있다는 입장을 보였다.

임정이 주도하여 각 정치세력을 통합한 각정당협의회도 남한 단정수립에 비판적인 태도를 보였다. 각정당협의회는 남북총선·남북협상에 동의하는 남한 내 각 정파가 결집한 것으로, 임정계열·민족자주연맹·5당캄파가 주축이 되었다. 각정당협의회는 자신들이 총선거의 주체 혹은 주도세력이 되고 이를 기반으로 남북총선을 논의하기 위한 남북협상을 추진하고자 하였다. 각정당협의회 결성은 조소앙이 주도적인 역할을 하면서도 임정세력의 남북총선 구상의 일환으로 인식되었다. 따라서 남북협상 등에 대한 목표와 방안 등에서 이견을 보여 결국 와해되었다.

한편, 좌익세력은 소련의 입장에 동의하여 미·소동시철군 후 남북총선을 통한 통일정부 수립을 주장하였다. 이들은 남한 단독정부 수립에는 반대하면서도 북한의 독자정권 수립은 통일정부 수립의 준비사업이라고 인식하였다. 중간파의 남북협상론에 대해서는 유엔개입가능성을 들어 적극적으로 연대하지는 않았다. 이들 좌익세력은 2·7파업과 4·3사건 등 무력항쟁을 불사하며 남한단정수립 추진에 격렬하게 반대하였다.

유엔조위의 결정에 따라 남북분단이 가시화되자 김구 및 김규식은 통일정부 수립을 위한 남북협상을 제안하였다. 김구는 유엔조위에 제출한 의견서에서 미·소철군 후 남북지도자회의, 그리고 남북총선에 의한 통일정부 수립을 주장하였다. 그리고 유엔의 역할에 대해서는 미·소철군 후의 치안유지, 유엔감시하의 전국총선 추진, 남북협상 지원 등으로 규정하였다. 이어 김구와 김규식은 남북 요인간의 정치회담을 북한측에 제의하였다. 이에 대해 북한측은 유엔이 남한 단독선거를 결정하자, 독자적인 정부수립을 유보하고 남북연석회의를 제안하였다. 북한측의 제안은 요인회담이 아닌 각정당사회단체 대표자연석회의를 추진하는 것이었다. 북한측의 제의에 대해 남한의 좌익세력은 환영을 표하며 대거 연석회의에 참가하였다. 우익세력 중에는 중도우파와 임정계열이 참여하였다.

남북연석회의의 결정사항은 4김회담과 지도자협의회를 거쳐 최종확정된 <공동성명서>를 통해 발표되었다. 공동성명서는 미·소양군 철수, 내전방지 확인, 전국총선에 의한 통일정부 수립, 남한단정단선 반대 등을 담고 있었다. 남북연석회의는 민족통일원칙에 합의했다는 점에서 의의가 있다. 즉 민족자주의 입장에서 제반 정치세력이 참여하는 전국적인 보통선거를 실시하여 통일정부를 수립하자는 것이다. 그러나 이 연석회의는 북한 당국에 의해 정권수립의 정당성 확보에 이용되었다. 북한당국은 회담에서 합의된 사항을 이행할 의지가 없었던 것이다.

3. 대한민국 정부수립

임정계열 및 중간파와 좌익세력이 남북협상에 임하는 동안 남한에서는 단정수립을 위한 준비가 진행되었다. 그 첫단계는 5·10 총선 실시였다. 유엔조위는 제헌국회를 구성할 선거를 5월 10일 실시하기로 결정하고 이를 준비하기 시작했다. 5·10총선에는 이승만과 한민당 등 우익세력이 대거 참여하였으며, 조봉암을 비롯한 일부 양심세력도 참여하였다. 이승만 등이 일찍부터 단정수립을 주장해 온 것을 감안한다면 당연할 결과였다. 반면 남북연석회의 참여세력은 선거에 참여하지 않았다. 이들과 더불어 안재홍 등 일부 민족주의계열도 선거에 불참하였다. 선거 결과 이승만 등 우익세력이 압

〈사진 20-2〉 대한민국의 정부수립 축하식(1948. 8. 15)

도적으로 당선되었다.

5·10선거 결과 구성된 제헌국회는 헌법을 제정하고 대통령을 선출하는 등 국가수립을 위한 활동을 전개하였다. 극우세력이 압도적인 다수를 차지한 제헌국회에서 이승만이 대통령으로 선출되었다. 그리하여 1948년 8월 15일 해방된 지 3년만에 대한민국정부가 수립되었다. 유엔조위는 남한 단선의 정당성을 승인하였으며, 유엔총회는 대한민국을 유엔이 접근할 수 있었던 지역에서 총선을 통해 수립된 합법정부로 승인하였다. 남한에 단독정부가 수립되자 북한도 정권수립을 서둘러 9월 조선민주주의인민공화국 수립을 선포하였다.

제 21 장

독도, 한민족의 상징

제21장
독도, 한민족의 상징

제1절 역사적으로 본 독도

1. 신라시대

독도가 한국의 영토로 된 최초의 기록은 서기 512년까지 거슬러 올라간다. 그것은 삼국시대의 우산국이 신라에 편입되면서부터이다. 이에 대해 『삼국사기』 지증마립간조에는 "13년 6월에 우산국이 귀복하고 해마다 토산물을 바치게 되었다. 우산국은 명주의 정동에 있는 바다 가운데의 섬으로 울릉도라고도 이름하는 데, 그 지방은 100리로 사람들이 험한 것만 믿고 굴복하지 않으므로 이사부를 하슬라주의 군주로 삼아 이를 복속시키게 하였다"라고 하였으며, 『삼국사기』 열전 중에 이사부조에도 이와 비슷한 내용의 글이 있다.

이러한 한국의 기록에 대해 일본은 『삼국사기』가 한국에서 가장 오래된 문헌으로 1145년에 기록되있으므로 부정확하다고 주장하고 있다. 또한 512년의 조에 '우산국'이라는 이름이 나오는데, 한국은 우산국에는 울릉도와 우산도의 두 섬이 포함된다고 주장하지만 우산도를 지금의 독도로 한다면, 왜 이 무인도가 사람이 살 수 있는 울릉도보다도 우선되어 우산국이라는 국명이 붙여져야 하는 것인가에 대해 이러한 한국의 해석에는 무리가 있다고 문제를 제기하고 있다.

2. 고려시대

울릉도와 독도에 대한 지리적 인식이 확인되었다. 정부는 이를 행정구역에 편입시키고, 관리를 파견하여 지형과 물산을 조사하였다. 이와 관련하여 『고려사』 지리지 '강원도 울진현 조'에서는 "울릉도는 동해 한가운데 있으며, 신라시대 호칭은 우산국이다. '무릉' 또는 '우산'이라고 하기도 한다. 일설에 의하면 우산과 무릉이 본래 두개의 섬으로 거리가 멀지 아니하여 청명한 날에는 서로 바라볼 수 있다"라고 기록하고 있다.

앞서와 마찬가지로 일본은 같은 『고려사』 지리지의 구절에 대하여 울릉도에서 92km 떨어진 독도를 육안으로 보는 것은 불가능하므로 한국의 주장은 틀린 것이라고 주장하고 있다.

3. 조선시대

1) 조선초기의 공도정책

조선에 이르러 동해안의 백성들은 울릉도에 건너가 농업과 어업에 종사하였다. 그러나 군역·부역을 피하여 울릉도에 들어가는 백성들이 증가하자, 태종은 왜구의 침략을 불러들일 위험이 있지 않을까 하여 울릉도에 대한 공도정책을 정식으로 채택하였다. 태종은 1416년 전만호, 김린우(삼척 사람)를 안무사로 울릉도에 파견하여 입도 거주하는 백성들을 데려오게 하였다. 그러나 이듬해 안무사가 울릉도에 가서 15호 86명의 백성들이 거주하고 있음을 확인했으나, 안무사가 설득하여 데려 온 것은 겨우 3명에 불과하였다. 태종은 공식적으로 공도정책을 채택하여 울릉도에서의 거주를 원칙적으로 금하였으나, 그럼에도 불구하고 백성들은 군역과 조세의 부담을 피하여 상당수가 울릉도에 들어가서 생활한 것이었다. 세종도 태종의 공도정책을 계승하였으나, 그는 울릉도와 우산도 등이 조선영토임을 다시 한 번 명확히 하였다.

이와 관련하여 일본은 공도정책은 독도를 제외한 울릉도에만 한하는 정책이라고 본다. 즉 울릉도 주민의 생활권을 울릉도에 한정한 것이다. 즉 조선조정의 일본어부의 울릉도 도해 금지에 관한 회답문서(안용복의 1차도일 후의 회답문서)는 마쓰시마(송도-그 당시 일본에서 독도를 칭하는 단어)란 문자가 없으므로 독도에는 해당되지 않는다고 주장하고 있다.

2) 안용복의 독도수호활동

조선은 울릉도에 대한 공도정책을 실시했는데, 울릉도・독도 연해에는 수산 자원이 풍부하므로 동해・남해안에 거주하는 어부들이 몰래 고기잡이를 나갔다가 돌아오는 일이 많았다. 안용복은 1693년 울산 어부 약 40명이 울릉도에 고기잡이를 하러 나갔다가 일본 오오타니(大谷) 가문에서 보낸 일본 어부들과 충돌하게 되었다. 이때 울릉도가 조선 영토였으므로 일본 어부들의 침입을 힐란하다가 안용복은 박어둔과 함께 납치되어 일본으로 잡혀갔다.

이때 호키주(百耆州) 태수와 에도 막부에게 울릉도가 우리 땅임을 주장하고 대마도주(對馬島主)가 조선과 일본 사이에서 쌀의 두량(斗量)과 베의 척(尺)을 속이는 등 중간에 농락이 심한 것 등을 밝히고, 막부로부터 울릉도가 조선영토임을 확인하는 서계를 가지고 오는 도중에 나가사키(長崎)에서 대마도주에게 그 서계를 빼앗겼다. 대마도주는 울릉도를 차지할 계획으로 다케시마(竹島) 문서를 위조하여 같은 해 9월 차왜(差倭)를 동래에 보내어 안용복을 송환하는 동시에 예조에 서계를 보내어 조선의 어민이 일본영토인 다케시마에서 고기잡는 것을 금지시켜달라고 요청하였다. 당시 좌의정 목내선(睦來善)과 우의정 민암(閔黯)이 무사주의의 외교정책을 취하여, 비워둔 땅으로 인하여 왜인과 평화를 깨뜨리는 것은 좋지 않은 계책이라 하고 멀리 떨어진 섬에 왕래를 금지하는 조선정보의 공도정책(空島政策)에 일본도 협조할 것을 권하는 예조복서(禮曹覆書)를 작성하여 동래의 일본사신에게 보냈는데, 그 내용에서 울릉도가 우리의 영토임을 분명히 밝혀두었다.

그런데 이듬해인 1694년 8월에 대마도주는 다시 사신을 보내어 예조복서를 반환하면서 울릉도라는 말을 빼고 다시 작성해줄 것을 요청하였다. 이때 영의정 남구만(南九萬), 우의정 윤지완(尹趾完)이 강경한 태도로 삼척첨사로 하여금 울릉도를 조사하게 하고 접위관을 동래에 보내어 오히려 일본이 남의 영토에 드나든 무례함을 책하는 예조서계를 차왜에게 전달하였다.

1696년 봄에 안용복은 다시 10여 명의 어부들과 울릉도에 출어하여 마침 어로중인 일본어선을 발견하고 송도(松島)까지 추격하여 우리의 영토에 들어와 고기를 잡는 침범사실을 문책하였다. 또 울릉우산양도감세관(鬱陵于山兩島監稅官)이라 자칭하고 일본 호키주에 가서 태수에게 범경(犯境)의 사실을 항의, 사과를 받고 돌아왔다. 나라의 허락 없이 국제문제를 일으켰다는 이유로 조정에 압송되어 사형까지 논의되었으나 남구만의 간곡한 만류로 귀양을 보냈다. 이듬해인 1697년 대마도에서 자신들의 잘못을 사과하고 울릉도를 조선땅으로 확인한다는 통지를 보냈으나 안용복의 죄는 풀리지 않았다. 그의 활약으로 철종시대까지는 울릉도에 대한 분쟁은 없었다.

3) 대한제국 시대

1900년 10월 25일 발표된 대한제국 칙령 제41호는 일본인들의 울릉도에 대한 불법침입과 삼림벌채가 심각해지자 발표되었는데, 제2조는 울릉군수의 관할 구역을 “울릉의 모든 섬과 죽도, 석도를 관할할 사”라고 했다. 이는 조선시대 공도정책의 폐기라 볼 수 있다. 그러나 이러한 대한제국의 적극적인 동해 도서지방 개척노력은 1905년 굴욕적인 을사보호조약의 강압적 조인과 함께 그 빛을 잃어버리고 만다.

일본은 이와 관련하여 울릉도 해안에는 여러 돌섬이 있으므로 이 칙령의 '석도'가 '타케시마(竹島)'이기 위해서는 어떠한 증명이 필요하며, 만약 이 칙령의 석도가 죽도라 할지라도 법령에 울릉군의 관할구역으로 규정된 한 가지 사실만으로 이 섬이 한국의 영유라고 할 수는 없다는 입장이다.

제2절 외국지도에 나타난 독도

1. 프랑스

프랑스에서는 1787년 5월 27일 해군대령 라페루주(Jean Francois Galaupe de Laperouse 1741-1788)백작이 부솔(Boussole)호 등의 군함 2척을 이끌고 제주도와 울릉도 해안을 측량하였다. 특히 울릉도는 동승한 프랑스 육군사관학교 교수이자 수학자·천문학자인 다즐레(Dagelet)가 가장 먼저 발견하여 그의 이름을 따 울릉도를 다즐레섬(Dagelet Islands)라고 명명하였다. 1849년 1월 27일에는 프랑스의 포경선 리앙쿠르(Liancourt)호는 포경어로활동을 하던 중에 독도를 발견하게 되고 배의 이름을 따서 리앙쿠르 바위섬(Liancourt Rocks)이라 명명하고, 이것이 독도가 서양에 의해 재발견되는 첫 빈째 시례였으며, 이후 리앙쿠르트 바위섬은 서양에서 독도를 칭하는 대표적 명칭이 되었다.

이러한 프랑스 군함과 포경선의 울릉도·독도에 관한 사항들은 프랑스 해군의 수로지와 항해지침서에 기록으로 남아 있다.

2. 러시아

1854년 4월 6일에 러시아 함정 팔라스(Pallas)호가 동해안을 탐사하던 중에 독도를 발견하게 된다. 이때 러시아 함대의 함장은 푸차친(Putyatin)제독이었으며, 그의 함대는 소형군함 메넬라이(Menelai)와 올리부차(Olivoutza)호에서 동도와 서도를 발견하자 배의 이름 따서 메넬라이(동도), 올리부차(서도) 바위섬이라 명명하였다.

3. 영국

1855년 8월 25일 영국의 중국함대 소속의 기선인 호넷트(Hornet)호가 동해를 항해 중에 독도를 발견하고 이를 호넷섬으로 명명하였다. 그러나 호넷섬은 프랑스가 발견한 리앙쿠르섬이므로 1880년대 이후에는 리앙쿠르섬으로 불렸다.

제3절 일본의 독도영유권론

1. 일본 정부의 주장

일본 정부가 독도를 자신의 영토라고 주장하는 근거는 1905년 2월 22일자 시마네현의 고시다. 일본정부는 "다케시마(죽도)를 본현의 소관 아래 편입한다"는 이 고시를 1906년 4월 대한제국정부에 통보했다. 독도가 일본의 고유영토이며, 자신들이 선점했다는 일본의 주장은 여기서 출발한다. 당시는 이미 외교권을 박탈당한 상태에 있었기에 아무 대항도 할 수 없었다. 이에 앞서 17세기 말 조선조의 안용복이 독도에서 불법 어로를 하던 왜선단을 쫓아내고 국토 침입 사실을 시인 받았으나, 일본은 도쿠가와 막부시대부터 자신들이 독도를 경영해 왔다며 안용복이 자신들을 강제 퇴거시켰다고 주장하고 있다.

일본은 우익단체 등에서 독도영유권을 주장해왔으나 1970년대 후반부터는 총리와 외무장관 등 당국자가 나서 공식·비공식 발언을 통해 독도영유권을 주장하기 시작했다. 1977년에는 후쿠다 다케오 총리가, 84년엔 아베 신타로 외무장관이 각각 독도가 일본 땅이라는 망언을 했고, 1993년 한-일 외무장관 회담에서는 일본의 무토 장관이 "독도는 역사적으로나 국제법상으로나 일본 영토임에도 한국이 점령하고 있어 극히 유감"이라고 말해 외교 분쟁으로 비화되기도 했다.

1996년 2월에는 이케다 외무장관이 '독도는 국제법상 일본영토이며 한국 정부가 이곳에 접안시설을 건설하는 것은 주권침해'라고 망언을 하였고, 10월에는 하시모토 히로시 일본 외무성 대변인이 정례 기자회견에서 '분명히 독도는 우리 영토이며 이 같은 사실은 변함이 없다'라는 발표를 했다.

1992년 4월에는 일본 극우단체인 '대일본정의국수회' 행동대원 2명이 한국영사관에 들어와 "다케시마(죽도의 일본말·독도)는 우리 땅"이라며 난동을 부리기도 하였다. 심지어는 해상보안청 소속 무장 순시선이 독도 영해를 넘나들고 비기의 공중시위도 자행되고 있다. 집권 자민당은 최근 선거공약과 정책지침에까지 공공연히 독도 영유권주장을 포함시키는 등 독도문제를 수면 하의 영토문제에서 '수면 위의 영토분쟁'으로 부상시키고 있다.

2. 일본이 독도를 노리는 이유

1) 장기적인 전략에 바탕을 둔 외교적 대처법

한국 정부가 실효적으로 지배하고 있는 한, 지금 당장은 독도를 어떻게 할 수 없겠지만 틈나는 대로 문제를 제기해 놓음으로써 외교적인 기록을 남겨 두자는 속셈이다. 그렇게 함으로써 독도가 한·일간의 영유권 분쟁 지역이라는 인식을 국제사회에 확산시키고 나중에 언젠가 국제 정세가 일본 정부에게 유리하게 돌아가는 날이 오면 본격적인 외교 분쟁을 벌일 수도 있으리라는 계산이다.

2) 독도 문제를 센카쿠 제도와 쿠릴 열도 남단 도서 문제와 연결시키려는 의도

독도 문제를 센카쿠 제도(중국명 釣魚島 : 현재 일본이 점령 중)와 쿠릴열도 남단 도서(일본식으로는 북방 4개 섬 : 현재 러시아가 점령 중) 문제와 연결시키려는 의도가 있다는 것이다. 일본 정부는 현재 센카쿠 제도를 놓고 중국·대만과 쿠릴열도 남단 도서를 놓고서는 러시아와 영토 분쟁을 벌이고 있다. 따라서 독도 문제에 강경한 입장을 보임으로써 다른 두 건의 분쟁 상대방에게 시위 효과를 거둘 수 있다는 것이다.

3) 배타적 경제 수역 설정을 위한 협상에서 유리한 위치 선점

200해리 배타적 경제수역의 설정은 현재 세계적인 추세가 되어가고 있으며, 멀지 않은 장래에 한국 정부와 일본 정부는 그 경계를 설정하기 위한 구체적인 '선긋기' 협상을 벌이게 될 것이다. 이 협상에서 일본은 '독도'를 하나의 협상 도구 내지는 자신들에게 유리한 어떤 변수로 활용하려는 의도를 품고 있다는 분석이다.

4) 군사적 가치

1905년 러일전쟁의 최후를 장식한 이른바 '동해의 대해전'에서 독도의 군사적 가치는 유감없이 발휘되었다고 한다. 당시 일본은 한국령 독도를 일본령 '다케시마'로 개명하며 시마네현 은기도(隱岐島)의 소관으로 1905년 1월 28일에 일본내각회의 결정으로 독도를 강제적으로 일본령으로 편입하였으며, 1905년 8월 19일에는 독도에 망루를 준공하였기에, 막강한 러시아 해군을 물리칠 수 있었다. 따라서 일본 정부는 독도에 통신기지를 구축하여 전략적 기지로 만들어, 이 곳 관측소에서 러시아의 태평양함대와 북한 해·공군의 이동상황을 손쉽게 파악하여 동북아 및 국가안보에 필요한 군사정보를 수집하려고 하는 것이다.

5) 어장으로서의 가치

북쪽에서 내려오는 북한한류와 남쪽에서 북상하는 대마난류계의 흐름들이 교차하는 해역인 독도주변해역은 플랑크톤이 풍부하여 회유성 어족이 풍부하기 때문에 좋은 어장을 형성하고 있다. 어민들의 주요 수입원이 되는 회유성 어족인 연어, 송어, 대구를 비롯해 명태, 꽁치, 오징어, 상어가 주종을 이루고 있으며, 해저암초에는 다시마, 미역, 소라, 전복 등의 해양동물과 해조류들이 풍성히 자라고 있다. 이처럼 어장으로서의 가치가 높은 지역이기 때문에 독도의 영유권을 주장하고 있는 것이다.

6) 지하자원의 가치

독도주변 해역에 천연 가스층이 존재한다. 1997년 12월 러시아과학원소속 무기화학 연구소에서 연구중인 경상대 화학과의 백우현 교수는 연구소장 쿠즈 네초프(Kuznetsov)로부터 '한국의 동해바다 한 지점에 붉은색으로 하이드레이트 분포 추정지역임을 분명히 표기하고 있는 지도'를 선물로 받았다. '하이드레이트'란 메탄이 주성분인 천연가스가 얼음처럼 고체화된 상태로서, 기존 천연가스의 매장량보다 수십배 많은데다가 그 자체가 훌륭한 에너지 자원이면서도 석유자원이 묻혀 있는지를 알려주는 '지시자원'이라고 한다.

지금까지 일본이 한국의 영토인 독도를 자기네들 땅이라고 우겨온 중요한 이유가 동해상의 풍부한 해양자원 확보를 염두에 둔 전략이라는 것임을 보여주는 대목이다. 일본은 하이드레이트층에 대한 매우 축척된 탐사자료를 통해 1999년 11월에는 난카이 해구에서 시험생산체계에 돌입한다고 한다.

제4절 독도분쟁의 내용

1. 1905년 시마네현 강제 편입사건

러일전쟁 직후 시마네현에 거주하는 어업가(요시사부로)가 독도에서 물개등의 어로 독점권을 조선정부에 얻으려 하자, 일본 해군성 수로부장이 이를 불러 독도는 무주지로 단정하고 청원서를 일본정부에 낼 것을 종용하였다.

그리하여 일본정부는 1905년 1월 28일 요시사부로의 청원서를 승인하는 형식으로 독도를 일본령으로 하는 각의의 결정을 내렸고, 시마네현은 1905년 2월 22일 현고시 제40호로 독도를 편입하였다. 이와 관련하여 일본은 '무주지'였던 독도를 이전에 일본 어부들이 독도 주변에서 어업활동을 했다는 것으로 '역사적 권원'을 주장하기도 하는데 이는 국제법상 '무주지'인 독도를 1905년에 선점하였다는 주장과 국제법적 논리상 서로 모순된다. 또한 선점의 의사는 대외적으로 표시되어야 하나 일본의 편입조치는 대외적으로 표시하지 않았다.

후에 해방 직후 한국의 정치지도자들은 일본이 1905년 독도의 영유권을 선포한 것을 알고 있었지만 이 선언을 불법적인 것으로 간주하였다. 따라서 독도의 영유권 문제를 제기하지 않았던 것으로 보인다.

2. 제2차 세계대전 연합국의 카이로 선언 등

1) 카이로 선언

일본으로부터 한국의 분리와 독립이 국제적으로 처음 공약된 것은 1943년 11월 27일 '카이로 선언'이다. 이 선언에서는 "미국, 영국, 중화민국 등 3국은 한국민의 노예상태에 유의하며 적당한 경로를 통해 한국을 자유 독립 국가로 할 결의를 한다"고 규정하였다. 또한 "일본은 또 폭력에 의하여 약취한 기타의 모든 지역을 반환한다"고 하였다. 이로써 한국은 미국, 영국, 중화민국의 3개국에 의하여 일본으로부터의 해방과 독립이 약속되었다.

2) 포츠담 선언

1943년 7월 26일에 미국, 영국, 중화민국 등 3개국에 의하여 포츠담 선언이 발표되었으며, 이 선언에서는 일본의 항복조건이 상세하게 규정되어있다. 이 선언 제8항에서는 "카이로 선언의 제조항은 이행되어야 하며 또 일본의 주권은 혼슈, 홋카이도, 규슈, 시코쿠 및 우리들이 결정하는 제소도에 국한된다"고 규정하고 있다.

3) 양 선언의 의미

카이로 선언은 미국·영국·중국의 3대 연합국의 공동선언이며 따라서 그 자체가 처음부터 일본을 구속한 것은 아니었다. 그러나 포츠담 선언 제8조에 흡수되어 일본을 구속하는 문서가 되었다. 또한 포츠담 선언도 그 자체로는 4대 연합국의 공동선언에 불과하여 당시 일본에 대해서 구속력을 가진 것은 아니었으나, 일본은 1945년 8월 15일 포츠담 선언을 무조건 수락한다고 선언하여 항복했고, 같은 해 9월 2일에는 이것을 성문화하여, "1945년 7월 26일 포츠담에서 미국·중국·영국의 정부 수뇌들에 의하여 발표되고 그 후 소련에 의해 지지된 선언에 제시한 조항들을 수락한다. 우리는 이후 일본정부와 그 승계자가 포츠담선언의 규정을 성실히 수행할 것을 확약한다"고 성문화된 항복문서에 조인함으로써 양 선언은 일본에게 구속력을 갖게 된 것이었다.

3. 연합군 최고사령부의 패전국 일본에 대한 지령 (SCAPIN: Supreme Commander Allied Powers Instruction)

일본이 연합국에 패전한 직후, 일본 정부에게 연합군 최고사령부는 1946년 1월 29일 '약간의 주변지역을 정치상·행정상 일본으로부터 분리하는 각서'(Government and Administrative Separation of Certain Outlying Areas from Japan: 통칭 SCAPIN 제677호)를 발표하고 일본 정부에 지령하였다. 그 내용은 일본의 종래 식민통치 영역에 대한 주관적 관할을 분리하는 조치로서 일본의 통치·행정적 관할이 배제되었던 부분들과 일본어선의 활동범위를 제한하는 조치를 내렸다.

특히, 연합군 최고사령부는 1946년 6월 22일 SCAPIN 제1033호에서 일본인의 어업 및 포경업의 허가구역을 설정(이른바 맥아더 라인-MacArthur Line)하여 일본인의 선박 및 승무원은 금후 독도와 독도의 12해리 이내 수역에 접근하지 못한다고 지령하였다. 이것은 독도가 한국 영토이므로 일본의 어부와 선박들은 접근하지 못한다고 선포한 것으로 해석된다.

이 SCAPIN 제1033호는 대한민국 정부가 수립된 1948년 8월 15일 이후 대한민국에 독도영유권이 완전히 인계되어 대한민국 주권이 독도에 행사된 이후 약 1년여가 지난 1949년 9월 19일 SCAPIN 제2046호에 의해 폐지되었다. 그러나 연합국 최고사령부는 1952년 해체될 때까지도 SCAPIN 제677호는 전혀 수정하거나 폐지하지 않았다.

4. 샌프란시스코 강화조약

1951년 있었던 샌프란시스코 조약은 연합국과 일본 간의 다자조약이나 그 내용에 한반도와 한국의 지위에 관한 중요한 조항이 있으므로 독도의 영유권 귀속을 판단함에 있어 중요한 문서이다. 샌프란시스코 조약 제 2조는 패전 일본의 영토 처리에 관한 조항이며 동조문의 (a)항은 "일본은 한국의 독립을 승인하고 제주도, 거문도, 울릉도 등을 포함한 한국에 대한 모든 권리, 권원 그리고 청구권을 포기한다"고 규정하였다.

이 조약과 관련하여 1947년 3월 20일에 성안한 제1차 미국 초안에서는 "일본은 한국·제주도·거문도·울릉도·독도(리앙쿠르암, 죽도)를 포함하여 한국 연안의 모든 보다 작은 섬에 대한 권리 및 권원을 포기한다"라고 하여 '독도가'분명히 포함되어 있었다. 그러나 제6차 미국초안(1949년 12월 29일 성안)부터는 '독도'의 이름이 빠지게 되고 오히려 일본측 부속령으로 수정하여 옮기게 된다.

그 이유는 당시 일본정부 고문이었던 시볼드(W.j.Sebald)가 일본정부의 사주로 미국정부에 로비를 하게 되는데, 그 대표적 문서가 시볼트가 1949년 11월 14일 미국의 국무부에 '리앙쿠르암에 대한 재고'를 요청한 전보이다. 그는 전보에서 독도를 일본의 영토로 표기하는 것이 미국의 국가이익(안보적 차원에서의 기상·레이더 기지의 설치)에 부합된다고 하였으며, 미국정부는 이를 타당하게 여겼기 때문이다.

그러나 제6차 초안은 뉴질랜드·호주·영국 등 연합국 일부가 반대하고 영국이 독도를 일본 영토에서 제외하여 한국영토에 포함시킨 독자안을 추진하였고, 한국의 거센 반발 등으로 인하여 미국은 결국 최종안에서 독도를 일본 영토 인에 포함하는 문장과 조항은 삭제해 버렸고, 일본이 포기하는 영토의 조항에서도 독도를 삭제하여 애매모호하게 독도 영토귀속 문제를 다루지 않고 넘어가게 되었다.

5. 1952년 이승만 대통령의 평화선 선언

1952년 이승만 대통령이 우리 나라 연안수역 보호를 목적으로 선언한 해양주권선을 평화선이라 한다. 이승만의 주장에 따라 선포하였다 하여 '이승만 라인' 또는 '이라인(Lee line)'이라고도 한다. 이 평화선은 해안에서부터 평균 60마일에 달하며, 이 수역에 포함된 광물과 수산자원을 보존하기 위하여 설정한 것으로, 어업기술이 월등한 일본과의 어업분쟁의 가능성을 사전에 봉쇄하고 공산세력의 연안침투방지는 물론, 세계 각국의 영해확장 추세에 대처하기 위한 정책적인 배려에서 선언되었다. 초기에는 '어업보호수역안'으로 국무회의에 상정된 것을 당시의 대통령 이승만이 확대수정하게 하여 같은 해 1월 18일 '인접해양에 대한 대통령의 주권 선언'으로 의결을 거쳐 국무원 공고 제14호로 선포하였다. 이 선언에서 독도는 당연히 평화선 안의 우리의 영토로 규정되었다.

이는 미국의 트루먼 대통령이 1945년 9월 28일 <보존수역에 관한 선언>과 <대륙붕의 지하 및 해저의 천연자원에 관한 미합중국 선언>을 한 이래 모든 연안국은 <보존수역>과 <대륙붕>을 선언할 수 있다는 국제관행을 따른 것이었다.

6. 1965년 한일어업협정

한일 어업협정의 적용범위는 독도의 영유권 문제를 근본적으로 해결하지는 못하였지만 기존의 독도의 지위에 대하여 아무런 부정적인 영향도 주지 않는다고 할 수 있다. 독도영유권에 관한 제반 문제는 한일 양국간에 쟁점화하지 않는 것이 법적으로나 정치적으로 한국에게 부담을 주지 않는 대책이라고 본다는 것이다. 만일, 독도영유권이 국제분쟁의 대상이라는 점을 한국이 인정하고 어떤 조약을 통해 영유권 문제를 분명히 하고자 한다면 그 사안은 어업협정에 관한 외교교섭이 아닌 영유권 회담을 개최하여 거기서 합의된 사항을 내용으로 하고 영구적 효력을 갖는 영토조약을 체결해야 했기 때문이다. 이와 관련하여 1952년에 선언한 평화선은 폐지되게 되었다.

〈표 21-1〉 최근까지 일본의 독도분쟁 일지

날 짜	분 쟁 내 용
1905-00-00	시마네현, '독도를 다케시마라고 부르고 본 현의 소관 아래 편입한다'는 내용 고시
1907-00-00	일본 각의, 독도 일본 편입 결정
1953-05-00	일본인들이 미국기를 게양하고 독도에 상륙, 조난어부 위령비를 파괴하고 일본 영유권 표시
1996-02-00	일본, 독도를 포함한 자국 배타적경제수역 선포 의결. 양국 분쟁 격화
2000-09-00	한일 양국 어업협정 협상 타결. 정부, 독도 지위에는 아무런 영향 없다고 발표
2005-02-23	시마네현 의회, 2월 22일을 '다케시마의 날'로 정하는 조례안 상정
2005-03-16	시마네현 의회 상임위 총무위원회, '다케시마의 날' 조례안 통과
2005-04-05	일본 중학교 역사 및 공민 교과서 검정 결과 발표. 역사 왜곡 및 독도는 일본 땅 표기
2005-06-01	울산 앞바다에서 '신풍호' 놓고 한·일 간 대치
2006-03-29	일본 문부과학성, 자국 고교 교과서 제작 출판사에 '독도는 일본 땅'으로 명기 요구
2006-04-14	일 해상보안청, 한국측 배타적경제수역(EEZ) 포함하는 해양 무단탐사 계획 통보
2006-04-18	일 해상보안청 측량선 도쿄 출발

第5절 일본의 독도정책과 한국정부의 대응

1. 일본 정부의 독도 정책과 그 해석

1) 독도영유권 실현을 공약화

일본은 1995년 총선에서 여당이 '독도(죽도)침탈'에 '탈환'이라는 용어를 적용, 공약의 하나로 내세웠다. 또한 1996년 이케다(池田) 외상이 내외 언론기자들을 모아 놓고 성명을 발표하여 "독도(죽도)는 역사적으로나 국제법상으로나 일본 영토이니 한국은 독도에 주둔한 한국 해양경찰대를 즉각 철수하고 (독도에) 부착한 시설물을 철거하라"고 하였다. 뒤이어 주일본 한국대사를 외무성으로 불러 동일한 내용을 요구하였다.

2) 일본의 교과서 왜곡

왜곡된 역사책을 공부한 일본 학생들은 잘못된 역사관을 가지게 될 것이다. 이는 후일 국가에서 정책적으로 독도문제를 거론할 때 상당히 큰 힘으로 작용할 것이다.

3) 일본 의원연맹이 조례안 제정, 지지 성명을 발표

4) 자민당의 일부가 배후에서 지원하는 우익단체의 차량 10여대가 정상 회담장을 둘러싸고 「독도(일본의 표기는 죽도) 탈환」을 외치며 시위를 자행하였다.

5) 일본정부는 1997년도 '외교백서'에서 일본 외교 10대 지침의 하나로 '독도탈환(침탈)외교'를 설정하였다.

6) 16일 오전 일본 시마네현 의회의 '다케시마(독도의 일본식 명칭)의 날' 조례안 가결

당연히 우리 나라의 땅이라고 인정되는 독도에 대하여 분쟁을 야기시키고 독도문제를 수면위로 끌어올림으로서 세계의 관심을 유도한다. 예를 들어 미국 뉴스에서는 일본과 영유권분쟁을 하고 있는 우리 나라, 중국, 러시아에 관하여 보도하고 있다.

7) **시마네현 지사는 독도문제를 국제사법재판소에 제소하겠다는 입장**

8) **일본 시코쿠(四國) 다카마쓰(高松)시 '니혼시도카이(日本士道會)' 회원 4명은 4일 소형선박을 타고 시마네(島根)현을 출항, '독도는 일본땅'이라며 해상 시위를 벌인 뒤 독도 상륙을 시도할 것으로 알려져 해양경찰과 독도경비대가 현재 비상근무에 돌입했다.**

9) **남쿠릴어장에서 러시아와 합의**

최근 일본이 러시아측의 입어료 손실을 현금으로 보상하면서까지 남쿠릴어장의 제 3국 입어를 막는 러·일합의를 이끌어낸 것은 시선을 독도로 돌려 다시 진지하게 생각해 볼 문제다. 또한 고이즈미 총리가 방한에 앞서 러시아측에 한국어선에 대한 남쿠릴 열도 조업 허가유보를 친서로 보내 요구한 것 등은 더 큰 의구심을 낳는다.

2. 일본 정부의 독도 정책 의의 및 향후 일본의 동향예측

위에서 언급한 정책들은 시마네현의 독도 국제분쟁화가 일본 우익의 치밀한 각본아래 진행되고 있음을 보여주는 분명한 증거다. 일본은 과거의 침략정책·전쟁의 잘못을 인정하지 않는 풍조가 확산되고 일본 정부는 한국에 대해 신 제국주의적 외교정책을 적용하고 있는 것이다.

언젠가 국제사회의 변혁기가 오고, 주변국이나 다른 강대국이 무관심할 수밖에 없는 시기가 올 것이다. 그 때 일본은 독도는 자국의 영토이며, 인근해역도 자국의 해역임을 주장해온 그간의 입장을 일본 정부의 공식 의견화합과 함께, 이전의 수동적인 자세에서 전환하여 적극적이고 공세적인 행동에 나설 것이 분명하다.

그후 구체적인 조치에 착수하여 독도와 인근 해역에 걸쳐 해상자위대의 작전지역내로 편입 확정하고 한국해군의 통과나 주둔을 실력으로 저지할 것 입니다. 곧이어, 군사력과 힘을 바탕으로 군대 주둔을 시도하여 일방적인 점령을 감행하거나, 독도가 일본 영토임을 대내외적으로 선포함으로서 영토편입을 관철시킬 가능성이 농후하다.

일본 정부는 지역 어민과 극우단체 등을 동원하여 독도 편입을 유리하게 여론화하는 노력을 강화할 것 또한 분명하다. 행정조치를 취해 일본의 조업구역으로 결정하고 해상자위대의 보호아래 한국어선의 조업활동을 막으면서 일본어선이 제멋대로 조업활동을 본격화해 버릴 것이 틀림없다.

다소 과장된 가정이지만 이런 시나리오가 아니더라도 일본은 독도문제를 국제사법재판소로 끌고 가려고 한다. 또한 국제사법재판소 판사 구성부터 시작해서 증빙자료에 이르기까지 이에 대한 준비를 오래 전에 끝낸 것으로 알려졌다. 국제사법재판소로 독도 문제가 넘어갈 경우 독도에 대한 실소유기간이 중요한데 우리 나라가 오랜 기간을 소유하고 있었던 것으로 보인다. 하지만 실제로 한 해에도 몇 번씩 일본 측의 독도반환에 관한 요구가 있는 상황에서 일본의 주장이 제기될 때마다 독도는 분쟁지역으로 간주된다. 그때 마다 우리의 실소유기간은 0이 되고 다시 실소유기간이 책정되기 때문에 일본이 독도 반환요구를 중단하지 않는 한 실소유기간은 무의미하다.

그 밖에도 신한일어업협정을 체결함으로써 독도가 한일 중간수역으로 지정돼 있는 현재 독도의 상황을 보면, 이번 남쿠릴 열도의 우리 나라 꽁치어장을 잃게 하는 것으로부터 우리 나라 영토로 확실히 명시돼 있지 않은 독도로 일본의 외교술이 뻗칠지 앞으로의 일본의 태세가 의심스럽다.

이처럼 일본의 독도영유권에 대한 주장의 흐름과 대응체제를 짚

어보면 '찌르고 들어가는 식'으로 전개됐다는 것을 알 수 있다. 하지만 문제는 지금까지 일본이 교묘하게 독도강탈시나리오를 펼쳤고 들어맞다는 것이 아닌 현재에 봉착한 현황과 앞으로 일본이 어떤 정책을 보일지이다.

3. 한국 정부의 대응

1) 독도를 일반인에게 개방

독도에 대한 일반인들의 관심이 높아지자 2005년 3월 24일부터 독도 입도에 대한 허가제를 신고제로 전환하므로 일반인들의 독도 여행이 수월해졌다.

2) EEZ 거점으로 독도 포기

1996년 전반기에는 '독도'를 일본 영토라고 주장하는 일본측 버릇을 고쳐놓겠다고 단호하게 대응하였다. 아울러 한국 정부도 1996년에 '유엔 신해양법'을 적용하여 200해리 EEZ를 선포하겠다고 발표하였다. 그러나 그 후 한국 EEZ의 기점을 잡는 문제와 관련해 한국 외무부가 독도를 기점으로 취하지 않고 울릉도를 기점으로 취했다. 한국정부는 1997년 7월 말 '울릉도'를 한국 EEZ의 기점으로 취한다고 발표하고 양국 EEZ 구획선을 한국 울릉도와 일본 오키도(隱岐島)의 중간선을 제의하였다. 일본정부는 이미 1996년 5월에 한국 영토인 '독도'를 일본 EEZ의 기점으로 취해 발표한 데 반해, 한국 외무부는 1년 2개월 후 한국 EEZ의 기점을 '독도'가 아닌 '울릉도'로 취한 것이다. 이에 국민과 학계는 경악하였고, 한국 외무부에 대한 불신이 팽배해졌다.

3) 과거 우리나라 정부의 독도정책

독도가 역사적으로나 국제법상으로 대한민국의 영토다 라는 입장이다. 그러나 일본이 독도에 대한 영유권을 주장하고 나올 경우 우리도 같이 영유권을 주장하며 맞대응 하면 국제적으로 독도가 분쟁 수역이라는 인식을 심으려고 하는 일본 측의 의도에 말려드는 꼴이 된다고 생각하여 소리나지 않게 독도에 대한 실질적 점유를 강화함으로써 일본이 제풀에 지쳐 포기하도록 만드는 것이 정부의 전략이라고 할 수 있다.

독도에 접안시설 공사를 벌인 것도 조용한 전략의 일환이다. 일본이 독도 영유권을 탈환을 위해 실력행사에 나설 가능성은 없다는 것이 정부의 판단이다. 이는 한・일관계를 돌이킬 수 없는 상태로 만들뿐만 아니라 국제적으로도 커다란 비난의 대상이 될 것이기 때문이다. 일본이 독도문제를 제기하는 것은 훗날을 기약하기 위한 방편으로 이용하기 위함이라는 해석이다.

4. 독도, 우리가 나아가야 할 방향

독도 대응책은 현재까지 양론으로 나뉜다. 그 하나는 우리가 독도를 실효 지배 하고 있으니 일본의 억지 주장에 말려들지 말자는 무대응론이고 다른 하나는 일본의 억지 주장에 맞서서 한국의 입장을 확실히 표명하여 다시는 일본이 억지 주장을 못하도록 하자는 강경대응론이다. 무대응론과 강경대응론에 대해 알아보고 이를 바탕으로 우리가 나아가야 할 방향에 대해 살펴보고자 한다.

1) 무대응론과 그 의의

과거 한국 정부는 독도문제에 관해 「무대응」이 최선책이라는 인식을 갖고 있었다. 한국이 독도를 실효적으로 지배하고 있는 만큼 일본측의 「시비」에 일일이 대꾸할 필요가 없다는 것이다. 오히려 적극적인 대응은 마치 한국이 독도를 불법 점령 하고 있다는 인상을 줄 수도 있다는 것이다.

한국 국민들 사이에서도 단순히 독도는 우리 땅이라는 인식이 널리 퍼져 있기 때문에 한국 정부의 무대응책에 더욱 더 힘을 실어주고 있다. 따라서 시간을 갖고 기다리면 자연스럽게 일본 정부의 주장은 사라질 것이라는 것이다.

그러나 무대응의 입장만을 고수하기엔 현 시대의 흐름을 반영하지 못한 것이 될 수 있다. 최근 들어 일본 정부의 독도에 대한 군사적 도발 행위는 더욱 잦아지고 있으며 비밀리에 독도 점령을 위한 군사적 훈련까지 마쳤다고 한다. 또한 자칫 한국 정부와 국민들 스스로가 독도에 대한 영유권을 포기하는 것이 될 수 있다. 일본 정부의 계속적인 독도 영유권 주장에 대해 한국 정부의 공식적인 입장을 표명하지 않는다면 일본은 독도 영유권 주장을 기정사실로 만들어서 독도를 자국의 영토에다가 노골적인 편입을 시도할 것이다. 그리고 현재 한국 정부는 국제적인 여론에서도 지지를 얻지 못하고 일본 정부의 주장이 더 많은 지지를 얻고 있다. 그 결과를 잘 보여주는 것이 바로 세계 각국의 교과서와 유명한 세계지도에 독도를 다케시마로 표기하는 경우이다. 이같은 경우는 점차 더 늘어나게 될 것이다. 이처럼 현 시대에 있어서 한국 정부가 일본 정부의 태도에 대해 과거와 같이 무대응으로 일관하기엔 일본 정부의 행태가 위험 수위를 넘어섰다. 따라서 한국 정부의 무대응은 결코 적절하지 않다.

2) 강경대응론과 그 의의

한국 정부와 국민들은 그 동안의 무대응론에 대해 각성해야 하며 일본 정부의 독도 침탈 행위에 강력하게 대응해야 한다는 입장이다. 한국 정부의 입장을 공식적으로 밝혀 국제사회에 알리고 그 동안 축적해온 역사적 자료들을 바탕으로 일본 정부의 주장에 대해 반박하고 나서야 한다는 것이다. 이렇게 함으로써 일본 정부의 독도에 대한 무력적 도발 행위를 근절하고 자국 영토로 편입하려는 시도를 막자는 것이다. 또한 세계 각국의 교과서와 유명한 세계 지도에 잘못 표기된 독도 명칭도 한국 정부의 차원에서 나서서 해결해야 한다는 입장이다. 때문에 한국 정부는 독도에 대해 강경한 입장을 분명히 해야 한다는 것이 강경 대응론의 입장이다.

그러나 이러한 강경대응론만을 고집하는 것은 일본의 주장에 대해 감정적인 대응이라는 비난을 면하기 어려울 것이며 한국 정부 스스로가 독도 영유권 문제에 대한 위험을 자초하는 결과를 가져올 수 있다. 일본의 주장에 반박해 한국 정부의 입장을 표명한다면 일본 정부는 이를 순순히 수긍하지 않을 것이다. 그리고 이 문제를 국제사회에 문제화 시켜서 독도를 분쟁지역으로 만들 수 있다. 이렇게 만든 뒤 일본 정부에서는 독도 영유권 문제를 국제사법재판소로 가져가 재판으로 해결하고자 할 것이다. 만약 독도 영유권 문제를 국제사법재판소로 가져간다면 그 결과는 누구도 장담 할 수 없다. 한국 정부의 입장에서는 승소해도 본전에 그치지만 일본 정부는 그동안의 축적해 온 나름의 자료와 세계적인 여론의 지지와 입지에 비추어서 재판을 유리한 쪽으로 끌고 갈 수 있는 것이다. 따라서 한국 정부가 패소할 가능성도 매우 높다. 재판에서 패소한다면 그것으로 모든 것은 끝이다. 이후에는 독도를 되찾을 수 있는 어떠한 명분도 없어지는 것이다. 따라서 강경대응론만을 지지하는 것도 적절하지 않다.

제6절 독도에 대한 새로운 인식을 위해

앞에서 무대응론과 강경대응론에 대해서 살펴 본 것처럼 양자택일 식으로 한 쪽의 입장만을 고수하는 것은 한국 정부에 있어서 큰 도움이 되지 못한다. 따라서 필자는 무대응과 강경대응의 합치점을 찾고 이를 병행하여 실질적이고 미래지향적인 결론에 도달하고자 한다. 이에 따라 우리가 나아가야 할 구체적인 방향에 대해서는 다음과 같이 논한다.

1. 일본의 반성촉구 위한 우리의 노력

일본의 일부 극우주의자들의 독도 영유권분쟁은 감정적으로 접근해서는 되지 않을 성격이다. 어느 나라 국민이든 영토를 지키려는 건 자연스러운 일이다. 하지만 잘못된 사실은 바로잡아야 한다. 인내심을 갖고 계몽하면 이해하는 일본인이 적지 않다. 명지대 최서면 교수의 강의를 들은 일본의 한 자민당 국회의원은 "그동안 너무 몰랐다. 이제 다시는 독도 영유권을 주장하지 않겠다"고 말했다고 한다. 또 최교수는 일본에 오래 살면서 한, 일 양국이 충돌하는 순간을 많이 봤다고 한다. 그러나 그럴때 마다 일본 안에서 한국을 소중히 하는 세력이 있어서 문제가 풀렸다고 한다. 한국과 우호를 소중히 여기고 한국 문화를 존중하는 일본인은 있다. 일본 내의 한 사람의 망언이 일본 전체국민을 대변하는 것은 아니다. 분명히 침묵하고 있는 양심이 떠들고 있는 비양심 세력보다 많다. 일본을 일깨우기 위한 노력을 하지 않고 과잉대응으로 맞서면 일본 내 한국 옹호론자마저도 적으로 만들고 말 것이다.

2. 독도 수호 병력 강화

일본 정부의 군사적 도발 행위는 더욱 잦아지고 있으며 비밀리에 독도 점령을 위한 군사적 훈련까지 마쳤다. 현재에 독도에 있는 경찰로는 일본의 군사적 도발 행위를 감당해낼 수 없다. 따라서 한국 정부는 독도가 백령도와 같은 국경을 마주하는 위험지역임을 인식하고 일본에 대한 경계태세를 강화하는 방안을 마련해야 할 것이다. 그렇다고 내일 당장 독도에 군대를 파견해서 주둔 시킬 수는 없다. 그것은 일본 정부의 반발을 불러일으킬 수고 있고 자칫 외교관계의 악화를 가져올 수 있다. 그러므로 장기적인 계획을 수립해야 한다. 구체적으로 말하자면 수년에 걸쳐서 조금씩 경비 병력을 경찰에서 군인으로 이양하는 방안이다. 이 방안에 있어서 무엇보다 중요한 것은 장기적인 계획 하에 실행하는 것이다.

3. 독도에 적극 관심과 적극 홍보

신한일어업협정과 근대 한일관계사와 독도침탈사에 대해서 관심을 가지고 전문연구자의 말에 귀를 기울여야 한다. 강자가 뺏자고 덤비는데 약자가 자기 소유에 대해 침묵만 하고 있다면 지키지 못할 것은 당연하다. 약한 자는 강자에 맞서 싸우면서 강자가 강도라는 것을 주위에 알려야 한다. 주위에 힘이 될 수 있는 것이 바로 국제적인 여론의 형성이다. 따라서 한국 정부도 이제 국제적 여론에 호소하고 한국 국민 또한 나서야 한다. 그 동안의 무대응으로 국제적 여론은 일본 정부의 주장만을 듣게 되고 한국이 일본 땅을 억지로 점유하고 있다는 일본 정부의 주장이 정당성을 얻게 되었다. 무대응은 독도를 조용히 내주자는 것과 같다. 전 세계의 역사를 돌아보면 자신의 영토에 대한 타국의 주장에 대해 대부분의 나라는 전쟁을 불사하고 나서왔다. 오직 한국만이 국가적 자존심을 버리고 있는 것이다. 따라서 적극적인 관심과 홍보가 필요하다.

4. 한국 정부 차원에서의 독도 대책 수립

한국 정부는 좀 더 적극적인 자세로 독도문제에 임하며, 국가적으로 대책을 수립하여야 할 것이다. 무엇보다 먼저 독도에 대한 국민들의 의식을 개혁할 필요가 있다. 단순히 독도는 우리 땅이라고 인식하는 것이 아닌 왜 우리 땅인지에 대해서 국가적으로 체계적인 교육을 실시해야 할 것이다. 그리고 이와 더불어 국가적인 차원에서 정기적으로 독도에 대한 책자들을 발행하여야 할 것이다. 정기적인 독도에 대한 책자 발간은 국민교육과 더불어 자연스러운 대외 홍보의 결과도 가져올 것이다.

신한일어업협정의 재협상 혹은 폐기하여야 할 것이다. 현재 신한일어업협정에서는 배타적 경제수역(EEZ)의 기점으로서 독도를 채택하지 않고 있다. 독도는 한일 양국의 중간 수역으로 규정하고 있다. 그리고 1998년 맺은 이 협정은 3년 후에는 한일 한 쪽의 통보에 의하여 폐기 할 수 있도록 되어 있다. 통보 시기로부터 6개월 후에는 자동으로 폐기되는 것이다. 하지만 한국 정부는 신한일어업협정을 계속적으로 유지해오고 있는 것이다. 따라서 신한일어업협정의 재협상을 통한 배타적 경제수역(EEZ)의 기점을 독도로 수정하든지 그러한 입장이 받아들여 지지 않는다면 폐기하여야 할 것이다.

독도에 대한 지속 가능한 개발을 추진하여야 할 것이다. 아직까지 독도에 대한 투자와 개발은 미비한 상태이다. 따라서 국가적인 사업의 일환으로 독도에 대해서 투자와 개발을 추진하여야 할 것이다. 독도에 관광 시설을 보강 한다던가 해양 연구를 위한 연구소 건립 등 다양한 분야에서 지속 가능한 개발을 추진해야 할 것이다.

노 대통령의 독도 방문이 필요하다. 일본의 고이즈미 총리는 '신사참배'를 통해 자신의 정치적 외교적 영략을 발휘하고 있다. 고이즈미 총리가 '신사'를 참배하는 것과 같이 노 대통령의 독도방문이 필요하다. 또 독도에서 각종 행사를 개최하고 이에 관한 고위급 정부 인사들의 적극적인 참여도 필요하다. 이로써 독도에 관한 우리나라의 입장을 확고히 하고 대외홍보에 긍정적 효과를 가져 올 것이다.

• 참고문헌

· 『삼국사기』
· 『고려사』
· 『조선왕조실록』
· 정성화, 『전후 한국과 일본의 영토분쟁의 기원』, 1992.
· 이진명, 『독도 지리상의 재발견』, 삼인, 1996
· 신용하, 『독도영유권에 대한 일본주장 비판』, 서울대출판부, 2001.
· 양태진, 『독도-한국독립의 상징』, 백산출판사, 2004.
· 정갑용 외 2인, 『독도영유권에 관한 국제법적 쟁점 연구』, 한국해양수산개발원, 2004.
· 조규운, 『동아시아에서의 도서분쟁에 관한 연구』, 한국해양대학교 석사논문, 2004.
· 이정욱, 독도영유권에 관한 국제법적 쟁점 연구, 한국해양수산개발원, 2004.
· 김병렬, 『독도논쟁-독도가 우리 땅인 이유』, 다다미디어, 2005.
· 바른역사기획단, 『독도자료집』 1, 다다미디어, 2005.

제 22 장

중국의 동북공정과 우리의 대응

제22장
중국의 동북공정과 우리의 대응

제1절 동북공정의 개념

'동북공정(東北工程)'은 중국 동북지역이 역사·문화적으로 중국의 영역이었음을 확인하기 위해 시작된 국책 학술사업이다. 공식적으로는 지난 2002년 2월 28일 중국사회과학원 산하 '변강사연구중심(邊疆史研究中心)'이 2002년부터 5년 동안 주도하여 추진하는 대규모 프로젝트로 중국 동방지방의 역사, 지리, 민족문제 등을 연구하는 국가적 연구 사업을 말한다. 동북공정에서 공개된 5개의 연구 방향은 중국강연 이론 연구, 동북 지방사연구, 동북 민족사연구, 한중관계사 연구, 중국 동북 변강과 러시아 원동 지구 정치 경제 관계사 연구이다. 여기서 동북이란 동북 3성 즉 길림성, 요녕성, 흑룡강성을 말하고 있다.

동북공정은 현재 기초연구와 응용연구를 포함한 연구류, 번역류, 문서자료의 3대 계열로 나뉘어 진행되고 있다. 고구려사연구회 서길수 회장(서경대 교수)는 "동북공정은 이미 1995년경부터 추진됐다"고 말했다. '동북공정'이란 '동북변강역사여현상계열경구공정(東北邊疆歷史與現狀系列研究工程)'의 약자이다. 국내에서는 '동북공정'이라는 일반화된 개념을 널리 사용하고 있다. 그렇지만 중국에서 '공정'이란 개념은 한국에서의 '공정'이라는 개념보다 더 포괄적이고 광범위한 개념이다. 1990년대에 들어서서 중국학자들의 고구려사 연구가 활발해졌다. 고구려 유적을 중국의 문화유산으로 등록하려는 것도 동북공정의 일환으로 파악되고 있다. 이른바 '동북공정(東北工程)' 프로젝트는 그 엄청난 규모와 사업비, 연구 인력으로 동아시아의 고대사를 압도하려 하는 '학문적 인해전술'의 성격이 짙다. 정식명칭은 '중국정부 직속 최대 연구기관인 중국사회과학원 산하의 '변경사지연구중심(邊疆史研究中心)'을 주축으로 랴오닝(遼寧)·지린(吉林)·헤이룽장(黑龍江) 등 동북 3성이 공동으로 연구를 담당하고 있다. 비용만 5년간 200억 위안(약 2조 5000억원)에 달하는 것으로 알려진 대규모 사업으로 그 추진계획은 훨씬 이전부터 추진되었다.

제2절 동북공정의 배경과 원인

1. 동북공정의 배경

1) 패권주의의 발현이라는 입장

한국의 학계·언론계 인사들은 대부분 중국의 동북공정을 공격적 프로젝트로 파악하고 있다. 이 시각은 동북공정이 학술적 성격을 띤다는 중국 정부의 해명을 인정하지 않고 있으며, 동북공정은 현재의 동북아 질서, 세계 질서를 중국에 유리한 방향으로 전환시킬 의도를 가지고 추진되는 것으로 보고 있다.

동북공정은 한반도 정세 변화에 따라 발생할 수 있는 조선족의 동향이나 국경 문제 등에 대비하여 동북변경을 안정시킬 필요에서 수행하는 것이고, 그 일환으로 역사와 민족문제를 연구하는 것이다. 이렇게 볼 때 중국의 고구려사 연구는 순수 학문 차원이라기보다 역사를 국민통합에 이용하는 정치적 차원에서 진행하는 것이며, 그것은 전형적인 국가주의의 바로이자 장차 동북아시아에서 영향력을 확대하려는 패권주의의 발현이라고 판단하는 것이다.

2) 동북지방의 안정을 위한 수세적 대책론

최근 한국사학자들이 동북공정이 갖고 있는 정치성과 숨은 의도로서 패권주의를 지적하는데 대하여 다른 의견이 제시되고 있다. 동북공정은 동북지방의 안정을 꾀하기 위한 수세적 대책일 뿐 공격적 의도나 정치적 목적은 없거나 있더라고 약하다는 주장이 그것이다. 이러한 입장을 개진하는 학자들은 대개 중국사나 중국정치 등 중국을 대상으로 학문 활동을 하는 사람들이다. 이러한 견해는 중국의 현실 정치와 경제에 대한 치밀한 분석, 그리고 최신의 정보를 바탕으로 하고 있다는 점에서 설득력이 있다. 이 견해를 좀 더 자세히 살펴보면 다음과 같다.

먼저 동북공정의 시행 배경과 목적에 관하여 보면, 동북공정은 동북지방의 새로운 상황변화에 따라 국경을 안정적으로 관리하기 위한 방어적 측면에서 시작한 것이지, 패권을 추구하기 위한 국가전략은 아니라고 본다.

동북공정의 상황변화란 내외적 측면에서 초래된 것이다. 내부적으로 개혁개방의 결과 사회주의 정체성의 위기와 지역 불균형이 심화되면서 애국민족주의를 통해 정체성 위기를 극복하고 체제를 통합하려는 경향이 등장하였다. 그러면서 영토 안정과 주권을 과도하게 강조하는 흐름이 나타났으며, 이 과정에서 동북지역의 영토적 안정성을 확보하고 조선족의 중국 정체성을 확립하는 것이 매우 중요한 과제로 등장했다는 것이다. 이러한 과제를 해결하기 위해 동북지역에 대한 연구를 진행하게 된 것이라고 한다.

역사 연구는 낙후된 동북경제를 재건하는 과정에서 사전 정비작업으로 진행하는 것이다. 서부대개발을 추진하면서 서북변경에 대한 연구를 수행한 것과 마찬가지이다. 따라서 고구려사 왜곡은 중앙의 치밀한 가이드라인에 따른 것이라기보다 지방 역사학자들의 주장을 중앙이 수동적으로 수용하는 과정에서 발생한 것이라고 해석한다. 중앙정부는 고구려사를 왜곡할 의도가 없었다는 것이다. 그러나 고구려사의 중국사 편입은 중앙의 영향력 있는 학자에 의해 1970년대 말에 선도되었다는 점에 유의하면, 그 연원은 중앙에서 마련되었다고 할 수 있다.

2. 동북공정의 원인

"중국은 1980년대 개혁개방정책을 추진하면서 '통일적 다민족국가론'을 내세워 소수민족 정책에 대해 각별한 관심을 갖기 시작하였다. 특히 소수민족들이 모여 사는 신강 위구르 자치주와 운 남성 등 국경지방에 큰 관심을 기울이게 되었고, 이에 1983년 사회과학원 직속으로 국경지방의 역사와 지리에 대한 연구를 수행하는 '중국변강사지 연구중심'을 설립하였다. 이후 1989년 동구권이 변화하고, 1991년 소비에트가 해체되면서 국경지방의 소수민족문제에 더욱 관심을 갖게 되었으며, 1992년 한국과 중국이 수교한 이후 동북지방에 대한 관심은 더욱 각별해졌다. 한국인들이 이 지역을 방문해 고구려와 발해의 유적을 답사하면서 한국 역사와 관련된 발언을 했을 때 매우 긴장하였고, 한국인들의 출입을 감시하고 통제하기도 하였다. 조선일보가 주제한 '아! 고구려' 특별전에 한국인들이 큰 관심을 보이자 매우 놀랐다고 한다. 더구나 중국 당국은 조선족들의 코리아 드림을 꿈꾸며 한국으로 몰려가는 것을 보면서, 중국은 조선족들의 정체성에 대하여 불안감을 드러내었다. 더욱이 1990년대 중반 이후 탈북자들이 대거 중국으로 넘어오는 사태가 빚어지면서, 중국은 급기야 동북지방의 정체성에 대해서 매우 심각하게 고민하였고, 이에 대한 대책을 마련하였다. 이때부터 중국은 본격적으로 고구려를 소수민족의 지방정권의 역사라고 보고, 고구려 사를 중국사의 일부로 편입하려는 연구결과들의 활발하게 발표되었다.

2001년 한국 국회에서 재중 동포의 법적 지위에 대한 특별법이 상정되자 중국 당국은 조선족 문제와 한반도의 통일과 관련된 문제 등에 대한 국가적 차원의 대책을 세우기 시작한 것으로 보인다. 더구나 2001년 북한이 고구려의 고분군을 유네스코(UNESCO)에 세계문화유산으로 등록을 신청하자 국가적 프로젝트인 '동북고정'을 기획하고 추진하게 된 것으로 보인다.

만약 북한이 신청한 고구려 고분군이 세계문화유산으로 지정을 받게 되면 중국이 고구려 역사를 중국의 역사로 주장하는 명분이 사라질 가능성이 많아지게 되기 때문이다. 따라서 중국은 북한이 신청한 고구려 고분군의 세계문화유산 등록을 방해하고, 2003년 봄 오히려 집안시 주변의 고구려 고분군을 세계문화유산으로 지정해 줄 것을 신청한 것이다. 그리고 장기적으로 볼 때 남북통일 후의 국경 문제를 비롯한 영토 문제를 공고히 하기 위한 사전 포석으로 볼 수도 있는 것이다.

이런 배경 속에서 '동북공정'의 원인으로 지적되는 것은 여러 가지가 있다.

첫째, 중국이 2008년 북경올림픽과 2010년 상해 해양엑스포를 겨냥하고, 이를 세계문화유산으로 지정받아 대대적인 관광자원으로 활용하여 외화를 벌어들이려는 경제적 목적이 있는 것으로 파악된다.

둘째, 중국은 동요하고 있는 조선족들의 정체성을 회복하고자 '동북공정'을 통하여 고구려 사 중국의 역사로 편입하고자 한다.

셋째, 남북통일 후의 국경 문제를 비롯한 영토문제를 공고히 하기 위한 사전 포석으로 바라보기도 한다.

넷째, 중국의 '동북공정' 정책을 북한정권의 붕괴시 북한 지역에 대한 중국의 연고권을 주장하는데 그 주요한 목적이 있는 것으로 파악하기도 한다.

다섯째, 21세기를 중국의 시대로 만들겠다는 야심의 표현으로 보기도 한다. 중국이 세계문대의 리더가 되기 위해서는 중국 내부의 안정이 필수적인데, 이러한 국민통합을 위해서 역사왜곡을 하고 있다는 것이다. 사실상 경제적으로 낙후한 티베트와 위구르는 수년간 탄압에도 불구하고 민족독립운동에 전념하고 있으며, 가장 부유하고 교육이 높던 연변조선족자치구도 경제침체로 낙후되어 가고 있다. 이런 불안정한 상황은 한반도 재통일 이후에도 동북 3성에서 티베트나 위구르처럼 민족독립운동이 일어날 수 있는 원인이 될 수도 있다는 것이다. 이러한 우려 아래서 국민통합과 동북지방의 안정을 위해 '변강사지연구중심'을 설립하고 '동북공정'을 기획했다는 것으로 파악하기도 한다.

제3절 동북공정의 추진 목적

동북공정의 추진 배경 중 현재 문제가 되고 있는 패권주의의 발현이라는 입장에서 그 추진 목적을 정리해보면 다음과 같다.

첫째, 중국은 동북고정을 통해 남북한이 통일된 이후의 조선족 이탈을 막으려고 하는 것이다. 동북공적에서 목표하는 지역은 동북 3성으로 길림성과 흑룡강성·요녕성이 그것이다. 여기에는 특히 조선족들이 많이 살고 있는 곳으로, 대부분의 조선족 자치 구역이 여기에 분포되어 있다. 이곳에는 아직 한국의 언어가 고스란히 남아 있다. 문화적으로는 중국이 아니라 한국적 요소가 짙다. 경제적으로도 지금도 연변조선족 자치주는 지금 현재 한국 경제에 예속되어 있다. 지금 사정도 이러한데, 통일이 되면 이것은 걷잡을 수 없는 사태로 이행될 수 있다. 비록 국경은 두만강과 압록강으로 갈리고 있지만, 문화나 경제적으로는 한국 쪽에 속하는 상당히 기형적 형태를 유지할 수밖에 없다. 이 때문에 지금도 중국 정부는 조선족들에게 조국관·민족관·역사관에 대한 대대적인 사상교육을 시키고 있다. 한국은 고국일 뿐이지만, 태어나서 사는 곳은 중국이므로 그들이 충성을 바쳐야 할 곳은 중국이라는 점을 강조한다. 조선족들의 이탈을 방지하고, 자신들의 국경과 영토를 문화적이고 경제적인 것과 연계 시키지 않으려는 정당성을 역사해석에서 확보하려는 것이 바로 동북공정이다.

둘째, 동북공정의 목표는 남북한이 통일된 이후에 발생할 수 있는 영토분쟁에서 역사적인 선점을 해 두려는 것이다. 지금도 중국과 한국의 영토문제는 분쟁의 소지가 있다. 원래 간도는 조선과 청나라 사이에 영토분쟁단계로 남아 있었던 곳이다. 그런데 그것이 지금의 형태로 고착화 된 것은 1909년에 체결된 간도협약을 통해서였다. 그 이전 간도는 중국의 땅도 아니고 조선의 땅도 아니었다. 간도협약은 잘못된 조약인 을사조약에 근거해서 당사자인 조선이 빠진 채 일본과 청에 의해서 이루어졌던 것이다. 2005년까지 을사조약의 하자를 들어서 이것을 무효화시키게 되면, 여기에 기반해서 이루어졌던 간도협약 역시 무효가 된다. 이렇게 되면 간도는 중국과 한국 사이의 엄청난 영토분쟁으로 비화될 수 있다. 중국은 이러한 영토분쟁의 가능성을 역사 해석을 통해 미리 막으려는 것이다. 동시에 동북공정에서 목표하는 대로 역사가 해석되면, 한국의 역사적 영토는 대동강이남 혹은 최악의 경우 한강 이남으로 밀려나게 된다. 이것은 결국 급변하는 역사적 소용돌이에서 중국이 한반도 문제, 특히 북한의 문제에 개입할 수 있는 역사적 실마리를 마련해 주는 결과를 낳게 된다. 역사적으로 중국의 영토였으므로 그에 대한 개입 역시 정당할 수 있다는 논리가 얼마든지 가능하다.

셋째, 중국은 동북공정을 통해서 중국의 신제국주의를 위한 역사적 근거를 확보하려고 한다. 중국은 그들의 역사를 한족 중심의 역사로 기술하면서, 동아시아의 역사를 '한족 팽창사'로 정리한다. 나머지 동아시아 국가들의 역사는 한족 팽창사의 주변사에 불과할 뿐이다. 이것도 역사 해석의 문제이기는 하지만, 이것이 불러올 현대적 파장에는 상당한 정치적 문제가 걸려 있다. 동아시아의 중심 역사를 중국의 역사로 규정하는 순간, 중국은 동아시아의 맹주자리를 되찾기 위한 역사적 근거로 이를 이용하게 될 것이다. 중국의 새로운 신체국주의 정책이 가능해지는 것이다. 역사학자들이 동아시아의 역사를 한족과 한민족을 포함한 만주족과의 교섭사로 보는 것이 옳다고 주장하는 것은 이 때문이다.

제4절 동북공정의 추진 및 전개과정

이미 중국은 80년대 초 이래 동북변방에 대한 '고구려사에로의 편입'을 위한 계획이 추진되었다. 특히 이 시기에 북한의 『조선전사』가 번역되어(1985) 북한의 연구 방향과 그 성과를 분석하면서 북방관계사에 대한 중국 측 입장을 정리하기 시작하였다. 이러한 준비 기간 중에 이러한 준비과정을 거치면서 90년대 이르러 중국은 고조선·고구려·발해사를 포함하여 동북 지방의 역사와 지리에 대한 본격적 연구로 '한국고대사의 중국사에로의 편입'에 박차를 가하게 되었다.

이러한 점에서 볼 때 중국은 공식적인 입장에서 학문적으로 '고구려의 편입' 문제를 20년간의 소리 없는 준비과정을 통해 추진하고 있었음을 알 수 있다. 특히 80년대 중국에서 갑자기 고구려 연구에 몰두한 까닭은 1979년 개혁개방과 더불어 중국민족정책을 확립하면서부터였다. 이때 '통일적 다민족국가론'을 제시하면서 여러 민족으로 구성된 현재의 중국 국경선 안에서 이루어진 모든 역사를 중국의 역사로 정리하려고 시도한 것이다. 중국 내 고구려사 연구의 독보적 존재인 손진기 교수는 이미 이때 '고구려인=한족'이라는 논리를 폈으며, 고구려와 수·당의 전쟁도 영토확장을 목표로 한 침략전쟁이 아니라 요동의 지방정권(군, 현)을 수복하려는 시도였다고 주장한다. 또한 중국 민족과 영토에 관한 집중적인 논의를 거치게 되는데 논의 중 담기양은 "몇 천 년 동안 역사발전에 따라 자연 형성된 중국 전체가 역사의 중국이다. 한때 역사상의 중국 범위 이외의 지방을 통제하고 있었다면, 그 지방이 역사상의 중국 범위 안에 존재하지 않았지만 몇몇 중국 왕조의 판도 안에 있었다는 것이 확실하다"고 하여 역사적으로 중국 주변에 있는 모든 국가는 중국이거나 아니면 최소한 중국의 판도 안에 들어있다고 주장하여 크게 각광을 받았다. 그 후 동북지방의 고구려와 발해가 큰 관심거리로 떠오르게 된 것이다. 이와 같은 과정을 거쳐 90년대 말부터 그 구체적 맺음을 보이기 시작하면서 2000년 초에 결실이 나타나게 되었다.

동북공정은 고구려를 중국사에 편입하는 것으로 우리에게 알려지기 시작했다. 2003년 6월 24일 중국 공산당 기관지 '광명일보'는 "고구려는 중국의 소수민족 정권"이라는 기사를 게재했다. 이듬해 7월에는 중국 외교부 홈페이지에 이 같은 내용이 실렸다. 중국은 2001년부터 집안 고구려 고분 발굴을 본격적으로 시작해 2004년 7월 고구려 유적을 유네스코 세계문화유산으로 등재시켰다. 한국과 마찰을 빚기 시작한 것도 이 무렵이다. 중국은 한국정부와 시민단체의 강력한 항의에 잠시 주춤하는 듯 했다. 2004년 8월 우다웨이 중국 외교부 부부장이 한국을 방문해 "중앙정부와 관영언론 차원에서 왜곡을 추진하지 않겠다" 등 '5개 양해사항'에 구두 합의했다. 하지만 중국은 이 와중에서도 더욱 '공정'의 강도를 높여왔다. 2004년부터 흑룡강성과 길림성의 발해유적을 세계문화유산으로 등재시키기 위해 중국식으로 '복원'하고 있다. 최근 변강사지연구중심 홈페이지에는 기자조선·부여·고구려·발해를 중국의 역사로 규정하고 한강 유역까지 중국 영토임을 주장하는 논문을 무더기로 올리고, 급기야 지난 9월 6일에는 백두산 천지에서 동계 아시안게임 성화를 채화하기에 이르렀다. 동북공정은 현상적으로는 발해, 고구려, 고조선 한강유역으로 왜곡 수준이 강화된 것처럼 보인다.

1. 1997년 북—중 변경지역의 현지 조사

동북공정의 배경의 실마리가 되는 연구가 중국 사회과학원 산하 연구소인 중국변경사연구 중심에서 1997년 구체적으로 실시되었다. 사실 중국의 변강사지의 연구는 역사적 연구이기도 하면서 현재 논란이 되고 있는 국경지역에 대한 체계적 연구의 필요성이라는 정치적 의도에 의해서 추진되고 있다는 의심을 지울 수가 없다. 즉, 영토적으로 분쟁지역이거나 분쟁소지가 있는 지역에 대한 역사적 연구를 통하여 그 영역에 대한 정통성을 선점하거나 연고권이 중국에게 있다고 하는 정치적 의도를 가지고 있다고 할 수 있다. 그 단적인 예가 변경사지연구중심의 홈페이지에 명백히 언급되어 있는 분쟁지역초점의 소개이다. 변강사지 중심에서 문제를 언급하고 있는 지역은 고구려 문제, 탕누우리양하이, 동굴궐 문제, 난샤군도 문제, 디아오위따오 문제를 언급하고 있다. 현재 중국이 그들의 영토로 점유하고 있거나 점유하고 싶어 하는 분쟁지역들이다. 이 중 고구려 문제는 동북공정의 주요한 연구대상의 문제인 것이다.

따라서 중국 입장에서 고구려 문제는 과거 역사의 문제가 아니라 현재 혹은 미래에 불거질 정치적 문제에 대한 역사적 예방 차원에서 진행되고 있는 지극히 현재적 문제라는 것이다. 중국이 이런 문제의식을 갖게 만든 배경에는 1990년대 후반 북핵 문제 뿐만 아니라 탈북자의 증가로 인한 북한의 정세 불안이 주요한 요인으로 자리잡고 있다. 동북공정의 기원이라고 할 수 있는 변강사지중심에서 수행하여 작성한 1998년의 '한반도형세의 변화가 동북지구의 안정에 미치는 충격'이라는 보고서 작성은 그 사정의 일단을 엿보게 한다.

1990년대 '당대중국의 변강 지역에 관한 조사연구 시리즈'를 수행하던 변강사지연구중심은 중국 동북지역의 연구 주제를 한반도의 형세 변화가 동북지역, 특히 길림성 연변자치주와 요녕성 단동지구의 안정에 미치는 충격에 주목하였다. 연구할 과제로는 첫째, 19세기 후반부터 20세기 초에 걸쳐 한반도의 동란 상황과 그 난민들의 유입상황, 둘째, 현재 북한과 길림성의 국경 현상 등이었다. 주제의 선정에서 보듯이 1997년 당시 북한의 대규모 식량난으로 인한 탈북자들의 증가와 맞물려 그것에 대한 대비책 마련이 시급한 과제로 주어졌다고 생각해 볼 수 있다. 위의 연구를 위해 변강사지연구중심은 1977년 하반기부터 두 가지 연구 사업에 착수하게 된다. 첫째가 중국공안부 변방국과 동북지역의 유관기관의 지시를 받아 길림성 북한-중국의 변경지역을 조사·연구하게 된다. 두 번째로는 길림성 공문서보관소에서 소장하고 있던 청대의 조선과 중국의 관계에 관한 문서 자료를 수집하고 정리하는 것이었다.

이런 계획에 따라 1997년 7월 구체적으로 북한과 중국의 변경지역에 대한 현지 조사연구를 실시하였고, 길림성 공문서 보관소에서 소장하고 있는 조선과 중국 관계에 대한 문서자료를 수집·정리하였다. 1997년 당시 동북지역에 대한 초기 조사연구 작업은 길림성, 길림시, 집안시, 연변주, 훈춘시 관계부처의 도움을 받았을 뿐 아니라, 변강사지연구중심을 비롯하여 길림성 사회과학역사연구소, 동북사범대학 동북아연구센터, 길림사범대학 고적연구소, 중국인민대학 청사연구소 등 학술기관들이 서로 협력하여 실시하였다. 또한 위의 학술기관들의 주관하에 '조선한문고적정리와 연구'라는 관련 학술회의를 1997년 7월에 지린시에서 개최하기도 하였다.

2. 동북공정기구의 결성

이런 조사와 예비적 작업 이후 보고서 작업 이후 보고서 작성 과정에서 1998년 3월 12일 북한의 전시동원상태로의 진입이라는 소식을 접하게 됨으로써 조사연구의 내용을 확대하게 되고 이런 일련의 작업들이 중앙관계기관의 주목을 받게 되었다. 당시 보고서의 내용은 중요할 뿐만 아니라 민감한 현안을 다루고 있었고, 역사적 연구뿐만 아니라 한반도 현상의 변화추이까지를 조사·연구하는 것이었다. 당시 조사연구의 중점은 첫째, 한반도 정세의 추이연구, 둘째, 중국과 한반도 사이의 역사상 논쟁이 되는 문제, 셋째, 당면하고 있는 동북지구 마약 문제, 종교문제, 민족관계문제 등 쟁점 문제에 대한 조사연구, 넷째, 현재 직면하고 북한 난민들의 출현 가능성과 대책 등이었다.

그런데 이러한 연구들은 초기 변강사지연구중심이 계획했던 동북변강지역의 연구의 범위와 역량을 초과하는 것으로 변강사지연구중심 단독으로 연구사업을 진행하기는 역량 부족으로 판단되었다. 따라서 변강사지연구중심은 동북지역에 대한 연구를 자체 연구인력으로 수행하는 방식이 아니라 외부의 연구 인력에 연구 과제를 주는 개방적 성격의 연구작업으로 전환하였으며 동북지역의 과학적 연구조사를 위해 1996년 10월 '중국변강지구의 역사와 사회연구를 위한 운남공장 기구'를 운영한 경험을 살려 1999년 '중국 변강지구의 역사와 사회 연구를 위한 동북공작 기구'를 조직하여 연구의 시급성에 부응하는 활동을 전개하기로 결정하였다.

동북공정기구는 이후 동북공정으로 가기 위한 과도기적 조직으로 이해된다. 그 조직은 중국 사회과학원 산하의 변강사지연구중심과는 또 다른 인적 구성과 연구 소재지를 가지고 운영되었다. 이후 동북공장기구는 200년 5월 창춘시 동빼이 사범대학에서 동북공장

기구의 공작회의를 개최하였으며, 2001년 6월에는 중국사회과학원과 중국공산당 지린성위원회가 연합 주관하여 '동북변강역사와 현상연구공작세미나'를 창춘시에서 개최하였다.

3. 2001년 창춘회의와 동북공정의 추진

2001년 6월의 이 회의는 그 규모에서 중앙 및 동북지역의 지방당정 기관 및 학술단체들이 대부분 동원된 대규모 대회였다. 일단 참여조직의 면면을 살펴보면 그 규모를 가늠할 수 있다. 참여조직으로는 중국사회과학원, 중국공산당 지린성위원회, 중국공산당 랴오닝성위원회, 헤이룽장 성위원회 선전부, 국가문물국 등 관련부문의 지도급 인사들이 대거 참여하였으며, 중국사회과학원중국변강사지연구중심, 민족연구소, 고고학연구소, 아태연구소, 지린, 랴오닝, 헤이룽장성 사회과학원, 문화관, 박물관, 고고학 및 민족연구부문, 지린대학, 동빼이 사범대학, 옌볜 대학, 빼이화대학, 통화사범대학 등의 지도인사 및 학자들이 참여한 규모있는 학술회의였다.

회의의 중심주제는 동북변강지역의 역사와 현상에 관한 연구를 어떻게 진일보 심화시킬 것인가였다. 회의는 동북지역에 관한 연구가 신중국건설 이후, 특히 개혁개방 이후 상당한 정도로 진전이 있었음에도 불구하고 이제 막 걸음을 걷기 시작한 단계에 불과하며, 연구성과나 연구역량에서 상대적으로 빈약하다는 것을 인정하고 반성하였다. 기존의 연구를 인정하는 동시에 동북지역의 연구에서는 이론적 문제에서의 결함이라든가, 연구역량의 부족, 연구비의 부족 등의 문제가 지적되고 거론되었다. 이러한 부족함을 개선하기 위해서 학자들은 마땅이 신속하게 '동북변경지역의 역사와 현상에 관한 체계적 연구 프로젝트'를 시작해야 한다고 주장하였다. 이로써 동북 변경의 역사와 현상연구를 학술화하고 규범화하여, 기초연구와 응용연구를 결합하여 3~5년 내에 비교적 수준 높은 연구 성과를 완성해야 한다는 의견이 제시되었다.

이러한 일련의 논의와 과정을 거쳐 2002년 2월 중국사회과학원과 동북3성은 중앙의 비준을 얻어 대형 학술과제인 이른바 동죽공정을 연합 조직하였다. 동북공정은 5년 기한으로 설정되었으며 학과, 지역, 부문을 뛰어 넘는 대형 프로젝트의 성격을 띄고 있었다.

제5절 동북공정의 내용

동북공정은 2001년 6월 장춘에서 중국 사회과학원 중국공산당 길림성위원회가 연합으로 주관한 '동북 변강역사와 현상 연구공작 좌담회'에서 의사일정이 제시되었고, 8개월에 걸친 준비과정을 거쳐 2002년 5월 '동북 변강역사와 현상계열 연구공정'이라는 명칭으로 공식 출발하였다.

동북공정의 연구내용은 고대로부터 현대에 이르기까지 중국의 동북지역 및 한반도와 관련 된 각 분야를 포괄하고 있다. 중국 당국과 학계는 통일적 다민족국가론에 입각하여, 현재 중국사회의 안정을 뒷받침하기 위한 목적에서, 현재가 과거를 이해하는 기준이라는 관점에서 역사와 범위 설정과 해석을 시도하고 있다. 따라서 고구려서 이전 시기의 역사, 즉 고조선 및 고대종족에 대한 연구에서도 기존의 전통적 화이관에 입각한 중화와 오랑캐의 대립적 관점을 수정하고, 이들 고대종족 및 고조선의 역사마저 중국사의 일부로 편입시켜 파악하려는 의도를 감추지 않고 있다.

2002년 2월부터 본격화된 동북공정의 연구 작업은 크게 연구, 자료 정리, 당안 및 문헌의 정리로 나뉘어 추진되고 있다. 먼저 연구분야는 중국강역이론 연구(중국의 국가·강역·국경에 대한 이론 문제 연구, 고대 중국과 주변 종족 및 국가에 대한 관념과 근대적 변천 연구), 동북지방사 연구(동북 변경지역의 역사 형성과 변천 연구, 근대 이래로 일본・러시아의 중국 동북에 대한 연사・지리적인 조사와 연구), 동북민족사 연구(동북 변경지역의 경계와 민족 연구), 중・한 관계사 연구(한반도의 국가와 종족연구), 중국동북변경지역과 러시아 원동지구의 정치・경제 관계사 연구(중국동북 변경지역과 러시아 원동지구의 민족정책 비교연구) 등이 있다.

이와 함께 봉건시기 변속 속국 조공제 연구, 발해 유적지 실태 연구, 간도 문제 연구, 고조선의 역사와 민족기원 및 문화연구, 한반도 고문명의 기원, 중국과 러시아의 동쪽 국경 연혁 및 국경교섭 문제 등이 중점 연구 과제로 선정되었다.

현재 흑룡강통사, 20세기 중국 동북 변경 지역 문화 연구, 호태왕비 1580년, 발해사론, 중국동북 고민족 발전사, 민국시기 동북지방정부의 통치 연구, 요점 고구려사, 동북 민족구역설치 연구, 역대왕조의 동북지방 통치 연구, 청대 변경지역 성・진 연구, 중국 역대 동북 변경지역 통치사상 연구, 발해이민의 관리와 귀속 연구, 압록강 이남의 고구려 유적지 조사연구, 동북변경지역 다민족 문화교류와 융합 등 역사왜곡과 관련된 연구과제가 진행 중에 있다.

특히 중국은 오랫동안 고구려사를 이론의 여지없이 한국사로 보았다. 그러던 중국 역사학자들이 1994년부터 고구려는 중국의 변방정권이었으므로 당연히 중국사에 포함되어야 한다고 주장하기 시작하였다. 아울러 고구려 민족은 중국의 소수민족이므로 소수민족 역사에 포함되어야 한다고도 주장하였다.

2000년부터는 고구려사 연구자를 양성하는 사업을 벌여 100여명의 학자가 자료수입 또는 유적 발굴에 참여하였으며, 이들은 고구려의 역사를 국내성을 수도로 정한 시기는 중국사, 평양 천도 이후는 한국사에 포함된다고 주장하였다. 그리고 2002년 2월부터 동북지역의 역사와 현황에 관하여 학술작업으로서의 동북공정을 대형 국책사업으로 지정해 고구려 편입작업을 본격적으로 시작하였다.

사업의 기본목적을 고구려와 발해에 관련된 자료의 수집, 유물 유적의 발굴 보존에 두었다. 이 프로젝트에 따라 먼저 광개토대왕비와 장군총 등의 정비 사업을 벌였다. 주변에 널려있는 수천 채의 민가를 헐어내고 대대적으로 보수하였다. 또 고구려의 성곽을 수리하고 동경성 등 발해 유적에도 비슷한 조치를 취하였다. 이와 함께 중국 정부는 공식적으로 고구려사를 자국의 역사를 편입시키는 근거로서 아래의 다섯 가지를 제시하고 있다.

첫째, 고구려의 시조인 주몽이 중국의 고대역사에 등장하는 고이족과 고양씨의 후손이다.

둘째, 고구려가 중국에 조공하였기 때문에 고구려는 중국의 속국이다.

셋째, 고구려가 벌인 수·당과의 전쟁이 국가와의 전쟁이 아니라 중앙정부와 지방 정부가 벌인 통일전쟁이다.

넷째, 고구려가 멸망 뒤 그 유민들이 거의 당나라로 끌려가 한반도에서 고구려와 혈연적 계승은 단절되었다.

다섯째, 고구려의 왕족은 고씨, 고려의 왕족은 왕씨이므로 계승성이 단절되었다.

제6절 동북공정의 주요 쟁점

1. 기자조선은 전설

기자조선은 중국 은(殷)나라의 후예들이 한반도에 건립한 지방 정권이었다. 기자조선이 있었기에 위만조선·고구려·발해도 있었다. “기자조선 관련 사료는 신빙성이 없어 학계에서 역사로 인정하지 않는다. 중화주의를 강조하기 위해 역사가 아닌 전설까지 끌어

들이는 것이다." (조법종 우석대 교수)

"설사 기자·위만이 중국의 망명객이었다 해도 이들은 중국 정부가 파견한 인물들이 아니었다. 중국의 논리는 후지모리가 페루에서 대통령을 했다고 페루가 일본사가 된다는 것과 마찬가지다." (서길수 전 고구려연구회장)

2. 기원전 한강유역은 마한영역

전국시대(戰國時代·기원전 5~3세기) 연(燕)나라 영토는 한반도 한강 유역까지 확대됐다. (중국측 주장)

"연나라 문화의 영향을 받은 것으로 보이는 일부 유물이 랴오둥(遼東) 지역 등에서 출토되는 것은 사실이다. 그러나 이것은 문화적으로 왕래한 흔적일 뿐 직접 이 지역을 지배했다고 볼 수는 없고, 한강 유역까지 지배했다는 것은 더욱 근거가 없다. 한강 유역은 삼한(三韓) 중 마한의 땅이었다." (송호정 한국교원대 교수)

3. 발해는 독자적 연호를 사용한 독립국

발해는 당나라에 귀속된 일개 지방정권이었으며, 정권을 세울 당시 '말갈'을 정식 국가로 사용한 말갈족의 국가였다. (중국 측 주장)

"중국측 사시에서 발해를 '말갈'이라 부른 것은 초기에 일방적으로 낮춰 부른 것이고, 서기 713년 정식으로 국교를 튼 이후엔 '발해'라 제대로 불렀다. 당시 당나라가 발해왕을 '책봉'한 것은 통상적인 외교적 승인 행위에 불과하다. 발해는 독자적인 연호를 사용하고 왕을 황상(皇上)이라 부르는 등 매우 자주성이 강한 독립국이었다." (한규철 경성대 교수)

4. 백두산정계비 조작

1713년 조선이 국경 경계비석(백두산 정계비)를 세울 때 멋대로 장소를 변경해 일방적으로 변경 표지를 삼은 국제적 사기다. (중국 측 주장)

"백두산정계비의 위치가 가짜라는 억지 주장이야말로 저들이 이 비석의 위치에 당혹하고 있다는 증거다. 지금 위치대로라면 저들에게 결정적으로 불리하기 때문이다. 간도 영유권 문제가 국제법상으로나 역사적으로 우리에게 유리하기 때문에 고대사인 기자조선부터 부여·고구려·발해까지 모두 중국 역사라고 왜곡해 간도 문제에 접근하는 태도다. 동북공정의 목적이 역사 문제에 그치지 않고 영토와 조선족 문제에 있음을 노골적으로 보여준다." (조법종 우석대 교수)

5. 고구려인의 조상은 중국인

중국인들 주장의 근거가 되는 <일주서>라는 책은 편찬자와 편찬연대가 불명확한 역사서이다. 또한 전욱 고양씨가 실존인물이라고 가정하더라도 전욱 고양씨는 기원전 2500년경, 고이는 기원전 10세기경 사람이기 때문에 두 사람 간에는 무려 1500여년이라는 긴 시간차이가 난다. 따라서 전욱 고양씨는 고구려인의 선조가 될 수 없다. 고구려인의 조상은 중국의 한족이나 유목민족의 아니라 만주와 한반도 일대에서 농경생활을 하던 동이족의 일족이었다.

6. 고구려 왕은 중국의 신화

전근대시기에 중국과 주변국가 간에 이루어진 조공과 책봉은 명분과 실리라는 측면에서 고려해야 한다. 조공과 책봉을 통해 중국은 세계 질서의 으뜸이라는 명분을 얻을 수 있었고, 주변 국가는 경제적 · 문화적 실리를 취할 수 있었다. 따라서 조공과 책봉이라는 외교형식을 근거로 삼아 고구려가 중국의 지방정권이라고 보는 것은 설득력이 없다. 만약 중국의 주장처럼 조공과 책봉이 중국에 대한 종속의 근거라면 백제와 신라, 왜 등도 모두 중국의 지방정권이어야 한다.

7. 고구려 수도 평양은 중국 땅

중국은 2002년 동북공정을 추진하면서부터 고구려사 전체를 중국사로 보고 있다. 한반도에서의 고구려사는 242년간인 데 반해 중국에서의 고구려사는 464년간이라는 점과 고구려 영토의 3분의 2가 중국의 영토 안에 속하기 때문에 고구려사는 중국사에 귀속된다는 점을 그 근거로 들었다. 또한 고구려는 중국 군현인 집안에서 시작하였고 평양은 고조선을 멸망시킨 한이 낙랑군을 설치한 곳이라는 새로운 학설을 내놓고 있다.

그러나 이러한 모든 주장들은 통일적 다민족 국가론이라는 중국의 역사인식에 위배되는 억지논리이다. 현재의 중국 땅 안에서 일어났던 일을 모두 중국사로 보는 것이 통일적 다민족 국가로인데 평양 일대는 현재 중국이 아닌 북한 땅이기 때문이다. 고구려가 중국 군현으로 된 고조선의 옛 땅 안에서 일어난 것은 사실이지만 이것은 오히려 고구려가 건국과정에부터 중국의 침략을 물리치면서 자주적인 발전을 이룬 나라였다는 것을 보여주는 증거이다.

8. 고구려와 수 · 당의 전쟁은 중국내전

중국의 역사서인 <구당서>, <신당서>에는 당 고조가 '고구려와 중국은 별개인데 굳이 지배하려 들 필요가 있느냐'라고 말한 내용이 기록돼 있다. 물론 고조의 이 견해는 신하들의 반대로 철회되고 결국 중국 중심의 천하 건립을 위해 고구려를 공격한다. 이처럼 고구려와 수·당 간의 전쟁은 두 국가 간, 두 세력권 간의 충돌과 갈등의 결과였다.

9. 고구려 유민

고구려가 멸망한 후 분산된 고구려 유민들 가운데 일본과 신라로 들어간 사람들보다는 중국으로 흡수된 사람들이 더 많았다. 그러나 국가의 성격은 멸망 이후 유민 흡수 숫자의 많고 적음으로만 따질 수 있는 단순한 숫자놀이가 아니다. 신라로 내려간 고구려 유민들은 신라의 힘을 빌어 고구려를 부흥시키기 위해 나·당 전쟁에 앞장섰고 신라는 당 침략군을 몰아내기 위해 고구려의 왕족 안승으로 하여금 금마저(전북 익산)에 보덕국이라는 나라를 세우도록 하였다.

또 후삼국시대에는 후고구려로, 이후에는 고구려를 계승한다는 뜻의 국회를 가진 고려로 구고려 계승의식이 이어졌다. 하지만 중국에서는 고구려 계승의식을 가진 적이 한 번도 없었다. 그러므로 한나라의 역사는 유민 수가 많고 적음으로 정해지는 것이 아니라 유민들이 갖고 있던 자의식과 역사의식에 의해 결정되는 것이다.

10. 고구려와 고려의 명칭

왕건의 선조는 백두산 근처에 살다가 황해도로 내려온 사람이며, 고려라는 나라 이름도 옛 고구려를 계승한다는 뜻을 가지고 있다. 또한 고려의 정책에서도 고구려 계승의식이 잘 나타난다. 건국 직후부터 북방 진출을 꾀하여 고구려의 수도였던 서경을 중시하고 이곳을 북진정책의 전진기지로 삼았다. 거란의 침입 때에도 서희는 고려가 고구려를 계승한 나라라는 것을 외교적 담판을 통해 확인시키고 영토까지 확장하였다. 반면 중국에는 고구려를 자신들의 역사로 기록한 역사책이 한권도 없으며 오히려 송대 이후의 역사서에는 고려를 고구려의 계승국이라고 서술하고 있다.

제7절 동북공정의 문제점 및 대응방안

1. 고구려사에 대한 체계적인 연구와 남북한 및 국제공조의 필요

고구려사 문제는 학술적인 차원에서 역사를 바로잡기 위한 철저한 분석과 자료의 준비가 되어야 할 것이다. 또한 장기적이고 치밀하게 준비되어야 할 것이다. 또한 고구려 유적이 비록 북한에 있기는 하지만 남북한의 긴밀한 공조가 절박한 상태이다.

중국은 고구려사 분쟁의 원인 제공의 책임을 은연중에 북한에 돌리는 경향이 있다. 그래서 중국이 한국과 북한의 비판에 대해 반박의 논리를 세울 때 유난히 북한에서 출판된 서적 등을 참고로 하는 경우가 많다. 중국은 오늘날 조선 및 한국의 학자들이 다른 속셈을 가지고 오랜 역사 속의 민족과 정권이 어디에 속하는가 하는 논쟁을 일으켜 중국의 땅을 조선의 것이라고 엉뚱한 음모를 꾸미고 있다고 여기고 있다.

고구려연구회가 한국 정부에 제출한 의견서를 보면, 중국은 북한의 세계유산 등록을 정치적인 의도로 보았으며, 그들이 정치적으로 대응하게 된 주요 이유라고 주장하고 있다. 중국사회과학원 동북변강연구 시리즈 '고대 중국고구려역사 속론'에서 이와 같은 중국의 입장이 드러나고 있다. 중국은 북한이 고구려의 건국과 활동이 조선반도 북부에서 이루어졌다고 강조하는 것은 조선(북한)경내의 고대국가의 역사적 정통성을 강조하는 것이며, 특히 신라, 백제 등이 주요하게 조선반도 남부에서 일어나 발전하였다는 것을 낮추거나 부정하려는 의도에 있다고 보았다.

고구려는 건국당시에 중국의 고대중국경내에 세워진 국가가 아니었으며, 한의 침력전에 이미 고구려가 있었기 때문에, 고구려가 중국경내의 민족이 세운 지방정권이라는 주장은 설득력을 잃는다. 또한 고구려가 줄곧 중국 역대 중앙 왕조와 신속관계를 유지해왔다는 주장에 대해서도, 신속관계는 고대 동아시아의 외교관계의 표현이었을 뿐이다.

고구려사가 한국사에 귀속되어야 하는 이유는 생물학적·고고학적 자료를 통해서 입증될 수 있으며, 문헌 자료를 통해서라도 증명될 수 있다. 한국인의 유전자 검색을 통해서 보면, 한국인의 유전자 모집단은 70~80%의 북방계 아시아인, 20~30%의 남방계 아시아인 및 유럽인 그룹에 속하는 유전자로 구성되어 있다. 이는 현재의 한국인이 만주족과 유전자가 거의 같다는 의미로 해석되며, 당시 만주족은 고구려와 발해의 지배를 받은 적이 있기 때문에, 만주족의 남쪽에 살고 있었던 고구려인의 유전자는 오늘날의 한국인과 같았다고 할 수 있다. 그밖에 고고학적인 증명을 위해 비파형동검, 온동, 지석묘, 적석비 등의 예를 통해 고구려가 한민족과 같은 역사적 공동체였음을 증명할 수 있다.

한편 중국의 동북공정에 대해 사회과학원을 중심으로 국가적 차원에서 획일적으로 추진하고 있는 반면, 한국 측은 제한된 연구자들이 여러 학술단체에서 똑같은 내용을 반복적으로 발표하고 있는 것을 반성해야 한다. 또한 즉흥적으로 중국이 제기한 문제만 골라서 반박할 것이 아니라, 근본적으로 체계적인 장기적 연구가 절실하다. 고구려사 문제는 어느 특정 학회나 연구회의 독점물이 아니기에, 정부와의 긴밀한 협조와 모든 학회가 참여하여 일치된 목소리를 내서 중국의 역사침략에 대책을 세워야 한다.

2. 간도 영유권문제 인식과 간도연구의 활성화 필요

동북공정에는 간도문제가 설정되어 있다. 이 또한 고구려사 못지 않게 중국 측에 의한 왜곡의 우려가 되는 사안이다. 동북공정에 의한 고구려사 왜곡은 현제와 미래의 조선족 문제 및 간도 문제를 자국 이익에 유리하게 해결하기 위한 전략적 의도가 내포되어있다. 따라서 중국에 의한 간도 문제의 왜곡을 막기 위해서도 지금껏 우리 학계에서 큰 관심분야가 아니었던 간도에 대한 지속적이고 종합적인 연구가 절실히 필요한 시점이다.

간도문제는 한국과 중국 간의 영토 및 국경분쟁으로서 압록강과 두만강 이북의 남만주의 귀속문제를 주된 쟁점으로 하고 있다. 물론 이 지역 중에서도 일반적으로 간도문제라 하면 이른바 백두산정계비를 중심으로 발원하는 토문강이동지역인 북간도의 귀속문제를 의미하지만 북간도뿐만 아니라 압록강 이북의 서간도 귀속문제도 매우 중요하다.

1712년에 청은 백두산 일대의 경계를 명확히 하겠다는 뜻에서 목극동 일행을 조선에 파견하였고, 목극동은 거의 독단적이고 일방적인 태도로 이 해 5월에 백두산정계비를 건립하였다. 그리고 청의 명령에 다라 이 비를 중심으로 토문강을 따라 조선 측에서 설책을 하여 경계를 하였다. 이 결과 토문강 이동의 지역, 즉 북간도지역이 우리 영역으로 확보되었다. 18세기 중엽 이후 조선변계민들이 이 지역으로 이주하기 시작하여 농민의 수는 급격히 증가하여 북간도의 개간농경지와 거주 인구의 80% 이상이 조선인에 의하여 점유되어 북간도는 사실상의 조선영토 안에 들게 되었다. 반면 소수의 중국인들과의 서로 반목하고 분규가 발생하기도 하였다.

압록강 이북의 서간도지역의 경우를 보면, 18세기 당시만 해도 우리와 청의 서북경계는 압록강이 아니었다. 이른바 백두산정계비는 우리 영토를 축소시킬 의향으로 서북경계를 압록강으로 한다고 했지만 조선의 서북경계는 요동지방의 봉황성 이었고, 압록강 이북의 남만주에 대한 관할권을 1900년경까지지 행사하였다. 당시 청의 주력은 중원으로 옮겨갔고 남아있는 세력의 중심지역도 봉황성 북쪽 정책 내에 있는 성경과 홍경이었다. 따라서 남만주지역은 조선의 세력권 하에 있었다.

중국은 동북공정을 통해 간도문제를 자국에 유리하게 이끌려고 하지만 압록강 및 두만강 이북의 남만주지역의 조선의 영토로 인정했었다. 또한 남만주이역은 조선인들에 의해 선점되어 개간되었고, 주민에게서 세금도 징수했다. 이 같은 점들 때문에 압록강 및 두만강 이북지역이 청으로 일방적으로 편입된 일은 당연히 학술적으로 재론되어져야 한다.

오늘날 간도는 1909년에 간도협약에 의하여 일본이 안봉선개축과 광업권의 교환조건으로 청에 마음대로 넘겨준 땅이다. 그런데, 그 법적 근거였던 을사조약은 이미 무효가 되었다. 따라서 간도는 앞으로 중요한 영토문제를 대두될 가능성이 크다. 물론 유엔에 보고가 안 된 밀약인 1962년 북한과 중국간 조·중변계조약문제가 남아있지만 간도문제는 동북공정, 한반도 통일전후 및 중국의 장래 벼화에 대응하는 우리의 전략카드인 것이다. 1948년 대한민국 정부 수립 이래로 최초로 국가기관인 국회에서 2004년 9월 '간도협약 원천무효 결의안'이 59명의 국회의원 발의로 제출되었다. 간도문제가 중국의 아킬레스건인 영토문제이기 때문에 신중하고 전략적으로 접근해야 한다. 앞으로의 과제는 간도문제에 관한 좀 더 많은 제 3국 사료들의 발굴 소개도 중요하고 또한 한·중 사이에 간도문제에 대한 학술적 공동논의가 있어야 한다.

3. 조선족 문제에 대한 신중한 접근

중국에는 현재 약 200만 명의 조선족이 거주하고 있다. 중국의 조선족은 이미 부분적으로 현실화되고 있는 동북아시아의 경제적 통합과 미래에 실현될 남북 정치적 통합에서 양국 간 이익의 조화를 위하여 한국과 중국이 그 지위에 대하여 합의를 보아야 할 중요한 집단이다. 특히 최근의 한중일 3국 지역 자유무역협정(FTA)의 체결과 시베리아 철도의 한반도 연장에 관한 논의는 한국으로 하여금 직접적인 이해관계 지역인 동북지역에 거주하고 있는 조선족에 대한 관심을 요구하고 있다.

한국에게 있어 조선족은 같은 혈통을 공유하는 한민족이며 재외동포이고, 중국에게 있어서 조선족은 국가의 공민이며 소수민족이다. 이러한 배경으로 인해 조선족이 갖는 정체성이 학문적 관심을 요구하며 조선족과 한·중 양국의 정치, 경제, 역사, 문화적인 관계 양식도 차이가 있는 것이다.

한국의 입장에서 볼 때 조선족은 정서적으로 같은 핏줄을 나눈 민족이며 실리적으로 한중관계에 긍정적인 기여를 할 수 있는 귀중한 자산이다. 조선족은 그 동안 한중관계의 협력과 발전에 중요한 매개자로 기능하였다. 한국인과 조선족의 언어 및 문화의 유사성은 한중간 거래비용을 크게 절감하고 있다.

중국의 입장에서 조선족은 엄연한 중국의 시민이며 다민족 국가인 중국의 55개 소수민족 중의 하나이다. 더욱이 조선족은 몽골족과 더불어 그들의 모국이 지리적으로 인접한 지역에 위치하고 있다. 남북한은 국가규모가 인구 약 200만의 몽골과 비교가 되지 않을 정도로 크며, 조선족의 지리적 거주 지역은 중국과 태평양의 중간지대에 위치하고 있다. 남북한은 국가규모가 인구 약 200만의 몽골과 비교가 되지 않을 정도로 크며, 조선족의 지리적 거주 지역은 중국과 태평양의 중간지대에 위치하고 있다. 따라서 조선족의 정치 경제적 움직임은 중국의 對한국 및 對북한, 나아가 對한반도 정책의 수행에서 전략적 고려의 대상이 될 수밖에 없다. 따라서 조선족에 대한 객관적이고 실증적인 연구의 축적은 한중간 국가 관계의 긍정적인 발전을 위하여 반드시 필요하다.

조선족은 논리적으로 그동안 한국과 중국의 정치, 경제, 사회문화적 관계에 영향을 미쳤으며 또 반대로 영향을 받아왔다고 볼 수 있다. 한중관계 12년은 양국 간 관계가 협력과 갈등의 양면성을 가져왔으며, 앞으로도 이러한 협력과 갈등을 반복하여 노정될 것이라는 것을 시사하고 있다. 현재는 경제적 이익의 조화에 중점을 두고 있는 양국 간 관계가 협력의 모습을 보다 대표적으로 보여주고 있을지라도, 국경을 인접하고 서로 일정 부분을 공유하고 있는 중간집단이 존재하는 양국간의 관계는 앞으로 역동적이 변화를 겪을 가능성이 높아, 특히, 조선족 문제를 둘러싼 다양한 문제와 조선족의 역할에 따라 한중관계는 상당한 유동성을 가질 것이다.

국가 간 관계에서 갈등은 여러 부문에서 분출될 수 있으며 갈등을 유발하는 원인 역시 다양할 수 있다. 많은 경우 개별적으로 보이는 현상과 원인들은 서로 독립적으로 작용하는 것이 아니라 서로 유기적인 관계를 맺으면서 이루어진다. 최근 한중간의 갈등이 노정되고 있는 다양한 사안은 많은 경우가 조선족 문제가 그 중심이 되고 있다. 따라서 이제는 중국 조선족과 한중관계의 총체적인 이해를 위하여 조선족 이슈를 단편적으로 접근하기보다 공통의 문제의식과 일관된 분석 구조를 가지고 정치, 경제, 사회문화, 교육 등 다면적 분야에서 접근하는 연구가 필요하며, 정책에 있어서도 조선족에 대한 신중한 접근이 필요하다.

4. 전 국민적인 역사의식 함양, 되찾기 운동

앞에서 살펴본 방안들은 주로 자료 조사를 통해 알 수 있었던 것들이었으며 이는 학계 혹은 국가적 차원의 방안이었다. 물론 이렇게 전문적이고 좀 더 큰 틀 안에서의 방안도 중요하지만 이에 못지않게 전 국민적 차원의 운동이나 비공식 단체들의 움직임도 중요하지 않을까하는 생각을 해본다. 요즘 화재가 되고 있는 TV 프로그램 중에서도 '문화유산찾기 74434'라는 것이 있다. 우리 나라가 지금껏 잃을 수밖에 없었던 각 나라에 퍼져 있는 우리의 문화유산을 우리의 힘으로 찾아내자는 것이 방송의 내용인데 이는 한 방송국의 코너에 불과 하지만 그 취지나 시청자들의 반응을 불러 모으는 힘이 뛰어나 방송 이상의 힘을 내고 있다. 방송을 본 시청자들은 역사에 대한 관심을 더 갖게 되고 역사의식을 갖추게 되며 이를 바탕으로 캠페인에 적극 동참하고 성금 모으기 등을 거쳐 유산 찾기에 계속해서 힘을 가하고 있다. 이렇게 공식적이지 만은 않은 캠페인식의 방송이 오히려 학계의 움직임보다 더 큰 힘을 발휘할 수 있다는 것을 더 보여주기도 한다. 동북공정 또한 이러한 예와 맥락을 같이하여 조금은 비공식적인 것들의 힘을 빌려 전 국민 차원의 역사의식을 갖추어야 하고 무조건적인 분노보다는 그에 대해 더 잘 알고 좀 더 체계적인 움직임을 가져야 한다. 그리고 방송도 상업적인 면을 조금만 억제하고 잘 이용한다면 이러한 움직임을 더 수월하게 할 수 있을 것이다.

제8절 맺음말

다행스럽게도 한국사 관련 17개 학회와 함께 이 문제에 대해 공동으로 대응하여 연구를 추진한다고 한다. 그러나 중국의 경우 수백여 명의 연구자들이 이 프로젝트에 참여하고 수십억 원 규모의 연구비를 책정하고 있으나 우리의 경우 내년 예산에 수억 원 정도의 예산이 책정이 이루어지고 있으며, 고구려를 주제로 박사학위를 취득한 연구자와 고구려에 대한 논문을 발표한 연구자 모두해도 수십 명의 연구자를 넘지 못하고 있다.

중국의 초, 중, 고 역사교과서를 보면 고구려 항목이 아직까지는 중국사 교과서가 아닌 세계사 교과서에서 다루어진다. 즉, 지금가지는 고구려가 중국사가 아닌 세계사로 인식되어왔다는 것을 알 수 있다. 하지만 앞으로 동북공저에서 이루어질 고구려에 대한 연구결과가 중국의 역사 교과서에 반영될 가능성이 크기 때문에 경계를 늦추어서는 안 될 것이다. 중국에서는 이미 고구려를 중국사로 보는 연구업적들이 출판되고 있기 때문이다.

때문에 지금은 남북의 공조가 절실히 필요한 때이다. 우리의 대안으로 가장 시급한 것은 우선 북한이 유네스코에 신청한 고구려 고분군이 세계문화유산으로 등재될 수 있도록 기술지원이나 시설지원을 해야 하고, 고분군 주변의 정비 사업을 도와 접근성을 높여야 한다. 또한 한국 정부는 북한 당국과 협의하여 중국의 역사 왜곡에 대한 정부의 공식적 견해를 밝혀야 한다. 이 일에 남북이 함께 협력하여 한 목소리를 내는 것은, 남북관계 개선뿐만 아니라 같은 핏줄을 이어받았다는 민족공동체 의식을 강화하는데 크게 기여할 수 있는 것으로 보인다.

고구려사 연구센터의 설립도 중요하다. 중국에 비하면 우리나라는 고구려사를 연구하는 학자의 숫자가 적을 뿐만 아니라 고구려사를 연구하기에는 중국과 북한에 비해 지리적인 한계도 안고 있다. 고구려사를 연구하는 소수의 연구자들마저 역사적 사실을 밝히는데 급급했을 뿐 고구려의 귀속문제, 즉 고구려의 정체성을 연구하는 작업은 등한시되어 왔다. 때문에 고구려에 대한 집중적인 연구에 나서야 한다.

중국의 학술적 인해전술과 물량공세에 의한 역사왜곡에 대하여 우리는 IT강국의 이점을 활용하여 국제화와 정보화를 통하여 효과적으로 대응하여야 할 것이다. 관련 홈페이지 개설과 국제학술회의의 개최를 통해 국제사회의 여론의 지지를 받는 노력이 중요하다. 연구자들이 교양서 집필이나 방송을 통해 고구려사를 비롯한 한국사의 대중화를 위한 노력을 해야 한다. 세계 각 국의 권위 있는 학술지에 연구 성과를 번역해 기고하고, 단행본을 외국어로 번역, 출판하도록 해야 한다. 또한 중국 학계의 논리에 대응하기 위해 그들의 주요 논저를 번역, 발간하여 연구에 활용해야 한다. 국민들이 우리의 역사와 문화에 관심을 가질 수 있도록 하기 위해서는 한국사에 대한 제도교육과 사회교육을 활성화 시켜야 한다. 한국사를 학교교육에서 독립교과로 편성하여 강화시키고, 각종 자격고시에 한국사를 필수과목으로 하여 올바른 역사의식을 가진 공무원과 지식인을 양성하여야 한다. 그리고 무엇보다도 중요한 것은 국민들이 우리의 역사와 문화에 대한 관심을 갖는 일이다. 국민들도 이 문제에 관심들을 가지고 연구자들이 연구를 수행하는데 많은 지원을 아끼지 말아야 할 것이다. 고구려사를 비롯한 우리의 역사에 대한 관심이 고조되고, 우리 역사와 정체성을 올바로 정립하여야 이 문제도 잘 해결될 것이기 때문이다.

• 참고문헌

- 중국의 동북공정 논리와 그 한계, 국사편찬위원회
- 중국의 동북공정과 중화주의, 이개석 외, 고구려연구재단
- 동북공정의 선행 작업들과 중국의 국가 전략, 우실하, 울력
- 중국의 동북공정과 정치적 의도, 소치형, 중국연구 제 23집
- 동북공정의 발전 과정과 정치적 성격, 나영주, 민족연구 제 13권
- 역사적 진실 왜곡에 대한 비판과 반성, 김인성, 민족연구 제 13권
- 중국의 고구려사 왜곡과 동북공정, 안병우, 국제정치연구 제7집 제2호
- 중국의 대내외 전략과 동북공정; 현황과 우리의 대응, 김우준 외, 세계지역연구논총 제22집 제2호
- 동북공정은 간도해결의 포석, 경향신문, 2004.5.27
- 서길수, 중국의 고구려 유적 세계유산 등재 신청의 현황과 전망
- 여호규, 2003 '중국학계의 대외관계사 연구현황', <한국고대사연구>31
- 윤휘탁, 2003 '현대 중국의 변강 민족의식과 동북공정' <역사비평>, 2003년 겨울호
- 신동아 2003년 9월 호 기획 특집 "중국은 왜 고구려사를 삼키려 하는가"
- 오종윤(민족역사문화연구소 소장), "중국의 고구려 역사 빼앗기", "민족 역사 문화연구소 한배달, 2004.1.
- 한국일보 [동북공정 배경과 대응 방안] 2004.1.19
- 동북공정 저지 서명운동, 국학원 홈페이지 http://www.kookhakwon.org
- 고구려 연대 http://www.goguryeo.org
- 우리역사 바로 알기 시민연대 http://www.historyworld.org
- 사단법인 고구려 연구회 http://www.koguryo.org

부 록

1. 일본검사총장에게 보낸 민족대표의 선언서
2. 조선독립운동 6대 방략
3. 조선혁명선언
4. 민족개조론

부 록

1. 일본검사총장(日本檢事總長)에게 보낸 민족대표(民族代表)의 선언서(宣言書) (1919년)

- 조선독립(朝鮮獨立)의 서(書) -

한 용 운(韓 龍 雲)

(1) 개론(槪論)

자유(自由)는 만유의 생명이요, 평화(平和)는 인생의 행복이니, 그런고로 자유가 없는 인생은 죽은 목숨과 같고 평화가 없는 자는 가장 고통(苦痛)스러운 자이다. 압박을 당하는 자의 주위의 공기는 분묘(墳墓)로 화하고 쟁탈을 당하는 자의 경애(境涯)는 지옥(地獄)이 되는 것이다. 우주 만유의 이상적인 행복의 실재는 곧 자유와 평화이다. 그런고로 자유를 얻기 위해서는 생명을 홍모(鴻毛)와 같이 보고, 평화를 확보하기 위해서는 희생(犧牲)을 엿을 맛보듯이 달게 받는 것이다. 이는 인생의 권리인 동시에 또한 의무(義務)일 것이다.

그러나 자유의 공례(公例)는 사람의 자유를 침해치 아니함으로 그 한계(限界)를 심나니 침탈적인 자유는 평화를 먹칠하는 야만적(野蠻的)인 자유가 되며 평화의 정신은 평등(平等)에 있나니 평등은 자유와의 균형을 말하는 것이다. 그런고로 위압적(威壓的)인 평화는 굴욕이 될 뿐이니 참된 자유란 반드시 평화를 확보하고 참된 평화는 반드시 자유를 동반하는 것이다. 그런즉 자유와 평화는 전 인류(人類)의 요구일 것이다.

그러나 인류의 지식은 전진적이므로 초매(草昧)로부터, 그리고 문명의 쟁탈로부터 평화에 이름은 역사적 사실로써 증명하기에 충분하도다. 인류 진화의 범위는 개인(個人)으로부터 가족(家族), 가족으로부터 부락(部落), 부락으로부터 국가적(國家的)인 것으로, 국가적인 것으로부터 세계(世界), 세계적인 것으로부터 우주적(宇宙的)인 것으로 주의에 이르도록 순차로 진보하는 것이다. 그러니 부락주의(部落主義) 이전은 초매한 시대에 떨어져 시든 먼지에 속하는지라 머리를 되돌려 보는 감회를 가지는 외에 논술(論述)할 필요가 없도다.

행인지 불행인지 18세기 이후의 국가주의(國家主義)는 실로 전 세계를 풍미하여 오르더니 그 절정에서 제국주의(帝國主義)와 그 실행의 수단으로 즉 군국주의(軍國主義)가 산출되기에 이르렀다. 이로써 소위 우월한 것이 승리하고 열등한 것이 패하여, 약육강식(弱肉强食)의 학설은 가장 참되며 변치 않는 금과옥조(金科玉條)로 인식되었고, 살벌한 강탈을 위한 국가 또는 민족의 전쟁은 자못 그칠 날이 없게 되었다. 그리하여 혹은 몇천 년의 역사국을 허물어 버리며 혹은 몇십 몇 백만의 생명을 희생하는 일이 지구를 둘러싸서 없는 곳이 없으니 전세계를 대표할 만한 군국주의는 서양(西洋)에 독일(獨逸)이 있고 동양(東洋)에 일본(日本)이 있게 되었도다.

그러나 소위 강자, 즉 침탈국은 군함(軍艦)과 철포(鐵砲)만 많으면 자국의 야심과 식욕을 채우기 위하여 인도를 부정하고 정의를 멸시하는 쟁탈을 행하면서도 그 이유를 설명함에 있어서는 세계 또는 국지(局地)의 평화를 위한다든지 쟁탈의 목적물인 피침탈자의 행복을 위한다든지 하는 등으로 스스로를 속이고 남도 속이는 망령된 말을 농하여 엄연한 정의(正義)의 천사국(天使國)으로 자처하는 것이다. 예를 들면 일본이 폭력으로 조선을 합병(合倂)하고 2천만 민족을 노예로 대우하면서도 조선을 합병함은 동양 평화를 위함이며 조선 민족의 안녕과 행복을 위함이라고 운운함이 이것이다.

아아, 약자(弱者)에 항상 옛 것만 따라 약자에서 불면하는 약자가 없고 강자(强者)에 다하지 아니하는 강자가 없나니, 큰 운수가 그 바퀴를 돌리는 때에는 복수의 전쟁이 반드시 침탈의 전쟁의 발꿈치를 따라 일어날 것이니 참으로 전쟁을 불러 일으키는 일이다. 이 어찌 평화를 위하는 침탈이 있으며 또한 어찌 자국 몇 천년의 역사는 타국 침탈의 칼날에 단절되고 몇 백 몇 천만의 민족은 외인의 학대아래에서 노예가 되고 우마(牛馬)가 되면서 이를 행복으로 인식할 자가 있으리오. 어느 민족을 막론하고 문명정도의 차이는 있을지나 핏줄의 품성(品性)이 없는 민족은 없는 것이니 그 혈성(血性)을 지닌 민족이 어찌 영구히 남의 노예됨을 달게 받아 독립(獨立)과 자존(自存)을 도모하지 아니하리오.

그런고로 군국주의 즉 침탈주의는 인류의 행복을 희생하는 악마일 뿐이니 어찌 이와 같은 군국주의가 하늘과 땅의 무궁한 운명을 보(保)하리오. 이론보다 사실…(이하 불명)

오호라! 칼이 어찌 만능이며 힘이 어찌 승리이리오. 정의(正義)가 있고 인도(人道)가 있도다. 침탈 그리고 악극(惡極)한 군국주의는 독일로서 그 최종의 막을 연출하지 아니하였는가. 피와 육체와 귀신이 곡하고 신명이 슬퍼하신 구주(歐洲)의 대전쟁은 대략 1천만 명의 사상자를 내고 몇 억의 금전을 없애 버린 뒤에 정의와 인도를 표방하는 기치 아래에서 강화조약(講和條約)을 성립시키게 되었도다.

그러나 군국주의의 종막(終幕)도 실로 그 색채를 장엄히 함에 유감이 없었도다. 전 세계를 유린하려는 사욕을 채우기 위하여 독일은 고심초사 30년의 준비로 수백만의 건아(健兒)를 수백 마일의 전선에 세우고, 철갑의 기병(騎兵)과 비행선(飛行船)을 채찍질하여 왼쪽에 부딪치고 오른 편을 돌격하며 동으로 치달리고 서쪽을 쳐서 개전한지 3개월 안에 파리를 함락시킨다고 스스로 기약하던 「카이저」 독일 황제의 성언(聲言)은 한 때는 그 장절(壯絶)함을 극하였도다. 그러나 그것도 군국주의의 결별의 마지막 종곡(終曲)일 뿐이었다. 이상과 성언뿐 아니라 독일은 작전 계획도 사실로 탁월하여 휴전을 개의(開議)하던 날까지도 연합국(聯合國)측 병마의 발자국은 독일 국경을 한 발자국도 넘어 서지 못하였었고 항공기는 하늘에서, 잠항정(潛航艇)은 바다에서, 자동포(自動砲)는 육지에서 각각 그 묘(妙)를 극하여 실전의 작전과 전략에 그 찬란한 색채를 발하였다. 그러나 그것도 군국주의의 낙조의 반사(反射)일 뿐이었다.

아아, 수억의 인구 위에 군림하고 세계를 일괄할 웅도를 스스로 기약하여 세계에 대하여 선전(宣戰)을 포고하고 백전 백승의 기개를 지녀 신이냐 사람이냐의 사이에서 종횡으로 자재(自在)하던 독일 황제가 하루 아침에 자기 생명의 신(神)으로 인정하는 칼을 풀어놓고 우양락탁(踽凉落拓)하여 천애윤락(天涯淪落)으로 네덜란드 벽촌 한구석에 쫓겨가 남은 숨길을 보함은 이 무슨 돌변인가. 이는 곧「카이저」의 실패일 뿐만 아니라 군국주의의 실패이니 일세의 쾌사로 느끼는 동시에 그 사람「카이저」를 위해서는 한 줄기의 동정을 금치 못하리로다.

그러나 연합국측도 독일의 군국주의(軍國主義)를 타파한다고 선언하였으나 그 수단과 방법으로 실제 사용한 것은 역시 군국주의의 음물인 군함·철포 등의 살인도구였으니 이는 야만의 오랑캐로 야만의 오랑캐를 공타하는 것이니 무슨 구별이 있으리오. 독일의 실패가 연합국의 전승이 아닌즉 수다한 강약국들이 합치하여 이룬 병력으로 5년 동안 지구전(持久戰)을 벌여 독일 하나를 제압하여 이기지 못한다는 것은 이는 또한 연합국측 즉 군국주의(軍國主義)의 실패가 아닌가.

그러면 연합구 측의 포(砲)가 강한 것이 아니요, 독일의 칼이 짧음이 아니라면 전쟁의 종국을 고함은 무슨 연고인가. 그것은 정의와 인도의 승리요, 군국주의(軍國主義)의 실패인 것이다. 그렇다면 정의·인도, 즉 평화의 신은 연합국의 손을 빌어서 독일의 군국주의를 타파함인가. 그렇지가 않다. 정의·인도 즉 평화의 신은 독일 인민의 손을 빌어서 세계의 군국주의를 타파하는 것이었으니 곧 전쟁 중에 일어난 독일의 혁명이 이것이다

독일(獨逸)의 혁명은 사회당(社會黨)의 손에서 일어났으니 그 유래가 길고 또한 러시아 혁명으로 자극을 받은 바가 있으나 통괄적으로 말하면 전쟁의 괴로움을 뼈아프게 느껴 군국주의의 비(非)를 통절히 깨달은 고로 웃으며 순종하던 사이에서 전쟁을 자파하고, 노한 파도와 놀란 물결 같은 군국주의를 호위하여 휘두르던 컬을 거꾸로 하여 군국주의의 자살을 이룩하고 공화(共和) 혁명(革命)의 성공을 넓히고 평화적인 새운명을 개척한 것인즉 연합국은 그 틈을 타서 어부의 이를 얻은 것이다.

금번 전쟁의 승리에 대하여는 연합국 측의 승리일 뿐만 아니라 또한 독일의 승리라 할 것이로다. 무슨 연고인가. 이는 금번 전쟁에서 독일이 고주일척(孤注一擲)의 최후의 순간까지 싸운다 할지라도 이길 것을 가히 알 수 없을 것이요, 가사 독일이 일시의 승리를 얻는다 할지라도 연합국의 복수의 전쟁이 한 번 일어나고 또 일어날 터이니 독일의 멸망을 보지 아니하면 병력을 해신할 날이 없을 것이다. 그런고로 독일이 전쟁에 패하지 않을 뿐 아니라 전승(戰勝)이라도 할 만한 경우에 있으면서 단연코 굴욕적인 휴전 조약을 승낙하고 강화를 청한 것은 곧 기(機)를 보고 승리를 자제하는 것이니, 강화회의(講和會議)에 대하여도 가급적으로 굴욕적인 조건에도 무조건으로 승낙한 것으로 미루어 알기가 어렵지 않은 일이다. 그렇다면 현재로 보면 독일의 실패라 할 것이나 원시적(遠視的)으로 보면 독일의 승리라 할 것이다.

아아, 광고(曠告)에 없던 미증유의 구주(歐洲) 대전쟁과 기괴하고 불가사의한 독일의 혁명은 19세기 이전의 군국주의·침탈주의

의 전별회(餞別會)가 되는 동시에 20세기 이후의 정의·인도적 평화주의의 개막이 되어 카이저의 실패가 군국주의적인 각국의 머리 위에 아픈 몽둥이를 내리고 윌슨의 강화 기초 조건이 각 영토의 오래 된 나무 그루터기에 봄 기운을 전하게됨으로써 자결을 위하여 분투하게 되었으니 폴란드의 독립이 이것이며, 필립핀의 독립 경영이 이것이며, 조선의 독립선언이 이것이며, 각 민족의 독립 자결은 자존성(自存性)의 본능이며, 세계의 대세이며, 우주 신명의 찬동이며 전인류의 미래의 행운의 원천이라, 누가 이를 막을 것이오.

(2) 조선(朝鮮) 독립(獨立) 선언(宣言)의 동기(動機)

일본이 조선을 병합한 뒤에 자존성이 풍부한 조선인의 사위(四圍)에 접촉되는 것은 하나도 독립을 상기케 하는 일이 없었도다. 그러나 최근의 동기를 말하자면 대개 세 가지로 나눌 수 있다.

① 조선(朝鮮) 민족(民族)의 실력(實力)

일본이 조선의 민의를 무시하고 암약(闇弱)한 주권자를 기만하고 능멸하여 몇개 소인배의 당국자를 우롱하여 합병의 폭거를 강제로 행한 뒤로부터 조선민족은 부끄러움을 품고 치욕(恥辱)을 참는 동시에 또한 분을 발하고 지(志)를 복돋워 정신을 쇄신하고 기운을 함양하였으며 어제의 비를 고치고 새로운 선을 도모하여 일본이 싫어하고 미워함을 불구하고 외국에 유학한 사람도 실로 수만명에 달한즉, 이 위에 독립(獨立) 정부(政府)가 있어서 각 방면으로 장려하고 원조하면 만사의 문명에 유감이 없이 날짜를 계산하여 진보할 것이다. 국가는 반드시 이 물질상의 문명의 일일이 완비된 뒤에 비로소 독립하는 것이 아니라 독립할 만한 자존의 기운과 정신상의 준비만 있다면 족한 것이니 문명의 형식을 물질 위에 발휘함은 칼을 맞아 들여 군대를 부숨과 같은 것일 것이니 어떠한 어려운 일이 있을 것이리오.

일본인은 빈번히 조선의 물질 문명이 부족한 것을 가지고 구실을 만드나 조선인을 우매하게 하고 야비하게 하고자 하는 학정(虐政)과 열등 교육을 폐기하지 아니하면 문명이 실현될 날이 이 땅에서 없을 것이니 이것이 어찌 조선인에게 소질이 부족한 때문이리오. 조선인은 당당한 독립국민으로서의 역사(歷史)와 전통(傳統)이 있을 뿐만 아니라 현세의 문명에 따라 함께 달릴 만한 실력이 있는 것이다.

② 세계(世界) 대전(大戰)의 변천(變遷)

20세기 초엽부터 전인류의 사상계(思想界)는 점점 새로운 색채를 띠어 전쟁의 참화를 없애고 평화의 행복을 누리고자 하여 각국 군비(軍備)의 제한 또는 전폐(全廢)의 설도 있으며 만국 연합의 최고 재판소를 설치하고 절대의 재판권을 부여하여 국제적인 문제를 재판으로 해결하여 전쟁을 미연에 방지하자는 설도 있으며 그 밖에 세계적인 연방(聯邦) 설도 있어 실로 새들이 떠들고 매미가 우는 소리와 같이 많이 나오고 있으니 이는 모두 세계의 평화를 촉진(促進)하는 예고의 소리인 것이다.

소위 제국주의적인 정치가의 눈으로 보면 일소에 붙일지 모르나 사실의 실현은 시간 문제일 것이다. 최근에 세계 사상계에 통절한 실물 교육을 내린 것은 곧 구주(歐洲) 전쟁과 러시아 혁명과 독일 혁명이 이것이다. 세계 대세에 대하여는 상술한 바 있은즉 중복을 피하나 한 마디로 말하자면 현재로부터 미래의 대세는 침탈주의의 멸망이오, 자립적인 평화주의의 승리가 될 것이다.

③ 민족(民族) 자결(自決) 조건(條件)

미국(美國) 대통령 윌슨 씨는 대독(對獨) 강화 기초 조건, 즉 14개 조건(條件)을 제출하는 중에 국제연맹(國際聯盟)과 민족자결의 조건이 있는데, 영국・프랑스・일본과 기타 각국이 내용으로는 윌슨의 국제연맹의 본령(本領), 즉 평화의 근본 해결인 민족자결에 대하여는 재론할 여지가 없을 것이니 각국이 찬동하는 뜻을 표한 이상 이 국제연맹과 민족자결은 윌슨 한 사람의 사언(私言)이 아니라 세계의 공언이며, 희망의 조건이 아니라 기성의 조건이며, 또한 연합국측에서 폴란드의 독립을 위해서는 거액의 군사비와 막대한 희생을 고려치 않고 영하 30도 내외의 매서운 추위 속에 병마(兵馬)를 시베리아에 출병시킨 것은 미(美)·일(日)의 행동이 가장 현저하였은즉, 이는 민족자결을 사실상으로 원조한 것이다. 이는 민족자결주의의 완성의 표상이니 어찌 가히 축하할 바가 아니리오.

(3) 조선(朝鮮) 독립(獨立) 선언서(宣言書)

오호라! 나라를 잃은 지 10개 성상을 거치고 독립을 선언한 민족이 독립의 이유를 설명함에 이르러서는 실로 침통과 스스로 부끄러움을 금치 못하겠도다.

독립의 이유는 이를 네 가지로 나눌 수 있다.

① **민족(民族) 자존성(自存性)**

달리는 짐승은 날으는 새들과 한가지로 무리하지 못하고 날으는 새는 곤충과 한가지로 무리하지 못하며, 동일한 들짐승이로되 기린과 여우나 이리는 그 사는 모양이 다르고, 동일한 날짐승이로되 기러기와 고니나 제비와 참새는 그 뜻이 다르고, 동일한 곤충이로되 교룡(蛟龍)과 지렁이는 그 좋아하는 바가 각기 달리 있으며, 같은 종류의 생물에 있어서도 벌이나 개미는 제 같은 무리가 아니면 절대로 배척하여 한 곳에서 같이 살지 아니하는 것이니, 이는 감정이 있는 생물(生物)의 자존성에서 나오는 것이다. 이는 반드시 이해득실을 견주어 남의 침략을 배척할 뿐만 아니라 다른 무리가 자기 무리에 대하여 복리를 더해 준다 하여도 또한 이를 배척(排斥)하는 것이니, 이는 배타성(排他性)이 바로 주체가 되어 그러한 것이다. 제 무리를 스스로 사랑하여 자존(自存)을 누리는 고로 자존의 반면에는 자연히 배타가 있는 것이니 배타라 함은 자존의 범위 안에 들어오는 남의 간섭을 방어하는 것이요, 자존의 범위를 초과하여 남을 배척함은 배타가 아니라 침탈이기 때문이다.

인류도 이와 같아서 민족의 자존성이 있는고로 유색 인종·무색 인종의 사이에 각각 자존성이 있고, 같은 종류 중에도 각 민족의 자존성이 있어 도저히 동화되지 못하는 것이니 예를 들면 중국 전폭은 한 나라를 형성하였으나 민족적인 전쟁은 실로 극렬하였다. 최근의 사실로만 말하여도 청조(淸朝)의 멸망은 정치적 혁명의 피상(皮相)이 있으나 실은 한만(漢滿) 양족의 쟁탈이며, 티벳족(서장족(西藏族))이나 몽고족이나 각각 자존을 몽상하여 기회만 있으면 시끄러운 사단(事端)을 야기시켰으며, 그 밖에 영국의 아일랜드·인도에 대한 동화 정책이나 러시아의 폴란드에 대한 동화 정책이나 기타 각국의 영토에 대한 동화 정책은 하나도 수포로 돌아가지 아니한 것이 없었다.

그러한즉 자기 민족이 타 민족의 간섭을 받지 아니하려 함은 인류가 공통으로 지닌 본성(本性)이니 이에 대하여는 다른 물건이 이를 막고 방해하지 못할 뿐만 아니라, 자기 족속이 스스로 자기 족속의 자존성을 억제하고자 하여도 불가능한 것이다. 이 본성은 항상 탄력성을 지녀서 팽창의 한도와 독립 자존의 완선(完善)에 이르지 아니하면 그치지 아니하는 것이니 조선의 독립을 가히 늦추지 못할 것이다.

② 조국(祖國) 사상(思想)

월남(越南)의 새는 남쪽의 나무 가지를 생각하고, 호족(胡族)의 말은 북풍을 보고 우는 것이니, 이는 그 본성을 잊지 아니하는 때문이다. 동물도 이와 같거늘 하물며 만물의 영장인 사람이 어찌 그 근본을 잊으리오. 그 근본을 잃지 못함은 인위가 아니요 천성인 동시에 또한 만유의 미덕인 것이다. 그런고로 인류는 참된 근본을 잃지 아니할 뿐만 아니라 잊고자 하여도 되지 아니하는 것이니 반만년의 역사국이 다만 군함(軍艦)과 철포(鐵砲)의 수효가 적음으로써 타인에게 유린을 당하여 역사가 단절됨에 이르렀으니 누가 이를 참으며 누가 이를 잊으리오.

나라를 잃은 후, 왕왕 근심의 구름과 슬픔의 비 속에 역대 조선(祖先)이 소리내어 우는 소리가 섞여 들리고 있으며 한밤중과 푸른 새벽 사이에 우주 신명(神明)이 꾸짖는 소리를 들으니 이를 가히 참으면 무엇을 가히 인내치 못하리요 조선의 독립을 가히 늦추지 못하리로다.

③ 자유주의(自由主義) (자존주의(自存主義)와 구별)

인생의 목적을 철학적으로 해석하려면 각설이 분분하여 일정한 정의를 내리기가 어려우나 인생 생활의 목적은 참된 자유에 있으니 자유가 없는 생활이 무슨 의미가 있으며, 무슨 쾌락이 있으리요. 자유를 얻기 위해서는 어떠한 댓가도 애석히 생각치 아니하나니 뭇생명을 걸어도 사양치 아니할 것이다. 일본이 조선을 합병한 후로 압박에 압박, 일동일정(一動一靜)과 한마디 말, 한마디 침묵에까지 압박을 가하여 자유로운 생기란 털끝만큼도 없은즉 혈성(血性)이 없는 타력물(惰力物)이 아닌 바에야 어찌 이를 참고 받을 것인가.

한 사람이 자유를 잃어도 천지의 화기(和氣)를 손상시킬 것인데, 어찌 2천만명의 자유를 말살(抹殺)함이 이와 같을 수가 있으리오. 조선의 독립을 가히 늦추지 못하리로다.

④ 세계(世界)에 대한 의무(義務)

민족의 자결은 세계 평화의 근본 해결이다. 민족자결주의(民族自決主義)가 성립되지 못하면 여하히 국제연맹(國際聯盟)을 체결하여 평화를 보지할지라도 구경(究竟)에 가서는 수포로 돌아가 버릴 것이다.

그런고로 민족자결이 성립되지 아니하면 어느 때까지라도 병화(兵禍)가 연결하여 전쟁이 연면할 것이니, 조선 민족이 어찌 세계에 책임을 면하리오, 그러므로 조선 민족의 독립자결은 세계의 평화를 위하는 것이요, 또한 동양 평화에 대하여는 실로 중요한 열쇠가 되는 것이다. 일본이 조선을 합병(合倂)함은 조선 자체에 대한 이익, 즉 조선 민족을 추방하여 쫓아내고 일본 민족을 이식코자 할 뿐만 아니라 만주(滿洲)와 몽고(蒙古)에 손가락을 대고 한 발자국 더 나아가 중국(中國) 대륙을 집어먹을 것을 몽상하는 것이니, 일본의 야심은 길 가는 사람이 다 보는 지경이다.

중국(中國)을 경영하자면 조선을 버리고 다른 길을 벌릴 곳이 없는고로 침탈 정책상 조선을 유일의 생명으로 인정하는 것이니 조선의 독립은 곧 동양의 평화가 될 것이라, 조선의 독립을 가히 늦추지 못하리로다.

(4) 조선(朝鮮) 총독부(總督府)의 정치(政治)에 대하여

일본의 조선을 합병한 후 조선에 대한 시정 방침은 무력압박(武力壓迫)의 늭자로 대표하면 족하다. 그런고로 전후 총독(總督) 사내(寺內)·장곡천(長谷川)으로 말하면 정치적 학식이 없는 일개의 군인이라. 그러한 조선 총독의 정치는 일괄하여 말하면 헌병정치(憲兵政治)이니, 이를 바꾸어 말하면 군도(軍刀) 정치요, 철포(鐵砲) 정치인 것이다.

군인의 특징을 발휘하여 군도 정치를 행함에 있어서 그들은 잘못 유감이 없었다. 그런고로 조선인은 헌병 모자의 그림자만 보아도 독사(毒蛇)와 맹호(猛虎)를 보는 것과 같이 기피하고, 무슨 일에든지 총독 정치에 접촉할 때마다 자연히 5천년 역사의 조국을 회상하며 2천만 민족의 자유를 침묵으로 호소하면서 사람이 보지 못하는 곳에서 피눈물을 흘리고 있다. 이는 곧 합병 10년 동안 조선의 2천만 민족의 생활인 것이다.

오호라! 일본의 진실로 사람의 마음이 있다면 이를 행하고 그 잠자리의 꿈이 편안할 것인가. 또한 종교(宗敎)와 교육(敎育)은 모든 사람의 전 생활에 대하여 특별하게 중요한 일이다. 어느 나라도 종교의 자유를 허락치 아니하는 나라가 없거늘 조선에서는 소위 종교령(宗敎令)을 발포하여 신앙의 자유를 구속하고 교육으로 말하면 정신적 교육이 없음은 물론 과학의 교과서도 광의로 말하면 일본어 책에 불과하며, 그 밖의 민사에 대한 학정은 일일이 매거(枚擧)하기가 불가능 할 뿐만 아니라 그러할 필요도 없도다.

그러하나 조선인은 이와 같은 학정 아래에서 노예가 되고 우마가 되면서 10년 동안의 털끝만큼의 반발도 일으키지 아니하고 안연히 받고 꾸부려 따랐으니, 이는 사위(四圍)의 압력 가운데 존재하여 반동이 불가능하였음은 물론이며, 조선인은 실로 총독 정치를 중요시하여 반동을 일으키고자 하는 사상은 없었던 것이다. 왜 그러한가. 총독 정치 이상으로 그 합병의 근본 문제가 있기 때문이다. 바꾸어 말하면 어느 때라도 합병을 파하고 독립 자존을 확보하려 하는 것이 2천만 민족의 뇌리에 항상 살아 있는 불멸하는 정신인 고로 총독 정치는 여하히 악하고 극하여도 이에는 보복의 원한과 독을 가할 이치가 없고 여하히 완전하고 선한 정치를 행할지라도 또한 감사의 뜻을 표할 이치가 없으니 총독 정치는 지엽의 문제로 인정하는 까닭인 것이다.

(5) 조선(朝鮮) 독립(獨立)의 자신(自信)

금번의 조선 독립은 국가를 새로 창설하는 것이 아니요, 고유의 독립국이 일시적인 치욕을 겪고 복구하는 것이니 독립된 국가의 요소, 즉 토지(土地)·인민(人民)·정치(政治)가 갖추어진 조선 자체에 대하여서는 만사가 구비되어 여유가 작작하니 여러 말이 필요치 아니하다.

또한 각국의 승인에 대하여서는 원래 조선과 각국 간의 국제적 교제나 친선을 안보하여 좋은 감정을 유지할 뿐만 아니라 앞서 개론(槪論)에서 진술한 바와 같이 정의(正義)·인도(人道)·평화(平和)·민족(民族)·자결(自決)의 신시대인즉 모두가 조선의 독립을 기꺼이 따라 승인할 뿐만 아니라 원조할 것이니 다만 문제는 일본의 승인 여부에 있는 것이다. 그러나 일본도 승인에 대하여 의심을 품지 아니할 줄로 생각하노라.

대개 인류의 사상은 시대를 따라 변천되는 것이니 사상의 변천을 따라 사실도 변천이 있음은 물론이다. 사람은 실리(實利)만을 위하여 태어난 것이 아니라 또한 명예를 존중히 하는 것이니, 침탈주의 즉 공리주의(功利主義) 시대에 있어서는 타국을 침탈함은 물론, 실리를 위함이나 또한 한 가지 마음의 발양으로 명예를 위하는 방면도 많았도다.

그러나 평화, 즉 도덕주의(道德主義) 시대에 있어서는 민족 자결을 찬동하면 약소국을 원조함이 나라의 영광을 발휘하는 명예가 되는 동시에 또한 하늘의 은혜와 신(神)의 복으로 내리는 실리를 얻는 길인 것이다. 만일에 일본이 의연히 침탈주의를 계속하여 조선 독립을 부인하면 이는 동양 또는 세계의 평화를 교란하는 짓이니, 두려워하건대 미(美)·일(日) 또는 중(中)·일(日) 전쟁을 비롯하여 세계적인 연합전쟁을 재연할는지도 알 수 없으며, 그렇다면 일본의 칼을 독일의 것에 비하면 어느 것이 능히 길고 어느 것이 익히 짧으리요.

일본인도 자기 것이 짧은 것을 수긍할 것이다. 그렇다면 현금의 형세에 역행하지 못할 것은 명료치 아니한가? 또 일본인이 몽상하는 바, 조선 민족을 쫓아내고 그 땅에 일본 민족을 이식하려는 식민 정책도 절대 불가능한 것이요, 대 중국 경영도 중국 자체의 반동뿐만 아니라 각국에서도 긍정할 이가 절대로 없는 것인즉, 식민 정책으로도 그렇게 조선을 대 중국 경영의 가도(假道)로 이용하려는 정책도 모두 수포로 돌아갈 것이다. 그렇다면 무엇을 위하여 승인을 긍정치 아니할 것인가.

일본이 넓고 활달한 금도(襟度)로 조선의 독립을 먼저 승인하고 일본인의 구두선(口頭禪)을 만드는 중·일 친선을 진정한 뜻으로 발휘하면 동방 평화의 맹주국(盟主國)은 일본을 버리고 그 어느 곳에 있으리요, 그러하면 20세기 초두에 세계적으로 백천 년 미래의 평화와 행복을 위하여 복음을 전하는 천사의 나라는 서반구(西半球)에 미국(美國)이 있고 동반구(東半球)에 일본(日本)이 있을 것이니 이 얼마나 큰 영예일 것인가 동양인의 안색을 더욱 빛나게 함이 과연 어떠할 것인가.

또 일본이 조선의 독립을 먼저 승인하면 조선인은 일본(日本)에 대하여 합병의 지난 원한을 잊고 감사를 품는 뜻을 표할 뿐만 아니라, 조선의 문명이 일본에 미치지 못함은 사실인즉 독립한 뒤에 문명을 수입하려면 일본을 버리고 어디에서 취할 것이랴. 서방 문명을 직수입함은 절대로 불가능한 일은 아니나 도로가 요원하여 내왕이 불편할 뿐 아니라 언어(言語)·문자(文字) 상으로나 경제상으로나 곤란한 일이 많고 일본으로 말하면 부산해협(釜山海峽)이 불과 10여 시간의 항해 거리이며, 조선인으로 일본어와 일본 문자를 해독하는 자가 많은즉 문명을 일본으로부터 수입하기는 절반의 노력으로 갑절의 공을 이루는 것이 될 것이다.

이렇게 하면 조선과 일본의 친선은 실로 아교나 칠과 같을 것이다. 동양의 평화에 대하여 그 얼마나 큰 청복(淸福)이 될 것인가. 일본도 결코 세계대세에 반하여 스스로 손실을 자초하는 침탈주의를 계속하는 어리석은 짓에 나가지 아니하고 동방 평화의 우이(牛

耳)를 쥐기 위하여 조선독립을 먼저 승인하리라 생각하노라.

가령 금번에 일본이 조선 독립을 부인하고 현상의 유지가 된다 하여도 인심(人心)은 물과 같은 것이라 막아도 넘치는 것이니, 조선의 독립은 산꼭대기에서 뜬 둥근 돌과 같아서 산 아래 목적지에 닿지 않으면 그 세력이 그치지 아니할 것이다. 그러므로 조선의 독립은 시간의 문제일 뿐이다. 가령 조선 독립이 10년 후에 온다 하면 그 안에 일본과 조선의 소득은 얼마나 될 것인가.

물질 상의 이익, 즉 재정 이익으로 말하면 수지가 상각되고 남는 것이 없어서 일본 국고에 가져다 쓴다는 것이 용이한 일이 아닐 것이다. 그렇다면 일본인의 조선에 있는 관공리와 기타 월급 생활하는 자에게 주는 봉급이 남을 뿐이니 노력과 자본을 상각시키면 순이익은 실로 근로할 것이요, 그 동안의 일본인으로 식민이 된 자들도 귀국치 아니하면 국적을 옮겨 조선 백성으로 귀화하는 도리 밖에 다른 길이 없을 것이니 그렇다면 10년 동안의 그 박하고 적은 재리(財利)를 탐내서 세계적인 평화의 기운을 상하게 하고 2천만 민족에게 고통을 가함이 어찌 일본 국가의 불행이 아니리오.

오호라!

일본인은 기억할지니라. 청(淸)·일(日) 전쟁 후의 마관조약(馬關條約)과 노(露)·일(日) 전쟁 후의 포우츠머드 조약(條約) 가운데 조선의 독립 보장을 주장한 것은 무슨 의협심이며, 그 양 조약의 먹의 흔적이 마르기 전에 곧 절개를 변하고 지조를 고쳐 궤계(詭計)와 폭력으로 유린함은 그 무슨 배신인가. 지난 일은 이미 지났거니와 올 일은 추궁할 수가 있노라. 평화의 일념이 족히 천지의 경사롭고 복스러운 조짐을 양성하여 기르니, 일본인은 이를 부지런히 따를지어다.

옥중(獄中)에서 민족대표자(民族代表者)

한 용 운(韓 龍 雲)

2. 조선독립운동 6대방략 (朝鮮獨立運動 六大方略)(1920)

안 창 호(安 昌 浩)

병(病)이 있어 말하기가 어렵소.

금일 우리 국민이 단연코 실행할 6대사(大事)가 있소. 그것은 ① 군사(軍事), ② 외교(外交), ③ 교육(教育), ④ 사법(司法), ⑤ 재정(財政), ⑥ 통일(統一)이오. 본제(本題)에 들어가기 전 딴말 몇 마디 할 필요가 있소.

(1) 정부(政府)와 인민(人民)의 관계

오늘날 우리나라에는 황제(皇帝)가 없나요? 있소. 대한 나라에는 과거에는 황제가 1인밖에 없었지만은 금일에는 2천만 국민이 다이 황제요. 제군의 앉은 자리에는 다 옥좌(玉座)며 머리에 쓴 것은 다 면류관이외다. 황제란 무엇이요? 주권자를 이름이니 과거의 주권자는 유일(唯一)이었으나 지금은 제군이 다 주권자외다.

과거에 주권자가 1인이었을 때는 국가의 흥망은 1인에 있었지마는 금일은 인민 전체에 재(在)하오. 정부 직원은 노복(奴僕)이니 이는 정말 노복이오. 대통령이나 국무총리나 다 제군의 노복이외다.

그러므로 군주(君主)인 인민은 그 노복을 선(善)히 인도하는 방법을 연구하여야 하고, 노복인 정부 직원은 군주인 인민을 선(善)히 섬기는 방법을 연구하여야 하오.

정부 직원은 인민의 노복이지마는, 결코 인민 각개의 노복이 아니요. 인민 전체의 공복(公僕)이오. 그러므로 정부 직원은 인민 전체의 명령을 복종하려니와, 개인의 명령을 따라 마당을 쓰는 노복은 아닐 것이오.

그러니까 정부의 직원으로써 사우(私友)나 사복(私僕)을 삼으려 하지 마시오. 그러지 말고 공복을 삼으시오. 나는 여러 사람이 국무원을 방문하고 사정(私情)을 논하며 사사(私事)를 탁(托)하는 것을 보았소. 이는 크게 불가(不可)한 일이니 공사(公事)를 맡은 자(者)와는 결코 한담(閑談)을 마시오. 이것이 심상한 일인 듯 하지마는 기실 큰 일이요. 금일은 정부직원은 아들이라도 아들로 알지 말고 사우(私友)라도 사우(私友)로 알지 마시오. 사우(私友)를 위하여 공사(公事)를 해(害)함은 큰 죄(罪)요.

황제인 제군을 신복(臣僕)인 직원을 부리는 법을 알아야 하오. 노복은 명령과 견책(譴責)으로만 부리지 못하나니 얼러맞추어 주어야 하오. 미국의 어떤 동양사람만 많이 부려 본 부인(婦人)의 말에, 일인(日人)은 매사에 일일이 간섭을 하여야 하고, 중국인(中國人)은 간섭하면 골을 내며 무엇을 맡기고는 뒤로만 슬슬 보살펴야 하고, 한인(韓人)은 다만 칭찬만 하여 주면 죽을지 살지 모르고 하오. 칭찬만 받고 좋아하는 것은 못난이의 일이지마는 잘난 이도 칭찬 일을 한다 하면 좋아하는 법이오. 그러니까 여러분도 당국자를 공격만 말고 칭찬도 하여 주시오.

또 하나 황제 되는 여러분이 주의할 것은, 여러분이 나뉘면 개인이 되어 주권을 상실하고, 합하면 국민이 되어 주권을 향유하는 것이외다. 그러므로 여러분은 합하면 명령을 발(發)하는 자가 되고 나뉘면 명령에 복종하는 자가 되는 것이오.

또 하나, 여러분 중에 각 총장들이 총장인 체험을 시비하는 이도 있거니와, 총장이 총장인 체하는 것이 어찌하여 그르오? 국민이 위탁(委託)한 영직(榮職)을 영광으로 알고 자존자중(自尊自重)함은 당연한 일이오. 만일 총장 기타 정부 직원이나 독립운동의 여러 부문에서 일하는 이들이, 자기의 직임을 경시하고 자존자중함이 없다

하면 이는 국가를 무시하는 교만한 사람이오.

또 하나 국무원(國務院)의 내막을 말하리다. 옛 것만도 안 되고 새로운 것만도 안될 때에 구(舊)도 있고 신(新)도 있소. 또 반신반구(半新半舊)도 있어 조화(調和)하오. 노(老)도 있고 소(少)도 있는데 또한 중노(中老)도 있어 이를 조화(調和)하오. 적재(適材)로 말하면 문(文)도 있고 무(武)도 있소.

각지에 있던 인재가 모이기 때문에 각자의 사정을 다 잘 아오.

성격으로 논하건대, 첫째 여우를 앞에 놓고 그것을 먹으려고 눈을 부릅뜬 범 같은 이도 있소. 언젠가 여러분이 탄핵 비슷한 일을 할 때에, 그는 「너희들 암만 그래도 나는 왜놈들 다 죽이고야 나가겠다」 하였소.

또 예수의 사도(使徒)같이 온후한 이도 있소. 평생에 소리가 없는 듯하나 속으로 꼭꼭 일하는 이, 또 도서관 같은 이, 또 천치같이 울면서도 심부름하고 일해 가는 이도 있소. 만일 이 종들이 불만하여서 다른 종이 필요하거든 다 내쫓고 새 종을 갈아 대시오마는, 만일 쓸 만 하거든 부족하나마 얼러맞추어 가면서 부리시오.

나는 단언(斷言)하오. 장래에는 모르지마는 현재에 이 이상의 내각(內閣)은 얻기 어렵소. 이혼 못할 아내거든 분(粉)이라도 발라 놓고 기뻐하시오.

(2) 군 사(軍事)

이제부터 본론(本論)에 들어 가려 하오.

이 6대사(大事)는 가장 중용한 것이오. 이것을 단행하려 하면 지성스러운 연구가 있어야 하나니, 그런 후에야 명확한 판단이 생기오. 우리의 사업은 강포한 일본을 파괴하고 잃었던 국가를 회복하려 함이니, 이러한 대사업에 어찌 심각한 연구가 필요하지 아니하겠소? 묻노니 제군은 매일 몇 번씩이나 국가를 위하여 생각하나요? 우리는 날마다 시간마다 생각하고 연구하여야 할 것이외다. 혹 말하기를, 저마다 생각하면 기견(奇見)이 백출(百出)하리라 하나 지성(至誠)으로 연구한 경험이 있는 자는 결코 기견을 세우지 아니하오. 모르는 자가 흔히 생각 없이 남이 무슨 말을 하면「아니오, 아니오」하오.

우리의 당면의 대문제는 우리 독립 운동을 평화적으로 계속하랴, 방침을 고쳐 전쟁하랴 함이오. 평화 수단을 주장하는 이나 전쟁을 주장하는 이나 그 성충(誠忠)은 하나요.

평화론자는 왈(曰), 우리 무리들은 의사를 발표할 뿐이니, 피아(彼我)의 형세를 비교하건대 전쟁은 이란격석(以卵擊石)이라, 차라리 전혀 세계의 여론에 소(訴)함만 같지 못하다 하오.

주전파(主戰派)는 왈(曰), 한인이 전쟁을 선(宣)한다고 결코 과격파의 혐의를 수(受)함이 무(無)하리라. 남은 남의 독립을 위하여서 싸우거늘, 제가 제 나라 독립을 위하여 싸움은 당연한 일이 아니뇨. 또 피아(彼我)의 세력을 비교함은 우론(愚論)이니, 우리는 승리와 실패를 고려할 바가 아니라, 내 동포를 죽이고 태우고 욕함을 보고 사(死)를 결(決)함은 당연한 일이니, 우리는 의리로나 인정으로나 아니 싸우지는 못하리라. 또 일본의 현상(現狀)은 일본 유사(有史) 이래로 가장 허약한 지위에 처하였나니 외원내홍(外怨內訌)의 격렬함이 금일에 극하였다. 그러므로「우리는 싸우면 승리하리라」이렇게 말하오.

진실로 우리는 시기를 보든지 아니 싸우지 못할 때라고 단정하시오.

그러나 함부로 나갈까, 준비를 완성한 후에 나갈까. 혹 말하기를, 혁명사업은 타산적으로 할 수 없나니 준비를 기다릴 수 없다 하오. 그러나 준비는 필요하오.

물론 나의 "준비"라 함은 결코 적의 역량에 비할 만한 준비를 칭(稱)함이 아니나 그래도 절대로 준비는 필요하오. 편싸움에도 노랑·

빨강이 모여서 작전계획에 부심(腐心)하나니, 무준비하게 나아가려 함은 독립전쟁을 너무 경시함이라 하오. 군사 매명(每名)에 1전(錢)이라 하여도 만 명을 먹이려면 1개월에 6만 원(元)이나 되오. 준비 없이 개전(開戰)하면, 적에게 죽기 전에 기아(飢餓)에 죽을 것이오.

그러므로 만일 전쟁을 찬성하거든 절대로 준비가 필요한 줄을 깨달으시오. 혹 말하기를, 준비 준비하지 말라, 과거 10년간을 준비하느라고 아무것도 하지 못하지 아니하였느냐 하지마는, 과거 10년간에 못 나간 것은 준비한다 하여 못 나간 것이 아니요, 나간다 나간다 하면서 준비 아니하기 때문에 못 나간 것이오. 나간다 나간다 하는 대신에 준비한다 준비한다 하였던들 벌써 나가게 되었을 줄 믿소.

대포·소총·비행기… 여러 가지로 준비할 것 많거니와, 먼저 준비할 것은 국제시대의 군인이나 의병(義兵)이나 기타 군사의 지식·경험이 있는 자를 조사·통일하여야 할 것이오. 없던 군대를 신조(新造)하여 싸우려 하니 군사(軍事)에 관계 있는 자들이 다 모여서 작전을 계획할 필요가 있소. 나는 서북간도(西北間島)의 장사(壯士)더러 문(問)하노니, 네가 능히 독력(獨力)으로 일본을 다하겠느냐? 진실로 네가 일본과 싸우려거든 합하여 하라. 혹 정부의 무력함을 비웃거니와 합하면 너의 정부는 유력하리라. 우리 민족 전체가 합하고 나도 오히려 외국의 힘까지 끌어 와야 하겠거늘, 하물며 대한인끼리도 합하지 아니하고 무슨 일이 되리오? 만일 그대가 진실로 독립전쟁을 주장할진대, 반드시 일제히 이동휘(李東輝)『1919년 임정(臨政)의 군무총장(軍務總長)을 거쳐 이듬해 국무총리를 역임(歷任)』의 명령을 복종하여야 하오.

다음에는 훈련이오. 용기 있는 이들은 되는 대로 들고 나간다 하오. 정말 그런 생각이 있거든 배우시오. 훈련은 절대로 필요하오. 전술은 배우시오. 그러나 정신적 훈련이 더욱 필요하오. 아무리 좋은 무기를 가졌다 할지라도 정신상 단결이 필요하거늘 하물며 우리리오?

이 정신을 실시하려거든 국민개병주의(國民皆兵主義)라야 하오. 독립전쟁이 공상(空想)이 아니오 사실이 되려면, 대한 2천만 남녀가 다 군인이 되어야 하오. 그 방법이 여하한가요? 선전을 잘함이요. 각지에 다니면서 입으로 붓으로 국민개병주의를 선전하고 실시하여야 하오. 그러나 글보다도 입보다 가장 유력한 것은 몸으로 하는 선전이오. 그러면 우리는 다 군사교육을 받읍시다. 매일 한 시간씩이라도 배웁시다. 나도 결심하오. 다만 30분씩이라도 군사학을 배우면 대한인이오. 불연(不然)하면 대한인이 아니오. 배우려면 배울 수 있다. 여자들도 배워야 하오. 군사적 훈련을 아니 받는 자는 국민개병주의에 반대하는 자요. 국민개병주의에 반대하는 자는 독립전쟁을 반대하는 자요. 독립전쟁을 반대하는 자는 독립을 반대하는 자요. 명일부터 각각 등록하게 하시오.

금일 내 건강이 못 견디게 되었으니 죄송하나, 오는 월요일 오후 7시에 다시 모여 주시겠소? 『일동이 거수로 승낙. 이상은 3일(日) 석(夕), 이하는 5일(日) 석(夕)임』

작일(昨日) 밤에는 매우 분하였소. 말하다가 기운이 진(盡)하여 중단하기는 이것이 처음이오.

남의 나라는 남의 나라를 위하여 싸우거늘 우리는 우리 자신을 위하여 싸우는 것이 마땅하지 아니하오? 우리는 의리로든지 인정으로든지 싸워야 하오. 나는 전일에 이러한 말을 들었소.

우리가 흔히 어서 독립을 완성하고 한성(漢城)에 들어가보기를 말하오. 이것이 대단히 기쁜 일이지마는, 대한의 독립을 아니 보리라는 결심이 있어야 독립을 볼 수 있을 것이오. 저마다 「죽겠다」 하지마는 정말 죽을 때에는 생명이 아까울는지 모르겠소.

그러나 만일 노예의 수치를 절실히 깨달을진대 죽음을 무서워하지 아니할 것이오. 살아서 독립의 영광을 보려 하지 말고 죽어서 독립의 거름이 되자. 입으로 독립군이 되지 말고 몸으로 독립군이 되어라. 그리하여 아무리(어떻게) 하여서라도 독립전쟁을 기성(期

成)하기를 결심하여야 하오.

전투적 전쟁을 오게 하기 위하여는, 평화적 전쟁을 오게 하기 위하여는 평화적 전쟁을 계속하여야 하오. 평화적 전쟁이란 무엇이오? 만세운동도 그것이오.

물론 만세로만 독립될 것이 아니지마는, 그 만세의 힘은 심히 위대하여서 내(內)로는 전국민을 동(動)하였고 외(外)로는 전세계를 동(動)하였소. 과거에는 미국 인민이 우리를 위하여 정부를 책려(策勵)하더니, 지금은 도리어 의원(議院)과 정부가 인민을 격려하오. 나는 상의원(上議院)에서 우리를 위하여 소책자를 돌리는 것도 보았소. 이 역시 평화적 전쟁의 효과가 아닙니까? 대한 동포로서 적의 관리 된 자를 퇴직할 것도 다 평화적 전쟁이오. 일반국민으로 하여금 적에게 납세를 거절하고 대한민국 정부에 납부케 할 것, 일본의 기장(旗章)을 사용치 않고 대한민국의 기장(旗章)을 사용할 것, 가급적 일화(日貨)을 배척할 것, 일본 관청에 송사(訟事) 기타의 교섭을 단절할 것 - 이런 것도 다 평화적 전쟁이오. 이것도 힘 있는 전쟁이 아닙니까?

국민 전부는 말고 일부만 이렇게 한다 하더라도 효력이 어떠하겠소? 혹 이것으로만 아니 된다 하나 대전(大戰)이 개(開)하기까지는 그것을 계속하여야 하오. 이러한 평화적 전쟁에도 수십만의 생명을 희생하여야 하오. 이것도 독립전쟁이외다.

(3) 외 교(外交)

첫째 금일에는 외교를 논함이 가(可)하냐 부(否)하냐가 문제오. 혹은 세계의 동정이 필요하니 외교가 필요하다 하고, 또 혹은 아국(俄國)은 외교로 망하였다 하여 외교를 부인하오. 외교를 부인하는 이의 심사(心事)는 외교를 외교로 알지 아니하고 외국에 의뢰함으로 아는 것이오. 제국시대의 우리 외교는 과연 그러하였소. 그러나 그도 영(英)이니 미(美)의 원조를 싫어함은 아니오. 외교론자는 이에 대하여 우리 외교는 결코 제국시대의 외교가 아니오, 독립정신을 가지고 열국의 동정을 내게 끌려 함이라 하오.

내가 외교를 중시하는 이유는 독립전쟁의 준비를 위함이오. 평시에도 그러하지마는 전시에는 비록 1국(國)이라도 내 편에 더 넣으려 하오. 이번 대전에 영·불 양국이 미국의 각계에 향하여 거의 애걸복걸로 외교하던 양(樣)을 보시오. 덕국(德國)이 토이기(土耳其) 같은 나라라도 애써 끌어 넣은 것을 보시오.

그러므로 진정한 독립전쟁의 의사가 있거든 외교를 중시하여야 할지니, 군사(軍事)에 대하여 지성을 다함과 같이 외교에 대하여서도 지성을 다하여야 하오.

혹 일(日)·영(英)·미(美)·법(法) 기타 제국은 일본이나 다름없이 남의 땅을 빼앗고 인민을 노예하는 도적놈들이니, 그네와 외교를 한다면 아무 효과가 없으리라 하나 나는 확답하오. 우리는 제국시대의 외교를 탈(脫)하여 평등의 외교를 하는 것이오. 이것으로 우리는 열국(列國)의 동정을 끌 수 있다 하오.

영·일동맹은 아국(俄國)의 침략을 두려워서 함이오. 그러나 지금은 아국(俄國)은 침략정책을 버리기도 하였고 행하지 못하게도 되었으니, 지금 영국이 꺼리는 것은 오직 일본뿐이오, 만주와 인도는 일본을 위협하에 재(在)하오.

또 이번 대전에 영(英)·법(法) 양국은 병력상·경제상 타격을 받았지마는, 일본은 그 동안에 참전하였다 칭하고 썩은 총을 아국(俄國)에 팔고 신기(新奇)한 무기를 더 조(造)하여서 졸부졸강(猝富猝强)이 되었소.

그러므로 영국의 주의(主意)는 일본의 강(强)을 좌(挫)하려 함이겠고, 법국(法國)은 그 중에도 더욱 피폐하여서, 영국과 친선 관계를 유지하고 동일한 보조를 취할 필요가 있소. 지금 사실상 영(英)·법(法) 동맹이 성립된 것이 이 때문이오.

그러면 혹은 영·미·법(法)·이(伊)는 화협하리라. 그러나 덕국(德國)이 무섭다. 아마 복수적으로 덕(德)·아(俄) ·일(日) 동맹을 작(作)하리라 하나 이는 대세를 모르는 자의 말이오. 덕국(德國) 국민의 다수는 이미 제국주의를 포기하고 침략주의의 사상은 거의 소하였으니, 그는 혹 경제적으로 부활한다 하더라도 군국주의로 부활하여 유치한 일본을 신뢰하지 아니하리라. 또 금후(今後)의 세계의 대세는 사회주의적으로 경향할지요 결코 군국주의적으로 역진(逆進)하지 아니하리라.

또 아국(俄國)으로 논(論)하면 일본은 그에게 불공대천지수(不共戴天之讎)일 것이오. 일·아전쟁(日·俄戰爭)의 원한은 고사하고 그네가 많은 피로써 신국가를 건설하려 할 때에 제일로 방해한 자가 일본이 아닌가요? 과격파라는 이름을 누가 지었으며 연합군을 누가 끌어들였으며 학살을 누가 행하였나요? 현금(現今) 아국(俄國)의 최대한 구적(仇敵)은 일본일 것이니, 우리는 아국(俄國)을 우리 편에 넣을 수 있소. 미국에 대하여는 더 말할 것이 없소. 그의 상·하 양원, 그의 각 계급의 인민의 이미 우리 편됨을 증명하지 아니하였나요? 아시아 문제, 태평양 문제는 미국 금후의 정치와 경제, 따라서 군사의 중심 문제가 될 것이오. 그가 대육군·대해군을 건설하는 가상적(假想敵)이 누군지를 생각하면 알 것이오.

또 아직 세계에는 인도주의는 없다 하지마는 이는 곡설(曲說)이오. 거짓 인도주의를 쓰는 자도 있지마는 참으로 인도주의를 주장하고 행하는 자가 있는 것도 사실이오. 미국의 참전에 비록 여러 가지 동기가 있다 하더라도, 인도주의가 그 주요한 동기 중의 하나인 것도 사실이오.

어느 점으로 보든지 열국의 동정은 일본에게로 가지 아니하고 우리에게로 올 것이 명확하니, 다만 우리가 힘쓰고 아니 쓰기에 달렸소.

그밖에 제일 중요한 것은 대화(對華)·대아(對俄) 급(及) 대몽고(對蒙古) 외교요. 중국이나 몽고도 일본에 적대할 것은 현재의 사실이 증명하오 이에 우리는 이번 독립전쟁에 선봉이 되어 인국(隣國)을 끌어야 할 것이오.

대화(對華) 외교는 매우 곤란하오. 현금(現今) 북경(北京)정부는 반드시 중국을 대표하는 중앙 정부가 아니며, 또 일인(日人)의 정부이지 중국인의 정부인지도 분명치 아니하오. 또 각성(各省)의 성장(省長)이나 독군(督軍)도 그 성에 왕이나 서로 일치하지는 아니하오. 그러나 소위 21조 요구로 전중화(全中華) 4억 인이 일제히 배일(排日)의 격렬한 감정을 가지게 됨은 천(天)이 우리를 행(幸)케 한 것이오. 그러므로 우리는 각성(各省) 기타 각 부분을 떼어서 외교함으로써 전부는 몰라도 수성(數省)을 얻을 수는 있소.

대아(對俄) 외교는 극히 용이하오. 기밀이라 다할 수 없거니와 힘만 쓰면 될 것이오. 그리하면 가인(嘉仁)이 적군백마(赤軍白馬)로 내강(來降)하고야 말 것이오.

만일 우리가 세계의 동정을 전실(全失)한다 하더라도 우리 2천만 남녀가 다나가 죽어야 하오. 그만큼 세계에다 "최후의 1인, 최후의 1각(刻)"이라고까지 성명해 놓고(독립선언서「공약삼장(公約三章)」) 노예로 더 살아감은 더 심한 수치요.

각각 적재(適材)를 택하여 각국에 선전하여야 하오. 대한 민족의 독립을 요구하는 의사(意思)와 독립 국민이 될 만한 자격과, 대한의 독립이 열국의 이익 급(及) 세계의 평화에 유조(有助)할 것을 선전하여야 하오. 지금 각국은 여론정치니까, 민중의 여론만 얻으면 그 정부를 동(動)할 수 있소. 각국에 상당한 대표자를 보내어 국제연맹에 대다수의 내 편을 얻어야 하오. 나를 외교 만능주의자라 함은 무근지설(無根之說)이오(중략). 일본도 사면초가(四面楚歌)임을 보고 여선생(呂先生)을 청하여다가(1919년 12월, 여운형(呂運亨)의 도일연설(渡日演說)) 빌어 볼 것이오.

일반 국민이 주의할 것은 외교는 정부만 하는 것이 아니요, 국민 전체가 다해야 할 일이오. 각각 자기를 만나는 외국인으로 하여금 대한인은 사랑할 사람이라 하게 하시오. 비록 인력거 끄는 고력(苦力)(크울리 : 노동자·짐꾼)에게까지라도.

(4) 교 육 (教育)

독립운동 기간에 우리는 교육을 힘씀이 마땅할까요? 나는 단언하오, 독립운동 기간일수록 더 교육에 힘써야 한다고. 죽고 살고 노예되고 독립됨이 판정되는 것은 지력(知力)과 금력이오. 우리는 아무리 하여도 이 약속을 벗어나지 못하오. 우리 청년이 하룻동안 학업을 폐하면 그만큼 국가에 해가 되는 것이오. 본국에는 아직 우리의 힘으로 교육을 실시하지 못하지마는, 기회 있는 대로 공부를 해야 되고 시켜야 되오. 독립을 위하여 공부를 게을리 아니하는 이야말로 독립의 정신을 잃지 아니하오. 국가를 위하여 독립을 위하여 시간 있는 대로 힘써 공부하시오.

또 국민에게 좋은 지식과 사상을 주고 애국의 정신을 격발(激發)하기 위하여, 좋은 서적을 많이 간행하여 이 시기에 적합하고 특수한 교육도 하여야 하고, 학교도 세우고 교과서도 편찬하여 해외에 있는 아동에게 가급적 교육을 실시하여야 하오.

(5) 사 법 (司法)

독립운동 기간에 법을 지킴이 마땅하냐? 나는 아직 법을 복잡하게 함은 반대하오마는, 이때일수록 우리의 법을 복종하여야 하오. 비록 간단하지마는 우리의 법에 절대로 복종하여야 하오. 내가 반대하는 것은 오직 현금(現今)에 앉아서 법의 이론을 위사(爲事)함이외다.

우리가 국가를 신건(新建)할 때에 대한의 법률을 신성(新聖)하게 최고(最高)하게 알아 전 국민이 이에 복종하여야 하오.

임시 헌법이 의정원(議政院)에서 토의될 때에 여운형(呂運亨) 기타 제씨는 훈장 기타의 영전(榮典)에 반대하여 마침내 삭제되고 말았거니와, 독립운동에 특수한 공로가 있는 개인에게는 국가가 사의(謝意)를 표할 의무가 있소. 비록 국가를 위하는 것이 국민의 의무라 하더라도, 의무를 다하지 못함은 여러 동포 중에서 특히 의무를 다한 자에게 상장이 있는 것은 당연한 일이오. 독립운동 기간에는 특히 의(義)로운 남녀가 많이 기(起)하여야 하겠으니, 장려가 됨은 인정(人情)이며 또 상(賞)할 때 상(賞)함은 국가의 의무요. 이렇게 상(賞)이 필요한 동시에 또 벌(罰)이 필요하니 이에 사법문제(司法問題)가 기(起)하는 것이오.

민원식(閔元植)『친일언론인(親日言論人). 1920년 4월, 총독부 기관지 격(格)인 <시사신문(時事新聞)>을 창간한 자』같은 자와 적(敵)의 응견(鷹犬)이 된 자를 그냥 두랴? 독립 운동에 참가하기를 싫어하여 가구(家口)를 끌고 적국으로 피난가는 자를 그만 두랴? 자치나 참정권을 운동하는 자도 역적이니 다 죽어야 하오. 우리 국민 헌법에 사형이 없지마는 무슨 법을 임시로 정하여서라도 죽일 자는 죽여야 하오.

그러나 법은 악인에게만 적용할 것이 아니니, 정부의 직원이나 인민이나 무릇 대한민국의 국민된 자는 대한민국의 법에 복종하여야 하오. 이러므로 사법제도의 확립이 필요한 것이오.

(6) 재 정(財政)

아마 재정에 관한 말은 여러분의 흥미를 끌지 못하리라. 우리 국민은 경제관념이 극히 박약하오. 오랫동안 쇄국주의의 정치하에 있어서 경제적 경쟁의 생활을 못한 것과, 유교(儒敎)의 영향으로 재(財)를 천하게 여기던 것이 우리 국민에게서 경제적 관념을 일소하였소. 근년에 와서 다소간 경제를 중시하게 되었지마는, 아직도 모든 생활과 사업에 경제가 어떻게(얼마나) 중한 것인 줄을 깊이 각오치 못하였소. 그러므로 독립운동 개시 이래로 "죽자 죽자"하기만 하고 자금에 대하여서는 별로 고려하지 아니하는 듯하오. 3월 1일에 자금의 준비를 경시하였고, 상해(上海)에서 임시정부가 발표될 때에는 이 문제를 거의 도외시하였소. 또 제군도 금력판비(金力辦備)에 관하여서는 지성(至誠)할 고려가 없소.

우리 국민은 돈을 위해서 힘쓰는 자를 낮추오. 이번 세계대전에 수공(首功)이 된 자는 돈을 많이 내었거나 내게 한 자인 줄을 우리 국민은 모르는 것 같소.

여러분. 독립전쟁을 "하자 하자"하지만 말고 독립전쟁에 필요한 금전을 준비하시오. 정부가 발행하는 공채(公債)·인구세·소득세, 동포들의 애국열성으로 내는 원납금(願納金) 혹은 외국에 대한 차관(借款) 등이 우리의 재원(財源)이 될 것이오.

과거의 재정 상태를 나는 말하지 아니하려 하오. 현재의 임시정부의 재정 상태를 나는 차라리 말하지 아니하려 하오. 장래의 재정 방침에 대하여서는 비밀이기 때문에 다 말하지 못하거니와, 그 중 하나는 국민개병주의(國民皆兵主義)와 같이 국민개납주의(國民皆納主義)요. 어느 부자를 끌어 오자 하지 말고 독립 운동 기간에는 남녀를 물론하고 1전 2전이라도 다 내어야 할 것이오. 금액의 다소를 논할 것이 아니외다. 누구나 먹고 살기는 할지니 밥 반 그릇을 덜어서라도 각각 내는 동시에는 수백만 원의 거액을 내는 재산가도 있을 것이오. 재산가를 위협하는 육혈포(六穴砲)는 결코 돈을 나오게 하는 육혈포가 아니요 못 나오게 하는 육혈포외다.

그러므로 근본적 재정 방침은 오직 국민개납주의라 하오. 일찍 구국월연금(救國月捐金)의 발기(發起)가 있어, 혹은 10원(元) 혹은 5원(元)씩 적었으나 이내 소식이 없음은 웬일이요? 돈 없는 것보다도 정성으로 독립할 자격이 없을까 두려워하오.

내가 말하는 중에 제일 요지는 국민개병주의와 국민개납주의오.

원(遠)에 구(求)하지 말고 우선 상해(上海)에 발붙인 이는 적으면 적을지언정 매삭(每朔) 돈 내는 데 빠지지 말도록 하시오. 그리하여 중(中)·아령(俄領) 동포와 본국 동포에게까지 미치게 하시오.

어떤 사람은 말하기를 일만 하면 돈이 있다 하며, 또 말하기를 일만 잘하면 나도 돈을 주겠다고 하오. 이는 마치 시장한 사람더러 네가 배만 부르면 밥을 주겠다 함과 다름 없소. 돈이 있어야 일을 하지 아니하오?

혹은 부자들이 맘이 좋지 못하여 돈이 없다 하며, 혹은 협잡배가 많고 애국금수합위원(愛國金收合委員)을 믿을 수 없어서 돈이 아니 나온다 하지마는, 실상 돈이 안 나오는 이유는 우리 국민은 돈이 없어도 일이 되는 줄 아는 까닭이라 하오. 그래서 독립도 글자나 말만으로 되는 줄 아오.

대한의 독립군은 먼저 돈을 많이 모으는 사업에 힘을 써야 하오. 첫째 제것을 다 내어놓으시오.

나는 또 국민개업주의(國民皆業主義)를 주창하오. 대한의 남녀는 자기의 직업에 힘을 쓰시오. 노는 것이 독립운동이 아니오. 정부나 신문이나 기타 각 단체에서 일을 하거나, 그렇지 않거든 무슨 업(業)을 하여 각인이 매일 4,5전씩이라도 2,3전씩이라도 국가를 위하여 내게 하시오. 대전중에 부강한 미·덕(德)·영 제국(諸國)도 부인(婦人)까지 일을 하였소. 놀고 돌아다니면 아무 일도 아니오.

평시에 30원(元)씩 썼거든 가족끼리 의논하여 5, 6원씩이라도 검약하여 바치게 하시오. 나도 주막(酒幕)이라도 하나 경영하여 내 생활비를 얻어 쓰려 하였소.

여러분은 다 일하시오. 여기서 할일이 없거든 서북 간도에 가서 농업을 하시오. 독립운동하노라 하면서 노는 자는 독립의 적(敵)이오. 특히 상해(上海)에 있는 이는 "개병(皆兵)", "개납(皆納)", "개업(皆業)"의 모범이 되어야 하오.

우리 사업은 거의 다 사람사람이 다 배우고 일해야만 오래 계속하게 될 것이오. 내가 상해에 온 후로 4차의 연설(환영회·청년단·민단)급(及) 금차(今次) 이것이 다 같은 주지(主旨)이다. 다시 말하노니 경제에 힘쓰시오.

(7) 통 일(統一)

내 입으로 통일이란 말을 많이 하였소. 이제는 심상한 말이 되어 버렸소. 군사나 외교나 무엇무엇 모든 것을 다한다 하더라도 재전(財錢)과 통일이 없이는 아니 되오. 인구와 금력과 지력(知力)이 아무리 많더라도 통일이 부족하면 망하는 것은 다 알지요? 우리의 지력이나 금력이 얼마나 있소? 그런데도 10년간 남의 노예로 있던 자가 아직도 완전히 통일이 못 되었다 하면 어찌된 일이오? 무엇보다도 먼저 대한민족은 통일되어야 할 것이외다.

만일 통일이 못 되면 어찌 될 것이오? (유정근씨(兪政根氏)에게 기립하기를 청하고) 이제 유정근씨(兪政根氏)의 사지(四肢)가 떨어지면 힘이 있으랴? 제가 잘났다 제가 옳다 하고 다 달아난다 하면 그놈들은 어디 가서 살겠나요? 대한이 망한다 하면 그놈들은 혼자 살겠나요? 우리는 실지로 통일하도록 결심이 있고 실행이 있어야 하오.

혹 통일은 좋지만 우리 민족은 통일하지 못할 민족이라 하는 자가 있나니, 이러한 자야 말로 통일을 방해하는 자외다. 우리 국민은 본래 통일된 민족이오. 인종상·혈통상으로 보아 우리는 잡종이 아니오 순수한 통일민족이오. 혹 이민족(異民族)의 혈(血)이 섞인 일도 있다 하더라도 이는 모두 다 단족화(檀族化)하였소. 또 언어도 하나요 문자나 습관도 하나요, 예의도 그러하고 정치적으로도 중앙집권(中央集權)이었고 결코 중국 모양으로 주권이 여러 지방 혹은 부분에 분(分)한 일이 없었소. 그러면 우리 국민은 통일한 국민이오. 그런데 왜 통일을 말하나요?

혹은 지방열(地方熱) 때문에 통일이 아니 된다 하오. 그러나 나는 말을 꾸미는 것이 아니오. 사실상 우리나라에는 지방열이 없다고 단언하오. 내 말하리라.

다른 나라에는 지방열이 있소. 가령 미국으로 보면 한 지방 되는 것이 다른 지방에 해(害)되는 수가 있나니, 미국이 아직 전국이 단행하기 전에 어떠한 주(州)가 금주(禁酒)를 단행하려 한다면, 양조업이 많은 다른 주(州)는 이에 반대하여 피차에 싸울 것이니 이것이 지방열이오. 그러나 우리 나라엔 과거나 현재에 정치적으로나 경제적으로나 지방과 지방이 경쟁한 일이 없었소. 현재 우리 독립운동에는 물론이지만 미래에도 없으리라 하오. 원래 지방열이란 지방이 관대한 나라에 있을 것이오, 우리 나라 같은 지방이 작은 나라에는 있을 수 없는 것이외다.

혹 선배 노인들이 지방열을 만들었다하나 기실은 일부 청년들이 이름을 지은 것이오. 가령 이총리(李總理)『이동휘(李東輝) : 함남(咸南) 단천(端川) 출신(出身)임』로 봅시다. 그는 서울 사람을 대할 때는 "서울 깍정이"라 책(責)하고 평양 사람을 보면 "상놈"이라 하고, 개성 사람을 대해서는「개성놈의 자식」이라 하였소이다. 이것을 보고 옳지, 그는 지방열이 있는 자라 하오. 그러나 그가 설립한 90여(餘)의 학교가 함경도에 있지 아니하고 대부분이 개성・강화(江華)외다. 개성・강화는 기호(畿湖)가 아닙니까.

이내무총장(李內務總長)『이동령(李東寧) : 충남(忠南) 천안(天安) 출신(出身)임』과 이재무총장(李財務總長)『이시영(李始榮) : 서울 출신(出身)』으로 말하더라도 우선 그의 실모(實貌)를 보시오. 그네에게 무슨 야심이 있겠나? 그네가 지방열 있는 것을 걱정할지언정 자기가 창도(唱導)할 리야 있겠소? 자기네가 누구를 배척하니 받은 이는 홀로 된 것이오. 그리해 놓고 말하기를 누구는 지방열이 있다 하오.

그러면 신총장(申總長)『신규식 법무총장(申圭植 法務總長) : 청주(清州) 출신(出身)』에게 지방열이 있겠소? 그 어른이 해외 10년에 동포간에 절규한 것이 대동단결이외다. 그가 주관하던 동제사(同濟社)는 대한의 독립을 광복하려는 대한인의 단체지 결코 어느 지방 사람의 단체는 아니었소.

안창호(安昌浩)가 서도(西道)를 위하여서만 일하였다 하니 그만해도 고맙기는 고맙소마는, 우리 나라가 얼마나 커서 황해도·평안도를 가리겠소? 내가 혹 국가주의를 초월한 세계주의를 포회(抱懷)하였다 하는 초책(誚責)은 받을지언정 그런 지방열이야 있겠소? 또 가사(假使) 내가 지방열이 있다 합시다. 그러나 안창호(安昌浩)에게 지방열이 있으면 있었지 모든 노인에게 있는 것은 아니오. 그러면 내가 지금 말하는 통일은 무엇을 가리키는 것이냐. 결코 지방의 통일을 의미함이 아니오, 오직 전 국민을 조직적으로 통일한다는 말이오.

비록 유정근(兪政根)씨의 사지가 떨어지지 아니하고 붙어 있더라도 내부의 신경과 혈맥이 관통치 아니하면 아니 될지니, 내가 말하는 통일은 이 신경과 혈맥의 장애(障礙)를 제거한다는 뜻이오.

조금 무엇을 안다는 사람 중에 두 가지 병이 있으니, 하나는 국가를 위하여 단결하기보다 사정적(私情的)·의형제적(義兄弟的) 통일을 이루려 하오. 그래서 매양 조그만한 일에도 저 사람이 나를 믿나 잘 대접하나 하고 주의하여 살피오. 그러다가 걸핏하면 싸움이 났네, 결렬이 되었네 하오. 국민이 다 통일된다고 남의 아내를 제 아내와 같이 사랑하 수는 없는 것이니, 만일 그러한다 하면 그는 괴한(怪漢)놈일 것이오.

사정(私情)의 친고(親故)는 주의(主義)보다도 정성(情性)으로 되는 것이니, 모(某)가 모(某)와 친하다고 그것을 편당(偏黨)이다 할 수 없는 것이오. 다만 주의만 같으면 동지가 아닙니까? 내가 가령 이동령(李東寧)·이시영(李始榮) 두분과 저녁을 같이 먹는 것을 보면, 얼굴을 찡그리며 말하기를 저놈들이 이동휘(李東輝)씨를 딴다 하고, 그와 반대로 내가 만일 이총리(李總理)와 같이 먹으면 내무·재무 양총장을 딴다 하오. 세상이 이러하니까 우리는 자연 근신하게 되어 자유로 의사 발표나 교류하기를 꺼리게 되오.

여러분, 공(公)과 사(私)를 가르시오. 2천 만이 모두 동지로 통일하더라도 모두 의형제는 못 될 것이니, 사우(私友)를 편당이라 하면 영원히 편당이 없어질 날이 없을 것이외다.

통일에 공적 통일과 사적 통일을 명확히 하면 곧 통일이 되리다.

어디나 어디를 물론하고 통일이 아니 되는 것은 무슨 일인고? 결코 지방열도 아니요 편당심도 아니오, 오직 그중에서 일하는 자 몇 사람이 남의 하풍(下風)에 서기를 싫어하는 까닭이오. 그네들도 가서 물어 보면 통일해야 된다고 하오. 그리고 통일 못 되는 것은 다 남의 탓인 듯 말이오. 남의 하풍(下風)에 아니 서려면 자기 부하에 일단(一團)을 둘 필요가 있소. 그 일단(一團)을 만다는 방법은 이러하오.

여러 사람을 모아놓고 "이런 걱정이 있나" 하고 강개하게 말하오. "왜요?" 하고 물으면 "꼭 통일을 해야 될 터인데 모야(某也)가 약하여 통일이 안된다" 하오. 그러면 통일을 바라는 여러 동포들은 대단히 분개하여 그 사람을 복종하여 그 모야(某也)를 공격하고 배척하오. 이리하여 그의 야심은 성공되고 통일은 파괴되오.

통일의 최후요 또 최대한 요선은 복종이오. 대한 민족이 통일한 후에야 자유도 있고 독립도 있다. 정부 직원이 인민의 명령을 복종치 아니하면 역적이 되거니와, 국민 각 개인이 정부의 명령을 복종치 아니함도 적이오.

국민의 명령이란 결코 민단이나 청년단이나 기타 어느 일개 단체의 명령이 아니오. 국민이 정부를 명령하는 기관은 오직 의정원이 있을 뿐이오. 정부가 의정원을 통한 국민의 명령을 받아 일단 인민에게 발표한 이상 인민은 절대로 이에 복종할 것이오.

정부는 개인인 인민의 집합의 중심이요, 또 주권자인 국민의 주권행사의 기관이외다. 당초에 정부를 설립하는 본의(本義)가 절대로 이에 복종할 것을 예상함이니, 혁명의 본의도 또한 정부를 절대로 복종하는 주지(主旨)에서 나온 것이오. 불량한 자연인을 집어내고 선량한 자연인을 대입(代入)함이 혁명이오. 그러므로 자연인인 정부 직원이 국민의 명령을 불복함도 역적이지만 정부라는 기관의 명령을 불복하는 인민도 역적이오.

직원이나 인민이니 하는 말을 사용해 왔소마는, 독립운동을 하는 점으로 보면 우리의 독립운동을 위하여 나선 자는 다 동지가 아니냐, 같이 죽을 자가 아니냐. 정부는 어떤 의미로 보면 독립운동의 본부니, 우리 모든 동지가 그 아래로 모이면 통일이 될 것이오.

나는 진정으로 말하거니와 이대통령(李大統領)과 이국무총리(李國務總理)를 충성으로 복종하오. 나는 두 어른의 결점을 가장 잘 아오. 아마 나만큼 잘 아는 자가 없으리라. 그러나 나는 충성으로 그네를 복종하오. 누구를 갖다 놓든지 우리 주권자에게 복종하여야 하오. 우리끼리 복종하지 아니하면 가인(嘉仁)의 복종에서 떠날 날이 없으리라. 복종 아니하려는 자는 대개 자기가 두령이 되려는 생각이 있소. 그러나 우리 중에는 결코 독력(獨力)으로 독립할 자는 하나도 없소. 통일하면 독립하고 아니하면 못하오. 우리는 모든 일 중에 급하고 급한 것이 통일이요 구할 것이 통일이외다. 우리 민족 중 구태여 인격과 역량이 위대한 자를 찾지 마시오. 그런 인물을 찾는 자는 혹 동경(東京) 있는 적진(敵陣) 중으로 가기 쉬우리다. 가인(嘉仁)이나 원경(原敬)은 비록 인격이 천층만층이라 하더라도 눌러야 한다. 우리 동포끼리는 고개를 숙이고 복종하여야 한다. 독립은 독립이지만 내가 네 밑으로 가랴 하는 생각은 버리시오.

이동휘(李東輝)가 왜(倭)와 통하는 일이 있거든 나와 함께 그를 죽이자. 그러나 오늘날은 나와 함께 그의 명령에 복종하자. 국가에는 복종하되 자연인에게 복종하랴 하지마는, 국가는 정부를 통하여 자연인을 통하여 비로소 명령을 발하는 것이니, 주권을 위탁한 자연인을 복종함이 국가를 복종함이니라. 저마다 "자유 자유"하면 망하나니라. 지금은 무슨 명(命)이나 복종하여라. 무슨 명령이나 "예" 하여라.

대전중(大戰中) 미국서 식량총감(食糧摠監)이 사탕과 맥분(麥粉) 절용(節用)의 명령을 발하였을 때에 미국인은 두말없이 복종하였다. 개업한 의사에게 정부가 종군하기를 명할 때에 그네는 두말없이 문을 잠가놓고 나서 법국전선(法國戰線)으로 갔다. 만일 그렇지 아니하였던들 미국은 망하였을 것이다. …… (하략(下略))

(1월 3일, 상해교포(上海僑胞) 신년축하회(新年祝賀會) 연설)
상해임시정부(上海臨時政府), 『독립신문(獨立新聞)』
최석채편(崔錫采編), 『일제하(日帝下)의 명논설집(名論說集)』,
서문문고(瑞文文庫), 1976.

3. 조선혁명선언(朝鮮革命宣言)

신채호(申采浩)

(1)

강도(强盜) 일본(日本)이 우리의 국호(國號)를 없이하며, 우리의 정권(政權)을 빼앗으며, 우리의 생존적(生存的) 필요조건(必要條件)을 다 박탈(剝奪)하였다. 경제(經濟)의 생명(生命)인 산림(山林)·천택(川澤)·철도(鐵道)·광산(礦山)·어장(漁場)……내지(乃至) 소공업(小工業) 원료(原料)까지 다 빼앗아 일체(一切)의 생산기능(生産機能)을 칼로 베이며 도끼로 끊고, 토지세(土地稅)·가옥세(家屋稅)·인구세(人口稅)·가축세(家畜稅)·백일세(百一稅)·지방세(地方稅)·주초세(酒草稅)·비료세(肥料稅)·종자세(種子稅)·영업세(營業稅)·청결세(淸潔稅)·소득세(所得稅)……기타(其他) 각종(各種) 잡세(雜稅)가 축일(逐日) 증가(增加)하며 혈액(血液)은 있는 대로 다 빨아가고, 여간(如干) 상업가(商業家)들은 일본(日本)의 제조품(製造品)을 조선인(朝鮮人)에게 매개(媒介)하는 중간인(中間人)이 되어 차차 자본집중(資本集中)의 원칙하(原則下)에서 멸망(滅亡)할 뿐이오, 대다수(大多數) 인민(人民) 곧 일반농민(一般農民)들은 피땀을 흘리어 토지(土地)를 갈아, 그 종년(終年) 소득(所得)으로 일신(一身)과 처자(妻子)의 호구(糊口)거리도 남기지 못하고, 우리를 잡아 먹으려는 일본(日本) 강도(强盜)에게 진공(進供)하여 그 살을 찌워 주는 영세(永世)의 우마(牛馬)가 될 뿐이오, 내종(乃終)에는 그 우마(牛馬)의 생활(生活)도 못하게 일본이민(日本移民)의 수입(輸入)이 년년(年年) 고도(高度)의 속율(速率)로 증가(增加)하여 <딸깍발이> 등쌀에 우리 민족(民族)은 발 디딜 땅이 없어 산(山)으로 물로 서간도(西間島)로 북간도(北間島)로 서비리아(西比利亞)의 황야(荒野)로 몰리어 가 아귀(餓鬼)부터 유귀(流鬼)가 될 뿐이며,

강도(强盜) 일본(日本)이 헌병정치(憲兵政治)·경찰정치(警察政治)를 여행(勵行)하여 우리 민족(民族)이 촌보(寸步)의 행동(行動)도 임의(任意)로 못 하고, 언론(言論)·출판(出版)·결사(結社)·집회(集會)의 일체(一切) 자유(自由)가 없어, 고통(苦痛)과 분한(憤恨)이 있으면 벙어리의 가슴이나 만질 뿐이오, 행복(幸福)과 자유(自由)의 세계(世界)에는 눈뜬 소경이 되고, 자녀(子女)가 나면 "일어(日語)를 국어(國語)라. 일문(日文)을 국문(國文)이라"하는 노예양성소(奴隷養成所) — 학교(學校)로 보내고, 조선(朝鮮) 사람으로 혹(或) 조선역사(朝鮮歷史)를 읽게 된다하면 "단군(檀君)을 무(誣)하여 소잔명존(素盞鳴尊)의 형제(兄弟)"라 하며 "삼한시대(三韓時代) 한강(漢江) 이남(以南)을 일본(日本) 영지(領地)"라 한 일본(日本)놈들의 적은 대로 읽게 되며, 신문(新聞)이나 잡지(雜誌)를 본다 하면 강도정치(强盜政治)를 찬미(讚美)하는 반일본화(半日本化)한 노예적(奴隷的) 문자(文字)뿐이며, 똑똑한 자제(子弟)가 난다 하면 환경(環境)의 압박(壓迫)에서 염세절망(厭世絶望)의 타락자(墮落者)가 되거나 그렇지 않으면 "음모사건(陰謀事件)"의 명칭하(名稱下)에 감옥(監獄)에 구류(拘留)되어, 주뢰(周牢)·가쇄(枷鎖)·단근질·채찍질·전기(電氣)질·바늘로 손톱 밑과 발톱 밑을 쑤시는·수족(手足)을 달아매는·콧구멍에 물붓는·생식기(生殖器)에 심지를 박는 모든 악형(惡刑), 곧 야만(野蠻) 전제국(專制國)의 형률사전(刑律辭典)에도 없는 갖은 악형(惡刑)을 다 당하고 죽거나, 요행(僥倖)히 살아서 옥문(獄門)에 나온대야 종신(終身) 불구(不具)의 폐질자(廢疾者)가 될 뿐이라. 그렇지 않을지라도 발명

(發明) 창작(創作)의 본능(本能)은 생활(生活)의 곤란(困難)에서 단절(斷絶)하며, 진취(進取) 활발(活潑)의 기상(氣象)은 경우(境遇)의 압박(壓迫)에서 소멸(消滅)되어 "찍도 짹도" 못하게 각(各) 방면(方面)의 속박(束縛)·편태(鞭笞)·구박(驅迫)·압제(壓制)를 받아, 환해(環海) 삼천리(三千里)가 일개(一個) 대감옥(大監獄)이 되어 우리 민족(民族)은 아주 인류(人類)의 자각(自覺)을 잃을 뿐 아니라, 곧 자동적(自動的) 본능(本能)까지 잃어 노예(奴隷)부터 기계(機械)가 되어 강도수중(强盜手中)의 사용품(使用品)이 되고 말 뿐이며, 강도(强盜) 일본(日本)이 우리의 생명(生命)을 초개(草芥)로 보아, 을사(乙巳) 이후(以後) 13도(道)의 의병(義兵)나던 각(各) 지방(地方)에서 일본군대(日本軍隊)의 행(行)한 폭행(暴行)도 이루 다 적을 수 없거니와, 즉(卽) 최근(最近) 3·1운동(運動) 이후(以後) 수원(水原)·선천(宣川)……등(等)의 국내(國內) 각지(各地)부터 북간도(北間島)·서간도(西間島)·노령연해주(露領沿海州) 각처(各處)까지 도처(到處)에 거민(居民)을 도륙(屠戮)한다. 촌락(村落)을 소화(燒火)한다, 재산(財産)을 약탈(掠奪)한다, 부녀(婦女)를 오욕(汚辱)한다, 목을 끊는다, 산 채로 묻는다, 불에 사른다, 혹 일신(或 一身)을 두 동가리 세 동가리로 내어 죽인다, 아동(兒童)을 악형(惡刑)한다, 부녀(婦女)의 생식기(生殖器)를 파괴한다 하여, 할 수 있는 데까지 참혹(慘酷)한 수단(手段)을 써서 공포(恐怖)와 전율(戰慄)로 우리 민족(民族)을 압박(壓迫)하여 인간(人間)의 "산송장"을 만들려 하는도다.

이상(以上)의 사실(事實)에 거(據)하여 우리는 일본(日本) 강도정치(强盜政治) 곧 이족통치(異族統治)가 우리 조선민족(朝鮮民族) 생존(生存)의 적(敵)임을 선언(宣言)하는 동시(同時)에 우리는 혁명수단(革命手段)으로 우리 생존(生存)의 적(敵)인 강도(强盜) 일본(日本)을 살벌(殺伐)함이 곧 우리의 정당(正當)한 수단(手段)임을 선언(宣言)하노라.

(2)

내정독립(內政獨立)이나 참정권(參政權)이나 자치(自治)를 운동(運動)하는 자(者) — 누구이냐?

너희들이 "동양평화(東洋平和)", "한국독립보전(韓國獨立保全)" 등(等)을 담보(擔保)한 맹약(盟約)이 묵(墨)도 마르지 아니하여 삼천리(三千里) 강토(彊土)를 집어먹던 역사(歷史)를 잊었느냐? "조선인민(朝鮮人民) 생명(生命) 재산(財産) 자유보호(自由保護)", "조선인민(朝鮮人民) 행복증진(幸福增進)" 등(等)을 신명(申明)한 선언(宣言)이 땅에 떨어지지 아니하며 이천만(二千萬)의 생명(生命)이 지옥(地獄)에 빠지던 실제(實際)를 못 보느냐? 3·1운동(運動) 이후(以後)에 강도(强盜) 일본(日本)이 또 우리의 독립운동(獨立運動)을 완화(緩和)시키려고 송병준(宋秉畯)·민원식(閔元植) 등(等) 12매국노(賣國奴)를 시키어 이 따위 광론(狂論)을 부름이니, 이에 부화(附和)하는 자(者) — 맹인(盲人)이 아니면 어찌 간적(奸賊)이 아니냐?

설혹(設或) 강도(强盜) 일본(日本)이 과연(果然) 관대(寬大)한 도량(度量)이 있어 개연(慨然)히 차등(此等)의 요구(要求)를 허락(許諾)한다 하자. 소위(所謂) 내정독립(內政獨立)을 찾고 각종(各種) 이권(利權)을 찾지 못하면 조선민족(朝鮮民族)은 일반(一般)의 아귀(餓鬼)가 될 뿐이 아니냐? 참정권(參政權)을 획득(獲得)한다 하자. 자국(自國)의 무산계급(無産階級)의 혈액(血液)까지 착취(搾取)하는 자본주의(資本主義) 강도국(强盜國)의 식민지(植民地) 인민(人民)이 되어 기개(幾個) 노예대의사(奴隸代議士)의 선출(選出)로 어찌 아사(餓死)의 화(禍)를 구(求)하겠느냐? 자치(自治)를 얻는다 하자, 그 하종(何種)의 자치(自治)임을 물문(勿問)하고 일본(日本)이 그 강도적(强盜的) 침략주의(侵略主義)의 초패(招牌)인 "제국(帝國)"이란 명칭(名稱)이 존재(存在)한 이상(以上)에는, 그 부속하(附屬下)에 있는 조선인민(朝鮮人民)이 어찌 구구(區區)한 자치(自治)의 허명(虛名)으로써 민족적(民族的) 생존(生存)을 유지(維持)하겠느냐?

설혹(設或) 강도(强盜) 일본(日本)이 돌연(突然)히 불보살(佛菩薩)이 되어 일조(一朝)에 총독부(總督府)를 철폐(撤廢)하고 각종(各種) 이권(利權)을 다 우리에게 환부(還付)하며, 내정외교(內政外交)를 다 우리의 자유(自由)에 맡기고 일본(日本)의 군대(軍隊) 경찰(警察)을 일시(一時)에 철환(撤還)하며, 일본(日本)의 이주민(移住民)을 일시(一時)에 소환(召還)하고 다만 허명(虛名)의 종주권(宗主權)만 가진다 할지라도 우리가 만일 과거(萬一 過去)의 기억(記憶)이 전멸(全滅)하지 아니하였다 하면, 일본(日本)을 종주국(宗主國)으로 봉대(奉戴)한다함이 "치욕(恥辱)"이란 명사(名詞)를 아는 인류(人類)로는 못할지니라.

일본(日本) 강도정치하(强盜政治下)에서 문화운동(文化運動)을 부르는 자(者) — 누구이냐?

문화(文化)는 산업(産業)과 문물(文物)의 발달(發達)한 총적(總積)을 가르키는 명사(名詞)니, 경제약탈(經濟掠奪)의 제도하(制度下)에서 생존권(生存權)이 박탈(剝奪)된 민족(民族)은 그 종족(種族)의 보전(保全)도 의문(疑問)이거든, 하물며 문화발전(文化發展)의 가능(可能)이 있으랴? 쇠망(衰亡)한 인도족(印度族)·유태족(猶太族)도 문화(文化)가 있다 하지만, 일(一)은 금전(金錢)의 력(力)으로 그 조선(祖先)의 종교적(宗敎的) 유업(遺業)을 계속(繼續)함이며, 일(一)은 토지(土地)의 광(廣)과 인구(人口)의 중(衆)으로 상고(上古)의 자유발달(自由發達)한 여택(餘澤)을 보수(保守)함이니, 어디 교맹(蛟蝱)같이 시랑(豺狼)같이 인혈(人血)을 빨다가 골수(骨髓)까지 깨무는 강도(强盜) 일본(日本)의 입에 물린 조선(朝鮮)같은 데서 문화(文化)를 발전(發展) 혹(或) 보수(保守)한 전례(前例)가 있더냐? 검열(檢閱)·압수(押收) 모든 압박중(壓迫中)에 기개(幾個)

신문(新聞) · 잡지(雜誌)를 가지고 <문화운동(文化運動)>의 목탁(木鐸)으로 자명(自鳴)하며, 강도(强盜)의 비위(脾胃)에 거스르지 아니 할 만한 언론(言論)이나 주창(主唱)하여 이것을 문화발전(文化發展)의 과정(過程)으로 본다하면, 그 문화발전(文化發展)이 도리어 조선(朝鮮)의 불행(不幸)인가 하노라.

이상(以上)의 이유(理由)에 거(據)하여 우리는 우리의 생존(生存)의 적(敵)인 강도(强盜) 일본(日本)과 타협(妥協)하려는 자(者)『내정독립(內政獨立) · 자치(自治) · 참정권(參政權) 등(等) 논자(論者)』나 강도(强盜) 정치하(政治下)에서 기생(寄生)하려는 주의(主義)를 가진 자(者)『문화운동자(文化運動者)』나 다 우리의 적(敵)임을 선언(宣言)하노라.

(3)

강도(强盜) 일본(日本)의 구축(驅逐)을 주장(主張)하는 가운데 또 여좌(如左)한 논자(論者)들이 있으니, 제일(第一)은 외교론(外交論)이니, 이조(李朝) 오백년(五百年) 문약정치(文弱政治)가 "외교(外交)"로써 호국(護國)의 장책(長策)을 삼아 더욱 그 말세(末世)에 우심(尤甚)하여, 갑신(甲申) 이래(以來) 유신당(維新黨) · 수구당(守舊黨)의 성쇠(盛衰)가 거의 외원(外援)의 유무(有無)에서 판결(判決)되며, 위정자(爲政者)의 정책(政策)은 오직 갑국(甲國)을 인(引)하여 을국(乙國)을 제(制)함에 불과(不過)하였고, 그 의뢰(依賴)의 습성(習性)이 일반(一般) 정치사회(政治社會)에 전염(傳染)되어 즉(卽) 갑년(甲年) · 갑진(甲辰) 양전역(兩戰役)에 일본(日本)이 누십만(累十萬)의 생명(生命)과 누억만(累億萬)의 재산(財産)을 희생(犧牲)하여 청(淸) · 로(露) 양국(兩國)을 물리고, 조선(朝鮮)에 대(對)하여 "강도적(强盜的) 침략주의(侵略主義)"를 관철(貫徹)하려 하는데 우리 조선(朝鮮)의 "조국(祖國)을 사랑한다. 민족(民族)을 건지려 한다"하는 이들은 일검일탄(一劍一彈)으로 혼용탐폭(昏庸貪暴)한 관리(官吏)나 국적(國賊)에게 던지지 못하고, 공함(公函)이나 열국공관(列國公館)에 던지며 장서(長書)나 일본정부(日本政府)에 보내어 국세(國勢)의 고약(孤弱)을 애소(哀訴)하여 국가존망(國家存亡)·민족사활(民族死活)의 대문제(大問題)를 외국인(外國人) 심지어(甚至於) 적국인(敵國人)의 처분(處分)으로 결정(決定)하기만 기다리었도다. 그래서 "을사조약(乙巳條約)", "경술합병(庚戌合倂)" — 곧 "조선(朝鮮)"이란 이름이 생긴 뒤 몇 천년(千年)만의 처음 당(當)하던 치욕(恥辱)에 조선민족(朝鮮民族)의 분노적(憤怒的) 표시(表示)가 겨우 합리빈(哈爾濱)의 총, 종현(鐘峴)의 칼, 산림유생(山林儒生)의 의병(義兵)이 되고 말았도다.

아! 과거(過去) 수십년(數十年) 역사(歷史)야말로 용자(勇者)로 보면 타매(唾罵)할 역사(歷史)가 될 뿐이며, 인자(仁者)로 보면 상심(傷心)할 역사(歷史)가 될 뿐이다. 그리고도 국망(國亡) 이후(以後) 해외(海外)로 나아가는 모모지사(某某志士)들의 사상(思想)이 무엇보다도 먼저 "외교(外交)"가 그 제일장(第一章) 제일조(第一條)가 되며, 국내(國內) 인민(人民)의 독립운동(獨立運動)을 선동(煽動)하는 방법(方法)도 "미래(未來)의 일미전쟁(日美戰爭)·일로전쟁(日露戰爭) 등(等) 기회(機會)"가 거의 천편일률(千篇一律)의 문장(文章)이었었고, 최근(最近) 3·1운동(運動)에 일반인사(一般人士)의 "평화회의(平和會義)·국제연맹(國際聯盟)"에 대(對)한 과신(過信)의 선전(宣傳)이 도리어 이천만(二千萬) 민중(民衆)의 분용전진(奮勇前進)의 의기(意氣)를 타소(打消)하는 매개(媒介)가 될 뿐이었도다.

제이(第二)는 준비론(準備論)이니, 을사조약(乙巳條約)의 당시(當時)에 열국공관(列國公館)에 빗발돋 듯 하던 조회쪽으로 넘어가는 국권(國權)을 붙잡지 못하며, 정미년(丁未年)의 해아밀사(海牙密使)도 독립회복(獨立恢復)의 복음(福音)를 안고 오지 못하매, 이에 차차 외교(外交)에 대(對)하여 의문(疑問)이 되고 전쟁(戰爭) 아니면 안되겠다는 판단(判斷)이 생기었다. 그러나 군인(軍人)도 없고 무기(武器)도 없이 무엇으로써 전쟁(戰爭)하겠느냐? 산림유생(山林儒生)들은 춘추대의(春秋大義)에 성패(成敗)를 불계(不計)하고 의병(義兵)을 모집(募集)하여 아관대의(峩冠大衣)로 지휘(指揮)의 대장(大將)이 되며 사냥 포수(砲手)의 화승대(火繩隊)를 몰아가지고 조·일전쟁(朝日戰爭)의 전투선(戰鬪線)에 나섰지만 신문(新聞) 쪽이나 본 이들 — 곧 시세(時勢)를 짐작(斟酌)한다는 이들은 그리할 용기(勇氣)가 아니난다. 이에 "금일(今日) 금시(今時)로 곧 일본(日本)과 전쟁(戰爭)한다는 것은 망발(妄發)이다. 총도 장만하고 돈도 장만하고 대포(大砲)도 장만하고 장관(將官)이나 사졸(士卒)감까지라도 다 장만한 뒤에야 일본(日本)과 전쟁(戰爭)한다" 함이니, 이것이 이른바 준비론(準備論) 곧 독립전쟁(獨立戰爭)을 준비(準備)하자함이다. 외세(外勢)의 침입(侵入)이 더할수록 우리의 부족(不足)한 것이 자꾸 감각(感覺)되어, 그 준비론(準備論)의 범위(範圍)가 전쟁이외(戰爭以外)까지 확장(擴張)되어 교육(敎育)도 진흥(振興)해야겠다. 상공업(商工業)도 발전(發展)해야겠다. 기타(其他) 무엇 무엇 일체(一切)가 모두 준비론(準備論)의 부분(部分)이 되었었다. 경술(庚戌) 이후(以後) 각지사(各志士)들이 혹(或) 서·북간도(西·北間島)의 삼림(森林)을 더듬으며, 혹(或) 서비리아(西比利亞)의 찬바람에 배부르며, 혹(或) 남·북경(南·北京)으로 돌아다니며, 혹(或) 미주(美洲)나 "하와이"로 돌아가며, 혹(或) 경향(京鄕)에 출몰(出沒)하여 십여성상(十餘星霜) 내외(內外) 각지(各地)에서 목이 터질만치 준비(準備)! 준비(準備)!를 불렀지만, 그 소득(所得)이 몇 개 불완전(不完全)한 학교(學校)와 실력(實力)없는 회(會)뿐이었었다. 그러나 그들의 성력(誠力)의 부족(不足)이 아니라 실(實)은 그 주장(主張)의 착오(錯誤)이다. 강도(强盜) 일본(日本)이 정치(政治)·경제(經濟) 양방면(兩方面)으로 구박(驅迫)을 주어 경제(經濟)가 날로 곤란(困難)하고 생산기관(生産機關)이 전부(全部) 박탈(剝奪)되어 의식(衣食)의 방책(方策)도 단절(斷絶)되는 때에, 무엇으로? 어떻게? 실업(實業)을 발전(發展)하며, 교육(教育)을 확장(擴張)하며, 더구나 어디서? 얼마나? 군인(軍人)을 양성(養成)하며, 양성(養成)한들 일본(日本) 전투력(戰鬪力)의 백분지일(百分之一)의 비교(比較)라도 되게 할 수 있느냐? 실(實)로 일장(一場)의 잠꼬대가 될뿐이로다.

이상(以上)의 이유(理由)에 의(依)하여 우리는 "외교(外交)", "준비(準備)" 등의 미몽(迷夢)을 버리고 민중직접혁명(民衆直接革命)의 수단(手段)을 취(取)함을 선언(宣言)하노라.

(4)

조선민족(朝鮮民族)의 생존(生存)을 유지(維持)하자면 강도(强盜) 일본(日本)을 구축(驅逐)할지며, 강도(强盜) 일본(日本)을 구축(驅逐)하자면 오직 혁명(革命)으로써 할 뿐이니, 혁명(革命)이 아니고는 강도(强盜) 일본(日本)을 구축(驅逐)할 방법(方法)이 없는 바이다.

그러나 우리가 혁명(革命)에 종사(從事)하려면 어느 방면(方面)부터 착수(着手)하겠느뇨?

구시대(舊時代)의 혁명(革命)으로 말하면, 인민(人民)은 국가(國家)의 노예(奴隷)가 되고 그 이상(以上)에 인민(人民)을 지배(支配)하는 상전(上典) 곧 특수세력(特殊勢力)이 있어 그 소위(所謂) 혁명(革命)이란 것은 특수세력(特殊勢力)의 명칭(名稱)을 변경(變更)함에 불과(不過)하였다. 다시 말하자면 곧 "을(乙)"의 특수세력(特殊勢力)으로 "갑(甲)"의 특수세력(特殊勢力)을 변경(變更)함에 불과(不過)하였다. 그러므로 인민(人民)은 혁명(革命)에 대(對)하여 다만 갑(甲)·을(乙) 양세력(兩勢力) 곧 신(新)·구(舊) 양상전(兩上典)의 숙인(孰仁)·숙폭(孰暴)·숙선(孰善)·숙악(孰惡)을 보아 그 향배(向背)를 정(定)할 뿐이요, 직접(直接)의 관계(關係)가 없었다.

그리하여 "주기군이조기민(誅其君而吊其民)"이 혁명(革命)의 유일 종지(唯一宗旨)가 되고 "단사호장이영왕사(簞食壺漿以迎王師)"가 혁명사(革命史)의 유일미담(唯一美談)이 되었거니와, 금일(今日) 혁명(革命)으로 말하면 민중(民衆)이 곧 민중(民衆) 자기(自己)를 위(爲)하여 하는 혁명(革命)인 고로 "민중혁명(民衆革命)"이라 "직접혁명(直接革命)"이라 칭(稱)함이며, 민중(民衆) 직접(直接)의 혁명(革命)인 고(故)로 그 비등(沸騰) 팽창(膨脹)의 열도(熱度)가 수자상(數字上) 강약(强弱) 비교(比較)의 관념(觀念)을 타파(打破)하며, 그 결과(結果)의 성패(成敗)가 매양 전쟁학상(戰爭學上)의 정궤(定軌)에 일출(逸出)하여 무전(無錢) 무병(無兵)한 민중(民衆)으로 백만(百萬)의 군대(軍隊)와 억만(億萬)의 부력(富力)을 가진 제왕(帝王)도 타도(打倒)하며 외구(外寇)도 구축(驅逐)하나니, 그러므로 우리 혁명(革命)의 제일보(第一步)는 민중각오(民衆覺悟)의 요구(要求)니라.

민중(民衆)이 어떻게 각오(覺悟)하느뇨?

민중(民衆)은 신인(神人)이나 성인(聖人)이나 어떤 영웅호걸(英雄豪傑)이 있어 "민중(民衆)을 각오(覺悟)"하도록 지도(指導)하는 데서 각오(覺悟)하는 것도 아니요, "민중(民衆)아, 각오(覺悟)하자", "민중(民衆)이여, 각오(覺悟)하여라" 그런 열규(熱叫)의 소리에서 각오(覺悟)하는 것도 아니오.

오직 민중(民衆)이 민중(民衆)을 위(爲)하여 일체(一切) 불평(不平)·부자연(不自然)·불합리(不合理)한 민중향상(民衆向上)의 장애(障礙)부터 먼저 타파(打破)함이 곧 "민중(民衆)을 각오(覺悟)케" 하는 유일방법(唯一方法)이니, 다시 말하자면 곧 선각(先覺)한 민중(民衆)이 민중(民衆)의 전체(全體)를 위(爲)하여 혁명적(革命的) 선구(先驅)가 됨이 민중(民衆) 각오(覺悟)의 제일로(第一路)니라.

일반(一般) 민중(民衆)이 기(飢)·한(寒)·곤(困)·고(苦)·처호(妻呼)·아제(兒啼), 세납(稅納)의 독봉(督捧), 사채(私債)의 최촉

(催促), 행동(行動)의 부자유(不自由), 모든 압박(壓迫)에 졸리어, 살려니 살 수 없고 죽으려 하여도 죽을 바를 모르는 판에, 만일(萬一) 그 압박(壓迫)의 주인(主因)되는 강도정치(强盜政治)의 시설자(施設者)인 강도(强盜)들을 격폐(擊斃)하고 일체(一切) 시설(施設)을 파괴(破壞)하고, 복음(福音)이 사해(四海)에 전(傳)하며 만중(萬衆)이 동정(同情)의 눈물을 뿌리어, 이에 인인(人人)이 그 "아사(餓死)"이외(以外)에 오히려 혁명(革命)이란 일로(一路)가 남아 있음을 깨달아, 용자(勇者)는 그 의분(義憤)에 못이기어 약자(弱者)는 그 고통(苦痛)에 못견디어, 모두 이 길로 모여들어 계속적(繼續的)으로 진행(進行)하며, 보편적(普遍的)으로 전염(傳染)하여 거국일치(擧國一致)의 대혁명(大革命)이 되면 간활잔폭(奸猾殘暴)한 강도(强盜) 일본(日本)이 필경 구축(必竟 驅逐)되는 날이라. 그러므로 우리의 민중(民衆)을 환성(喚醒)하여 강도(强盜)의 통치(統治)을 타도(打倒)하고 우리 민족(民族)의 신생명(新生命)을 개척(開拓)하자면 양병십만(養兵十萬)이 일척(一擲)의 작탄(炸彈)만 못하며 억천장(億千張) 신문(新聞)·잡지(雜誌)가 일회(一回) 폭동(暴動)만 못할지니라.

민중(民衆)의 폭력적(暴力的) 혁명(革命)이 발생(發生)치 아니하면 이(已)어니와, 이미 발생(發生)한 이상(以上)에는 마치 현애(懸崖)에서 굴리는 돌과 같아서 목적지(目的地)에 도달(到達)하지 아니하면 정지(停止)하지 않는 것이라. 우리 이왕(已往)의 경과(經過)로 말하면 갑신정변(甲申政變)은 특정세력(特定勢力)이 특정세력(特定勢力)과 싸우던 궁중(宮中) 일시(一時)의 활극(活劇)이 될 뿐이며, 경술(庚戌) 전후(前後)의 의병(義兵)들은 충군애국(忠君愛國)의 대의(大義)로 격기(激起)한 독서계급(讀書階級)의 사상(思想)이며, 안중근(安重根)·이재명(李在明) 등(等) 열사(烈士)의 폭력적(暴力的) 행동(行動)이 열렬(熱烈)하였지만 그 후면(後面)에 민중적(民衆的) 역량(力量)의 기초(基礎)가 없었으며, 3·1운동(運動)의 만세(萬歲) 소리에 민중적(民衆的) 일치(一致)의 의기(意氣)가 별견(瞥見)하였지만 또한 폭력적(暴力的) 중심(中心)을 가지지 못하였도다. "민중(民衆)·폭력(暴力)" 양자(兩者)의 기일(其一)만 빠지면 비록 굉렬장쾌(轟烈壯快)한 거동(擧動)이라도 또한 전뢰(電雷)같이 수속(收束)하는도다.

조선(朝鮮) 안에 강도(强盜) 일본(日本)의 제조(製造)한 혁명원인(革命原因)이 산같이 쌓이었다. 언제든지 민중(民衆)의 폭력적(暴力的) 혁명(革命)이 개시(開始)되어 "독립(獨立)을 못하면 살지 않으리라", "일본(日本)을 구축(驅逐)하지 못하면 물러서지 않으리라"는 구호(口號)를 가지고 계속(繼續) 전진(前進)하면 목적(目的)을 관철(貫徹)하고야 말지니, 이는 경찰(警察)의 칼이나 군대(軍隊)의 총이나 간활(奸猾)한 정치가(政治家)의 수단(手段)으로도 막지 못하리라.

혁명(革命)의 기록(記錄)은 자연(自然)히 참절(慘絶) 장절(壯絶)한 기록(記錄)이 되리라, 그러나 물러서면 그 후면(後面)에는 흑암(黑暗)한 함정(陷穽)이요, 나아가면 그 전면(前面)에는 광명(光明)한 활기(活氣)니, 우리 조선민족(朝鮮民族)은 그 참절(慘絶) 장절(壯絶)한 기록(記錄)을 그리면서 나아갈 뿐이니라.

이제 폭력(暴力) - 암살(暗殺)·파괴(破壞)·폭동(暴動) — 의 목적물(目的物)을 대략(大略) 열거(列擧) 하건대,

1. 조선총독(朝鮮總督) 급(及) 각(各) 관공리(官公吏)
2. 일본천황(日本天皇) 급(及) 각(各) 관공리(官公吏)
3. 정탐노(偵探奴)·매국적(賣國賊)
4. 적(敵)의 일체(一切) 시설물(施設物)

차외(此外)에 각(各) 지방(地方)의 신사(紳士) 부호(富豪)가 비록 현저(現著)히 혁명운동(革命運動)을 방해(妨害)한 죄(罪)가 없을지라도 만일 언어(言語) 혹(或) 행동(行動)으로 우리의 운동(運動)을 완화(緩和)하고 중상(中傷)하는 자(者)는 우리의 폭력(暴力)으로써 대부(對付)할지니라. 일본인(日本人) 이주민(移住民)은 일본(日本)

강도정치(强盜政治)의 기계(機械)가 되어 조선민족(朝鮮民族)의 생존(生存)을 위협(威脅)하는 선봉(先鋒)이 되어 있은 즉 또한 우리의 폭력(暴力)으로 구축(驅逐)할지니라.

(5)

혁명(革命)의 길은 파괴(破壞)부터 개척(開拓)할지니라, 그러나 파괴(破壞)만 하려고 파괴(破壞)하는 것이 아니라 건설(建設)하려고 파괴(破壞)하는 것이니, 만일 건설(建設)할 줄을 모르면 파괴(破壞)할 줄도 모를지며, 파괴(破壞)할 줄을 모르면 건설할 줄도 모를지니라. 건설(建設)과 파괴(破壞)가 다만, 형식상(形式上)에서 보아 구별(區別)될 뿐이요 정신상(精神上)에서는 파괴(破壞)가 곧 건설(建設)이니, 이를테면 우리가 일본세력(日本勢力)을 파괴(破壞)하려는 것이

제일(第一)은 이족통치(異族統治)를 파괴(破壞)하자 함이다. 왜? "조선(朝鮮)"이란 그 위에 "일본(日本)"이란 이족(異族) 그것이 전제(專制)하여 있으니, 이족전제(異族專制)의 밑에 있는 조선(朝鮮)은 고유적(固有的) 조선(朝鮮)이 아니니, 고유적(固有的) 조선(朝鮮)을 발견(發見)하기 위(爲)하여 이족통치(異族統治)를 파괴(破壞)함이니라.

제이(第二)는 특권계급(特權階級)을 파괴(破壞)하자 함이다. 왜? "조선민중(朝鮮民衆)"이란 그 위에 총독(總督)이니 무엇이니 하는 강도단(强盜團)의 특권계급(特權階級)이 압박(壓迫)하여 있으니, 특권계급(特權階級)의 압박(壓迫)밑에 있는 조선민중(朝鮮民衆)은 자유적(自由的) 조선민중(朝鮮民衆)이 아니니, 자유적(自由的) 조선민중(朝鮮民衆)을 발견(發見)하기 위(爲)하여 특권계급(特權階級)을 타파(打破)함이니라.

제삼(第三)은 경제(經濟) 약탈제도(掠奪制度)를 파괴(破壞)하자 함이다. 왜? 약탈제도(掠奪制度) 밑에 있는 경제(經濟)는 민중(民

衆) 자기(自己)가 생활(生活)하기 위(爲)하여 조직(組織)한 경제(經濟)가 아니요, 곧 민중(民衆)을 잡아먹으려는 강도(强盜)의 살을 찌우기 위하여 조직(組織)한 경제(經濟)니, 민중생활(民衆生活)을 발전(發展)하기 위(爲)하여 경제(經濟) 약탈제도(掠奪制度)를 파괴(破壞)함이니라.

제사(第四)는 사회적(社會的) 불평균(不平均)을 파괴(破壞)하자 함이다. 왜? 약자(弱者) 이상(以上)에 강자(强者)가 있고 천자(賤者) 이상(以上)에 귀자(貴子)가 있어 모든 불평균(不平均)을 가진 사회(社會)는 서로 약탈(掠奪), 서로 박삭(剝削), 서로 질투(嫉妬) 구시(仇視)하는 사회(社會)가 되어, 처음에는 소수(少數)의 행복(幸福)을 위(爲)하여 다수(多數)의 민중(民衆)을 잔해(殘害)하다가 말경(末竟)에는 또 소수(少數)끼리 서로 잔해(殘害)하여 민중(民衆) 전체(全體)의 행복(幸福)이 필경(畢竟) 수자상(數字上)의 공(空)이 되고 말 뿐이니, 민중(民衆) 전체(全體)의 행복(幸福)을 증진(增進)하기 위하여 사회적(社會的) 불평균(不平均)을 파괴(破壞)함이니라.

제오(第五)는 노예(奴隷)적 문화사상(文化思想)을 파괴(破壞)하자 함이다. 왜? 유래(遺來)하던 문화사상(文化思想)의 종교(宗敎)·윤리(倫理)·문학(文學)·미술(美術)·풍속(風俗)·습관(習慣) 그 어느 무엇이 강자(强者)가 제조(製造)하여 강자(强者)를 옹호(擁護)하던 것이 아니더냐? 강자(强者)의 오락(娛樂)에 공급(供給)하던 제구(諸具)가 아니더냐? 일반민중(一般民衆)을 노예화(奴隷化)케 하던 마취제(痲醉劑)가 아니더냐? 소수계급(少數階級)은 강자(强者)가 되고 다수민중(多數民衆)은 도리어 약자(弱者)가 되지 불의(不義)의 압제(壓制)를 반항(反抗)치 못함은 전(專)혀 노예적(奴隷的) 문화사상(文化思想)의 속박(束縛)을 받은 까닭이니, 만일 민중적(民衆的) 문화(文化)를 제창(提倡)하여 그 속박(束縛)의 철쇄(鐵鎖)를 끊지 아니하면, 일반민중(一般民衆)은 권리사상(權利思想)이 박약(薄弱)하며 자유향상(自由向上)의 흥미(興味)가 결핍(缺乏)하여 노예(奴隷)의 운명(運命)속에서 윤회(輪廻)할 뿐이라, 그러므로 민중문화(民衆文化)를 제창(提唱)하기 위하여 노예적(奴隷的) 문화사상(文化思想)을 파괴(破壞)함이니라.

다시 말하자면 "고유적(固有的) 조선(朝鮮)의", "자유적(自由的) 조선민중(朝鮮民衆)의", "민중적(民衆的) 경제(經濟)의", "민중적(民衆的) 사회(社會)의", "민중적(民衆的) 문화(文化)의" 조선(朝鮮)을 건설(建設)하기 위하여 "이족통치(異族統治)의", "약탈제도(掠奪制度)의", "사회적(社會的) 불평균(不平均)의", "노예적(奴隷的) 문화사상(文化思想)의" 현상(現像)을 타파(打破)함이니라. 그런즉 파괴적(破壞的) 정신(情神)이 곧 건설적(建設的) 주장(主張)이라. 나아가면 파괴(破壞)의 "칼"이 되고 들어 오면 건설(建設)의 "기(旗)"가 될지니, 파괴(破壞)할 기백(氣魄)은 없고 건설(建設)할 치상(癡想)만 있다 하면 오백년(五百年)을 경과(經過)하여도 혁명(革命)의 꿈도 꾸어 보지 못할지니라. 이제 파괴(破壞)와 건설(建設)이 하나이요 둘이 아닌 줄 알진대, 민중적(民衆的) 파괴(破壞) 앞에는 반드시 민중적(民衆的) 건설(建設)이 있을 줄 알진대, 현재(現在) 조선민중(朝鮮民衆)은 오직 민중적(民衆的) 폭력(暴力)으로 신조선(新朝鮮) 건설(建設)의 장애(障礙)인 강도(强盜) 일본세력(日本勢力)을 파괴(破壞)할 것뿐인 줄을 알진대, 조선민중(朝鮮民衆)이 한편이 되고 일본(日本) 강도(强盜)가 한편이 되어 네가 망(亡)하지 아니하면 내가 망(亡)하게 된 "외나무다리 위"에 선 줄을 알진대, 우리 이천만(二千萬) 민중(民衆)은 일치(一致)로 폭력(暴力) 파괴(破壞)의 길로 나아갈지니라.

민중(民衆)은 우리 혁명(革命)의 대본영(大本營)이다.

폭력(暴力)은 우리 혁명(革命)의 유일무기(唯一武器)이다.

우리는 민중(民衆) 속에 가서 민중(民衆)과 휴수(携手)하여

불절(不絶)하는 폭력(暴力) — 암살(暗殺)·파괴(破壞)·폭동(暴動)으로써 강도(强盜) 일본(日本)의 통치(統治)를 타도(打倒)하고

우리 생활(生活)에 불합리(不合理)한 일체(一切) 제도(制度)를 개조(改造)하여 인류(人類)로써 인류(人類)를 압박(壓迫)치 못하며, 사회(社會)로써 사회(社會)를 박삭(剝削)치 못하는 이상적(理想的) 조선(朝鮮)을 건설(建設)할지니다.

(1923년(年) 1월(月))

4. 민족개조론(民族改造論)

이 광 수(李光洙)

(1) 변 언(辯言)

나는 많은 희망(希望)과 끓는 정성(精誠)으로 이 글을 조선 민족의 장래가 어떠할까, 어찌하면 이 민족을 현재의 쇠퇴(衰頹)에서 건져 행복과 번영의 장래에 인도(引導)할까 하는 것을 생각하는 형제와 자매에게 드립니다. 이 글의 내용인 민족 개조의 사상과 계획은 재외 동포 중에서 발생한 것으로서 내것과 일치하여 마침내 나의 일생의 목적을 이루게 된 것이외다.

나는 조선 내에서 이 사상을 처음 전하게 된 것을 무상(無上)한 영광으로 알며, 이 귀한 사상을 선각(先覺)한 위대한 두뇌와 공명(共鳴)한 여러 선배 동지에게 이 기회에 또 한번 존경과 감사를 드립니다. 원컨대, 이 사상이 사랑하는 청년 형제 자매의 순결한 가슴속에 깊이 뿌리를 박아 꽃이 피고 열매가 맺혀지이다.

신유(辛酉) 11월 11일 태평양회의가 열리는 날에 춘원(春園).

(上)

(2) 민족개조(民族改造)의 의의(意義)

근래에 전세계를 통하여 개조라는 말이 많이 유행됩니다. 일찍 구주대전(歐洲大戰)이 끝나고 파리(巴里)에서 평화회의가 열렸을 때에 우리는 이를 세계를 개조(改造)하는 회의라 하였습니다. 인

(因)하여 국제연맹이 조직되매 더욱 광열(狂悅)하는 열정을 가지고 이는 세계를 개조하는 기관이라 하였습니다. 그래서 큰 일에나 작은 일에나 개조라는 말이 많이 유행되게 되었습니다.

개조라는 말이 많이 유행되는 것은 개조라는 관념이 다수 세계인의 사상을 지배하게 된 표(標)입니다. 진실로 오늘날 신간 서적이나 신문 잡지나 연설이나, 심지어 상품의 광고에까지, 또 일상의 회화에까지 개조란 말이 많이 쓰인 것은 아마도 공전(空前)한 현상일 것이외다. 무릇 어떤 관념이 지배하던 시대가 지나가고 새로운 어떤 다른 관념이 지배하려는 시대가 올 때에는 반드시 인심(人心)에 갱신이라든지, 개혁이라든지, 변천이라든지, 혁명이라든지 하는 관념이 드는 것이자마는 갱신, 개조, 혁명 같은 관념만으로 만족치 못하고 더욱 근본적이요, 더욱 조직적이요, 더욱 전반적, 삼투적(滲透的)인 개조라는 관념으로야 비로소 인심이 만족하게 된 것은 실로 이 시대의 특징이라 하겠습니다.

「지금은 개조의 시대다!」 하는 것이 현대의 표어요, 정신이외다. 제국주의(帝國主義)의 세계를 민주주의의 세계로 개조하여라, 자본주의(資本主義)의 세계를 공산주의(共産主義)의 세계로 개조하여라, 생존경쟁(生存競爭)의 세계를 상호 부조의 세계로 개조하여라, 남존여비(男尊女卑)의 세계를 남녀평등(男女平等)의 세계로 개조하여라, 이런 것이 현대의 사상계의 소리의 전체가 아닙니까.

이 시대 사조(時代思潮)는 우리 땅에도 들어와 각방면으로 개조의 부르짖음이 들립니다. 그러나 오늘날 조선 사람으로서 시급히 하여야 할 개조는 실로 조선 민족의 개조외다.

대체 민족개조란 무엇인가. 일 민족(一 民族)은 다른 자연 현상과 같이 시시각각으로 어떤 방향을 취하여 변천하는 것이니 한 민족의 한 역사는 그 민족의 변천의 기록이라 할 수 있습니다.

단군시대의 조선 민족, 삼국시대의 조선 민족, 고려나 이조시대의 조선 민족, 또는 같은 이조시대로 보아도 임란 이전과 이후, 갑오(甲午) 이전과 이후, 이 모양으로 조선 민족은 끊임없이 변화하여 내려왔습니다.

우리가 난 뒤 30년간으로 보더라도 조선이 어떻게나 변하였나, 정치는 말 말고 의복, 주거, 습관 등 밖에 드러나는 것뿐 아니라 우리의 사상의 내용, 감정의 경향까지 몰라보게 변하여 왔습니다.

남자가 상투를 베고 여자가 쓰개를 벗어 버린 것이 어떻게 무서운 변화오니까. 과거에만 그런 것이 아니라 지금도 나날이 변하여 갑니다. 더우기 재작년 기미(己未) 3월 1일 운동이래로 우리의 정신의 변화는 무섭게 급격하게 되었습니다. 그리고 이러한 변화는 금후에도 한량없이 계속될 것이외다. 그러나 이것은 자연의 변화외다. 또는 우연의 변화외다. 마치 자연계에서 끊임없이 행하는 물리학적 변화나 화학적 변화와 같이, 우리의 눈으로 보기에는 우연히 행하는 변화외다. 또는 무지몽매(無知蒙昧)한 야만 인종이 자각(自覺)없이 추이(推移)하여 가는 변화와 같은 변화외다.

문명인의 최대한 특징은 자기가 자기의 목적을 정하고 그 목적을 달(達)하기 위하여 계획된 진로를 밟아 노력하면서 시각(時刻)마다 자기의 속도를 측량하는데 있습니다. 그는 본능이나 충동을 따라 행하지 아니하고 생활의 목적을 확립합니다.

그리하고 그의 일거수 일투족(一擧手一投足)의 모든 행동은 오직 이 목적을 향하여 통일되는 것이요. 그러므로 그의 특색은 계획과 노력에 있습니다. 그와 같이 문명한 민족의 특징도 자기의 목적을 의식적으로 확립하고 그 목적을 달(達)하기 위하여 일정한 조직적이요, 통일적인 계획을 세우고, 그 계획을 실현하기 위하여 조직적이요. 통일적인 노력을 함에 있습니다.

그러므로 원시시대의 민족, 또는 아직 분명한 자각을 가지지 못한 민족의 역사는 자연 현상의 변천의 기록과 같은 기록이로되, 이미 고도의 문명을 가진 민족의 역사는 그의 목적의 변천의 기록이요, 그 목적들을 위한 계획과 노력의 기록일 것이외다.

따라서 원시 민족, 미개 민족의 목적의 변천은 오직 자연한 변천, 우연한 변천이로되, 고도의 문명을 가진 민족의 목적의 변천은 의식적 개조의 과정이외다.

그러면 어떠한 경우에 개조의 현상이 생기나. 이미 가진 민족의 목적과 계획과 성질이 민족적 생존 번영에 적합치 아니함을 자각하게 되는 경우외다. 그 성질로 그 목적을 향하여 그 계획대로 나아가면 멸망하리라는 판단을 얻는 경우외다. 이러한 자각과 판단을 얻는 것부터가 벌써 고도의 문화력을 가졌다는 증거니, 그것이 없는 민족은 일찍 이러한 자각을 가져 보지 못하고 부식부지중(不識不知中)에 마침내 멸망에 들어가고 마는 것이외다. 능(能)히 전민족적 생활의 핵심을 통찰(洞察)하여 이 방향의 진로는 멸망으로 가는 것이다 하는 분명한 판단을 얻는 것이 그 민족의 갱생하는 첫걸음이외다. 맹아(萌芽)외다. 그리고 한번 이러한 판단을 얻거든 총명하게 새로운 진로, 새로운 목적과 계획을 정하여 민족생활의 침로(針路)를 전(轉)하도록 의식적으로 조직적으로 노력하는 것이 그 민족의 갱생하는 유일한 길이니, 이는 퍽 총명하고 용단(勇斷) 있고 활기 있는 민족 아니고는 능(能)치 못할 것이외다.

나는 이상에 민족 개조한 것이 민족의 생활의 진로의 방향 변환(變換), 즉 그 목적과 계획의 근본적이요, 조직적인 변경인 것을 암시하였습니다. 오직 어떤 부분을 개혁하거나 수보(修補)한다는 것이 아니요. 집으로 말하면 그 앉은 방향과 기초와 실(室)의 배치와 구조와 재료를 전혀 새로운 설계에 의하여 다시 짓는다 함이니 비록 낡은 재료를 다시 쓴다 하더라도 그것은 신설계에 맞추어 쓸 만한 것이면 쓰는 것이 될 뿐이외다.

이러므로, 민족의 개조라는 것은 여간한 경우에 경이(輕易)히 부르짖을 바가 아니니, 아까도 말한 바와 같이 이대로 가면 망한다 할 경우에 건곤일척(乾坤一擲)의 대결심, 대기백(大氣魄)으로 할 것이외다.

과거의 역사로 보건대 일 민족의 전생애(4천년이나 5천년)에 만하여도 2.3차 되기가 어려운 일이외다. 청년다운 생기가 없이는 도저히 못할 일인 듯합니다. 다음에는 세계 역사상에 민족 개조 운동의 실례 몇가지를 들어 더욱 민족 개조라는 사상을 분명히 하려합니다.

(3) 역사상(歷史上)으로 본 민족개조운동(民族改造運動)

첫째로 들 것은 고대 희랍에 재(在)한 소크라테스, 플라톤 등의 민족 개조 운동이외다. 당시 희랍은 파사(波斯)에 대한 전승(戰勝)과 상업의 발전과 문화의 난숙(爛熟)으로 인민이 이기(利己)와 교사(巧詐)와 유질(遊迭)에 흘러 민족적 생활, 즉 공고한 단체 생활의 힘이 날로 소모하여지고, 그 시세(時勢)의 산물인 궤변학파가 일세를 풍미하여 국민도덕이 지(地)를 불(拂)하게 되었습니다.「각인(各人)의 준승(準繩)은 자기라」하는 궤변학파의 표어는 봉공(奉公)이라든지, 상호 부조라든지 하는 단체생활에는 생명이라 할 도덕의 권위를 무시한다는 말이외다. 이 때에 소크라테스는「이대로 두면 망한다」는 표연(飄然)한 자각으로 분연(憤然)히 일어나 정의의 실재와 봉공(奉公)의 덕(德)의 권위를 역설하였고, 그의 수제자 플라톤은 국가중심의 도덕을 절규하였습니다.

지금에는 소, 풀 양씨를 철학의 조(祖)로 전하지마는 기실 양씨의 목적은 철학의 건설이 아니요, 자기네의 사랑하는 국가와 민족의 구제외다.

그네의 철학은 천고에 전하여 숭앙의 표적이 되지마는 그네가 필생의 정력을 다하여 구제하려 하던 조국은 마침내 구제치 못하고 말았으니 그네의 주관으로 보면 그네는 생활에 실패한 사람이외다. 그네의 지하의 영(靈)이라도 조국은 가고 철학만 남은 것을 못내 슬퍼하였을 것이외다.

흔히 국가를 바로잡을 뜻을 가진 자는 그 국가의 정권을 자기의 수중에 장악하기를 유일한 길로 압니다. 더우기 동양이 그러하고, 더우기 고대(古代)에 그러하였습니다. 그러나 소크라테스는 국가의 흥망이 정권에 있는 것이 아니요. 정권을 운용할 인물과 정권의 지배를 받을 인물을 포괄하는 인민에 있음을 자각하여, 국가의 명운(命運)을 안태(安泰)케 하려면 인민의 사상을 건전케 하여야 한다는 점에 착목(着目)하고, 인민의 사상을 개조하려면 그 인민의 차대(次代)요, 후계자인 청년의 사상을 건전히 하여야 한다는 점에 착목하여 그는 일생을 청년의 교육에 바쳤습니다. 그는 진실로 민본주의자의 선각자요, 국민 교육의 선각자요, 민족 개조 운동의 선각자외다. 공자나 맹자는 일생에 정권을 획(獲)하기에 급급하였고 거기 실패하매 비로소 청년 자제를 교육하였으니 그네는 아직 민족 개조의 진의를 자각하였다 할 수 없습니다.

소크라테스는 매일 아테네 청년이 많이 모이는 곳에 나아가 닥치는 대로 청년을 붙들고 그 유명하고 독특한 대화법을 응용하여, 첫째 그 청년의 현재에 가진 사상의 그릇됨을 자각케 하고 정의와 봉공의 개념을 주입하기로 일을 삼았습니다. 이리하여 매일 한두 사람씩 내지 십 수인씩 접하여서 일생에 아테네의 민중의 사상을 개조하려 하였습니다. 그는 무수한 핍박과 빈궁의 고통을 모(冒)하고 마침내 독약을 마시는 날까지 이 민족 개조 사업에 진췌(盡瘁)하였습니다. 과연 이 어른은 천고에 의표(儀表)가 되어서 마땅한 어른이시외다.

그러나 이러한 위대한 인격과 신앙과 열성을 가지고도 그 어른의 사업은 실패에 귀(歸)하였습니다. 그가 독약을 받고 돌아가심으로 더불어 그의 사업은 끝났다고 볼 수 있습니다. 그러면 그의 실패의 원인이 어디 있을까. 이는 진실로 큰 문제외다. 민족 개조의 가능, 불가능을 결단할 만한 큰 문제외다.

그의 실패의 원인은 「단체 사업」이란 것을 깨닫지 못한 점에 있습니다. 민족 개조의 사업은 계속적으로 장구한 세월과 수다(數多)한 인물과 금전을 요구하는 대사업이외다.

첫째, 계속적이라는 데는 깊은 뜻이 있습니다. 가령 소크라테스가 일개의 청년을 구제하여 신인(新人)을 만들었다 합시다. 그 신인 된 청년이 다시 재래의 환경 속에 들어가면, 심하면 구(舊)에 부(復)하여 버리고 말 것이요, 그렇지 아니하면 숨은 촛불이 되어 버리기 쉬울 것이니 특별히 위대한 인격자가 아니고는 단독으로 사회의 풍조를 대항하고 정복하기를 바라지 못할 것이요, 이러한 특출한 인격자는 민중의 지도자로 일대(一代)에 한 두 명밖에 나기 어려운 것이외다. 그런즉 다수의 범상한 신인으로 하여금 그 신(新)을 일생에 보존하고 아울러 그 신의 힘을 발휘케 하려면 신인 된 날부터 신인의 환경 속에 처하는 것이 절대로 필요하니, 그 환경이란 다른 것이 아니요, 오직 신인 만으로 되어 공통한 이상을 가진 강고(强固)한 단체외다.

이러한 단체가 있어 혹은 회합으로 혹은 문자로, 혹은 공동한 사업의 경영으로 평생에 서로 자격(刺激)하고 서로 협력하여 가는 중에 그 신인들이 신 됨을 잃어버리지만 아니할 뿐더러 그 사상이 더욱 깊이 뿌리를 박고, 더욱 널리 가지를 뻗어갈 것이외다.

그러므로 단체를 만드는 것은 개조된 각 개인으로 하여금 개조의 환경 속에 계속적으로 처하게 하는 것이 절대로 필요한 것이외다. 그런 것을 소크라테스는 이 방법을 알지 못하였기 때문에 모처럼 얻었던 동지를 많이 잃어 버렸을 것이외다. 플라톤과 같은 고명한 제자 일인보다 평범한 제자 여럿이 민족개조의 목적을 달하는 데는 더욱 중요한 것인데, 또 단체라는 무기를 이용하지 아니하였으므로 소크라테스의 사업은 그 세력이 크지 못하고 또 그 생명이 길지 못하였습니다. 위에도 말한 바와 같이 민족 개조의 사업은 아마도 온갖 사업 중에 가장 위대하고 곤란한 사업일 것이외다. 그러므로 이 사업을 성취하기에는 우리가 얻을 수 있는 가장 위대한 힘과 우리가 얻을 수 있는 가장 오랜 생명을 가져야 할 것이외다. 그런데 이 두 가지를 얻는 데는 오직 단체를 이룸이 있을 뿐이외다.

개인의 생명에는 한이 있는 것이라 오래 살아야 팔구 십이니 삼십에 주의가 확립하여 칠십가지 활동할 정력을 가졌다고 하더라도, 그 기간이 사십년에 불과할뿐더러 개인이란 언제, 어느 때에 그 뜻이 좌절될는지 모르고, 또는 그 생명도 언제 없어질는지 모르기 때문에 무슨 중요한 사상의 발견이 있거든 그것을 자기 이외의 사람에게 전하여 두는 것이 절대로 필요합니다.

대개 한 가지 사상의 불꽃은 몇 천년에 하나씩 하늘에서 떨어지는 것인데 이것이 한번 불행히 꺼지면 이는 인류에게 회복할 수 없는 영원한 손실을 주는 것이기 때문이니, 마치 귀중한 미술품이나 문적(文籍)을 도난이나 화재를 면할 만한 안전한 처소에 간수하여 두는 모양으로 이러한 귀중한 사상은 아무쪼록 산실(散失)되지 아니하도록 될 수 있는 대로 속히 전파되고 실현되도록 힘써야 할 것이외다. 이러하는 데는 여러 가지 방법이 있습니다. 공자나 맹자 같은 이는 제자를 택하는 방법을 취하였습니다. 석가나 야소나 소크라테스도 그러하였습니다. 자사(子思)나 플라톤이나 기타 근세의 사상가들은 저술의 방법을 취하였습니다. 어떤 이는 돌아다니며 선전 연설을 하는 방법을 취하였습니다. 이 모든 것이 다 사상을 보존하고 선전하는데 필요한 방법이로되, 그 중에 가장 중요한 방법은 단체를 조식함이외다. 예수는 이 방법을 취하여 교회라는 단체를 세웠고, 그의 제자들도 잘 그의 뜻을 체(體)하여 교회를 완성하였습니다. 석가나 기타의 종교라 하여 오래 살아가고 널리 전파된 사상은 다 이 단체라는 무기를 이용한 것이외다. 근대에 이르러 사회학이 발달되며 더욱 단체의 이익됨이 분명이 알려져 온갖 사상의 보존, 선전, 실현에 이 무기가 자유로 이용되게 되었습니다. 가령 덕, 체, 지 삼육(三育)을 표방하는 기독교 청년회라든지, 금주, 금연의 동맹이라든지, 모두 이런 것이외다. 단체에 왜 그러한 위력이 있는가. 그것은 네 가지로 볼 수 있습니다.

첫째는 이미 말한 바와 같이 신사상을 받은 신인으로 하여금 계속하여 그 환경에 처하여 그 사상을 잃어버리지 않게 함이요, 둘째는 동 사상을 표방하는 수다인(數多人)이 일단(一團)이 되어 언어나 행동이 일치하여 다른 사람과는 다르기 때문에 뚜렷이 세상에 드러나서 자연하고 유력한 선전의 공효(功效)가 있는 동시에 그 단원 자신에게도 일종의 자부와 자신이 생김이요, 세째는 다수인의 능력과 학식과 기능과 금전을 모두어 개인으로는 도저히 발할 수 없는 위대한 세력으로 그 사상의 향상과 선전과 실현에 관한 사업을 경영할 수 있음이요, 네째는 개인의 생명은 유한하되 단체의 생명은 무한하여 영구히 그 사상의 보존, 선전, 실현의 사업을 경영할 수 있음이외다. 소크라테스가 만일 이 방법을 채용하였던들 그의 이상인 아테네인의 구제를 성취하였으리라고 확신합니다.

너무 말이 기로(岐路)에 든 듯하나 단체와 내가 말하려던 조선 민족 개조 운동과는 밀접한 관계가 있는 것이기 때문에 장황(張皇)한 것을 참고 이렇게 말한 것이외다. 또 소크라테스의 민족 개조 운동은 그것이 역사상에 현저한 첫 실례요, 아울러 당시 아테네의 형편과 소크라테스의 실패한 경로가 퍽 우리와는 인연이 깊은 듯이 생각됩니다.

다음에 역사상에 현저한 민족 개조의 실례로는 프레드릭 대왕 시대의 프러시아, 표트르 대제 시대의 아라사와 인텔리겐차, 사회주의자 등의 아라사에서 한 운동, 일본의 명치유신(明治維新) 등이겠습니다. 장차 민족 개조의 대운동을 일으키려 하는 우리에게는 이러한 사실이 모두 흥미있는 것이지마는 그것을 여기서 일일이 서술하고 비평할 여유도 없고 필요도 없는 것이니, 다만 통털어서 아라사나, 프러시아나, 일본이 각각 그때 맞추어 민족 개조 운동을 아니 일으켰던들 말 못 되게 쇠퇴하였을 것과 또 그 민족 개조 운동이 모두 어떤 의미로 보든지 단체적 사업이었던 것만 주의해 두려 합니다. 그런데 표트르 대제, 프레드릭 대왕, 명치 천왕의 유신이 어찌하여 단체적이었겠느냐 하는데 대하여서는 두어 마디 설명이 필요하리라고 생각합니다.

사책(史冊)에 기록된 것을 보면, 과연 무슨 대제, 무슨 대왕의 단독적 사업같이 보이지마는, 기실 무슨 대제나 무슨 대왕은 그 사업을 경영하던 단체의 대표자요, 중심 인물에 지나지 못하는 것이외다. 가령 일본의 유신사(維新史)를 봅시다. 명치 천황을 중심으로 목호(木戶), 대구보(大久保), 서향(西鄕), 이등(伊藤), 대외(大隈) 등 모든 정치가, 복택(福澤), 삼(森), 신도(新島) 같은 신사상가, 교육가, 가등홍립(加藤弘立), 정상철차랑(井上哲次郎), 삼택설령(三宅雪嶺), 덕부소봉(德富蘇峰), 고산저우(高山樗牛) 같은 여러 사상가, 학자, 평내웅장(坪內雄藏) 같은 문사, 삽택영일(澁澤榮一) 같은 실업가, 기타 무릇 신일본을 건설하기에 노력한 유력무명의 무수한 일군이 모두 오개조(五個條)의 서문(誓文)과 교육칙어(敎育勅語)를 종지(宗旨)로 한 한 단체의 단원이라고 볼 수 있는 것이외다.

비록 어떤 특정한 명칭을 가지지 아니하였지마는, 그 중심 인물이 마침 국가의 주력자였기 때문에 대일본제국이라는 국가의 명칭하에 민족 개조의 사업을 진행한 것이지마는 그 뜻이 같고 중심 인물을 통하여 나오는 명령에 복종하여 조직적으로 민족 개조의 대사업을 경영한 점으로 단체 사업이라고 할 수 있는 것이외다.

아라사의 인텔리겐자의 사업은 더우기 사설 단체적 색채가 농후합니다. 지상이나 구두로 사회 개조론을 하여 듣고 싶은 자는 듣고, 하고자하는 자는 하여라 하는 식으로 도저히 이러한 대사업은 생념도 못할 것이외다. 나는 이제 항(項)을 새로 하여 가지고 우리 조선 근대의 민족 개조 사업을 논평해서 점점 내가 지금 제창(提昌)하려는, 아니 차라리 소개하려는 민족 개조 운동론에 접근하려 합니다.

(3) 갑신이래(甲申以來)의 조선(朝鮮)의 개조운동(改造運動)

조선이 날로 쇠퇴하여 가는 것을 보고「이래서는 안 되겠다」하여 개조할 생각을 가진 이도 꽤 많이 있었을는지 모르되, 사업으로도 남은 것이 없고 언론으로도 남은 것이 없으니, 갑신 이전의 일은 말할 수 없습니다. 정약용(丁若鏞) 선생이 꽤 새로운 생각을 가지셨다 하지마는, 나는 아직 그 어른의 글을 읽어 볼 기회가 없었습니다. 그러나 그 어른이 혹 새로운 사상을 가지셨다 하더라도 서적으로 끼친 것 외에 특히 무슨 사업을 시작한 것을 듣지 못하니 그를 민족 개조 운동의 제일인이라고 볼 수는 없습니다. 거금(距今) 사십 사년 전 갑신에 김옥균(金玉均), 박영효(朴泳孝) 등의 정부 개혁 운동이 있었습니다. 당시 중앙, 지방 할 것 없이 전국 일체의 정권을 농락하던 명성황후(明成皇后)를 중심으로 한 민씨 일파를 들어내고 유신 후의 일본의 공기를 흡입한 신진 인물의 손에 정권을 장악하려는 운동이외다. 이는 병인양요(丙寅洋擾)가 있은 후 19년, 병자수호조약(丙子修好條約)이 있은 후 9년이니「양이침범(洋夷侵犯), 비전즉화(非戰則和), 주화매국(主和賣國)」이라는 대원군의 표어로 의식적으로 철저한 쇄국정책을 실행하던 말로의 조종(吊鐘)이라 할 수 있습니다. 그러나 김옥균, 박영효 일파의 운동은 워낙 근저가 없는 운동이기 때문에 일격에 실패하고 말았습니다. 그 근저란 무었이냐. 동지되는 인물과 사업의 자금이 될 금전이외다. 만일 국가의 정권을 잡으면 국고의 재산이 곧 자금이되기도 하려니와 동지 되는 인물에 이르러서는 정권을 잡는다고 갑자기 하늘에서 뚝 떨어질 것이 아니외다. 그 때에 누가 있어 내정을 맡고 외교를 맡고, 교육을 맡고, 산업을 맡겠습니까. 누가 있어 국가의 제반 기관을 동일한 보조로 운전하겠습니까. 만일 김옥균, 박영효 두분이 진실로 총명한 계획이 있었다 하더라도 뉘로 더불어 그 계획을 실시하겠습니까. 그러므로 그네가 정권을 장악하기보다 먼저 하여야 할 일은 동지요, 동업자 될 일군을 양성하는 것일 것이외다. 그리하여 이만하면 이 동지로 능히 일국을 요리하리라 할 만한 때에 정권을 잡으면 비로소 자기의 이상을 실현도 하였을 것이외다. 그만한 실력이 없이 비록 정권을 장악하기에 성공하였다 하더라도 그 이상은 일부분도 실현해 보지 못하고 소위 삼일 천하가 되고 말았을 것이외다.

그로부터 만 10개년을 지내어 청일전쟁이 생기고 그 때문에 조선이 완전한 독립국이 되어 일본의 후원으로 김홍집내각(金弘集內閣)이라는 제일차 내각이 조직되어 여러 신인물로 그 각원(閣員)을 삼고 크게 정부 혁신을 기도하니, 이것이 소위 갑오경장(甲午更張)이외다. 그러나 제도와 법령은 아무리 새로와도 그것을 운용하는 인물과 그 지배를 받을 인물이 여전히 낡으니 나하(奈何)오. 또 마침내 부패하고 수구(守舊)하는 점으로 다수의 동지와 세력을 가진 구파(舊派)에게 압도되어 역시 삼일 천하의 비운을 당하고 말았습니다.

이에 본래 조선 사람으로서 미국에 입적하여 다년(多年) 그 나라의 문명의 풍조에 씻긴 서재필(徐載弼)이 미국 시민의 자격으로 외부 고문이 되어 경성에 내주(來駐)하매 그의 조국이던 조선의 갱생은 도저히 정부의 개혁, 정권의 장악으로만 될 것이 아니요, 오직 일반 민중의 각성에 있음을 깨달아 독립협회를 일으키니 당시 년소기예(年少氣銳)하고 미국 선교사와 배재학당을 통하여 서양의 문명을 맛본 이승만(李承晩), 윤치호(尹致昊), 안창호(安昌浩) 등이 협회의 기하(旗下)로 모여들어 일변 연설회를 열며 일변 독립신문(獨立新聞)이라는 기관 신문을 간행하여 민중의 각성을 촉(促)하니, 이것이 조선에서 민족 개조 운동의 첫소리였습니다. 당시 그네의 주장하던 바는 혁구취신(革舊就新)할 것, 서양 문화를 수입할 것, 계급사상을 타파하고 자유 평등의 사상을 고취할 것, 정치 사상으로는 군주전제나 벌족 전제주의를 타파하고 민주주의를 세울 것 등이니, 이는 미국의 감화를 받은 서재필 일파의 사상의 당연한 반영일 것이외다. 특히 그 기관 신문인 독립신문을 순국문으로 한 것을 보면 그 주뇌자(主腦者)들이 어떻게 민주주의적이요, 과격하다 할 만한 혁구취신주의자(革舊就新主義者)인 것을 추지(推知)할 만하며, 또 민주주의의 고취에는 국민 각 개인이 그 국가의 성쇠 흥망의 책임을 가진다는 애국심을 고조하여 조선에서 애국이란 말이 이 독립협회에서 위시하였다고 할만하게 되었습니다. 그러다가 당시 집권자가 보부상파(褓負商派)를 떨어서 두들기는 바람에 그만 형적도 없이 부서지고 말았습니다. 무론 그 운동이 민심에 미친 영향이야 불소(不少)하지마는 독립협회 자체는 영영 소멸되고 말았습니다. 그러나 그 실패의 진인(眞因)은 결코 집권자의 강압에 있는 것이 아니요, 협회 자체에 배태(胚胎)된 것이니, 이제 그 원인을 강구(講究)함은 장래를 위하여 도로(徒勞)가 아니리라 합니다.

독립협회 운동의 실패의 첫 원인은 단결의 공고치 못함 이외다. 누구든지 우리 주의에 찬성하는 자는 다 오너라 하는 주의로 함부로 주워 모아 수의 많기를 바람은 조선 재래의 단체의 정책이외다. 이리하여 몇 천, 몇 만의 도당(徒黨)을 모은다 하면 일시 보기에는 세력이 굉장한 듯하지마는 이는 실로 오합지중(烏合之衆)이요, 모래 위에 세운 집이니 한번 대 타격이 오매 모두 흩어지고 마는 것이외다. 그러할뿐더러 이렇게 모인 단체는 일시의 군중심리를 이용하여 1.2 개인의 야심을 만족하거나 급격한 파괴 작용을 하는 데는 효력이 있지마는 착실하고 장구(長久)한 사업을 하기에는 부적당한 것이외다. 착실하고 장구한 사업을 경영하는 데는 그 단체의 단원이 각각 철저하게 그 단체의 목적과 계획을 이해하여 이를 위하여서는 일심 협력하기를 사이후이(死而後已)하리란 확고한 신념이 있는 것이 필요하니, 이상과 계획을 철저하게 이해하는 것이나, 일심 협력하는 습성을 작하는 것이나, 확고한 신념을 가지게 되는 것이 결코 일조일석에 되는 것이 아니외다. 그러므로 이러한 단체를 만드는 데는 한 사람씩 한 사람씩 오래 두고 의사를 교환하여 그가 동지인 것을 확인한 뒤에야 가입케 하는 것이 필요합니다. 우리 사람들과 같이 아직 단체 생활의 훈련이 없는 인민은 더욱 그러합니다.

그러하거늘 독립협회의 회원은 이러한 용의가 없이 모인 것이므로 일격에 분쇄(粉碎)되고 만 것이외다.

독립협회의 운동이 실패된 둘째 원인은 정치적 색채를 가졌던 것이외다 이 회가 만일 정치적 개혁을 목적으로 한 정당이라 하면 (아마 당시 사정으로 그러할는지 모르지마는) 다시 말할 것이 없지마는 진실로 민족 개조를 목적으로 한다면 정치적 색채를 띠어서는 아니 됩니다. 왜 그런고 하면 정치적 권력이란 10년이 멀다 하고 추이(推移)하는 것이요, 민족 개조의 사업은 적어도 50년이나 백년을 소기(小期-1세기)로 하여야 할 사업인즉 정권의 추이를 따라 소장(消長)할 운명을 가진 정치적 단체로는 도저히 이러한 장구한 사업을 경영할 수 없는 것이외다. 어떠한 당파의 정부, 어떠한 주의 정견을 가진 정부라도 용훼(容喙)할 이유가 없는 단체라야 능히 이러한 사업을 하여 갈 것이니, 만일 독립협회가 정치에 대하여 아무러한 간섭이 없이 오직 교육의 진흥, 산업의 발전, 민기(民氣)의 진작(振作) 같은 것으로민 목적을 삼았다 하면 당시의 집권자의 증오를 받을 리가 없었을 것이요, 그리하면 자기 분내(分內)의 일인사업만 착착히 진행하였다 하면 금일까지에 막대한 효과를 생하였을 것이외다. 그러나 그 회가 오직 정치적 사업을 목적으로 할 것이라 하면 무론 이러한 비평을 할 필요가 없습니다.

다음에 그 회가 실패된 이유는 인물이 없음이외다. 첫째로 인격과 학식과 능력이 족히 그 운동의 중심이 될 만한 중심 인물이 없었고, 둘째는 그 중심 인물의 지도를 받을 만한 회원과 그 회의 모든 사무와 사업을 분담할 만한 사무가, 전문가가 없었습니다. 동양식 생각으로 보면 어떤 단체는 그 단체를 거느리는 영웅 하나만 있으면 되는 것같이 생각하지마는, 한 단체가 성립되고 생활하여 가는 데는 삼종(三種)의 인물이 정(鼎)의 삼족(三足)과 같이 필요한 것이외다. 삼종의 인물이란 무엇이뇨. 중심 인물, 또는 지도자와 전문가와 회원이외다. 지도자와 전문가 되기 어려운 것은 누구나 다 알 만하지마는 회원되기 어려운 것은 오직 아는 자라야 압니다. 회의 목적과 계획을 잘 이해하여 그 규칙을 잘 복종하여 회비를 꼭꼭 내고 집회에 꼭꼭 출석하고, 회를 사랑하고 위하는 회원 되기는 여간한 훈련을 받은 사람이 아니고는 어려운 일이외다. 독립협회뿐 아니라, 이래(爾來) 조선의 각종 단체가 실패하는 원인의 가장 중요한 것은 그 회원들이 회원 될 자격을 가지지 못한 것에 있습니다. 오늘날도 그러하거든 하물며 근 30년이나 전이리야. 이러한 이유로 독립협회의 사업은 실패된 것이외다.

그로부터 얼마를 잠잠하다가 다시 10년을 지나 갑진(甲辰)의 러·일전쟁이 개시되매, 조선에는 무수한 단체가 일어났습니다. 그중에서 민족 개조를 표방은 아니하였다 하더라도 그러한 관념을 가진 것은 학회라는 이름을 가진 단체들 이외다. 가장 먼저 설립하였고 가장 세력 있던 서북학회(西北學會)를 위시하여 기호학회(畿湖學會), 호남학회(湖南學會), 교남학회(嶠南學會) 같은 것이 있어 교육을 위한 유세(遊說), 학교의 설립, 교과서의 간행, 기관잡지의 발행 등으로 교육열을 고취하였습니다. 이 단체들이 교육의 필요를 제창한 점에서 일단의 진보와 새로운 자각을 하였다 하겠으나, 인물이 핍(乏)한 것(지도자, 전문가, 회원), 정치적 색채를 띤 것(당시의 사정으로는 면할 수 없는 것이라 하더라도), 무엇보다도 단체 조직의 요체(要諦)를 모른 것 등은 독립협회와 다름이 없었고, 따라서 그 단체들의 말로도 거의 그와 동공이곡(同功異曲)이었습니다.

그네는 아직도 민족의 개조가 조선 민족을 살리는 유일한 길인 것, 그리함에는 교육이 근본되는 것, 그리함에는 유위(有爲)한 인물과 거액의 자금을 가진 공고한 단결이 필요한 것, 이것이 당시에 부르짖던 독립보다도, 제국보다도, 정권보다도 필요한 것을 아직도 철저하게 자각하지 못하였습니다. 만일 그것을 철저하게 자각하였다 하면 좀더 착실하게, 좀더 완완(緩緩)하게 장구한 계획을 세웠을 것이외다. 그네에게는 몽롱한 자각과 열렬한 성의가 있었으나 투철한 선견과 착실한 계획이 없었습니다. 그래서 「힘」을 기를 생각을 하지 못하고 「마음」만 있으면 일이 되는 줄 알아, 한갓 조급하고 한갓 소리를 크게 하였습니다.

그네의 자각치 못한 것 중에 가장 중요한 것은 민족 개조의 대사업을 감당할 만한 단체를 조성함에는 「회원될 자부터 양성하여야 된다」 하는 것을 자각치 못함이외다. 이미 있는 사람 또는 이미 된 사람으로써 능히 이러한 단체를 얻으리라 생각하는 것이 근본적 류견(謬見)이외다. 개조를 목적하는 단체는 그 회원이 이미 개조된 사람이어야 할 것임이, 마치 금주를 선전하는 단체를 이루려면 그 단원부터 이미 금주한 사람이라야 할 것과 같습니다. 주정군들이 모여서 술을 먹어 가며 금주 운동을 한다 하면 이런 활계(滑稽)는 없을 것이 아닙니까. 그러므로 민족 개조와 같은 사업을 목적으로 하는 단체를 이룸에는 그 단체의 조직보다도 그 기초 회원될 자의 양성이 더욱 필요하고 곤란한 사업이외다.

또 하나 당시의 지도자가 자각치 못한 중요한 점 — 이야말로 참으로 근본적으로 중요한 점은, 민족의 개조는 도덕적 방면으로부터 들어가야만 할 것이다. 특별히 조선 민족의 쇠퇴의 원인은 도덕적 원인이 근본이니, 이를 개조함에는 도덕적 개조, 정신적 개조가 가장 근본이 되는 것이라 함이외다. 이 점을 자각치 못하고 그네는 오직 신지식의 주입만을 절규하였습니다. 이것은 어느 나라든지 신문명의 수입기에는 면치 못할 일인 듯하지마는, 그네가 조선 민족의 쇠퇴의 근본 원인을 도덕적 부패에서 찾을 줄을 모르고 오직 지식의 결핍만에서 찾으려 한 것은 큰 불총명 부자각이외다. 혹은 아직 그러한 시기에 달하지 못한 것인지도 알 수 없습니다. 도덕적 원인을 무시하고 지식열만 고취하였기 때문에 드디어 금일까지도 지식만 중히 여기고 도덕이란 것을 경시하는 폐습(弊習)을 생하게 된 것이외다.

나중에 과거의 민족 개조 운동 단체로 들 것은 청년학우회(青年學友會)외다. 이 회는 성립된 지 1년도 못 되어 합병 때문에 해산을 당한 것이라, 세상에 드러난 공적은 별로 없지마는 그 조직된 법이 이전의 모든 단체의 결점을 참고하여 거의 이상에 가깝게 된 것으로 보아 신시기(新時期)를 획(劃)하는 것이라 할 수 있습니다. 첫째, 그 회에는 회원을 극히 신중히 선택하여 단결의 제일의(第一義)를 지켰고, 둘째, 기본금의 적립(積立)을 실행하였고, 세째, 덕, 체, 지의 동맹 수련을 중요한 목적으로 세워 그 중에는 덕육(德育)을 고조하였고, 네째, 정치적 색채를 일체로 띠지 아니하여 순전히 교육에 의한 민족 개조를 목적으로 하였고, 맨 나중으로 한번 작정한 규칙을 엄정히 지키었습니다. 이는 실로 조선의 단체사에는 특필할만한 조직법이요, 겸하여 민족 개조를 목적으로 하는 단체로는 더욱 그 의(宜)를 얻은 것이라 할 수 있습니다. 그러나 불행히 부득이한 사정으로 하여 폐절(廢絶)되어 그 사업의 실적을 볼 수 없이 되었음이 큰 유감이외다.

이상에 나는 갑신 이래 근 40년간의 조선의 혁신 운동을 민족 개조라는 견지에서 대략으로 비평하였습니다. 그러나 그 모든 운동들이 다「이래서는 안 되겠다」는 것을 자각하여 무슨 새 방침을 세워야 하겠다는 생각은 가졌다 하더라도 아직「민족 개조가 유일한 생로(生路)다」하는 명확한 자각과,「그런데 민족 개조는 이러한 주의, 이러한 계획으로 해야 한다」는 구체적 의견에는 이르지 못하였던 모양이외다(오직 청년학우회가 그러한 이상을 가졌던 모양이나).

이만하면 내가 제창(차라리 소개)하려는 민족 개조론의 본론에 들어갈 준비가 되었다고 생각합니다.

(中)

(4) 민족개조(民族改造)는 도덕적(道德的)일 것

민족개조라 함은 민족성 개조라는 뜻이외다. 일 민족의 생활은 무수한 부문으로 된 것이니, 그 중요한 자(者)를 들면 정치적 생활, 경제적 생활, 문화적 생활(종교적 생활, 예술적 생활, 철학적 생활, 사교적 생활) 등이외다. 이렇게 그 실생활의 부문이 극히 복잡하지마는 이 모든 생활의 양식과 내용은 그 민족성의 여하에 의하여 결정되는 것이요, 민족성은 극히 단순한 일(一), 이(二)의 근본 도덕으로 결정되는 것이외다.

예컨대, 앵글로색슨족의 자유를 좋아하고 실제적이요, 진취적이요, 사회적인 국민성, 독일인의 이지적이요, 사색적이요, 조직적인 국민성, 라틴족의 평등을 좋아하고 감정적인 민족성, 중국인의 이기적이요, 개인적주의적인 민족성, 이 중에서 앵글로색슨족을 뽑아 봅시다. 그네의 개인 생활, 사회 생활, 국가 생활을 보시오. 어느 점 어느 획(劃)이 자유, 실제(實際), 진취, 공동(共動) 같은 그네의 근본적 민족성의 표현이 아닌가.

첫째, 그네의 정치 제도를 봅시다. 영국은 세계에 가장 처음이요, 또 가장 발달된 입헌국(立憲國)이니, 자유민권이란 사상은 실로 영국에서 그 원(源)을 발한 것이라 합니다. 그러나 영국인은 자유를 바라는 동시에 실제를 좋아하므로 불국인(佛國人)과 같은 공상적 혁명을 일으키어 실제에 쓰지 못할 공상적 헌법을 세우려 아니하고, 또 감정적으로 급격하게 변하려고 아니하고 극히 실제적으로 극히 점진적으로 인민의 자유를 확장한 것이외다. 그 결과는 감정적, 공상적으로 급격하게 이론만으로 보아서는 가장 철저하게 자유를 주장하던 불국인(佛國人)보다 훨씬 철저한 자유를 향락합니다. 그네는 일시에 이상적으로 제정한 헌법도 없습니다. 다 아는 바와 같이 영국 헌법은 일조(一條)씩 일조씩 주워 모은 관례의 집적(集積)에 불과합니다. 그 이론의 철저함과 조리의 정연함이 도저히 년소기예(年少氣銳)한 청년들인 중국 헌법 제정위원의 지은 헌법에 비겨 훨씬 떨어질 것이외다. 모순 많고 불합리한 점 많기로 영국 헌법은 세계에서 제일이라 합니다. 그러나 중국의 헌법은 지어 놓은 헌법이요, 영국의 헌법은 쓰는 헌법이외다. 영인(英人)에게는 쓸데 없는 것은 진실로 쓸데 없게 여깁니다. 이렇게 그네는 심히 실제적이요, 점진적이외다. 그네의 요구하는 자유는 이론상의 자유가 아니요, 실용상의 자유외다. 그러한 잡동산이 헌법도 영인(英人)의 실용사의 자유를 보장하기에는 넉넉한 것이외다. 그러면서도 영인(英人)은 국가로 하여금 자기 개인의 자유를 간섭케 아니할이만큼 철저한 개인 자유주의자외다. 그렇지마는 그네는 국가 생활, 사회생활, 즉 단체 생활의 필요를 알아 봉사의 정신이 왕성하므로 그네는 능히 단체를 위하여(국가만이 아니요, 무릇 무슨 단체든지 자기가 속한 단체를 위하여) 자기의 자유를 희생합니다. 그 희생함이 또 자유의 의사에서 발한 것이기 때문에 자유외다. 이번 구주대전에도 그네는 자원병으로 싸웠습니다. 정치제도뿐 아니라 종교나, 철학이나, 문학이나, 예술이 모두 이 자유, 실제, 사회성, 점진성 같은 영인(英人)의 근본 성격에서 발하지 아니함이 없으니, 가령 영국의 철학을 보시오. 독일인의 것과 같은 완전한 체계나 심오한 사색도 없고 불국인(佛國人)의 것과 같은 명쾌와 신기한 맛도 없이 그 역시 불완전한 실제적의 철학이외다. 특히 철학의 기초되는 인식론과 철학의 중심이라 할 인생철학, 즉 윤리학이 더욱 그러합니다. 이론적으로 보아 불완전하나 실제적으로 보아 쓸 데가 많습니다. 실제란 워낙 불완전한 것이 특징이니까요.

문학과 예술도 그러합니다. 영문학에는 남구(南歐) 문학의 염려(艷麗), 방순(芳醇)도, 북구 문학의 심각, 신비도 없고 그네의 실생활과 같이 평담(平淡)하고 자연합니다. 그러나 영문학은 문학 중에는 밥과 같습니다. 남구 문학을 포도주에 비기고 북구 문학은 워커(소주)에 비기면.

영인(英人)의 상업이나 식민지 정책도 또한 그러합니다. 그 중에도 식민지 정책을 보면 그 주인의 종교, 습관, 기타의 생활 방식을 존중하여 그 자유로운 발달에 맡깁니다. 이것이 또한 그네의 자유의 정신의 발로외다. 그네는 다른 민족의 민족성의 자유를 알아주고 구태여 이것을 자기네의 표준을 따라서 변혁하려 아니합니다. 아마 그네는 타인의 성격을 자기의 표준을 따라 변혁하는 것이 불가능한 줄을 아는 총명을 가지기도 하였겠지마는 자기의 자유를 심히 사랑하는 그네는 차마 남의 자유를 죽이지 못함인 듯합니다.

또 그네의 식민지를 다스리는 제도를 보건대 자기네의 본국을 표준하여 철두철미로 영국의 속령(屬領)이라는 표가 나기를 반드시 힘쓰지 않는 모양이요, 다만 실제로 자기의 식민지인 이익을 취하면 그만이라 하는 듯합니다. 마치 커다란 유니언잭 국기를 그 땅에 달아 놓으면 그만이지 구태 방방곡곡이, 가가호호가 유니인잭을 그리고, 달고해야 한다는 철저한 생각은 아니 가진 듯합니다. 그러면서도 아주 이상적으로 철저적이요 조직적이게 모국화하려고 애쓰는 불국(佛國)보다 훨씬 유효하게 그 식민지를 모국화하는 공효(功效)를 얻습니다.

그네의 식민지는 번창하고 그네의 지배를 받는 이민족은 비교적 많은 자유를 향락하고 그러면서도 그네의 모국은 이 식민지에서 얻을 이익을 넉넉히 향수(享受)합니다. 애급과 비율빈은 앵글로 색슨족의 식민지 정책 성공의 호표본(好標本)입니다. 그리하고 그 성공의 원인은 또한 그네의 근본 성격인 자유, 실제, 봉사, 점진성 같은 정신에서 나온 것이외다.

이렇게 영인(英人)의 모든 생활과 그 생활의 성패는 그 민족의 근본 성격, 또는 근본 정신에 기인한 것이외다.

민족 심리학의 태두(泰斗) 불국(佛國)의 석학 르 봉 박사는 그의

명저「민족심리학」에,

「언어, 제도, 사상, 신앙, 미술, 문학 등 무릇 일국의 문명을 조직하는 각종 요소는 이를 지어낸 민족성의 외적표현이라.」(민족심리학 제2장 제1절)

고 단언하였으니, 이는 내가 이상에 누누이 설명한 바를 가장 간명하게 결론한 것이라고 볼 수 있습니다.

머리를 돌려 조선 민족의 이처럼 쇠퇴한 진인(眞因)을 찾아봅시다. 조선 민족이 어떻게 이처럼 쇠퇴하였느냐 하는 문제에 대하여 일본인은 흔히 이조(李朝)의 악정이 그 원인이라 하고, 서양인도 그와 같은 뜻으로 Maladministration(악정)이라 합니다. 이것이 우리 민족의 쇠퇴의 가장 직접되고 또 총괄적인 원인인 것은 말할 것도 없습니다. 그러나 이것은 조금도 원인을 설명한 것은 아니니, 이는 마치 영미(英美)가 강성한 것은 그 선정(善政)에 말미암음이라 하는 것이 무의미한 것과 같이 무의미한 말이외다. 구태여 악정(惡政)이라 하는 말에 무슨 의미가 있다하면 그것은「조선 민족의 쇠퇴의 책임은 그 치자 계급—즉, 국왕과 양반에게 있다」함일 것이외다. 과연 조선에는 적어도 약 삼백년 이래로는 엄연히 치자 계급이란 것이 있었습니다. 국왕과 양반 일인의 국왕과 혹은 동서인(東西人), 혹은 노소론(老少論)하는 전민중의 몇 백분지 일에 불과하는 소수 계급이 세습적으로 정치와 교화(敎化)를 분담하여 왔으니, 전민족을 쇠퇴케 한 직접의 책죄(責罪)가 그네에게 있는 것은 사실이외다. 정치를 문란한 것, 산업을 쇠잔(衰殘)케 한 것, 국민 교육을 힘쓰지 아니한 것, 사회의 풍기와 인민의 정신을 타락케 한 직접의 책임자가 피등(彼等)인 것은 피치 못할 사실이외다. 더우기 인국(隣國)의 치자 계급이 서양의 신문명을 수입하여 대경장(大更張)을 행할 때에 그 인국의 권유와 원조가 있음을 불구하고 때맞추어 유신(維新)의 원도(遠圖)를 행하지 못하여 써 전민족으로 하여금 철천의 한을 품게 한 것은 그네의 죄 중에도 가장 큰 죄라 할 것이외다. 하지마는 한 걸음 더 내켜 생각하면 이 역시 전 민족의 책임이요, 또한 걸음 더 내켜 생각하면 이 역시 민족의 소사(所使)외다. 만일 영인(英人) 같은 자유를 좋아하는 정신이 있고, 불인(佛人) 같은 평등을 좋아하는 정신이 있다하면 결코 신임치 못할 치자 계급을 그냥 두지 아니하였을 것이외다. 또 치자 계급인 그네에게도 자유, 평등, 사회성, 진취성이 있었다 하면, 결코 조선 민족을 이렇게 못 되게 만들지는 아니하였을 것이니, 치자이던 양반이나, 피치자이던 일반 민중이나, 그가 가진 타락한 민족의 희생이 되기에는 마찬가지 조선 민족이외다. 만일 다시 민족성을 타락하게 한 책임이 치자 계급에 있다 하여 그네를 책망할진대 그러한 치자 계급을 산출하고 존속케 한 책임이 또한 일반 민중에게 있다 하여 또 그네를 책망하게 될 것이외다. 그러므로 치자 계급이던 양반에게 민족을 쇠퇴케 한 직접의 책임을 지우더라도 별수없는 일이요, 요컨데 조선 민족 쇠퇴의 근본 원인은 타락된 민족성에 있다 할 것이외다.

조선 민족 쇠퇴의 원인이라도 악정이란 것이 이미 도덕의 부패를 연상케 하는 것이니, 대개 악정이라 하면 식견이 부족하여 되는 악정, 즉 위정자의 동기는 국리 민복을 위함에서 나왔지마는, 지식이 없어서 악정이 되는 악정도 있을 것이외다. 그러나 악정이라는 이름을 듣는 대부분—특히 조선 민족을 쇠퇴케 한 악정의 대부분은 이러한 선의의 악정이 아니요, 진실로 그 동기부터 악한 악의의 악정이외다. 곧 정사를 행함에 국기와 민생을 위하여 하지 아니하고 자기 일개인 또는 자기와 이해관계를 같이 하는 일 당파의 이익을 위하여 하는 악정이외다. 가령 모(某)가 영의정이 되었다 합시다. 그는 관리의 임면(任免)이나 만반 시설(施設)을 국가를 위하여 하기보다 첫째 자기 일신의 권세, 둘째 자기의 친척 붕우의 출세, 세째 자기와 휴척(休戚)을 같이하는 노론이나 소론의 권세를 위하여 합니다. 따라서 그의 손으로서 나온 모든 공직을 띤 자가 다 이러합니다. 조선의 악정은 실로 이러한 종류의 악정이었습니다.

이제 이 악정자를 도덕적으로 분석해 봅시다. 그는 첫째, 허위의 사람이외다. 국사를 한다 하면서 사사(私事)를 하고 총준(聰俊)을 거(擧)한다 하면서 당여(黨與)를 거(擧)하고 죄인을 벌한다 하면서 자기의 사혐을 보(報)합니다. 교화의 머리가 되는 대제학(大提學)이 반드시 학식과 품격이 빼난 자가 아니며, 원수(元帥)와 대장이 반드시 무용과 전략을 구비한 자가 아닙니다. 하필 예를 고대에 구하리오. 최근으로 보더라도 수만의 시위대(侍衛隊), 진위대가 국방을 위하여 있던 것이 아니요, 학부가 교육을 위하여 있던 것이 아니요, 무슨 대신 무슨 국장이 국사를 하노라고 있던 것이 아니니 모두가 허(虛)요 모두가 위(僞)외다.

둘째, 그네는 단체 생활의 생명인 사회성, 곧 봉사의 정신이 없었습니다. 만일 공(公)을 위하여 사(私)를 희생하는 정신 즉, 일생의 사(思), 언(言), 행(行)이 도시(都是) 국가와 민족을 위함이라는 정신이 없기 때문에 이렇게 빙공영사(憑公營私)의 악행을 한 것이외다.

이 허위와 사욕 두 가지가 치자로 하여금 그러한 악정을 행하게 한 것이외다. 허위된지라 그네에게 정의가 없고 충신(忠信)이 없으며 사욕된지라 그네에게 국(國)이나 민(民)에 대한 애(愛)도 경(敬)도 없는 것이외다.

다음에 일반 민중이 또한 치자 계급 자신이 이 악정을 개혁하지 못한 원인도 또한 도덕성입니다. 그네 중에도 이것이 그릇된 것을 자각한 자가 있었을 것이외다. 생각도 하고, 말도하고, 글도 지었을 것이외다. 논어나 맹자도 결코 허위와 사욕을 가르치는 글이 아니니 이것을 외우는 그네의 입에는 살신성인(殺身成仁)이라든지, 국궁진췌(鞠躬盡瘁)라든지, 알인욕이존천리(遏人慾而存天理)라든지, 충군애국(忠君愛國)이라든지 하는 말도 많이 하였을 것이외다. 그러면서도 이 악정을 이내 고치지 못한 것은 첫째, 나타(懶惰)하여 실행할 정신이 없고, 둘째, 겁나(怯懦)하여 실행할 용기가 없고, 세째, 신의와 사회성의 결핍으로 동지의 공고한 단결을 얻지 못한 까닭이외다. 개혁의 사업은 공상과 공론으로 될 것이 아니요, 오직 실행으로만 될 것이요, 재래의 정권이나 습관에 반항하여 구(舊)를 파하고 신(新)을 세우는 위업은 그 사업의 성질상 곤란과 위험이 많은 것이니, 이를 능히 함에는 위대한 용기가 필요합니다. 또 일국을 개혁하려는 위업은 결코 일, 이 개인의 능력이 능히 할 바 아니요, 오직 공고하고 유력한 단체로야만 할 것이외다. 그런데 조선사를 보면 흔히 개혁자들이 국왕이나 재상(宰相)에게 일편의 의견서를 드림으로써 유일한 방침을 삼고, 가장 근대에 비교적 진보한 사상을 가졌다 할 김옥균, 박영효 조차 겨우 십 수의 동지를 음모적으로 규합함에 불과하였고, 일찍 공고하고 세력 큰 대결사(大結社)에 상도(想到)치 못하였습니다.

비록 근년에 이르러 개혁을 목적으로 한 여러 가지 단체가 있었지마는 내가 전에 말한 바와 같이 그 역시 공고한 단결이라 할 수는 없었습니다. 진실로 갑신 이래로 3인 이상의 단결된 동지가 3개년 이상을 그냥 그 단결을 유지한 것을 듣지 못합니다. 그 원인이 어디 있나. 허위(虛僞), 나타(懶惰), 무신(無信), 사회성의 결핍에 있습니다. 피차에 허위되는 피차에 믿지 못하고 믿지 못하니 단결이 안 됩니다. 단체 생활의 제일요건은 진실로 서로 믿는 것인데 거짓말장이 속임군들끼리 모이면 무슨 단결이 되겠습니까. 둘째, 단체란 일하자고 만드는 것인데 밤낮 공상과 공론으로만 일을 삼으면 무엇이 되겠습니까. 세째, 신의가 없이 피차에 작정한 것을 지킬 줄을 모르고 단체에 대하여 진 의리를 안 돌아보아 서로 미쁨이 없으면 무슨 단결이 되겠습니까. 「배반」은 실로 조선의 교우사(交友史), 단체사를 관류(貫流)한 악덕이외다. 이리하여 악정의 개혁을 행하지 못하고 말았습니다. 위에 말한 나의 사론(史論)이 만일 정확하다 하면 조선 민족 쇠퇴의 근본적 원인이 도덕적인 것이 더욱 분명하지 아니합니까. 곧 허위(虛僞), 비사회적 (非社會的 利己心), 나타(懶惰), 무신(無信), 겁나(怯懦), 사회성의 결핍—이것이 조선

민족으로 하여금 금일의 쇠퇴에 빠지게 한 원인이 아닙니까.

영미족의 흥왕도 그 민족성이 원인이요, 오족(吾族)의 쇠퇴도 그 민족성의 원인이니 민족의 성쇠 흥망이 실로 그 민족성에 달린 것이외다. 그러므로, 하나의 민족을 개조함에는 그 민족성의 근저인 도덕에서부터 시작하여야 한다 함이외다.

새술은 낡은 부대에 담지 못한다. 부대는 터지고 술은 쏟아지리라. 낡은 재목으로 새집을 짓지 못한다. 더구나 썩어져 무너진 집 재목으로 새 집을 지으랴. 짓지도 못하려니와 지어도 다시 무너지리라. 쇠퇴하던 백성이 그냥 흥왕하는 백성이 되지 못하리니 흥왕하려면 그 백성부터 새롭게 힘있게 하여야 할 것이외다. 만일 그 썩어진 성격을 그냥두면 아무러한 노력을 하더라도 허사가 되고 말 것이니 민족적 성격의 개조! 이것이 우리가 살아날 유일한 길이외다.

(5) 민족성(民族性)의 개조(改造)는 가능(可能)한가

나는 이 논문의 상편에서 민족 개조란 가능한 것이라는 뜻을 암시하였습니다. 특히 소크라테스의 민족개조운동을 논평할 때에, 단체 사업으로만 하면 민족개조는 가능하다는 확신을 말하였습니다. 그러나 우리가 몸소 민족개조운동을 개시하려고 드니 이것이 가능한가 아니한가를 한번 분명히 알고 싶어집니다.

전절(前節)에 말한 바와 같이 민족개조란 곧 민족의 성격 즉 민족성의 개조니, 민족이란 개조할 수 있는 것인가 하는 것이 우리가 본질에서 토론할 문제외다.

전에 인용한 르 봉 박사는 민족적 성격에 근본적 성격과 부속적 성격의 이부(二部)가 있다 하여 부속적 성격은 가변적이나 근본적 성격은 거의 불가변적이니, 오직 유전적 측적으로 지완(遲緩)한 변화가 있을 뿐이라 합니다. 크롬웰시대의 영인(英人)과 금일의 영인

(英人)과는 거의 딴 민족같이 보이지 마는, 기실은 그 부속적 성격이 특수한 대사건, 대변동의 영향을 받아 변하였음이요, 그네의 근본적 성격에는 거의 아무 변화도 없었다 하고, 또 나폴레옹 대제의 종순(從順)한 신민(臣民)이던 불국인(佛國人)과 바로 몇 해 전 대혁명 시대의 불기자유(不羈自由)하던 불국인(佛國人)과는 근본적으로 딴 성격의 민족인 듯하나 기실 전제적으로 지배받기를 좋아하는 라틴족의 근본 성격에는 변함이 없다 하였습니다.

그래서 박사는 주위의 사정, 무슨 대사변, 또 교육은 어떤 민족의 부속적 성격을 변할 수 있으되, 그 근본적 성격을 변할 수는 없으며, 그렇기 때문에 부속적 성격을 일시 변하더라도 얼마를 지나면 다시 그 근본적 성격이 우등(優騰)하게 된다고 합니다. 그리하고 박사는 근본적 성격의 예로 앵글로색슨족의 자유와 자치를 좋아하는 성격, 라틴족의 평등과 피치(被治)를 좋아하는 성격 등을 들었습니다. 박사의 주장대로 한면 앵글로색슨족의 성격은 아무리 변하더라도 그 자유를 좋아하는 성격은 변하지 못하리라, 그와 반대로 라틴족의 성격은 아무리 변하더라도 평등을 좋아하는 성격은 변치 못하리라 하게 됩니다.

또 박사는 민족의 성격을 해부적 성격과 심리적 성격의 둘로 나누어, 우리가 흔히 민속성이라고 일컫는 바를 심리적 성격이라 하고, 체질의 특징을 해부적 성격이라 합니다. 그래서 박사는 일 민족의 해부적 특징의 근본적인 몇가지가 변할 수 없는 모양으로 일 민족의 심리적 특징, 즉 민족성의 근본적인 몇 가지도 변할 수 없는 것이라 합니다. 가령, 황색 인종의 피부의 황색 같은 것은 불가변적인 해부적 특징이외다. 그러나 해부적 특징에 이렇게 고정 불가변한 것이 있다고 거기서 유추(類推)하여 심리적 특징에도 그런 것이 있으리라 함은 한 가설에 불과한 것이라 과학적으로 정확한 증명을 하기는 어렵지마는, 여러 가지 역사적 실례로 보건대, 그것이 진리인 듯합니다. 박사가 이미 앵글로색슨족 및 자국인인 라틴족도 예로 들었지마는 일찍 이민족(異民族)으로서 완전히 동화하여 동일한 성격의 민족을 이루었다는 전례를 보지 못한 것으로 보면, 각 민족에게는 도저히 변할 수 없는 일개 또는 수개의 근본적 성격이 있다고 보는 것이 옳은 듯합니다. 특히 개인 심리학상으로 보더라도 각 개인마다 해부적 특징이 있는 모양으로 갑이면 갑, 을이면 을 되는 개성에 근본적 특징이 있어, 이것은 일생에 변하기 어려운 것을 보더라도 개인의 성격의 총화라 할 만한 민족성에도 변할 수 없는 근본적 성격이 있을 것입니다.

만일 그렇다 하면 우리는 일종의 실망에 빠지게 됩니다. 민족성의 개조란 불가능이 아닐까 하는 의혹이 생깁니다.

만일 민족의 근본적 성격도 변할 수 있는 것이라 하면 다시 말할 필요가 없거니와, 르 봉 박사의 설과 같이 민족의 근본적 성격은 불가변의 것이라 하고, 민족을 개조할 방법을 연구해 보는 것이 필요합니다.

여기는 두 가지 경우가 있겠습니다. ① 근본적 성격은 좋지마는, 부속적 성격이 좋지 못한 경우와, ② 근본적 성격 자신이 좋지 못한 경우와. 그런데 첫째로 말하면 설명치 아니하여도 주위와 대변동과 교육의 힘으로 개조할 수 있는 것이 분명하고, 둘째가 가장 어려운 문제이외다. 곧 근본적 민족성이 좋지 못하고는 그 민족은 생존 번영할 수가 없거늘, 이것은 도저히 변화시킬 수 없는 것이라 하면 그 민족의 운명은 절망적일 것이외다. 그러나 역시 개조할 길이 있습니다.

근본적 성격이 좋지 못한 민족이라고 그 민족의 각개인이 다 좋지 못한 사람일 리는 만무하니, 그 중에도 소수 나마 몇 개의 선인(善人)이 있을 것이외다. 마치 부패한 유태인 중에서 예수 같으신 이가 나시고 그의 사도들 같은 이들이 난 모양으로, 이 소수의 선인이야말로 그 민족 부활의 맹아(萌芽)이외다. 10인의 선인이 없으므로 하여 소돔성이 천화(天火)에 망하였다는 말도 진실로 의미심장한 말이외다.

이 소수의 선인, 다시 말하면 그 민족의 근본적 악성격(惡性格)을 가장 소량으로 가진 사람들 중에 한 사람이 먼저 「이 민족은 개조해야 한다」는 자각과 결심이 생깁니다. 그 사람이 자기와 뜻이 똑같은 사람 하나를 찾아 둘이서 동맹을 합니다. 먼저 자기를 힘써 개조하고, 다음에 개조하자는 뜻이 같은 사람을 많이 모으기로 동맹을 합니다. 차차 3인, 4인씩 늘어 수천만의 민족 중에서 수백인 내지 수천인을 모집하여 한 덩어리, 한 사회, 한 개조동맹 단체를 이룹니다. 그리하면 그 단체의 각원(各員)은 더욱 더욱 수련되고, 개조되어 더욱더욱 좋은 사람(문명한 국가의 일 공민될 만한 덕행과 학식, 기능과 건강을 가진 사람)이 되고, 이러한 바른 자각과 굳은 결심과 오랜 수양을 가진 사람들의 단체이기 때문에 그 단체의 유지와 발전이 썩 잘 되어갈 것이외다. 이에 그네는 아직 개성이 고정되지 아니하고, 그 중 우수한 소년 남녀를 뽑아 그 동맹에 가입케 하여, 일면으로 그 동맹원의 수를 증가하며, 일면으로 그 단체의 인력과 재력을 충장(充壯)케 하여 학교, 서적 출판 기타의 사업으로 일반 민족에 크게 선전하는 동시에 차대의 후계자인 자녀에게 새 이상의 교육과 환경을 주어서 더욱더욱 신분자(新分子), 즉 개조된 개인의 수를 증가케 합니다.

이리하여 10년이나 20년을 지나면 개조된 개인이 일 이천인에는 달할 것이니, 그네는 모두 신용과 능력이 있는 인사이겠기 때문에 사회의 추요(樞要)한 모든 직무를 분담하게 되어 자연 전민족의 중추계급(中樞階級)을 이루게 될 것이요, 이리 되면 자연도태의 리(理)로 구성격을 가진 자는 점점 사회의 표면에서 도태되어 소리없이 칩복(蟄伏)하게 되고, 전민족은 이 중추 계급의 건전한 정신에 풍화되어 세월이 가고 세대가 지날수록 민족은 더욱 새로와져 50년이나 100년 후에는 거의 개조의 대업이 완성될 것이외다.

이렇게 의식적이요, 조직적인 방법은 아직 역사상에 전례가 없거니와 전에도 말한 바와 같이 무릇 민족개조라 할만한 사업은 다 이와 유사(類似) 경과(經過)로 되는 것이니, 혁명이라든지, 유신이라든지가 신계급의 출현으로 됨을 보아서 알 것이외다.

이제 우리 조선 민족에게 민족 개조의 원리를 응용하여 봅시다.

첫째, 조선 민족의 민족성의 결점은 그 근본적 성격에 있는 것인가, 또는 부속적 성격에 있는 것인가를 한번 생각할 필요가 있습니다. 이 문제의 결정되기를 따라 우리의 민족개조사업의 난이가 결정될 것이외다. 그런데, 이 문제를 결정하려면 르 봉 박사가 이른 바와 같은 조선 민족의 근본 성격이란 무엇인가 하는 것을 먼저 찾아보아야 할 것이외다.

우리 민족에 대한 가장 낡은 비평은 산해경(山海經)에 나온 한족(漢族)의 비평이니,

「군자국재기북(君子國在其北), 의관대검식수(衣冠帶劍食獸), 사이문호재방(使二文虎在傍), 기인호양부쟁(其人好讓不爭)」이라 하였고,

이에 대한 곽 박(郭 璞)의 찬(讚)에,

「동방기인국유(東方氣仁國有), 군자훈서시식(君子薰犀是食), 조호시사아호(彫虎是使雅好), 예양예위논리(禮讓禮委論理)」

라 하였습니다. 우리 민족이 다른 민족에게 처음 준 인상이「군자」외다.

공자도「군자거지(君子居之)」라 하여 자국민의 부패 무도함에 분개하여 아족(我族) 중에 오려 하였습니다.「기인호양부쟁(其人好讓不爭)」이라 한 것으로 군자인 것을 설명하였습니다. 호양부쟁이란 것을 현대적 관념으로 분석하면 관대, 박애, 예의, 염결, 자존 등이 될 것이외다. 다시 이 다섯 가지 덕목을 한데 뭉치면 곽 박(郭璞)의 산해경찬(山海經讚)에 있는 바와 같이「인(仁)」이 될 것이

외다. 그런데 이를 조선 민족의 역사에 참고해 보건대, 인(仁)은 조선 민족의 근본 성격인 듯합니다. 국제적으로도 일찍 남을 침략해 본 일이 없고, 또 외국인을 심히 애경(愛敬)하는 성질이 있으며, 민족끼리도 잔인 강폭한 행위는 극히 적습니다. 살인 강도 같은 잔인성의 죄악은 현금에도 심히 적다 합니다.

조선처럼 관대한 자는 타민족에서는 보기 어렵습니다. 혹 누가 자기에게 모욕을 가하면 흔히는 껄껄 웃고 구태여 보복하려 아니 합니다. 외국인은 혹 이를 겁나(怯懦)한 까닭이라고 할는지 모르나, 껄껄 웃는 그의 심리는 일종 관서(寬恕)와 자존이외다. 그래서 조선인은 원수(怨讎)를 기억할 줄 모릅니다. 곧 잊어버립니다. 심지어 자기의 혈족을 죽인 자까지도 흔히는 용서합니다. 그러므로 조선의 전설이나 문학에 보수(報讎)에 관한 것은 극히 적고, 일본 민족과 같이 이를 한 미덕으로 아는 생각은 조금도 없습니다.

다음에 조선인은 애인(愛人)하는 성질이 많습니다. 처음 대할 때에는 좀 뚝뚝하고 찬 듯하지마는 속마음에는 극히 인정이 많습니다. 십 수년 전까지 사랑(舍廊)에 들어오는 손님이 있으면 알거나 모르거나 숙식을 주어 관대(款待)합니다. 집에는 내객을 위하여 항상 객량(客糧)과 객찬(客饌)과 객초(客草)를 준비하고, 가족의 먹는 것은 박(薄)하여도 객에게는 맛나는 것을 주며, 가족은 좀 차게 자더라도 객실에는 불을 많이 땝니다. 옛날의 조선 가정의 하는 일의 반은 실로 「접빈객(接賓客)」이었습니다.

예의를 중히 여기는 것은 오족(吾族)의 본래의 특성이외다. 군자국이라는 칭호부터도 예의를 연상케 하거니와 「의관대검(衣冠帶劍)」이라든지, 「호양부쟁(好讓不爭)」이라든지 하는 말에도 예의를 연상케 합니다. 또 동방삭(東方朔) 신이경(神異經)에,

「동방유인남개호대현관여개채의항공좌이불상범상예이불상훼견인유환투사구지창졸견지여치명왈선인(東方有人男皆縞帶玄冠女皆

釆衣恒恭坐而不相犯相譽而不相毁見人有患投死救之蒼卒見之如癡名曰善人)」

이라 한 것이 있음을 보아 어떻게 고대 오족의 예의를 숭상한 것을 알 것이외다. 또 후한서(後漢書)에 부여인(夫餘人)의 예의 있음을 평하여,

「음식용조두회동배작세작읍양승항(飮食用俎豆會同拜爵洗爵揖讓升降)」

이라 하였고, 또 삼국지에 마한을 평하여

「기속행자상봉개주양로(其俗行者相蓬皆住讓路)」

라 하였습니다. 이렇게 예의를 숭상하는 본성이 있었으므로 이조(李朝)의 당쟁도 거의 예문의 해석이 그 원인이 되었으며, 현금의 조선인도 예의를 숭상하는 풍이 많으니, 우리 나라를 예의지방(禮儀之邦)이라 한 것은 참으로 적평이라 하겠습니다.

그러면 예의란 무엇이뇨. 규율에 복종하여 질서를 지키는 것이외다. 규율 밑에는 극히 순복(順服)한다는 뜻이외다. 예의란 곧 의(義)외다.

또 조선인은 염결(廉潔)하였습니다. 또 삼국지에,

「기인성원각소기욕유염치(其人性愿慤少嗜慾有廉恥)」

라 하였습니다. 정승으로서 객주집 한방을 빌려서 유숙한 이가 있고, 결코 남을 위하여 무슨 일을 할 때에 물질적 보수를 논하지 아니하였습니다. 금전을 탐하는 것은 조선인의 가장 천히 여기던 바이외다. 지금은 세강속말(世降俗末)하여 금전 수입의 다소로 인물을 평가하게 되었지마는, 옛날 조선인은 금전이라는 말을 하기도 부끄러워하였습니다. 그러나 그러한 정신은 아직도 남아서 무슨 일

에나 월급이라든지 보수를 논하기를 치욕으로 압니다.

또 조선인은 심히 자존심이 많습니다. 근대에 일부 배명배(拜明輩)가 한족(漢族)의 문화에 심취하여 숭정기원후(崇禎紀元後)를 쓰면서도 일반 민중은 한인(漢人)을 「되놈」이라 하고 「오랑캐」라 하여 우리보다 훨씬 떨어지는 자로 여기도록 그처럼 자존심이 많습니다.

어떤 미국인이 수원학살사건 후에 구제미(救濟米) 얻으러 온 조선인들의 모여 선 것을 박은 사진을 보고 아아 조선 사람은 존대(尊大)하다고 평하는 것을 보았습니다. 과연 우리 사람의 앉음앉음, 걸음걸이, 말하는 모양, 어떻게나 존대합니까. 「점잖다」는 말은 우리가 사람의 품격을 칭찬하는 데 가장 많이 쓰는 말이외다.

또 자존이라는 관념 중에는 자주라 독립이란 관념이 항상 부수(附隨)합니다. 역사를 보면 조선에는 일찍 봉건제도가 시행되어 본 일이 없습니다. 삼한시대나 삼국초에도 무수한 소국이 있었지마는 그것이 다 완전한 독립국이었었고, 대국의 멸함을 받을지언정 그 부속은 아니 되었습니다. 당과 신라의 관계 같은 것은 일종 외교적 정책 관계요, 신라가 당의 지배를 받은 일은 없었으며, 이씨조선 시대에도 명의상 명(明), 청(淸) 양조(兩朝)의 정삭(正朔)을 받았다 하나, 그것은 일편의 형식이요, 그 실질상 지배를 받은 일은 없었습니다.

그리고 일반 민중의 생활을 보더라도 독립 자주의 기풍이 많습니다. 조선에는 1인의 지배하에 만인이 복종하는 대가족제나 농노제(農奴制)는 시행된 적이 없었고, 조그마한 집일망정 각각 제 집에서 제가 벌어 먹기를 좋아합니다. 지금도 그 기풍이 남아 이익이 많은 남의 고용보다도 이익이 적은 독립한 영업을 좋아합니다. 이 자주를 호상(好尙)하는 기풍은 조선인의 생활의 각 방면에 드러납니다. 그러나 산해경은 우리 조선 사람을 그릴 때에 오직 이 인(仁)한 방면만 볼 뿐이 아니요, 또 그 무용한 방면도 보았습니다. 「의관대검」이라 하니, 그는 점잖은 의관을 하고 무용의 검을 찼습니다.

이뿐 아니라 후한서(後漢書)에도 우리를 평하여

「부여기인추대강용이근후불위구초(夫餘其人麤大彊勇而謹厚不爲寇鈔)……행인무주야호가음음성부절(行人無晝夜好歌吟音聲不絶)」

이라 하였고, 또 동옥저(東沃沮)를 기(記)하여

「……인성질직강용편지모보전(人性質直强勇便持矛步戰)……」

이라 하였습니다. 또 한인(漢人)의 우리 민족을 부르는 최고(最古)한 칭호인 이자(夷字)는 종대종궁(從大從弓)이라 하여, 대궁을 가지고 다니는 자라는 뜻이외다. 이렇게 우리 민족의 본성은 무용(武勇)하였습니다. 오직 후한서에 말한 바와 같이 「근후불위구초(謹厚不爲寇鈔)」하여 「추대강용(麤大彊勇)」하면서도 군자국이란 칭찬을 듣는 것이외다.

다음에 조선인의 성질은 심히 쾌활합니다. 여기 인용한 글에도 「호가음음성부절(好歌吟音聲不絶)」이라 하였으니, 그네의 사는곳에 음악이 끊이지 않는단 말이요, 삼국지에 마한의 속(俗)을 평하

「상이오월전경제귀신주야주회군회취가무무첩수십인상수답지위절(常以五月田竟祭鬼神晝夜酒會群會聚歌舞舞輒數十人相隨蹋地爲節)」

이라 하고, 또 후한서에 진한(辰韓)을 평하여,

「속희가무음주고슬(俗喜歌舞飮酒鼓瑟)」

이라 하고, 삼국지에 고구려를 평하여,

「기민희가무국중읍락모야야남녀군취상취가희(其民喜歌舞國中邑落暮夜夜男女群聚相就歌戲)」

라 하였습니다. 이는 한인이 고대의 우리 민족을 평한 것이어니와

우리 자신이 보더라도 우리는 퍽 쾌활한 민족이외다. 조선인은 낙천적이라 그는 웃을 줄을 알되, 울거나 노하거나 음침(陰沈)한 태도를 취할 줄을 모릅니다. 조선인처럼 농담과 장난을 좋아하는 자는 드물 것이외다. 조선인은 결코 제국주의적, 군벌주의적 국민은 되지 못합니다. 종교적으로 우는 민족, 철학적으로 음침(陰沈)하게 사색하는 민족도 되지 못합니다. 조선인은 현실적, 예술적으로 웃고 놀고 살 민족이외다.

그러면 조선 민족의 근본 성격은 무엇인고. 한문식 관념으로 말하면 인(仁)과, 의(義)와 예(禮)와 용(勇)이외다. 이것을 현대식 용어로 말하면 관대, 박애, 예의 금욕적(염결(廉潔)), 자존, 무용, 쾌활이라 하겠습니다. 구체적으로 말하면 조선 민족은 남을 용서하여 노하거나 보복할 생각이 없고, 친구를 많이 사귀어 물질적 이해 관념을 떠나서 유쾌하게 놀기를 좋아하되(사교적이요), 예의를 중히 여기며 자존하여 남의 하풍(下風)에 서기를 싫어하며, 물욕이 담(淡)한지라 악착한 맛이 적고 유장(悠長)한 풍이 많으며, 따라서 상공업보다 문학, 예술을 즐겨하고, 항상 평화를 애호하되 일단 불의를 보면「투사구지(投死救之)」의 용(勇)을 발하는 사람이외다.

이제 그 반면인 결점을 보건대, 관대 박애하므로 현대 국민이 가지는 배타적 애국심을 가지기 어려우니, 그러면서 4천년래 능히 국가를 유지한 것은 그의 자존심과 무용성이 있음이외다. 그의 성이 염결한지라 다른 민족의 영토를 침략할 야심이 없을 뿐더러, 치부지술(致富之術)이 졸(拙)하여 저 삼국시대를 보더라도 미술의 발달은 당시 세계에 관(冠)이 될만하면서도 상공업의 발달은 보잘것이 없었습니다. 또 예의를 숭상하는 반면은 진정의 유로(流露)를 저해하여 허위에 흐르기 쉬우며, 자존심이 많음은 지도자의 지도에 순종함을 절대 요건으로 하는 공고한 단체의 조직을 못하게 하는 원인이 되고, 그의 낙천적이요, 현실적인 본성은 그로 하여금 피안의 낙원을 구하는 종교나 심오한 철학적 사색이나 과학적 탐구에 대한 노력을 경시하게 하였습니다. 조선 민족을 금일의 쇠퇴에 끌은 원인인 허위와 나타와 비사회성과 및 경제적 쇠약과 과학의 부진은 실로 이 근본적 민족성의 반면(半面)이 가져온 화(禍)입니다. 그러나 그렇다고 이 민족성 그것이 악한 것은 아니니, 이것은 우리 민족의 타고난 천품이라, 어디까지든지 발휘하여야 할 것이외다. 그러므로 우리의 개조할 것은 조선 민족의 근본적 성격이 아니요, 르 봉 박사의 이른바 부속적 성격이외다. 그러할진댄 우리의 개조 운동은 더욱 가능성이 풍부하다 할 것이외다.

이에 나는 민족성의 개조는 가능하다 함과 특히 조선 민족성의 개조는 가능할 뿐더러 용이하다 함을 단언합니다.

(6) 민족성(民族性)의 개조(改造)는 얼마나 시간(時間)을 요(要)할까

민족성의 개조는 가능하다 함과 특히 조선 민족성의 개조는 용이하다함을 말하였습니다. 그러나 한 사람씩 시작하여 언제나 그 많은 민중을 다 개조해 놓을까, 언제나 이천만이나 되는 민족을 개조하여 문명하고 부강한 생활을 하게 할까 함을 생각하면 누구나 망연한 생각이 날 것이외다. 그래서 혹은 무슨 지름길이 없을까, 이렇게 힘드는 길 말고 갑자기 잘 살게 되는 길이 없나 하고 무슨 이적적(異蹟的)인 길을 찾고자 합니다. 이는 개인이나 민족이나 물론하고 불행한 경우에 처한 자의 흔히 가지는 심리외다 그리고 이는 병적 심리이외다. 가령, 극히 가난한 사람이 부(富)하기를 원한다 하면 그는 각고와 근면으로 축적하리라는 생각보다도 무슨 요행으로 졸부가 되려고 합니다. 그래서 혹은 금광을 찾으러 다니고, 혹은 미두(米豆)를 하러 다닙니다. 그렇지마는 금광이나 미두로 소원하는 졸부가 되는 자는 만에 하나도 드문 일이외다. 나머지 9천 9백 9십 9인은 일생을 허욕만 따르다가 마침내 가난한대로 죽고 말게 됩니다. 그네가 근면 축적의 길을 잡았다면 일생에 먹을 만한 재산은 다 가질 수가 있었을 것이어늘, 그러나 졸부는 혹 이러한 요행으로 될 수 있지마는 학자나 위인은 결코 요행으로 될 수 없고 오직 각고와 근면으로만 되는 것이외다. 그런데 민족의 성쇠는 졸부되는 것과 같은 것이 아니요, 학자나 위인이 되는 것과 같은 것이외다. 제가 도덕을 닦고, 지식을 배우고, 개인과 사회의 생활을 개량하고 부를 축적함으로 되는 것이지, 결코 남의 도움이나, 일시적 요행으로 되는 것이 아니외다. 강화회의(講和會議)나, 국제연맹(國際聯盟)이나, 태평양회의(太平洋會議)는 조선인의 생활 개선에는 아무 관계가 없는 것이외다. 설사 조선인의 생활의 행복이 정치적 독립에 달렸다 하더라도 그 정치적 독립을 국제연맹이나 태평양회의가 소포 우편으로 부송할 것이 아니외다. 정치적 독립은 일종 법률상 수속이니, 이는 독립의 실력이 있고, 시세가 있는 때에 일종의 국제상의 수속으로 승인되는 것이지, 운동으로만 될 것이 아니외다. 우리는 과거의 쓰라린 경험으로 이러한 진리를 깨달았습니다. 우리는 다시 구원을 우리 밖에서 구하는 우(愚)를 반복하지 아니할 것이요, 우리는 목적을 요행에서 달하려는 치(穉)를 반복하지 아니할 것이외다. 이제부터 우리가 근본적으로 할 일은 정경대도(正經大道)를 취한 민족개조요, 실력 양성이외다. 조선인이 각 개인으로, 또 일 민족으로 문명한 생활을 경영할 만한 실력을 가지게 된 후에야 비로소 그네의 운명을 그네의 의사대로 결정할 자격과 능력이 생길 것이니, 그 때에야 동화를 하거나, 자치를 하거나, 독립을 하거나, 또 세계적 의의를 가진 대혁명을 하거나, 그네의 의지대로 자처할 것이외다. 그러므로 조선인의 명운개선(命運改善)에는 결코 민족 개조를 제한 외에 아무 지름길도 없는 것이외다. 다시 말하면 유일한 지름길이 곧 민족 개조이외다. 부질없이 다른 요행의 지름길을 찾다가는 한갓 세월만 더 허비하고 힘만 더 소비할 뿐이외다. 언제까지나 우리는 이 유치하고 못생긴 「요행」을 바라는 생각을 버리지 아니할 것인가.

이제부터 본제에 들어가 조선 민족 개조에 걸리는 시간을 연구해 봅시다. 연구의 순서상 개인의 성격 개조상에 걸리는 시간을 생각해 보는 것이 필요하겠습니다. 민족 개조란, 결국은 그 민족을 조성한 각 개인의 개조의 문제니까.

일개인의 성격 개조의 기원은 개조해야겠다는 자각의 순간에서 시작할 것이외다. 자각이 있으면 그 다음에는 신성격의 근본이 될 사상을 찾을 것이니, 그것을 찾아 얻는 동안이 한참 될 것이외다. 흔히 생각하기를 사상만 찾아 내서 제 것을 만들면 성격은 개조된 줄로 알지마는 결코 그런 것이 아니외다. 물론 사상을 찾는 것이 근본이 되지마는 사상은 건축으로 말하면 그 설계도에 불과한 것이외다. 설계도만 있다고 집이 되지 아니하는 것과 같이 신사상만 있다고 신성격이 되는 것이 아니외다.

사상이란 이지적(理知的)이외다. 성격이란 정의적(情意的)이외다. 사상은 이지적인 고로 일순간에 이해할 수가 있지마는, 성격이란 정의적 습관인 고로 그것을 조성함에는 천천히 축적 작용을 요구하는 것이외다. 가령 부지런해야겠다 하는 사상을 얻는다 합시다. 부지런이라 하면 아침에 일찍 일어날 것, 일어나서는 꼭꼭 시간을 정해 놓고 그날에 하기로 예정한 직무를 다할 것 등을 내용으로 합시다. 그러나 이것은 이지로 아는 것만으로 되는 것이 아니요, 이지를 정의의 력(力)으로 옮겨 실행하고, 실행하여 1일, 2일, 1년, 2년, 실행하는 동안에 그만 견고한 부지런의 습관을 길러, 그 다음에는 힘 안 들이고 자연히 부지런하게 되어야 이에 비로소 부지런이 성격을 이루었다 하는 것이외다. 그러므로 한 사람이 부지런한 성격을 가지려면 적어도 1개년의 노력이 필요하다 합니다. 세상에는 부지런해야 한다는 지식을 가진 자가 많지마는 부지런한 성격을 가진 자는 적습니다. 왜 그런가요, 실행과 노력으로써 부지런한 습관을 이루지 아니한 까닭이외다.

부지런이란 일례를 들어 성격 조성의 경로를 설명하였거니와, 무릇 성격의 조성은 지식에서 실행, 반복 실행을 통하여 습관을 이루는 경로를 밟아야 하는 것이외다. 그러므로 국민 교육의 중심인, 성격 조성의 교육인 수신 교육과 훈련은 일언이폐지(一言以蔽之)하면 선량한 습관을조성하는 것이지, 도덕적 지식을 주입하는 것이 아니외다. 각 학교에서는 아직 이「선량한 습관 조성」이라는 진의를 이해하지 못하여 수신 교육이란 것이 오직 도덕적 지식을 주입함으로써 만족하는 듯합니다. 윤리학자가 결코 선량한 성격자가 아니외다. 가령 청결, 질서, 정직, 근면, 활발 같은 보통 교육에서 역설하는 덕목(德目)을 봅시다. 아무리 청결이 좋다는 이론을 하더라도 날마다 양치하고, 세수하고, 목욕하고, 소제하고, 때묻은 옷 안 입는 것을 반복 실행하여 그것이 습관이 되지 아니하면 성격에는 아무 보익(補益)이 없을 것이외다. 또 정신적인 활발의 기상(氣象)도 실지로 여러 사람 사이에 나서서 뛰어, 제 재주와 기운을 발표하고, 만인 중에 나서서 큰 소리로 제 뜻을 주장하는 일을 여러 번 반복하여 그 습관을 이루는 실행이 없고는 활발이란 것이 성격이 될 수는 없는 것이외다.

이렇게 일개인이 어떤 사상으로써 자기의 성격을 개조함에는 반복 실행하여 습관을 조성하는 시간이 필요한 것이니, 덕목의 종류를 따라 그것이 성격이 되는 시간에 각각 장단이 있을 것이외다. 가령 청결의 습관이나, 물각유소(物各有所) 사각유시(事各有時)의 질서의 습관같은 단순한 성질의 것은 의식적으로 1년만 노력하면—즉, 반복 실행하면 족할 것이로되, 애인여기(愛人如己)라든지, 충성이라든지, 언행 일치라든지 하는 고상하고, 복잡한 덕목이 성격을 이루도록 하기에는 일생의 반복 실행으로도 오히려 부족할 것이외다. 공자의 소위

「칠십종심소욕불유구(七十從心所慾不踰矩)」

라 함은 자기가 원하는 모든 덕목이 칠십년 부단의 노력과 실행

으로 모두 습관을 이루어 자기의 성격이 되고 말았다는 뜻이외다. 또 유명한 프랭클린의 수양이라든지 기타 무릇 수양이란 것은 모두 자기가 원하는 덕목을 습관으로 만든다는 뜻이외다.

「언즉이행즉난(言則易行則難)」이란 이러한 뜻이니, 개인의 인격의 힘은 오직 이러한 모든 습관에서만 발하는 것이지 지(知)나 언(言)에서 발하는 것이 아니외다.

민족성의 개조도 상술한 원리에 벗어나는 것이 아니니, 그 개조되는 경로는 이러할 것이외다.

1. 민족 중에서 어떤 1개인이 개조의 필요를 자각하는 것,
2. 그 사람이 그 자각에 의하여 개조의 신계획을 세우는 것,
3. 그 제1인이 제2인의 동지를 득하는 것,
4. 제1인과 제2인이 제3인의 동지를 득하여 이 3인이 개조의 목적으로 단결하는 것. 이 모양으로 동지를 증가할것,
5. 이 개조단체의 개조 사상이 일반 대중에게 선전되는 것,
6. 일반 민중 중에 그 사상이 토의의 제목이 되는 것,
7. 마침내 그 사상이 승리하여, 그 민중의 여론이 되는 것, 즉 그 민중의 사상이 되는 것,
8. 이에 그 여론을 대표하는 중심 인물이 나서 그 사상으로 민중의 생활을 지도하는 것,
9. 마침내 그 사상이 절대적 진리를 만들어 토의권(討議圈)을 초월하여 전염력을 생하는 것,
10. 마침내 그 사상이 이지(理知)의 역(域)을 탈(脫)하여 정의적인 습관의 역(域)에 입(入)하는 것을 통과하여 드디 어 민족성 개조의 과정을 완성하는 것이외다.

제1인의 자각이 생김으로부터 재3인을 얻어 단체를 이루기까지가 가장 곤란한 시대요, 또 기간에 일정한 한계가 없는 시대외다. 그러나 한번 단체를 이루어 계획이 확립하기만 하면, 이에 개조 사업의 기초는 이루는 것이니, 이로부터 일종 유기적 생장의 경로를

밟아 장성하는 것이외다.

다음은 선전 시대니, 여기 두 가지가 있어 서로 의지하고 서로 도와 나가는 것이라, 그 중에 하나를 결(缺)할 수도 없는 것이외다. 두 가지란 무엇이뇨. 동지의 규합과 사상의 선전이외다. 많은 동지를 얻으려면 사상의 선전이 근본이 되고, 사상의 선전을 힘있게 하려면 또한 많은 동지가 필요한 것이니, 동지가 많이 있어야 입이 많고, 손이 많고, 몸이 많고, 돈이 많아 선전의 방면이 더욱 넓어질 것이요, 동시에 많은 동지의 결합한 단체, 그 물건이 모든 것 중에 가장 유력한 구체적 선전기관이 되는 것이외다.

그런데 여러 천만의 민중에게 일종의 중요하고 복잡한 사상을 선전하는 것도 퍽 많은 노력과 세월을 요하는 일이요, 그 민중의 여론의 지도자가 될 만한 수의 동지를 규합하는 것이 더구나 많은 세월과 노력을 요할 것이외다. 개조의 대상이 되는 민중의 수가 많을수록 세월은 더 오랠 것이요, 그 민중의 문화의 정도와 부패한 정도의 여하를 따라서 또한 사업의 난이(難易)가 결정될 것이며, 기타 실력의 대소, 외위(外圍) 사정 등 여러 가지 복잡한 사정으로 그 요구하는 바 노력과 세월이 각각 다를 것이외다.

조선 내지(內地)의 인구 1천 7백만, 이를 저 중국의 그것에 비기면 25분지 1강(强)에 불과합니다. 또 혈통과 언어와 성정(性情)의 점으로 보더라도, 조선인은 극히 단순하여 저 중국이나 인도와 같은 많은 차별이 없으며, 종교나 계급도 통일적 생활을 하는 데에 장애가 될 만한 것은 없습니다. 아마 중국이나 인도의 민족 개조는 심히 어려울 줄 압니다. 차라리 중국이나, 인도라 하여 그것을 각각 1 민족으로 보고 개조 사업을 하느니 보다 그것을 혹은 지방, 혹은 언어, 혹은 종교 등을 표준으로 여러 부분에 나누어서 제가끔 개조 사업을 행하는 것이 편하리라 합니다. 그러나 상술한 바와 같이 조선은 극히 단순한 1 민족으로 성정과 언어와 생활의 목적이 단일하므로 개조하기에는 가장 근본적인 편의를 가졌다고 할 수 있습니다. 또 사상 선전에 가장 중요한 요소되는 문자로 보더라도 조선 문자는 인쇄의 불편은 있으되, 학습의 용이가 있어 그 편리함이 비할 데가 없습니다.

이제 이러한 모든 편의를 기초로 하고, 개조에 요하는 시간을 개산(槪算)하여 봅시다. 그런데 이것은 가장 더디게 될 것으로 보고 하는 것이외다. 그러면 개조의 단체가 생김으로부터 그 사상이 전민족의 여론적 사상이 되기까지 대략 얼마나한 세월을 요할까.

이것을 결정하는 데는 먼저 전민족의 여론을 지배하기에는 어떠한 조건이 필요할까 하는 문제를 결정함이 필요하외다.

어떤 사상이 전민족의 여론을 지배하기에 가장 결정적인 조건은 그 민족의 지식 계급의 반수 이상—더욱 정확하게 말하면 그 민족의 민족적 생활의 모든 기관을 운전하는 계급의 반수 이상이 이 사상의 찬성자가 됨이외다. 그네가 만일 사상의 소유자뿐이 아니요, 아울러 실행자이면 더욱 유력하고 각개의 실행자뿐이 아니요, 이것을 목적으로 한 단체로 뭉친 것이면 더구나 비할데 없이 유력할 것이외다.

그런즉 우리의 민족적 생활의 모든 기관을 운전하는 지식 계급은 대략 얼마나 하면 될까.

민족 생활의 모든 기관이라 하면 정치기관, 경제기관, 교육기관, 각종의 민간결사(Free Association), 종교기관, 기타학술, 예술 등 모든 것이외다. 더 자세히 말하면 정치가, 관리, 상공업자, 교사, 목사, 학자, 문사, 예술가, 신문기자, 지방 유지자 등을 지식 계급이라 하겠습니다. 이 계급 민족의 문화 정도가 향상될수록 전민족에 대한 비례가 클 것이지마는, 매천명에 1인씩 잡으면 족히 문명한 민족 생활을 경영할 수 있으리라 합니다. 그러면 우리 전인구 1천 7백만 치고 1만 7천인, 30년후에 2천만이 될 셈쳐서 2만인, 즉 2만인의 대표될 만한 지식 계급이 생기면 조선 민족은 넉넉히 문명하고 부강한 민족 생활을 경영할 수 있을 것이니, 그 중에서 1만인 이상의 개조자를 가진다 하면 개조 사상으로 하여금 전조선 민중의 여론이 되게 할 수 있는 것이외다. 그런즉 결국은 얼마나한 세월이면 1만인의 개조 동맹자를 얻을까 하는 것이 문제외다.

만일 제1년에 20인을 얻는다 하고 각인이 매년에 1인의 동지자를 구한다 하면, 제2년에는 40인이 될 것이요, 제3년에는 80인이 되어 이를 공비로 하는 기하 급수로 증가될 것이니, 제7년에 1천 2백 80인이 되고 제9년에 5천 1백 20인이 되고, 제10년에는 1만 2백 40인이 될 것이외다. 사상의 전파가 기하급수적이라 함은 사회심리학의 일법칙이외다. 그러나 동지의 선택을 극히 엄중히 할 것, 동지중에 사망, 제명, 기타의 사고가 있을 것 등을 작량(酌量)하여 넉넉히 잡고, 그 시간을 3배하여 30년에 1만인을 얻는다고 보면 가장 확실하리라고 생각합니다.

혹 중간에 내부의 와해(瓦解)나 정부의 해산 명령의 액(厄)을 당함이 없을까 하는 기우(杞憂)도 있으려니와 회원의 선택의 신중과 규칙의 엄수, 특히 규칙을 범하는 자는 한 번도 용서함 없이 제명하는 방법으로 내부의 와해를 방주(防柱)할 수 있고, 또 절대적으로 정치와 시사에 관계함이 없고 오직 각 개인의 수양과 문화 사업에만 종사함으로 정부의 해산을 당할 염려가 없을 것이외다. 그러므로 규칙의 엄수와 정치와 시사에 불간섭함과 이 두 가지로 능히 이 개조 단체의 생명을 영원히 할 수 있는 것이외다.

이렇게 30년에 일만인의 개조 동맹자를 얻었다 하면 어떠한 결과가 생길까.

그네는 도덕적으로 인격의 완성을 목적삼아, 혹은 30년, 혹은 20년, 혹은 10년을 제명을 당하지 않고 수양한 자니, 허위도 없고 나타도 없고 교사(巧詐)도 반복도 없고 겁나(怯懦)도 없고 진실하고 근면하고 신의 있고 용단 있고 사회성 있는 1만인일 것이외다. 또 그네는 지적으로 인격의 완성을 목적한 자니, 일종 이상의 학술이나 기예(技藝)를 수학하였을 1만인일 것이외다. 또 그네는 체육으로 인격의 완성을 목적한 자니, 사람의 직무를 감당할 만한 건강한 체격을 가진 1만인일 것이외다. 또 그네는 저축으로 생활의 경제적 독립을 목적한 자니, 자기의 의식주에는 근심이 없는 1만인일 것이외다. 그리고 그네는 자기 개인의 개조만 목적하지 아니하고 전민족의 개조도 목적한 자이기 때문에—이 신성한 주의로 수십년간 수양하고 노력한 자이기 때문에, 공익심과 단결력이 풍부할 것이외다.

이러한 자격을 가진 사람들은 자연히 사회의 각방면에서 추요(樞要)한 지위(地位)를 점령하였을 것이 아닙니까.

그뿐더러 그네는 문화 사업을 목적한 자이기 때문에 만일 매인(每人)이 평균 20원씩을 내어 여러 가지 사업의 기금을 만들었다 하더라도, 만인이면 20만원의 기금을 가졌을 것이요, 매년 2원씩을 낸다 하더라도 2만원의 수입은 될 것이요, 만일 학교나 기타 특별한 사업의 신설을 위하여 매인 평균 백원씩을 낸다 하면 백만원을 얻을 것이외다. 이에 비로소 교육 사업이나, 출판사업이나 기타의 민중 교육기관을 창설도 하고 유지도 할 실력이 생길 것이외다.

그러나 만명을 얻음이 민족 개조의 완성이 아니라, 이에 민족 개조의 기초가 확립함이니, 정말 민족 개조 사업의 본업은 이에서 시작할 것이외다. 즉 이로부터 각 도회(都會)는 물론이요, 면면동동(面面洞洞)에 학교와 강습소와 도서종람소(縱覽所)와, 오락장, 체육장을 세우고, 각종의 대학과 전문학교와 도서관, 박물관, 학술 연구기관 등을 세우고 서적 출판 사업을 성대히 하며 미술관, 연극장, 회관, 구락부 같은 것을 13도 각지에 세우며, 또 산업 방면으로 그리하여 조선 민족으로 하여금 도덕적으로나 지식적으로나 경제적으로나 체격으로나 사회의 각종 사업으로나 가장 문명하고 가장 우수한 민족을 만들어, 안으로는 행복을 누리는 인민이 되게 하고, 밖으로는 세계 문화에 공헌하는 민족이 되게 함이 개조 사업의 완성이라 할지니, 그러므로 이는 50년, 백년 2백년의 영구한 사업이외다. 이 사업에는 끝이 있을 것이 아니라, 조선 민족으로 하여금 영원히 새롭게, 젊게 하기 위하여 영원한 개조 사업을 영원히 계속할 것이외다.

나는 믿거니와 이 개조의 원리와 방법은 오직 조선에만 적용할 것이 아니요, 실로 천하 만민에게 적용할 것이니, 중국인의 부활도 오직 이 길을 통하여서야 얻을 것이외다. 그네가 혁명을 백천번 하고 손 문(孫 文), 고유균(顧維均), 왕정연(王正延)이 아무리 혁명과 외교를 잘한다 하더라도 중국인의 구제는 오직 민족 개조 운동자에게서만 찾을 것이라 합니다.

(下)

(7) 개조(改造)의 내용(內容)

나는 상편에서 민족 개조의 의의를 설하고, 중편에서 민족 개조의 가능을 설하였습니다. 그리하는 중에 자연히 개조 사상의 내용과 방법도 단편적으로 말하였습니다. 그러나 민족을 개조한다니 어떤 모양으로 개조한단 말인가 하는 개조 사상의 내용과 그 개조를 어떠한 방법으로 하겠는가 하는 방법에 대하여 다소 구체적, 계통적으로 말할 필요가 있습니다. 기실 상, 중 양편에 말한 것은 지금부터 말하려는 것의 서론이라 할 만한 것이외다.

그러면 내가 말하는 민족 개조란 조선 민족을 어떤 모양으로 개조하잔 말인가. 이것을 설명하는 데는 먼저 부정(否定)의 방법을 취하여 민족 개조란 이것도 아니요, 저것도 아니라는 것을 분명히 하여, 마침내 민족 개조란 이렇다는 것을 설명하는 것이 가장 편리하리라고 생각합니다.

세계 사조의 영향을 입어 근래 조선 사상계의 민족이나 사회에 대한 사상 분류의 범주가 흔히 민주주의 대 제국주의, 자본주의 대 노동주의(勞働主義)의 2쌍(二雙)에 분(分)한 듯합니다. 그래서 각개인의 사상 경향을 논할 때에도 이것을 표준으로 하는 모양이외다. 그러나 내가 말하는 민족 개조주의는 이 범주 중에 어느 것에 속한 것도 아니요, 또 어느 것을 특히 배척하는 것도 아니외다. 이 개조주의자 중에는 제국주의자, 자본주의자도 있을 수 있는 동시에 민주주의자, 노동주의자도 있을 수 있는 것이외다. 이런 것은 정치 조직에 관한 것이니, 개조주의에는 아무 상관이 없는 것이외다. 개조주의자의 유일한 주장은 조선인이 제국주의자가 되든지, 민주주의자가 되든지, 또는 자본주의자가 되든지, 노동주의자가 되는지를 물문(勿問)하고, 오직 그 무슨 「…자」 될 사람의 인성을 개조해야 한다 함이외다. 다시 말하면 현재 조선인의 성격을 개조한 뒤에야 건전한 제국주의자도 될 수 있고, 민주주의자도 될 수 있고, 노동주의자나 자본주의자도 될 수 있는 것이지, 이 개조가 없이는 아무 주의자도 될 수 없이 오직 열패자(劣敗者)가 될 뿐이라 함이외다. 신용할 만한 덕행, 직무를 감당할 만한 학식이나 기능, 자기의 의식주를 얻을 만한 직업의 능력, 이런 것이 없이야 무엇이 되겠습니까. 그러므로 이 개조주의는 사람의 바탕을 개조하여 그 주의야 무엇이며 직업이야 무엇이든지 능히 문명한 일개인으로 문명한 사회의 일원으로 독립한 생활을 경영하고 사회적 직무를 분담할 만한 성의와 능력을 가진 사람을 만들자 함이외다.

또 이 개조주의는 주의 자신이 어떤 종교도 아니요, 또, 기성의 어떤 종교에 특별히 가담하는 자도 아니외다. 동시에 어떤 종교를 배척하는 자도 아니외다. 야소교인도 가(可), 천도교인도 가(可), 불교인도 가(可), 유교인도 가(可), 무종교인도 역가(亦可)외다, 오직 개조된 자라야 야소교인이라도 참말 야소교인이 되고, 불교도라도 참말 불교도가 될 것이외다.

다음에 이 개조주의는 정치에 대하여 아무 간섭이 없습니다. 이 주의자 중에는 정치가도 낳을 것이다. 개조주의로는 동지인 자라도 정치적 의견으로는 몇 가지로든지 다를 수가 있습니다. 더구나 개조주의의 단체 자신은 영원히 정치에 참여할 것이 아니외다. 그는 영원히 오직 개조주의의 단체로 민중 교육 사업을 위하여서만 힘쓸 것이외다.

그러면 이 개조주의의 내용은 무엇인가.

각 사람으로 하여금,

1. 거짓말과 속이는 행실이 없게,
2. 공상과 공론은 버리고 옳다고 생각하는 바, 의무라고 생각하는 바를 부지런히 실행하게,
3. 표리 부동과 반복(反覆)함이 없이 의리와 허락을 철석같이 지키는 충성된 신의 있는 자가 되게,
4. 고식(姑息), 준순(逡巡) 등의 겁나를 버리고 옳은 일, 작정한 일이어든 만난(萬難)을 무릅쓰고 나가는 자가 되게,
5. 개인보다 단체를, 즉 사(私)보다 공(公)을 중히 여겨 사회에 대한 봉사를 생명으로 알게,(이상 덕육 방면)
6. 보통 상식을 가지고 일종 이상의 전문 학술이나 기예를 배워 반드시 일종 이상의 직업을 가지게, (이상 지육 방 면)
7. 근검 저축을 상(尙)하여 생활의 경제적 독립을 가지게, (이상 경제 방면)
8. 가옥, 의식, 도로 등의 청결 등, 위생의 법칙에 합치하는 생활과 일정한 운동으로 건강한 체격을 소유한 자가 되게함이니, 이것을 다시 줄여 말하면, 덕, 체, 지의 삼육(三育)과 부의 축적, 사회 봉사심의 함양이라 할 수 있습니다. 조선 민족 중에 이러한 사람이 많게 하자. 그리하여 마침내는 조선 민족으로 하여금 참되게, 부지런하고 신의 있고, 용기 있고, 사회적 단결력 있고, 평균하게 부유한 민족이 되게 하자 함이외다. 불행히 현재의 조선인은 이와 반대외다. 허위되고, 공상과 공론만 즐겨 나타하고, 서로 신의와 충성이 없고 임사(臨寫)에 용기가 없고 이기적이어서 사회봉사심과 단결력이 없고 극히 빈궁하

> 고, 이런 의미로 보아 이 개조는 조선 민족의 성격을 현재의 상태에서 정반대 방향으로 방면으로 변환(變換)하는 것이라 할 수 있습니다. 개조주의자가 생각하기에 현재의 조선민족성을 그냥 두면 개인으로나 민족으로나 열패자가 될 수 밖에 없으니, 이를 구원하는 것은 오직 그 반대 방향을 가르치는 개조가 있을 뿐이라 합니다.

이제 나의 말하는 민족 개조의 근본은 무실(務實)과 역행(力行)의 사상이외다. 위에 말한 여덟 가지도 통틀어 말하면 무실과 역행 두 가지에 괄약(括約)되는 것이외다. 무실이란, 무엇이나 거짓말을 말자, 속이는 일을 말자, 말이나 일에 오직 참되기를 힘쓰자 함이요, 역행이라 함은 공상을 말자, 공론을 말자, 옳은 일이라고, 하여야 할 일이라고 생각하였거든, 곧 행하기를 힘쓰자 함이외다. 이 두 가지야말로 천만고에 선(亘)하여도 변할 수 없는 인류의 도덕중의 근본 도덕이니, 실(實)과 행(行)이 없이 무슨 도덕이나 있을 수가 없는 것이외다. 따라서 일개인의 생활의 성패도 여기에 달리고, 일 민족, 일 국가, 기타 모든 단체의 성패도 이 실과 행이 있고 없기에 달린 것이외다. 예컨대, 일개인에게 무실 역행의 덕이 없다 합시다. 실이 없으매 그는 거짓말장이요, 사기사일 것이니, 세상은 그를 신용치 아니할 것이외다. 신용이 없으니 그는 상인도 못 되고, 관리도 교사도 못 되고, 동네의 일이나 가정의 일조차 할 수가 없을 것이외다. 진실로 신용은 사회생활하는 자의 생명이니, 신용은 도덕의 결과 중에 대표되는 자외다.

또 행이 없으매 그에게는 이루어지는 일이 하나도 없을 것이외다. 그는 공부가 좋은 줄을 생각도 하나, 말도 하나, 실지로 공부를 하지 아니하므로 학식이 있어질 날이 없고 그는 근검 저축을 말로도 하고 생각도 하나, 실지로 아무 사업도 하지 아니하므로 그에게는 사업의 성공도 부의 축적도 없을 것이외다. 따라서 이렇게 신용 없고 사업 없는 자의 할 일은 요행을 바라는 투기 사업이나 협잡이나 사기나 구걸이나, 또는 도적밖에 없을 것이외다.

현재 조선인의 지식 계급이란 자들의 행동을 보면 어떠합니까. 과연 두터운 신용을 가지고 정당한 직업에 진췌노력(盡瘁努力)하는 자가 얼마나 됩니까. 실업계면 미두(米豆) 거래나, 주식 거래나, 그렇지 아니하면 광산 기타에도 각 방면으로 요행을 바라는 협잡적 조명(釣名), 어리적(漁利的) 사업에 종사하고 그렇지 아니하면 누워도 천도(天桃) 떨어지기를 기다리는 부랑자적 인물이 많지 아니 합니까.

우리 중에 누가 큰 신용을 가진 자입니까. 누가 큰 사업을 이룬 자입니까.

조선 민족이 무실 역행의 도덕이 결핍한 것은 지내온 역사의 결과를 보면 알 것이외다. 내가 이렇게 함은 자기 민족의 결함을 폭로하기를 즐겨 그러함이 아니라, 우리의 결함을 분명히 알므로 다시 살아날 길을 분명히 찾아내자 함이외다.

첫째, 조선인끼리 서로 신용이 없습니다. 외국인은 신용하면서도 자국인은 신용치 못하는 기현상이 있습니다. 멀리는 말 말고 이조사(李朝史)를 보건대 서로 속이고, 서로 의심하고, 시기하고 모함한 역사라 하겠습니다. 이조사(李朝史)와 같이 완인(完人)이 없는 역사는 아마 드물 것이니, 명망 있는 인물 중에 와석 종신(臥席 終身)한 사람이 몇 사람이 못 됩니다.

또 현재로 보더라도 조선인 중에 만인의 신망을 일신에 집(集)하였다 할 만한 인물이 없고, 모두 의심을 받는 자들 뿐외이다. 이는 서로 거짓말을 하고 서로 속이는 행실을 하기 때문에 서로 신용치를 못함이니, 이러므로 큰 단체적 사업을 경영할 수가 없는 것이외다. 단체적 사업은 커녕 서로 믿는 친구도 얻기가 어려온 형편이외다.

또 단체로 보더라도 허위로 숭상하는 책망을 면치 못합니다. 금전으로나 인물로나, 아무 실력도 없으면서도 무슨 큰 실력이나 있는 듯이 허장성세를 합니다. 심한 자는 표면에 드러내인 목적과 이면의 진동기(眞動機)와가 판이한 수도 있습니다. 그러므로 세상에서도 이러한 단체를 신용하지 아니합니다. 그래서「저것이 기실은 무슨 목적으로 생겼나」또는「저것이 저렇게 떠들지마는 몇 날이나 갈터인가」합니다.

또 민족적으로 보더라도 조선 민족은 결코 타민족 중에 신용 있는 민족이 아니외다. 일본인도 우리를 신용치 아니합니다. 이조 말엽 몇 십년간의 한국 정부의 외교는 거의 전부 허위와 사기의 외교이었습니다. 더우기 가장 외교관계가 빈번하던 일본에 대하여 속이는 정책을 많이 쓴것은 사실이니 청일전쟁후에 러시아의 세력을 끌어들인것이나 정미신조약후에 미국에 비밀리에 의존하려한것이나 모두 속이는 외교였던 것은 가릴 수 없는 사실이니 여기서 민족적 신용을 실추함이 다대(多大)합니다.

다음 서린(西隣)인 한족(韓族)에게 조선 민족의 신용을 실추한 최대한 원인은 인삼장사와 가지사(假志士)들이외다.무릇 중국 방면에서 상업을 경영하는 오인(吾人)은 10에 8, 9는 한인(漢人)을 속이기로 장기를 삼아 이것을 한 자랑으로 아는 경향이 있습니다. 말똥을 청심환(淸心丸)이라고 팔았다는 말은 중국에 재(在)한 조선상인의 상략(商略)을 설명하는 말이라 하겠습니다. 그러나 가장 사기를 대표함은 홍삼(紅蔘)장사니, 그네는 만주삼(滿洲蔘)을 송삼(松蔘)이라고 속이고, 십원짜리면 백원짜리라고 속여 참말 비인도적 폭리를 탐합니다. 그 밖에 근년에 아편 장사가 많이 생겨 이 역시 정부를 속이고 인민을 속여 불의의 폭리를 탐하는 자인데, 넓은 중국에 조선 상인이라고는 이러한 홍삼 장사, 아편 장사뿐이니, 민족의 수치가 이에서 더한 것이 어디 있겠습니까. 그러나 이런 것은 하급 인민의 소위라 하여 관대한 한인(漢人)의 용서하는 바도 되려니와 근년의 다수의 자칭 애국지사, 망명객배가 중국의 고관과 부호에게 애걸하여 사기적으로 금품을 얻는 자가 점점 증가하여 민족의 신용을 아주 떨어뜨리고 만 것은 실로 개탄할 일이외다.

또 미국인의 오족(吾族)에 대한 신용은 어떠한가. 그 또한 말이 아니니, 조선에 와 있는 선교사들이 조선인을 신용치 않는 것도 사실이어니와 미국에 재류하는 동포가 또한, 혹은 악의로 혹은 유치한 애국심으로 거짓말과 속이는 일을 짐짓 행하므로 신용을 잃은 것도 많고, 그 중에도 상해를 경유하여 도미하는 동포들이 비록 사세(事勢)는 부득이 하다 하더라도 국적을 속여 거짓 여행권으로 가며, 혹은 재산을 속여 없는 학비를 있다고 하는 등으로 「조선인은 거짓말장이」라는 실망하는 평을 하게 됩니다.

그 보다도 지식 계급인 인사들이 자국의 약점을 안 보이려는 생각으로 흔히 거짓말을 하나니, 이것이 민족적 신용을 잃는 가장 큰 원인이 되는 줄을 알면 누구나 다 전율할 것이외다.

그러나 아마도 우리의 민족적 신용을 가장 잃게 하는 것은 모든 일에 허장성세하는 병일 것이외다. 아무 실력도 없으면서 소리만 크게 내는 허위일 것이외다. 그러나 나는 이에 대하여 차마 자세하고 구체한 예를 들지 못합니다.

이렇게 조선인으로, 안으로 자기네끼리도 서로 믿지 못하고, 밖으로 이 민족간에도 신용을 잃어버렸으니, 이러고 어찌 살리오. 살게 되는 날은 조선인끼리 서로 믿게 되고 이민족에게 신용을 받게 되는 날이니, 이러하려면 허위 없는 공부를 시작하여 전조선인으로 하여금 진실한 인민을 만드는 수밖에 없을 것이외다.

인류 생활의 가장 안전하고 유리한 방식이 단체 생활인 것은 다시 말할 것도 없거니와 단체 생활을 가능케 하는 근본 능력은 그 단체의 각원간(各員間)의 신뢰니, 이것이 없으면 단체가 성립될 수가 없을 것이외다. 그런데 신뢰는 어디서 생기나, 허위가 없고 진실함에서 생기는 것이외다. 그러므로 일 민족의 흥망성쇠는 그 민족의 각원의 진실 여부에 달린 것이니, 진실하면 그 민족은 굳은 단결이 이루어지는 동시에 그 민족이 이족에게 받는 신용도 클 것이외다. 그러므로, 민족의 개조는 반드시 무실에 시(始)한다 함이니,

허위의 죄의 대가가 멸망인 것과 무실의 덕의 보상이 갱생인 것을 따끔하게 자각할지어다.

이렇게 개인으로나, 민족으로 신용이 없는데다가 모두 공상과 공론뿐이요, 실지로 행하는 것이 없기 때문에 아무 이루어 놓은 일이 없습니다. 근래에 명망 있다는 인사를 예로 들어 보시오, 그네가 무엇으로 명망을 얻었는지 알 수 없습니다. 우리 중에 가장 명망이 많은 자가 애국자입니다. 우리는 수십인의 명망 높은 애국자들을 가졌거니와 그네의 명망의 기초가 무엇인지를 찾아보면 참으로 허무합니다. 다 그렇다고 하는 것은 아니나, 대부분은 허명이외다. 그네의 명망의 유일한 기초는 떠드는 것과 감옥에 들어갔다가 나오는 것과 해외에 표박(漂泊)하는 것인 듯합니다. 나는 이곳에서 이러한 말을 좀 자세히 하고 싶지 마는, 여러 가지 사정으로 그러한 자유를 못가진 것이 한이외다.

애국자들뿐이 아니라, 지금 사회에 명사라는 칭호를 듣는 이들로 보더라도 그네의 이 명칭은 아무 사업적 근거가 있는 것이 아니니, 우리 명사의 일대 특징이 일정한 직업을 안 가진 것임을 보아 알 것이외다. 혹 지사(志士)라 하여 그의 뜻이 가상하다 함으로 명사가 됩니다. 그래서 그 사람 생각이 좋다고 칭찬하거니와 뜻이 좋다, 생각이 좋다, 하는 것이 아무 칭찬할 거리가 되지 못하는 것이니, 만일 그가 아직 수학 중에 있는 청년이라 하면 그 뜻이나 생각 좋은 것이 장래의 좋은 사업할 것을 지시하므로 칭찬할 거리가 되지 마는 신사라든지 명사라는 말을 듣는 자로서 뜻이 좋다, 생각이 좋다는 것을 유일한 칭찬으로 아는 것은 그 칭찬받는 자의 수치로 알 일이외다. 그런데 우리 명사는 흔히 뜻이 좋고, 생각이 좋다는 명사가 아닌지.

사람의 생명은 일에 있습니다. 일이란 직업이외다. 직업으로만 오직 사람이 제 의식주를 얻는 것이요, 제가 맡은 국가와 및 사회의 직업을 다하는 것이니, 일을 아니하는 자는 국가나 사회의 죄인이외다. 그러므로 뜻이 좋고 생각이 좋은 것은 그것이 일로 실현되어 나오기 전에 아무 소용도 없는 것이외다. 그러므로 사람을 비평하는 표준은 그의 하여 놓은 일뿐이니, 이것을 두고는 다른 표준은 없는 것이외다.

혹, 감가불우(轗軻不遇)라 하여 때가 돌아오기를 기다린다 하고 부랑자가 되는 것을 일종의 미덕으로 알지마는 이것은 가장 잘못된 도덕적 비판이외다.

중용(中庸)에 이르기를 도자불가수유이야(道者不可須臾離也)라 하였거니와 도(道)라는 것은 인생의 직무라는 뜻이니, 인생이 살아 있는 동안 일시일각도 그 직무를 떠날 수는 없는 것이외다. 직무란 곧 직업을 사회의 견지에서 본 명칭에 불과하는 것이외다.

뜻이 좋고 아무 일도 아니하는 것은 공상이라 하고 말만 좋고 아무 일도 아니하는 것을 공론이라 하나니 공상과 공론은 나타한 자의 특징이외다. 그런데 공상과 공론은 조선 명사의 특징이외다.

이를 민족적으로 보더라도 조선 민족은 적어도 과거 오백년 간은 공상과 공론의 민족이었습니다. 그 증거는 오백년 민족 생활에 아무것도 남겨 놓은 것이 없음을 보아 알 것이외다. 과학을 남겼나, 부를 남겼나, 철학, 문학, 예술을 남겼나, 무슨 자랑될 만한 건축을 남겼나, 또 영토를 남겼나, 그네의 생활의 결과에는 남은 것이 하나도 없고, 오직 송충이 모양으로 산의 삼림을 말짱 벗겨 먹고, 하천의 물을 말끔 들이 마시고 탕자 모양으로 선대의 정신적, 물질적 유산을 다 팔아 먹었을 뿐이외다. 의주(義州)에서 부산(釜山), 회령(會寧)에서 목포(木浦)에 이르는 동안의 벌거벗은 산, 마른 하천, 무너진 제방과 도로, 쓰러져 가는 성루와 도회, 게딱지 같고 돼지우리 같은 가옥, 이것이 오백년 나타한 생활의 산 증거가 아니고 무엇입니까.

진실로 근대 조선 오백년사는 민족적 사업의 기록이 아니요, 공상과 공론의 기록이외다. 저 이조 조선사의 주류인 당쟁도 또한 공상과 공론으로 된 것이니, 따라서 이조사에 나오는 인물은 대부분 공상과 공론의 인물들이외다. 그래서 명망은 그 이루어 놓은 사업으로 전하는 것이 아니요, 그네의 언론과 문장으로 전할 뿐이외다. 만일 언론과 문장을 업으로 삼는 자라 하면, 언론, 문장만 세(世)에 전하는 것이 마땅하지마는 일국의 재상이나 수령(守令) 방백(方伯)으로서 그렇다하면 이는 진실로 괴변이외다. 심지어 임진(壬辰), 병자지역(丙子之役) 같은 흥망이 유관한 대사건에도 당시의 당국자들은 군비나 산업에 노력하기보다 의리가 어떤 둥, 어느 대장의 문벌이 어떤 둥, 시(詩)가 어떤 둥 하여, 혹은 의주의 행재(行在), 혹은 남한(南漢)의 몽진(蒙塵)에 공상과 공론만 일삼았습니다. 진실로 근대 조선사는 허위와 나타의 기록이외다.

과거에만 그러한 것이 아니라, 현재의 조선인도 그러합니다. 우리가 보는 전등, 수도, 전신, 철도, 윤선(輪船), 도로, 학교 같은 것 중에 조선인이 손수 한것이 무엇무엇 입니까. 교육을 떠들고, 산업을 떠들지마는 교육기관 중에 조선인의 손으로 된 것이 3, 4개의 고등보통학교가 있을 뿐이요, 산업기관이라고 자본을 총합하여도 일천만원도 못 되는 구멍가게같은 은행 몇 개가 있을 뿐이외다.

이것이 모두 공상과 공담뿐이요, 행함이 없는 까닭이니 조선인은 언제까지나 이 나타를 계속하려는가요. 만일 분연히 이것을 버리지 아니하면 그 명운은 멸망밖에 없을 것이외다.

그러므로 우리는 행하기를 력(力)하자, 즉 역행하자, 누구나 한 가지씩의 직업을 가지자. 그리하여 그 직업을 부지런히 하자 함으로 민족 개조의 근본칙(根本則)을 삼아야 합니다.

이에 나는 우리가 무실과 역행으로써 민족 개조의 근본칙을 삼을 것을 말하였습니다.

바꾸어 말하면 새로 개조하려는 민족성의 근본을 실과 행에 두자 함이외다. 그 밖에 모든 도덕은 이 실과 행에 기초하여 건설될 것입니다.

그러나 한 가지 더 실과 행과 동(同) 정도로 고조할 것이 있으니, 그것은 사회 봉사심이외다. 전에 개조 8원칙의 제5에 게재한 것이외다. 개인보다 단체를, 즉 사(私)보다 공(公)을 중히 여겨 사회에 대한 봉사를 생명으로 알게 하자 함이외다. 이것이 이기심의 반대되는 것은 명료하거니와 가족이나, 사당(私黨)이나, 친우 같은 것도 또한 사(私)외다. 그런데 조선인은 아직 사회 생활의 훈련이 없어 그 애호의 정이 미치는 범위가 가족, 붕당을 초월하지 못합니다. 그러므로 자기 일신(一身)이나, 일가(一家)의 이해를 위하여 사회의 이해를 불고(不顧)하는 수가 많습니다. 이래서는 안 되니 적더라도 그 애호의 범위를 민족까지에 확대할 것은 심히 긴요 합니다.

사회 봉사의 길은 둘이 있으니, 1은 사회에 익(益) 있고 해(害) 없는 직업을 택함이요, 2는 모든 단체 생활에 충실함이외다. 자선사업이나 소위 공익사업을 하는 것만이 사회 봉사인 줄 아는 것은 잘못이외다. 이는 자본주의적 사회조직에서 유산 계급만 할 수 있는 일이니, 대개 세상에서 말하는 자선 사업이나 공익 사업은 많은 금전이나 시간을 자기의 이해와 아무 관계 없는, 순전히 남을 위한 사업에 내는 것을 이르기 때문이외다. 참뜻의 사회 봉사는 누구나 할 수 있는 것이니, 가령 농부가 오곡의 배양에 종사하는 것, 공장(工匠)이 유용한 기구를 제작하기에 종사하는 것, 교사가 청년 자제의 교육에 종사하는 것 등의 직업 자신이 이미 사회 봉사를 의미하는 것이외다. 무릇 사회의 존립에 필요한 직업에 종사하는 자는 모두 사회에 봉사하는 자니, 그러므로 사회 봉사의 제1요건은 사회가 요구하는 직업을 가짐이외다. 직업이 없이 사회 봉사를 설(說)하는 자가 있다 하면 그는 공론을 하는 자외다.

사회 봉사의 둘째 길은 모든 단체 생활에 충실함이라 하였습니다. 전에도 누차 말한 바와 같이 인류의 생활은 단체 생활이니, 각 개인의 생활을 분석(分析)하면 여러 가지 중중(重重)한 단체 생활이외다. 실례를 들면 일개인은 첫째 국가라는 단체의 일원이겠습니다. 다음에는 도(道), 부(府), 군(郡), 면(面) 같은 행정 자치 단체의 일원이겠고, 그가 종교의 신도면 어떤 종교단체의 일원이겠고, 또 그가 학생이나 교원이면 그 교육 단체의 일원이겠고, 기타 개인의 성정과 직업의 방면을 따라, 혹은 정치 단체, 경제 단체, 교육 단체, 학술 단체 수양단체의 일원일 것이외다. 문화가 향상할수록, 생활의 내용이 복잡할수록, 단체 생활의 필요와 종류가 느는 것이니, 이 단체의 생활을 잘하는 것이 생존에 적자인 자의 특징이외다. 그런데 단체 생활에 충실하다 함은 무슨 뜻인가. 일언이폐지(一言以蔽之)하면 그 단체의 규약, 즉 법을 엄수함이요, 다시 상언(詳言)하면 그 단체의 유지와 발전의 동력이 되는 금전상의 부담(즉 납세, 회비 등)에 충실할 것, 집회에 잘 출석할 것, 그 단체를 실제로 운용하는 지도자의 지도에 순종할 것, 그 단체를 내 것이라고 사랑하는 정을 가질 것 등이겠습니다. 지도자라 하면 국가면 원수, 회(會)면 회장 같은 것이니, 지도자를 잘 택하는 것과 택한 지도자에게 잘 순종하는 것은 진실로 단체 생활에 극히 중요한 것이니, 지도자를 바로 택할 줄 모르는 민중도 단체 생활에 성공할 자격이 없는 동시에 지도자의 지도에 순종할 줄 모르는 민중도 단체생활에 성공할 자격이 없는 것이외다. 데모크라시란 지도자 없는 생활이란 말이 아니라, 지도자를 민의로 택하는 생활이란 뜻이외다.

그런데 우리 사람은 위에 말한 것과 같은 단체 생활의 도덕이 없습니다. 길게 설명하지 아니하더라도 우리가 보는 무슨 회(會), 무슨 회(會) 하는 단체들이 되어가는 모양을 보아 알 것이외다.

그런즉 무실과 역행과 사회 봉사심(즉 단결의 정신)을 개조하는 신민족성의 기초로 삼자 함이외다. 그러면 이 주의에 의지하여 개조된 사람은 어떠한 사람일까. 그는 반드시 보통 교육과 일종의 전문 교육이나 기예의 교육을 받아 사회에 유익하다고 믿는 일종의 직업을 가졌을 것이외다. 그 직업을 지극히 사랑하고 그 직업을 가진 것을 영광으로 알아 일생의 정력을 그것을 위하여 다할 것이외다. 대개 그는 모든 직업이 평등으로 다 존귀한 줄을 확신할 것이외다. 그 직업이 자기에게 의식주를 주고 사회에 대한 봉사의 신성한 보수되는 명예를 주고 또 양심의 만족과 활동과 성공의 쾌락을 주는 줄을 알기 때문이외다. 그는 일정한 휴일을 제(除)하고는 날마다 일정한 시간 동안을 성의와 근면으로 그 직업에 종사하되, 그의 하는 일, 만드는 물건이 아무쪼록 사회에 유익하기를 바라므로 속임이 없습니다. 그러므로 세상은 그를 믿어 다시 의심함이 없습니다. 그는 그 직업에 관하여 남과 거래할 때에 반드시 성의를 가지고 신용을 지킵니다. 또 그 직업을 심히 사랑하기 때문에 어떠한 곤란이 있든지 위험이나 핍박이 있더라도 결코 그것을 버리지 아니하고 용기를 발하여 싸워 이깁니다.

이렇게 직업을 사랑하고 그것을 위하여 근면하므로 주색에 빠지거나 잡담, 박혁(博奕)을 즐길 새는 없지마는 그에게는 방순(芳醇)한 가정의 낙(樂)과 문학, 예술, 혹은 종교나 철학을 즐기며, 혹은 순결한 교우의 낙과 동지의 회집의 낙을 가집니다. 그리고 그는 일정한 운동으로 건강과 용기와 쾌락을 얻습니다.

그는 국가에 대하여서는 모든 의무를 충실히 다하는 국민이요, 그가 참가한 모든 단체에 대하여는 충실한 회원이외다. 그러므로 그는 혹은 체면에 끌려, 혹은 군중심리에 끌려, 용이히 무슨 허락을 아니하지마는 한번 허락한 이상 그는 결코 변함이 없습니다.

그는 위인이 아닐는지는 모르되, 무슨 일을 하는 사람이요, 성인이 아닐는지는 모르되, 누구나 믿을 만한 사람이외다. 그는 완성될 범인이니, 이 완성된 범인이야말로 우리가 구하는 바외다.

(8) 개조(改造)의 방법(方法)

그러면 어떠한 방법을 취하여 이 개조의 이상을 실현할까. 이상은 아무리 좋더라도 그 실현하는 방법을 찾지 못하면 역시 공상이 되고 말 것이외다.

방법! 이것은 우리 사람들이 가장 경히 여기고 그렇기 때문에 가장 졸(拙)합니다. 우리들은 흔히 수단을 중히 여기나 방법을 경히 여깁니다. 수단과 방법을 흔히 동의(同義)의 어로 쓰지마는 기실은 그 사이에는 구별이 있고 또 구별을 할 필요가 있는 것이외다.

방법이라 하면 무슨 일을 하는 깃을 이름이니, 무슨 일이든지 하려고 할 때에는 첫째는 그 일의 목적을 정하여야 하고, 둘째는 그 목적을 달하는 길을 정하여야 합니다. 출발점과 도착점 사이에는 가능한 여러 가지 길이 있음이 마치 기하학상으로 양점간에는 무수한 선을 그을 수 있음과 같습니다. 그런데 양점간의 최단거리는 직선이요, 직선은 1이요, 오직 1인 것같이 사업의 출발점에서 목적의 도착점까지에 달할 수 있는 모든 길 가운데에서 신중한 고려로써 그 최단거리라 할 만한 길을 택하여 이 사업을 완성하기까지는 꼭 이 길로 나가자 하고 작정해 놓은 것이 방법이니, 방법이란 자의(字義)가 십분 그 불변성, 불가범성을 표하는 것이외다. 원래 방(方)자는 모형이란 뜻이요, 법(法)자는 먹줄이란 뜻이니 방이나, 법(法)이나, 일정하다는 뜻이 있는 것이외다. 다시 말하면 방법이란 법률이요, 규칙이며, 이에 반하여 수단이란 그 법률이나 규칙의 운용의 솜씨외다. 같은 법률이나 규칙도 잘 운용하고 못하기에 그 효력에 대관계를 생하는 것이니 수단이란 것도 일을 위하여는 필요한 것이외다. 방법은 식(式)이요, 수단은 활용이외다. 그러나 수단은 방법에 의하여 쓸 것이니, 방법 없는 수단은 되는 대로 하는 것에 불과합니다. 그러하거늘 우리들의 일하는 법은 흔히 방법을 세우지 아니하고 임시 임시의 수단만 부리려 합니다. 그래서 수단이란 그 본래의 뜻을 잃어버리고 부정한 권모나 술책을 의미하게 된 것이외다.

방법이란 만사에 다 중요한 것이외다. 밥을 짓는 데도 방법이 있으니, 쌀과 물을 솥에 두고 불을 땐다고 밥이 되는 것이 아니외다.

쌀과 물과의 분량의 비, 불 때는 양을 다 방법에 맞게 하여야 밥이 되는 것이니, 쌀과 물과 불 세 가지 재료는 같다 하더라도 그 방법을 따라 밥도 되고, 죽도 되고, 미음도 되고, 풀도 될 것이외다. 만일 아주 방법을 그르치면, 혹은 태울 수도 있고, 설릴 수도 있어 소위 죽도 밥도 안 될 수가 있는 것이외다. 이에 대하여 같은 밥을 지으되, 질도 되도 않게 맛나게 짓는 것은 그짓는 자의 수단이외다. 그러므로 수단은 방법을 지키는 때에만 유효한 것이외다.

좀더 어려운 말로 방법의 필요를 설명하려면, 과학 연구의 방법을 예로 드는 것이 편할 것이외다. 첫째, 오늘날과 같은 자연과학, 기타 제반 과학이 발달된 가장 중요한 원인이 베이컨의 귀납법(歸納法)의 발견이라 합니다. 귀납법이란 재래의 연역법(演繹法)에 대한 자연 및 인사 연구의 일방법이외다. 그런데 이 방법을 얻었기 때문에 모든 과학의 발달이 된 것입니다.

무슨 과학이든지 한 과학이 성립됨에는 특수한 대상이 필요함과 같이 특수한 연구 방법이 필요한 것이니, 이 방법 없이는 과학이 성립될 수 없는 것이외다.

또 딴 방면으로 말하면 서양인은 성하고 우리는 쇠하는 것도 서양인의 생활의 방법이 옳았고 우리는 생활의 방법이 잘못 되었다고 볼 수 있는 것이외다.

이렇게 일에는 방법이란 것이 필요합니다. 그런데 우리가 하려는 가장 큰일되는 민족 개조에 어찌 방법이 필요하지 아니하겠습니까.

이 방법에 관하여는 위에도 기회를 따라 말하였읍니다마는 그 중심은 개조동맹이외다. 금주 동맹이니, 금연 동맹과 같이 일정한 주의로 개조하기를 동맹함이외다.

「위선 나부터 개조하자」는 뜻을 가진 자들이 동맹을 지어 하나씩 둘씩 그러한 동맹원을 늘여 가면서 서로 자격(刺激)이 되고 서로 도움이 되어 일면 자기의 개조를 완성하면서 일면 동맹원을 늘리는 것이외다.

이제 이런 동맹이 가장 확실한 방법인 것을 말합시다. 재래로 우리 사회에서는 사상을 전하기로 주요사를 삼았습니다. 그러나 공론을 좋아하고 실행이 없는 우리 사람들은 새로 얻은 사상을 오직 공론의 좋은 새 재료를 삼을 뿐이요, 그 사상이 들어오기 때문에 좋아진 것이 별로 없었습니다.

무론 사상이 점점 널리 전파되고, 점점 깊이 침윤(浸潤)함을 따라 오랜 세월을 지내는 동안에는 조금씩 조금씩 행으로 실현되는 것은 사실이겠지마는, 지금 우리 형편으로는 이러한 자연의 추이를 기다릴 수가 없고 마치 전기 작용과 온도의 조절로 식물의 성장을 촉진하는 모양으로 무슨 인공적 촉진 방법을 쓰지 아니치 못할 긴급한 처지에 있는 것이외다. 그러므로「이래해야 된다, 저리해야 된다」하고 필설(筆舌)로만 떠들어 들을 자는 들을지어다. 하고 싶은 자는 할지어다 하는 완만한 정책에 의뢰할 수는 없는 것이외다. 그뿐더러 내가 보기에 우리 민족의 결핍한 것은 사상이기 보다 실행이니, 우리가 아는 것만이라도 실행만 하면 살 수가 있으리라 합니다. 가령 거짓이 없어야 한다, 부지런해야 한다, 학술이나 기예를 배워야 한다, 그래서 누구나 한 가지 직업을 가져야 한다, 교육과 산업을 발달시켜야 한다, 이런 것은 누구나 다 알 만한 것이 아닙니까. 그러므로 우리의 할 일은 그대로 실행함이외다. 그러므로「나부터 먼저 개조하자」하는 것이 개조 사업의 가장 확실한 방법이 되는 것이니, 대개 나 하나의 개조는 나의 가장 확실하게 가능한 바요, 따라서 나 하나를 개조하면 이에 조선 민족은 일제의 개조된 원(員)을 가지게 될 것이니, 겸하여 개조된 한 사람이 개조 사상의 실현된 모험이 될 것이니, 이 실현된 모험이야말로 가장 웅변된 선전이 되는 것이외다. 이렇게 개조된 1인은 전 민족 개조의 발단이요, 기초가 되는 것이외다.

이러한 사람이 동맹을 지으므로 서로 자격(刺激)이 되고 서로 보익(補益)이 되는 동시에 개조된 사람, 적더라도 개조를 목적으로 실행하는 사람이 일단(一團)이 되기 때문에 그 실현된 모범이 더욱 뚜렷하고, 유력하게 됩니다. 특별한 주의와 행동을 하는 개인도 표가 나지마는, 그러한 개인들의 단체는 더욱 표가 나는 것이 마치 여러 천만 자루의 횃불을 한 곳에 모아 세운 것 같습니다. 비컨대 예수교회를 보시오. 그네가 만일 교회라는 단체를 이루고 속인과 판이한 습속을 가지지 아니하였더면 그렇게 뚜렷하게 세인의 주목을 끌기가 어려울 것이외다. 그러므로 한 단체의 존재가 백천(百千)의 신문, 잡지보다 위대한 선전력을 가진 것이외다.

단체의 선전력이 위대하다는 실례로는 미국의 금주 동맹이 가장 좋을까 하옵니다. 그것은 지금 57년인가 8년전에 메튜라는 신부가 시작한 것인데, 하나씩 하나씩 동맹원을 모집하여 57년만에 마침내 전미(全美) 인민의 과반수의 동지를 얻어 작년 7월에 드디어 그 나라 헌법에 금주의 조(條)를 가입케 하였습니다. 고례로 금주를 선전한 사람이 퍽 많지마는 이 나라에서와 같이 성공한 자가 없음은 이 동맹 단체라는 방법을 이용할 줄을 모른 까닭이외다.

동맹을 짓는 세째 이익은 위에도 일찍 말한 바와 같이 그 운동의 생명을 영속케 함이외다. 개인의 생명은 믿을 수가 없는 것이로되, 공고하게 조직된 단체의 생명은 영원성을 가진 것이니, 비록 세월이 가고 대(代)가 사시더라도 그 단체의 주지(主旨)는 그냥 남아 연(連)해 동맹자의 수를 늘일 것이며 아울러 그네가 목적하는 사업을 영구히 계속하여 갈 것이외다.

그러므로 이 민족 개조를 목적하는 동맹 단체는 가능한 모든 수단을 다하여 그의 생명이 영속하기를 힘써야 할 것이외다. 단체의 생명을 영속하게 하는 방법은 여기서 말할 바 아니니, 딴 기회를 기다리려니와 한 가지 반복하여 역설 할 것은「민족 개조는 오직 동맹으로야만 된다. 그러므로 이 동맹으로 생긴 단체는 가장 공고하여 영원성을 가짐이 필요하다」함이외다.

최종에 동맹이 필요한 것은 그 주의를 선전하고 그 목적을 실현하기 위한 사업을 경영하기 위해서외다. 동맹이 비록 좋지마는 언론으로 일반 민중에게 그 주의를 선전할 필요가 있으며, 또 이미 덕육(德育)을 하여라, 보통 학식을 배우는 일종 이상의 전문 학술이나 기예를 배워라 하였으니, 그러하기에 필요한 일을 하여 주어야지 그렇지 아니하면 그도 또한 공론에 불과할 것이외다. 그러면 그런 일이란 무엇이뇨, 학교 서적 등의 공급이외다. 또 체육을 하라 하면 그것을 할 설비, 곧 위생 설비나 체육장의 설비, 위생서, 체육서 등의 제공이 필요할 것이외다. 그러고 보니 이런 모든 것을 시설하려면 거액의 금전과 다수의 인재가 필요합니다. 그러면 그것들은 어디서 나오나, 오직 공고한 단체에서외다. 재래 우리의 모든 사업은 일정한 재력이 없이 하였습니다. 가령 신문, 잡지나 학교를 경영하는 자 중에 진실로 이러한 예산을 세우고 하는 자가 몇이나 됩니까. 소위「마음만 있으면 된다」하고「시작만 하면 된다」하여 마음만 가지고 시작한 것이 많았으며 모두 몇 날이 못하여 스러지고 말았습니다. 마음만 있으면 된다는 것이 곤란을 무릅쓰고 열심을 내라는 격언이 되지마는 마음이 밥이 되고 마음이 나무가 되지 않는 이상 마음만 가지고 일이 될 리가 있습니까. 일을 이루는 것은 오직「힘」뿐이니, 힘이란 무엇이뇨. 사람과 돈이외다.

그런데 우리네는 흔히 사람을 쓸 때에 임시 임시 아무나 말마디나 하는 자면 골라 쓰려 하고 돈은 의연(義捐)이나 일시 일시 어떤 부자를 꾀어내어서 쓰려 합니다. 작은 사업에나 큰 사업에나 다 이러합니다. 이것으로 어찌 일이 되겠습니까.

일하는 사람이란, 그 일의 전문가이기를 요구합니다. 정치에는 정치의 전문가, 산업에는 각각 그 방면의 전문가, 교육에는 교육의, 신문 잡지에는 신문 잡지의 전문가를 요구하는 것이니, 전문의 교양이 없이 임시 임시로 정치가도 되고 교육가도 되었다가 은행 지배인도, 잡지 주필도 되는 것은 아직 사회의 분화가 생기지 아니하였던 옛날의 일이외다.

전문가란 그 직업에 상당한 덕행(德行)(즉 신용, 근면, 신의, 용기)과 거기 상당한 전문 학식을 가진 자를 일컬음이니, 이러한 자격을 얻으려면 십 수년의 성스러운 수양과 경험을 쌓아야 하는 것이외다. 전문가 아니고 모종의 사업을 경영하려 함은 오늘날에 있어서는 한 공상에 불과합니다.

돈에 관하여 말하건대 일시적 사업, 비컨대 어떤 지방에 수재가 나서 그 이재민을 구제하는 사업 같은 것은 의연으로도 할 수 있는 것이지마는, 그렇지 아니하고 교육 사업이나 신문, 잡지, 기타 무릇 영구성을 가진 사업을 경영하는 데는 반드시 매년에 일정한 수입이 있기를 요하는 것이니, 이 일정한 수입을 얻는 길은 오직 두 가지 길이 있을 뿐이니, 하나는 그 단체의 각원이 일정한 기간내에 일정한 금액을 갹출(醵出)함이니 이는 국가의 납세, 항용(恒用) 단체의 회비 같은 것이요, 또 하나는 기본금이니 이는 어떤 단체의 단원들이 얼마씩을 내어 그 본전은 영영 쓰지 아니하고 이자만 쓰는 제도니, 근대 각종 산업 단체, 교육 단체, 기타 사회 사업의 단체들이 많이 취하는 것이외다. 이 두 가지 중에서 가장 확실한 것은 기본금주의니, 이것에서 나오는 매년의 수입이 일정한 금액 이상일 것이 확실합니다. 회비주의는 국가나 종교와 같이 특수 권력을 가진 단체가 아니고는 꼭 일정한 금액 이상의 수입을 확보하기가 어려운 것이외다.

무릇 영구성을 가진 사업을 하려 하는 단체는 위에 말한 바와 같은 인력과 금력의 준비를 가짐이 절대로 필요한 것이니, 이것이 없으면 아무리 좋은 이상과 계획이 있다 하더라도 또한 공론이 되고 말 것이외다.

그러므로 민족 개조를 목적하는 자들이 크고 견고한 동맹을 지음이 이 두 가지 힘을 얻는 유일한 길이니, 동맹의 큰 필요를 여기에서도 볼 것이외다.

이 모양으로 개조된 개인들, 즉 건전한 인격자들과 그네의 동맹한 단체, 즉 견실하고 큰 단체를 이루면, 이에 우리 사업의 기초는 확립한 것이니, 이로부터 오직 점점 이상을 실현하면서 성장함이 있을 뿐이지 결코 퇴보함이 없을 것이외다.

위에 말한 개조의 방법은 그 대강령을 든 것이어니와 이는 만고에 긍하여 변치 아니할 진리외다. 그러나 이 방법의 세밀한 점에 이르러서는 다른 때에 말하는 것이 적당하리라 합니다.

(9) 결 론(結論)

나는 이상에 민족 개조의 의의와 역사상의 실례와 조선 민족 개조의 절대로 긴하고 급함과 민족의 가능함과 그 이상과 방법을 말하였습니다.

세인 중에는 조선 민족의 장래에 대하여 비관하는 자도 있고 낙관하는 자도 있을 것이외다. 또 비관하는 자 중에도 그 비관의 이유가 여러가지일 것이니, 혹은 조선 민족의 외국의 사정의 불순을 이유로 하는 자도 있을 것이요, 혹은 조선 민족은 정신상으로나 물질상으로나 피폐(疲弊)의 극에 달한 것을 이유로 하는 자도 있을 것이요, 심한 자는 조선 민족의 본성이 열악(劣惡)하여 도저히 번영을 기(期)치 못할 것을 이유로 하는 자도 있을 것이외다. 이러한 모든 비판의 이유가 다 일면의 진리를 가진 것이니 일개(一槪)로 조소해 버릴 것은 아니외다.

또 낙관자 편에도 그 낙관의 이유가 하나가 아닐지니, 혹은 천운이 순환(循環)하여 부왕태래(否往泰來)할 날이 반드시 있으리라 하는 유치한 숙명관을 이유로 하는 자도 있을 것이요, 혹은 비관론자와 정반대로 조선 민족의 천질(天質)이 우수함은 고대사의 증명하는 바라는 것을 이유로 하는 자도 있을 것이요, 혹은 광막한 세계의 대세를 이유로 하는 자도 있을 것이외다(저 민족의 운명에 관하여 아무 생각도 없는 자는 말할 필요도 없는 일이외다). 이러한 낙관설에도 또한 취할 점은 있지마는 그 진리를 함유한 분량으로는 비관설이 훨씬 우승합니다. 진실로 낙관자의 이유는 극히 유치하고 천박합니다. 천운순환이란 것은 거론할 필요도 없고(기실 다수의 조선인을 지배하는 사상이겠지마는) 민족의 본질의 우수라는 것도 지금 형편에 누가 믿어 줄 말이 못 되며 또 설사 본질은 우수하더라도 타락한 금일에는 우수한 점보다 열악한 점이 많은 것은 사실인즉, 이것이 낙관의 이유가 될 수는 없는 것이요, 세계대세론자는 신문명, 신사상으로 민족을 일신케하면 살아나리라는 의미로는 진리이나 정치적 의미로 말하는 것이라 하면 괘치(掛齒)할 바가 아니외다.

낙관론자에 가장 확실하고 고급적인 것은 우리가 힘씀으로 살리라 하여 문화 운동을 주창(主唱)하는 자외다. 그네는 생각하기를 강연을 하고 학교를 세우고 회를 조직하고 신문이나 잡지를 경영하고 서적을 출판하는 등, 이른바 문화 사업으로 족히 이 민족을 구제하여 행복과 번영의 길에 넣으리라 합니다. 이는 무론 옳은 자각이니, 대개 이는 모든 행복되고 번영하는 민족들이 그 행복과 번영을 얻는 길로 하는 사업이외다. 그러나 조선 민족은 너무도 뒤떨어졌고, 너무도 피폐하여 남들이 하는 방법만으로 남들을 따라가기가 어려울 처지에 있으니 무슨 더 근본적이요, 더 속달의 방법을 찾을 필요가 있습니다. 위선 현재 있는 대로의 상태로는 문화 사업도 하여 살 수가 없을이만큼 조선 민족은 쇠약하였습니다. 자양분과 운동을 취하게 하기 전에 위선 캄플 주사가 필요하게 되었습니다. 보시오, 학교들이 생기나 유지할 능력이 없어 거꾸러집니다. 회(會)들이 생겼으나 또한 그러하고, 잡지와 신문들이 생겼으나 또한 그러합니다. 문화 사업을 할 사람이 없고 할 돈부터 없는 처지입니다. 사람부터 만들자, 돈부터 만들자 하는 것이 맨 먼저 필요합니다.

그러면 네 의견은 어떠하냐, 이 논문에 말한 것으로 이미 짐작도

하셨으려니와, 나는 차라리 조선 민족의 운명을 비관하는 자외다. 전에 말한 비관론자의 이유로 하는 바를 모두 진리라고 생각합니다. 우리는 과연 순치 못한 환경에 있습니다. 우리는 그 이상을 상상할 수 없을이만큼 정신적으로나, 물질적으로나 피폐한 경우에 있습니다. 또 우리 민족의 성질은 열악합니다(근본성은 어찌 되었든지 현상으로는). 그러므로 이러한 민족의 장래는 오직 쇠퇴 또 쇠퇴로 점점 떨어져 가다가 마침내 멸망에 빠질 길이 있을 뿐이니 결코 일점의 낙관도 허할 여지가 없습니다. 나는 생각하기를 30년만 이대로 내버려두면 지금보다 배 이상의 피폐에 달하여 그야말로 다시 일어날 여지가 없이 되리라 합니다. 만일 내 말이 교격(矯激)하다 하거든 지나간 30년을 돌아보시오! 얼마나 더 성질이 부패하였나, 기강이 해이하였나, 부(富)가 줄었나, 자신이 없어졌나, 오직 조금 진보한 것은 신지식이어니와, 지식은 무기와 같아서 우수한 자에게는 복이 되고 열악한 자에게는 화가 되는 것이라, 이 소득으로 족히 소실(所失)의 십의 일도 채우기 어려울 것이외다.

그러면 이것을 구제할 길은 무엇인가. 오직 민족 개조가 있을 뿐이니 곧 본론에 주장한 바외다. 이것을 문화 운동이라 하면 그 가장 철저한 자라 할 것이니 세계 각국에서 쓰는 문화 운동의 방법에다가 조선의 사정에 응할 만한 독특하고 근본적이요, 조직적인 일 방법을 첨가한 것이니 곧 개조 동맹과 그 단체로서 하는 가장 조직적이요, 영구적이요, 포괄적인 문화 운동이외다. 아아, 이야말로 조선 민족을 살리는 유일한 길이외다.

최후에 한 가지 미리 변명할 것은 이 개조 운동은 정치적이나 종교적의 어느 주의와도 상관이 없다 함이니, 곧 자본주의, 사회주의, 제국주의, 민주주의 또는 독립주의, 자치주의, 동화주의, 어느 것에나 속한 것이 아니외다. 개조의 성질이 오직 민족성과 민족 생활에만 한하였고, 또 목적하는 사업이 상술한 바와 같이 덕체지(德體知) 삼육의 교육적 사업의 범위에 한한 것인즉 아무 정치적 색채가 있을 리가 만무하고 또 있어서는 안 될 것이외다. 루소의 말에 「정치가가 되기 전에, 군인이나 목사가 되기 전에 우선 사람이 되게 하여라」 한 것이 있거니와 이것이 개조 운동의 계한(界限)이니 동맹자 중에는 온갖 주의자, 온갖 직업자, 온갖 종교의 신자를 포함할 수 있는 것이니 대개 무실하자, 역행하자, 신의하자, 봉공심(奉公心)을 가지자, 한 가지 학술이나 기예를 배우자, 직업을 가지자, 학교를 세우자, 하는 것 등은 어느 주의자나, 어느 종교의 신자나를 물론하고 공통한 신조로 할 수 있는 까닭이외다. 어느 종교의 신자는 개조 동맹에 들어 그대로 수양하므로 참으로 좋은 신자가 될 것이요, 사회주의자는 참으로 좋은 사회주의자가 될 것이니 대개 이는 사람의 근본 되는 모든 요건이기 때문이외다.

이에 나는 민족 개조에 관한 사상과 계획의 대요를 술하였습니다. 나 자신이 이 주의자인 것은 물론이어니와 독자 중의 다수가 여기 공명할 것을 믿습니다. 그래서 이것이 실현될 날이 멀지 아니할 것을 확신하매 넘치는 기쁨으로 내 작은 생명을 이 고귀한 사업의 기초에 한줌 흙이 되어지라고 바칩니다.

신유(辛酉) 11월(十一月) 22일(二十二日) 야(夜).

<집 필 진>

천 경 화 (독립운동사)
김 병 주 (한국고대사)
오 계 화 (한국고대사)
정 학 수 (고려시대사)
이 우 석 (고려시대사)
방 기 철 (조선시대사)
김 광 식 (한국근대사)
권 만 용 (한국근대사)
성 주 현 (일제지배정책사)
김 명 환 (한국현대사)

한국사의 이해

2005년 2월 25일 초 판 발 행
2010년 9월 5일 증보 2쇄 발행

저 자 천 경 화
발행인 (寅製) 진 욱 상
발행처 백산출판사
서울시 성북구 정릉3동 653－40
등록 : 2003. 9. 23. 제6－517호
전화 : 912－0856, 917－6240
FAX: 912－4438
http://www.ibaeksan.kr
edit@ibaeksan.kr
biz@ibaeksan.kr

저자와 합의
인지첩부 생략

값 19,000원
ISBN 89-7739-698-0